無錫文庫

第二輯

無錫縣臨時參議會紀念册

無錫縣公安局年鑒

鳳凰出版傳媒集團
鳳凰出版社

ISBN 978-7-5506-0802-3

圖書在版編目（CIP）數據

無錫縣臨時參議會紀念冊 / 無錫縣臨時參議會編印.
無錫縣公安局年鑒 / 無錫縣公安局年鑒編纂處編印. --
南京 : 鳳凰出版社, 2011.8
（無錫文庫. 第2輯）
ISBN 978-7-5506-0802-3

Ⅰ. ①無… ②無… Ⅱ. ①無… ②無… Ⅲ. ①議會－史料－無錫市－民國②公安工作－無錫市－民國－年鑒
Ⅳ. ①D693.22②D693.65-54

中國版本圖書館CIP數據核字(2011)第173491號

責任編輯　王　劍
裝幀設計　姜　嵩
出版發行　鳳凰出版傳媒集團
鳳凰出版社(原江蘇古籍出版社)
南京市中央路165號　郵編 210009
發行部電話 025－83223462
集團網址　鳳凰出版傳媒網　http://www.ppm.cn
印　　刷　無錫市證券印刷有限公司
無錫市揚名高新技術産業園B區75號　郵編 214024
開　　本　889×1194毫米　1/16
印　　張　35.25
版　　次　2011年8月第1版　2011年8月第1次印刷
標準書號　ISBN 978-7-5506-0802-3
定　　價　460.00圓
(本書凡印裝錯誤可向承印廠調换,電話:0510－85435666)

無錫文庫工作委員會

顧問

楊衛澤　毛小平　周和平　譚　躍

主任

王立人

副主任

曹佳中　陳海燕　吴小平

委員

方標軍　須　儉　陳堯明　尤文科

何承志　蔡文煜　葉建興　施　展

嚴克勤　劉　川　雷群虎　李祖坤

瞿　敬　華瑞興　周興安　姜小青

無錫文庫編輯委員會

主　編

王立人

副主編

須　儉　姜小青

編　委（按姓氏筆畫排列）

王進雄　王賡唐　卞惠興　全　勤　吴　迪　沙無垢
金其楨　夏剛草　倪培翔　徐小躍　徐志鈞　浦學坤
陳文源　過旭明　過耀華　許墨林　張志清　程勉中
湯可可　蔡家彬　劉桂秋　錢建中　錢菲菲　顧文璧

執行編委

王華寶　王　劍　薛　飛　陳紅彦　林世田　謝冬榮
徐憶農　陈　立

編務人員

顧志堅　李躍光

無錫文庫學術顧問

（按姓氏筆畫排列）

朱玉麒　朱維錚　江慶柏　李文海
沈衛榮　武秀成　金良年　胡福明
莫礪鋒　徐中玉　陳熙中　許倬雲
張仲禮　張廷銀　彭　林　程章燦
馮　遠　馮其庸　楊天石　趙生群
劉玉才　錢　遜　錢中文　錢文忠

總序

七千年文明史，三千年建城史，江南名城無錫，襟長江依太湖，自古以來就是魚米之鄉，禮儀之邦。無錫文化自泰伯南奔以來，騰蛟起鳳，尚德崇文，在數千年的傳承發展中，教化常持，經世務實，人杰輩出，大家林立，文藻絢麗，錯彩鏤金。舍南舍北皆春水，欲與湖山作主人，數千年的人文傳統，賦予了風光秀美的無錫以獨特的文化魅力，鑄就了城市剛柔相濟、秀逸清麗的的文化品格。

無錫是中國吴文化的發源地。早在商代晚期，周太王古公亶父的長子泰伯三讓王位，携其弟仲雍奔吴，定居無錫梅里，建『勾吴國』，『端委以治周禮』，施以禮儀教化；興修水利，授以農桑，不數年而『民人殷富』。泰伯帶來的中原文化與無錫本地土著文明相結合，吴文化以及作爲其重要組成部分的無錫文化就此發端。晋室南渡，北方人群大量南遷，帶來了中原的文化技術，促進了無錫農業、水利、手工業和商業的發展，中原文明再度與吴文化進行融合互滲。在本土文化與异地文化的碰撞和交融中，不斷推動着無錫這座城市的文明進步。

無錫歷史文化『追歷七千餘載歲月滌蕩，遂經四大轉折而成其廣大深厚：泰伯西來，吴文化成焉；永嘉南渡，江左文脉振焉；宋室波遷，江南文風始焉；歐風東漸，錫邑占風氣之先，民族工商文化始焉。數百代鄉彦賢達智慧與創造累積，文獻足徵，無慮百千』（《錫山先哲叢刊》重版弁言）。無錫文化以兼容并蓄多樣化的形態不斷發展。

崇文尚教，以教促文。北宋嘉祐三年（一〇五八），無錫始設縣學；北宋政和元年（一一一一），理學傳人楊時在無錫創建東林書院，此後無錫出現了喻樗、尤袤、李祥、蔣重珍等一批知名的教育家。至明代，顧憲成、高攀龍等在東林書院講學，此後又有許多書院相繼而起。古代無錫對教育的重視，促進了『崇文』和『尚教』的風氣，也造就了大量的人才。自隋朝開創科舉取士到清末廢除科舉，無錫共出了五名狀元、三名榜眼、六名探花和三名傳臚，并有五百四十名進士，一千二百多名舉人；『一榜九進士』、『六科三解元』，自古傳爲佳話。近代以來，經濟的繁榮進一步帶動了教育的興盛。無錫籍國學大師錢穆曾説：『晚清以下，群呼教育救國，無錫一縣最先起。』此後無錫的實業家紛紛出資興辦文化教育事業。教育的繁興，在極大程度上促進了無錫的文化發展，出現了空前的文化人才崛起的高峰。

文脉綿延，後出轉强。歷來『文化』的概念有廣義和狹義之分，這裏的『文脉』之『文』，用的是狹義的概念，即指經史、文學、藝術等人類所創造的精神財富的總和。在無錫的歷史文化傳統中，自古及今，悠悠文脉，如瓜瓞之綿綿。必須指出的是，從文化發生學的角度來看，早期中華文化的中心是在黄河流域的中原地區，無錫在宋元以前，雖有像顧愷之、李紳、尤袤、蔣捷、倪瓚等一批人文英才，但在整體上，無錫的文氣是自明清以迄近現代達到巔峰。在整個江南地區文教昌明和無錫經濟繁盛、教育勃興的大背景下，無錫地區在經史、文學、繪畫、音樂等諸多領域中，建樹卓越，俊才雲蒸，真正呈現出『人文之盛，冠於南國；碩彦輩出，著述繁富』的局面。

求實務本、重工崇商。無錫自古爲江南富庶之地、魚米之鄉。明代東林講學者將士商并列爲『本行』，講求經世致用；近代早期維新的思想家、實踐家薛福成提出『黜浮靡，崇實學』，大力倡揚『工商爲先，耕戰植其基，工商擴其用』的觀念，這些都成了近代以來無錫人求實務本、重工崇商的重要的思想根源；兼以明清時期，封建自然經濟解體，資本主義開始萌芽，無錫經濟日趨繁盛。鴉片戰争以後，上海開埠，由於商品經濟的發展和商業資本積累的增加，逐步形成了一個以上海爲中心的，北接江陰、靖江，西連蘇州、無錫、常州的經濟區域。有布、米、絲、錢『四大碼頭』的無錫，被譽爲『小上海』。到了十九世紀末、二十世紀初，無錫許多有識之士積極引進西方生産技術，大力興辦工廠，形成了近代六大資本系統，無錫成了近代中國民族工商業的發祥地和蘇南經濟中心。經濟的繁盛，不僅爲無錫文化的不斷發展提供了堅實的物質基礎，而且也形成了無錫文化的主流形態之一的，具有鮮明特色和豐富内涵的『工商文化』。

文化源長，文獻宏大。在歷史上，無錫有過兩次較大規模的文化整理。一八九九年，《常州先哲遺書》是包涵無錫在内的第一次區域性文化整理集成。一九二二年，《錫山先哲叢刊》是無錫真正意義上從城市角度進行的一次文化整理。當時，國家積貧積弱，社會動蕩離亂，身處亂世的有識之士高擎文化的旗幟，以縱覽千古的魄力和毅力致力於城市文化傳統的繼承與弘揚，爲無錫地方人文教育提供了文化楷模，對增强無錫崇文興教氛圍發揮了重要的作用，爲無錫躋身江南名城提供了文化動力，其意義至今爲後人感念。

滄桑巨變，天上人間。經過近一個世紀的奮鬥探索，特别是改革開放三十多年來的迅猛發展，中華民族强勢崛起。國運昌隆，盛世修典。中共無錫市委、市政府高度重視地方傳統文化的整理弘揚工作。自二〇〇七年提出『建設文明無錫，打造文化名城』以來，無錫全面深入開展歷史文化遺産的挖掘、清理、保護和修復工作，傳承弘揚優秀傳統文化，彰顯城市人文歷史底藴，掀起歷史文化名城建設新高潮。此後，市委、市政府在《無錫市文化大發展大繁榮行動綱要》中明確要求全面整理出版地方歷史文獻，市委、市政府在《關於深化文化體制改革加快文化强市建設的决定》中再次明確要求編纂《無錫文庫》，正式啓動迄今爲止無錫地區規模最大、綜合性鄉邦文獻集成的修編工作。爲確保《無錫文庫》的編纂工作順利進行，市委、市政府專門成立了『無錫文庫工作委員會』，由市委宣傳部牽頭，設立了『無錫文庫編輯委員會』，計劃用三年時間完成編纂出版工作。《無錫文庫》的編纂，將以嶄新的學術角度和現代學科框架對城市歷史文化進行全面梳理和弘揚，站在時代的高度，充分展示城市深厚的歷史底藴，彰顯先賢哲人的智慧創造，解讀無錫文化的獨特個性，提煉升華無錫的人文精神，光前裕後，古爲今用，以文化人，由人化文，以史爲鑒，開啓未來。

《無錫文庫》的編纂出版必將發揮重要的文化功能：首先是搶救文獻。無錫自古即有豐富的地方文獻，無論經史子集，都有重要著作流傳於世。然而無錫近代歷經戰亂，一些重要典籍已毁佚，僅有書名存留；還有一些珍貴的明清地方史籍，也以孤本存世，處於若存若亡之間。由於各種原因，一些代表無錫文化的典籍保存於國内外各大圖書館中，在無錫不易見到。從清末到民國期間，在文化上有不少重要成果，而這部分書籍因長期被忽視而處於毁佚的邊緣。《無錫文庫》的編纂就是爲了搶救文獻，保存文脉。其次是古籍整理。無錫先賢留下的載籍很多，但現存書籍，版本雜亂，良莠不齊，整體而言没有經過系統編排梳理，使用不便。《無錫文庫》的編纂，就是從版本目録學的角度加以梳理，每書皆撰提要，鈎玄指要，便於閱讀使用。第三是服務大衆。《無錫文庫》所收皆爲地方古史遺文，是研究無錫歷史沿革和文化傳承的必讀書目。《無錫文庫》的編纂出版，使這些書籍的使用更加便捷和廣泛，對無錫的文化建設、城市規劃、古迹保護、名勝開發都具有很高的學術價值和實用價值。

歷史唯物主義觀是《無錫文庫》編纂出版工作的重要指導思想。《無錫文庫》是一部具有社會主義新時代特點的典籍集成，編纂理念和選編觀念更加科學，注重學術性、實用性和經典性相結合，并且儘量收入古籍版本研究的新成果，廣泛收集流散在國内外的珍貴典籍。編纂工作中，始終堅持『尊重歷史、尊重科學、尊重規律、尊重專家』的原則，堅持『雙百』方針，對傳統文化中重要的不同學派、不同觀點的資料兼收并蓄，力求客觀、完整和全面。當然，《無錫文庫》不可能包羅萬象，而以文史哲爲主要内容，兼顧其他類别著述，整體呈現出無錫歷史文化的發展脉絡。强化編纂工作的學術規範，提倡實事求是的良好學風，對文庫的整體規模、體例框架、所收書目、版式裝幀等進行反復論證，反復比較，多方聽取意見，慎之又慎，力争使《無錫文庫》成爲一部真正代表無錫文化的綜合性鄉邦文獻集成。

編纂出版《無錫文庫》的盛舉，得到了海内外衆多著名的文史專家、學者教授的熱烈響應。許倬雲、馮其庸、楊天石、李文海、徐中玉、馮遠、胡福明等無錫籍文化名人和劉玉才、程章燦、江慶柏、張廷銀、金良年等專家學者應邀擔任《無錫文庫》的學術顧問，他們扎實的學術功底、嚴謹的治學風範、卓越的學術見識，爲《無錫文庫》提供了有力的支撑。

千年吴地文明，百年工商繁華，賦予無錫人聰慧和靈秀，創造了具有獨特品質的城市文化和城市精神。當我們手捧先哲留下的珍貴文化遺産，不僅滿懷感恩、敬畏之心，更涌動着不負前賢、勵志圖新的激情，去努力創造城市文化嶄新的輝煌，讓無錫文化大發展大繁榮的春天更加姹紫嫣紅、繽紛燦爛！

無錫文庫編輯委員會

二〇一一年一月

凡例

一、《文庫》所收爲無錫籍作家的著述和與無錫相關的歷代文獻，分爲《官修舊志》、《地方史料專著》、《年譜家乘》、《無錫文存》和《近現代名家名著存目》五輯。

二、無錫地域範圍以現行行政轄區爲準。《文庫》立足無錫市區，兼顧江陰、宜興，適當選收江陰、宜興具有代表性的著作。

三、《文庫》所收著作，以史料價值高、使用價值大爲原則，適當兼顧其版本價值。

四、《文庫》主要采用影印方式出版，《近現代名家名著存目》收入作家小傳和主要著述目録。

五、《文庫》所收著作，其編纂年代下限爲一九四九年；《近現代名家名著存目》則不受此限。

六、《文庫》所收著作，原書如有蠹損、殘缺、漫漶不清處，原則上以相同版本予以换頁、補頁，使全書清晰、整齊。

七、《文庫》對所收每種圖書，均撰寫提要，置於每種書扉頁之背面；每册均新編頁碼，自爲起訖。

八、《文庫》編制書名索引和著者索引，以方便讀者使用。

第二輯編輯説明

本輯爲《無錫文庫》之第二輯《地方史料專著》。這些書籍皆爲個人著作，它們是官修方志之外最重要的地方史料，是對地方歷史更爲精細的記録和闡述。其中保存了官志中看不到的材料，所以也是官志極其重要的補充。無錫自古以來人文薈萃，所以歷史上存留下來的地方史料專著也非常豐富。明清以來這些著述得到了長足的發展。作爲方志體裁的史書，這些著作所述史事已細化到一個鄉村，一座寺廟，一幢宅第，一座園林，一所學府，一項工程，一個專題等，從而爲後人保存了大量第一手的史料。進入民國後，隨着社會的發展，在政治、經濟、文化、教育等方面，出現了許多專門的出版物，這些具有時代特色的文獻，爲我們保存了民國時期原生態的歷史材料。從這些文獻中可以看到當時無錫向現代都市邁進的步伐。第二輯所收書籍，不少都是孤本，彌足珍貴。特別是一些藏於外地圖書館的珍貴書籍，這次也盡了最大的努力加以搜集。由於歷史的原因，一些地方史籍已失傳，僅有書名存留，不無遺珠之憾。一些民國書籍也偶有缺葉。敬請讀者見諒。從另一個角度而言，也更説明了這次文庫編纂的必要。

目録

無錫縣臨時參議會紀念册

無錫縣臨時參議會 編印

《無錫縣臨時參議會紀念册》不分卷，無錫縣臨時參議會編印。民國三十六年（一九四七）八月出版，鉛印本，無錫協成印務局承印。

無錫縣臨時參議會成立於民國三十五年（一九四六）四月，由蔣哲卿、徐赤子任正、副議長。在該年四月六日至二十七日，在東林小學大禮堂召開第一届大會之第一至第六次會議。同年八月十三日至二十六日，在臨參會禮堂召開第二届大會之第一至第八次會議；民國三十六年一月八日至十二日，又召開第三届大會之第一至第四次會議。該年四月初，因縣參議會正式成立，臨參會亦宣告結束。該《紀念册》包括序、攝影（成立大會、第二届大會、第三届大會開幕典禮的合影）、題詞（十三幅）、文稿（十六篇）、會議録、參議員（三十名）資歷表。《資歷表》係根據民國三十五年由無錫臨參會參議員本人填寫的《履歷表》編製，附本人照片。欄目有：姓名、別號、年齡、籍貫、性別、學歷、經歷、黨籍、現職、選出區域或團體、通訊處（臨時或永久）、備考等。該《紀念册》是研究當時無錫社會政治、經濟、民生等全面情况較爲完整的第一手資料，具有重要參考價值。

本書據民國三十六年（一九四七）八月《無錫縣臨時參議會紀念册》鉛印本影印。

（沙無垢）

战备
縣民教館

無錫縣臨時參議會紀念册

吳敬恒謹題

目錄

序

序

徐淵若

輓近之從事縣政工作者，每蹙額相告，以爲財政支絀，巧婦難爲無米之炊。重以每一政策之推行，縱三令五申，人民猶未必景從，深歎行政效率之無法提高。顧傾耳豆棚瓜架之下，茶坊酒肆之間，則又紛紛指摘捐款之過重，勞役之過多；若不速謀減除，則民衆痛苦，將如水之益深，火之益熱。異哉！何政府與人民之利害，竟相反一至于是也。

余嘗思之重思之，我國經八年之兵燹，瘡痍滿目；此際人民所要求者，爲社會秩序之安定，與民力之休息。顧世界文明日新月異，他人於戰後奮起復興，而我猶偃臥以俟喘定；則若干年後，我將益落人後。是以政府所希冀者，爲抗戰而後即謀建國，與一般人民之要求，遂大異其趣。

吾人持平論之，民力凋殘，于今爲甚。顧吾人之休息，應爲進步的休息。易言之，凡國防教育等有關民族生存之大計者，雖流最後一滴之汗血，亦應悉力以赴。而點綴昇平，裝飾門面之舉，則允宜停辦，以期撙節民力，顧何者宜興？何者宜減？一面固有待於政府之設計，一面亦有待民意機關之獻替；誠能使人民於政府之施政方針，得以深切了解；而政府於人民之苦樂好惡，亦得毫無隔閡；則指臂之效可期，民間之不平可解矣。

無錫縣臨時參議會成立於去秋四月間。召開未久，適余奉命來攝縣篆。臨參會爲聽取余之施政方針，特延會以待；其望治之切，與期待之殷，至足令人感激。當時，曾以安定社會力求復興之義相質，衆議以爲可；遂持此方針，精誠合作，以迄於今。其間，各參議員對于溝通官民意見，建議地方設施，莫不言出至誠，一秉大公，此爲余所終身感佩，而莫能須臾忘懷者也。

今者，縣參議會正式成立，臨參會亦宣告結束。此一機構，雖已成爲歷史上之名詞；而諸公之儻言偉論，猶縈繞邑人腦際。其載譽之隆，與流澤之長，吾人深信必與湖山同其悠久也。

三十六年四月一日

攝影

無錫縣臨時參議會成立大會全體攝影
三十五年四月五日

無錫縣臨時參議會第二屆大會全體攝影 於民國卅五年八月

無錫縣臨時參議會第二屆大會開幕典禮攝影 三十六年一月七日

蔣議長鋪齋

徐副議長赤子

李參議員惕平

馮參議員曉鐘

臧參議員文達

莊參議員正

姚參議員多聲

朱參議員學泉

穆參議員吉甫

匡參議員仲謀

石參議員清麟

章參議員以繩

錢參議員基博

竇參議員鳳樓

李參議員公威

安參議員君模

施參議員錫祺

錢參議員少明

朱參議員文沅

黃參議員君輿

榮參議員文光

孫參議員荊楚

呂參議員子瑜

華參議員士巽

蔣參議員翼

朱參議員祖璋

孫參議員翔風

胡參議員正霞

袁參議員廷傑

職員陶滌雲

職員孫文彥

職員臧鍾璜

職員王萬知

呂祕書載陽

職員張曾煌

職員江鍾麟

職員朱梅森

職員蔣夢英

職員孫毓良

無錫縣臨時參議會紀念刊編輯委員会 卅六年三月攝

題詞

無錫縣臨時參議會

以建民國

以進大同

楊恩伯敬頌

無錫縣臨時參議會

民意丕基

冷遹

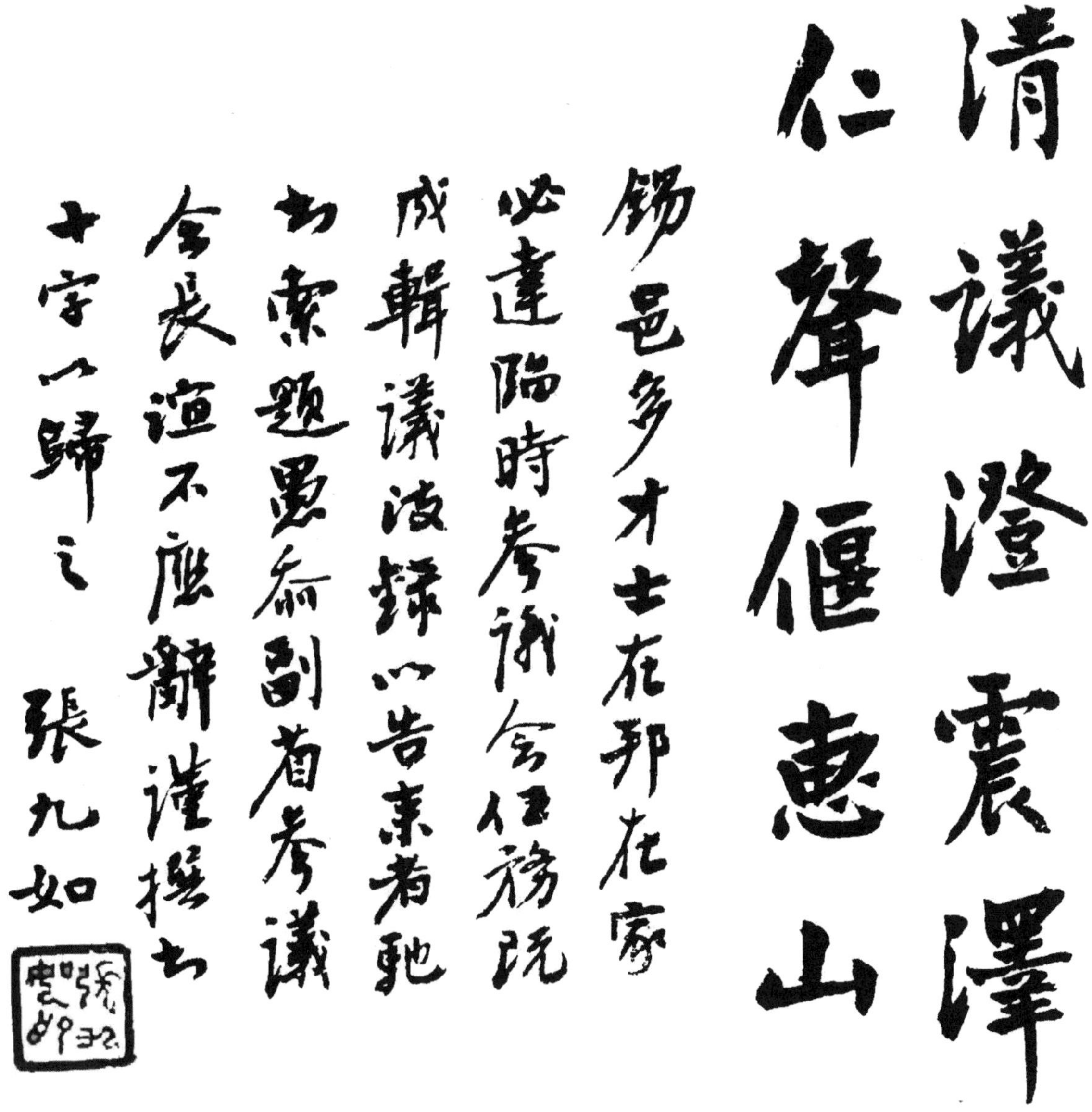
清議澄震澤
仁聲偃惠山
錫邑多才士在邦在家
必達臨時參議會任務既
成輯議政錄以告來者馳
書索題恩爲副首參議
會長誼不應辭謹撰書
十字以歸之
張九如

暢論興革　明辨是非

提綱挈領　闡發精微

協賢豪而共濟

合民意為依歸

無錫縣臨時參議會會議紀錄彙編

王樾功題

梁溪名邑　霧秀所鍾
邦基重奠　輿論是崇
聿開盛會　遐邇從風
述績告世　取精用宏

董轍題

民意先聲

王公璵

王公璵

無錫縣臨時參議會議記錄署耑

民意是行

陳石珍

無錫縣臨時參議會紀錄彙編

從容論政

董精堯

三十六年二月為
無錫縣臨參會紀念冊題

克奠丕基

鈕長耀

民治先聲

劉平江題

以樹楷模

陳言

無錫縣臨時參議會

天聽自我民聽
天視自我民視

程子敏敬題

無錫縣臨參會紀念刊

領導群倫

繆淵若

文稿

爲憲政闢大道

徐赤子

爲時十閱月之無錫縣臨參會，茲已愉快結束，緬懷過去，瞻望將來，不能無言。

中國之議會政治，民初時曾經一度燦爛，實則此種形式的燦爛，曾無補於人民權利於絲毫，浸假而遭受政客之操縱把持，軍閥之專橫跋扈，並形式而蕩然無存，民十六後，國民黨代之以一黨訓政，垂二十年，在此期間，適值內憂外患，變亂頻仍，可寶貴之訓政時期，卽將於動盪中潛然消逝，國民黨爲實踐諾言，遂有結束訓政之種種措施，各地臨時參議會乃於此種因素下產生，故臨參會之任務，將爲憲政開闢一平坦大道，臨參會今茲結束，吾人所担之任務，固尚未可謂結束，未來之憲政，正期待吾之作種種之努力，方今憲法雖經公佈，而中共拒絕和談，盟邦退出調處，戰亂日亟，時局之嚴重危難，無以復加，吾人服務地方，將如何於動盪中求安定，非一言可盡，惟有隨時隨地精誠合作，虛心檢討，現在縣參會已正式成立，臨參會同人亦泰半參加，雖出處不同，任務則一，願以風雨同舟之精神，盡其最大之劾力與作用，則臨參會之結束，爲無負於十閱月之時間也。

民治之始基

李惕平

我國自辛亥革命迄今，已屆三十六載，方于國民大會制定憲法以後，進入實行民治之階段，無論前途之發展，是否適合吾人之理想？以及憲法之實行，是否絕無阻礙？而返顧過去悠長之歲月，無數革命先哲，拋頭顱，灑熱血，對民治之奠立，雖夢寐求之，而竟不可驟得，實感無限之悵惘，無限之辛酸！

無錫之于全國，夙以工商發達著稱，惟自經八載之淪陷，境象銳變，遠非昔比，徒負往時之虛譽，成外強中乾之情狀，欲奠民治之基礎，因生活之欠安定，教育之開倒車，建設之全落空，已失却其各項必要之條件，其艱困之遭遇，實與全國各地無以異。

無錫縣臨參會，成立于地方變革之際，敵僞方告匿跡，混亂臻於極點，爲民喉舌，責任非輕，幸賴蔣議長；屹然肆應，徐副議長之悉心翊贊，以及全體同人之一致努力，雖短短十一閱月，卒能刷新社會之觀聽以拓展當時之局面

因此機構已告結束，全體同人鑒于過去所負之職責，尚多足以紀述者，爰有紀念刊之輯，今則以方繼主議席，蕭規曹隨，取法殊多，既感臨參會之成立，實爲無錫民治之始基，遂樂綴數語，與全邑地方人士共相策勵之。

政黨與議會

胡正霞

在民主政體中，人民有言論自由，思想自由，並有參與政治的權利，執政者是人民選舉出來的，一切的政策，也得根據於多數人民的意志而決定的，但人民方面的意見，是決不能一致的，他們對於外交利內政上的種種問題以及教育賦稅宗教等問題，差不多意見紛岐，各有各的主張，凡有同樣主張的人，往往就聯合起來，組織一個團體，同心協力的進行，以便達到他們共同的目的，這樣結合的團體，就是政黨，各黨的政見和政策，雖有極不相同之處，但在這樣不同的政見和政策的背後，他們却有一個共同的目的，——就是謀國家的幸福——現在我國憲政已臨實施階段，在此還政於民的前夕，舉凡一切客體式的政權將不復存在，參議會是客體政治變爲本體政治過程中重要的一環，他的成功與否，給予人民的觀感非常深切，議員是各級人民的代表，因爲立場的不同，政見當然各異，無形中已形成各個黨派，要實行本黨的政策，非先得到政權不可，要得到政權；非從選舉着手不可，所以歐美各國對選舉是非常注意和白熱化的，政黨制度，並不是一種有利無弊的制度，但除此以外，更無適當的方法，因此仍爲民主政體所採用，議會是政黨用武之地，各抒所見，各謀國是，同情反對，極盡離合之能事，如果能化私利爲公意，則爭議愈烈成功愈大，否則議而不決，決而不行，徒爲執政者的工具。

本邑臨參會，雖非正式民意機構，但是他歷屆會議所檢討的，既不急進，亦不守舊，一秉至公，絕無黨派私利之爭，是足以稱道的，可惜所有的建議，當局猶未能完全採納，致有平凡無能的譏評，此乃臨時機構應有的現象，不足爲病，讜言名論，與利除弊，有待於正式的議會了。

實施憲政前地方政治應有之準備

安君模

現在國民政府日內卽將改組，政府之所以要改組，是要容納各黨各派的優秀人才，羣策羣力成功全國一致的新政府，所以今後一切的政治設施，是憲政的先聲，所有政治設施的優劣，實足以影響憲政的實施，到那時如果這個過渡政府的成績優良，則民選政府成立時，就能得事半功倍的効果，憲法是一國之根本大法，此次制憲成功，是我國劃時代歷史的事跡，也是建樹我國百年之大計，對于國民心理，社會習俗，現實政情，世界潮流，都兼籌並顧，歸于至善，所列政治、經濟、社會、中央及地方之條例，凡一百七十五條，詳備無遺，今憲法實施有期，民衆不勝慶幸，而在憲法未實施以前，政府及人民，都應有相當的準備，建國大綱規定，「凡一省全數之縣，皆達完全自治者，爲憲政開始時期，全國有過半數省份達至憲政開始時期，則開國民大會決定憲法，而憲法頒佈之日，卽爲憲政告成之時」，政治組織必須逐級健全，而後各級組織之間，才能上下貫串，運用靈敏，縣治爲政府與人民之橋樑，在憲政實施前，所負使命及職責尤占重要，故地方縣治之須完成健全，已爲迫不及待之要求，管見所及，以爲（一）加强保甲制度（二）安定地方金融（三）抑平高昂物價，（四）普及國民教育，亟須注意，以爲地方政治實施憲政前之準備參考，玆分述如下。

（一）加强保甲制度　保甲制度爲基層組織中構成份子，要加强保甲制度，組織民衆，訓練民衆，鞏固閭里，使民衆瞭解，能如何運用四權，對推行地方自治實施憲政，有莫大之助力。

(二)安定地方金融　經濟爲各業之母，亦國家之命脈，人民經八年抗戰，損失慘重，經濟建設，急不待緩，而現在都市與農村，都需要資金的通融，可以繁榮都市，建設農村，尤其在農村缺乏新式的金融機關，以致高利貸剝削盛行，人民陷於無法清償，以致傾家蕩產之虞，故普設金融機構，以救濟失業，尤爲重要。

(三)抑平高昂物價　目下物價高漲，一班公務人員待遇菲薄，以致生活不能安定，工作効力減低，政治成績也無從表現，故國家爲謀復興社會，使政治達上軌道，應切實抑平物價，安定民生，而人民具有工作能力者，應提高待遇，予以職業上之保障。

(四)普及國民教育　吾國教育落後，無法諱言，政府應努力推行普及教育，實施强迫教育，增設國民學校，達到每鄉鎮設有國民中心小學一所，每保設國民學校一所，以期發展國民之民族精神，自治能力，奠定實施憲法之基礎。

管見所及，掛一漏萬，希邦人君子，有以教正之。

從我任臨時參議員談起

孫荆楚

無錫縣臨時參議員由省方圈定發表時，友人傳告，始知賤名亦附驥尾。竊念一介鄉愚，得與於邑彥之列，私心欣幸，自不能已；但念及責任之重，知識之短，悚懼之情，不覺掩欣幸而代之矣。何也？反躬自問，疏陋如我，担任縣參議員，爲邑民代表，有大不可者在：

其一：生平但知讀書教學，從未與問地方事，縱有空論，難補實際。矧戰事以後，政治社會，變幻詭譎，微妙複雜，不可究詰。欲以書生之見，參縣政之議，不待嘗試，亦預知戞戞乎其難也。

其二：身居鄉村，局於聞見。閭里疾苦，知之太深；而公府謨謀，認識太少。民間之所是，公府往往非之；民間之所非，公府往往是之；民間之所望，公府往往靳之；民間之所苦，公府往往仍之。何以然？不解也。且久居鄉村，休戚與同。當今之世，城鄉居民，往往利害相反；而城市紳商，尤往往抑鄉農以自利，而縣政又往往重城市紳商而忽鄉農。何以然？雖知之而救濟乏術也。如此，即欲參縣政之議而無由也。

其三：久居鄉村，習於質直。煌煌政令，無非爲民，故信之重之，敬之畏之；然而實施之際，往往變質也。袞袞諸公，無非爲民，故敬之重之，信之從之；而服務之時，往往異態也。或變質，或異態，質直之民所大惑也。鄉愚硜硜，往往昧於世情。政事利民，歡舞隨之；政事苦民，攘臂而怒。徒有喜怒，而闇於機宜，拙於順應，雖欲興利減苦，而力難從心也。

其四：從事教育，習與兒童青年相處。講堂之上，有學問，無機詐；論是非，忘顧忌。故言必以信，行必有方。蓋學子天真，學校單純；教之導之，惟義所趨；善善惡惡，昭若黑白。然若代民意，議縣政，則狐裘蒙茸，將誰適從？如欲以論學問者論時政；欲視議事堂如講書堂，其必鑿枘而無當，亦可知也。

自維有此四不可，故其初頗思退讓。但友人或勸以姑作芹曝之獻，或亦可中民隱於萬一。因亦不辭迂陋，抗顏受命。

果也，如所疑懼，雖充議員之數，無有毫末表現。今臨時參議會結束，正式參議會成立，因得免濫竽之誚，釋不勝之負，幸也何如！

語云：前事不忘，後事之師。自念充臨時參議員，雖碌碌無所見，而回顧經驗，亦稍有得，可略而言者：竊以爲民衆代表，欲盡其職責，宜注意者四：

一、今之議員，人皆知職在代表民意。然觀今之所謂代表民意者，其不肖者之憑名位而逢迎上官橫行鄉里以爲己利者，固無論矣；其賢者果誠能代表民意乎？逞一己之見，持空洞之論。其所見，非即民衆之所見也；其所言，非必民衆之所欲言也。如此而謂爲代表民意，實未盡然也。故果真欲代表民意，其必深察民意，屏除我見，與大衆同好惡，與大衆共利害，然後方能祛一己之私，爲人民喉舌也。

二、今之議會，人莫不知爲民意機關。然觀其究極，其爲民意者至少，而成官意者實多。其下焉者，爲官作應聲，作文飾，作爪牙，且不論。其上焉者，勇於質問，亦僅問而已矣，不容其後也。勤於建議，亦僅建議而已矣，不究官吏之果行與否也。且議會之決案，官能行，則多行之於公文；不能行，則拒之以法令，拖之以請示上峯，或竟束之於高閣。而官之必欲行者，則假議會之通過，完成手續，可以行之而無顧忌，於是議會往往爲官之護符或工具。如此而謂爲民意機關，無寧謂爲官意機關也。故如真欲副民意機關之實者，其必對政府官吏嚴督察，厲檢舉，無徇無屈，議之必行，然後方能使官吏真爲人民公僕，而爲民謀福利也。

三、議員代表民意，故選自民間，其本身固仍爲人民而非爲官，不待言而可知也。故議員必與民親密無間，亦無疑也。故設有人焉，一當選爲議員，卽自視高人民一等，脫離人民，而周旋於官場，自忘其本爲人民者，其已失去人民代表之意義，亦不待言也。然議員雖亦爲人民，但既已代表人民參議政事，則亦必非僅爲一人民而已，其必更於政事熟悉，更與官吏相密接也。故爲議員者，實必以人民之身，周知政事，而後可以稱其職也。

四、一堂議事，要在辨是非，明利害。是者是之，非者非之，利則行之，害則己之，外此，無他也。私見，意氣，排擠，傾陷，固不可見之於議事堂矣；卽人情，威權，在議事時亦概所不可計也。故爲議員者，除明悉民情及政事外，志節之砥礪，道義之涵養，實爲首要。如此，方可以明是非，辨善惡，忘恩怨，而不誘於利，不脅於威，真正代表民意也。

以上四端，蓋猶其犖犖大者，爲真正之人民代表，固非易易。自揣不才，於此四端，企而莫及，貿然任爲臨時參議員，惶恐實深。今者雖能知之，亦徒託空言而已。雖然，高山仰止，景行行止，敢掬愚見，望之於今之真能代表吾民者！

在選舉縣參議員前之條陳

蔣　翼

查邑報載辦理正式縣參議員選舉事宜，縣府已將無錫全縣一百九十九鄉鎮，每兩鄉鎮歸併爲一選舉區，限制在各該本選舉區內，產生縣參議員一名，呈省核定在案。公佈後，已風聞發生某某兩鄉鎮內人才濟濟，各謀競選，旗鼓相當；某某兩鄉鎮內，甲種公職候選人，寥若晨星，或絕無僅有甚或竟無人問津，演成供求不均衡之局面，將致人才衆多之選舉區內，有名落孫山，滄海遺珠之憾；人才寥落之選舉區內，有南郭濫竽之譏，殊失政府求賢若渴之本旨。矧八年抗戰，一般忠貞不二之士，臥薪嘗胆，不屈不撓，勝利以後，似應悉行舉拔，各予以從政之機會，使發展抱負，各盡所能，爲地方社會謀興革，未可任其高蹈湮沒，如介之推之不言祿，祿亦勿及。甌蓀等爲謀補救此種缺憾起見，在殊途同歸之原則下，條陳改以自治區範圍內混合選舉之辦法，不限某某兩鄉鎮之束縛，同樣可產生區域參議員一百名。譬如某區現有二十個鄉鎮，原爲每二鄉鎮內限制產生參議員一名，該區應選出參議員十名，一加束縛，即有上述兩項之憾議，如能改爲以區爲範圍，混合選出參議員十名，則該區內之傑出人才，暨衆望所孚之士，均可一一產生，雖不能網羅盡致，要亦不致埋沒真才，其他各區，事同一例。如此則全縣區域選舉產生之參議員一百名，均可得到水準以上之人選，在縮轂京滬工商業發達之一等縣無錫，較可與滬江白下，分庭而抗禮，非惟地方之榮，亦國家之光也，蒭蕘之見，幸垂察焉！

爲臨參說幾句話

朱文沅

臨參會的三十位仁兄，我也忝爲其中的一員。論出處，表面上是代表了安鎮區，實際是出范前縣長提名經省府圈定的。曆時十個月，開過大會三次，先後提案不下百餘件，但是說得到而能做得到的，恐怕沒有幾件，所以臨參會的收獲是很渺小的。古語說得好「行遠必自邇，登高必自卑」。該會總算能顯現出行憲的一線曙光，並促使正式參議會的成立。猶憶每逢開大會時，常常聽到行政人員們這麽說：「今天又要來受鞫了」，而在會議員們偏又這麽說：「此時不替民衆們訴說痛苦，更待何時」相反的表白下，便可測想到臨參會當時緊張情形的一般。

自我批評話臨參

黃君與

吾邑臨時參議會，於去年（卅五年）三月初旬成立到現在，經有九個多月的時間。在這短短過程中，確曾肩負起民意機構應盡的責任。其間，召開過三次大會，議決的提案不下數百件；除了核議縣經費的收支預算外，其餘提案多屬地方的興革問題。在會議時，議員同人都能切磋研討，精神貫注，誰都抱着一顆公而無私的信心；願意代表人民說難說的話，願意替人民做要做的事；如火如荼。絢爛一時。但是，一般輿論，似乎對之很平淡，甚至失望，有的竟批評說臨參會是失敗的，這是同人等值得自己檢討，自己批評的一個嚴重問題。這裏就事實來作一個客觀的自我批評。

我們先就人的方面來說吧。臨時參議員是縣遴省聘，並不是民選的。論素質，似乎還樸真；論人材，似乎還普遍；論服務，似乎還謹愼。自始至終，雖能精神合作，會聚一堂，和諧無隙，然而缺乏了積極的彈性的發揮。社會方面因爲看不到强有力的刺激，始而覺得平淡，終至引起失望。可是無彈性，不夠積極，決不能完全歸咎於參會議；祇要有環境的配合，我想或許也會有相當的成績表現的。

其次再說事的方面。我總覺得一個民意機構，對於地方的一切，固然全都有權代議；然而要求全都奏效，在現階段恐怕還是理想。舉例來說。本邑國民教育，明明決定不收學費，縣支出概算中，也明明載上了若干圈圈的支出數字。不過，縣政府方面却好像沒有預算這回事，不要說三十六年的國民教育經費沒有表示，連卅五年的都不曾發清。學校方面既領不到經費。不得不酌收學費。以求捐注。試想，這個問題應該從何解答？這個責任究屬誰負。這裏僅只舉一個例子而論。所以這次臨參會與其說它是失敗，寧可說它是沒有成功。因爲一件事，做而未完，僅可說是未臻成功，但不能說牠是完全失敗。

第一屆正式縣參議會已經成立，正踏向着民主大道邁進。對以後的本縣地方的興革，還請注意人民的隱情，實際的環境，作加倍的努力。完成他人所不能成功的事業。發揚民主，完成民主。我在這裏馨香禱祝了。

檢討臨參會

榮文光

我國民族受封建束縛最久，也最深刻，孔孟以來，雖有「天視自我民視」「民爲貴，社稷次之，君爲輕」等民主思想之萌芽；但由於政治上封建勢力之根深蒂固，民主政治始終未獲抬頭。辛亥革民及北伐之未能使中國社會發生基本的改革，原因是沒有澈底實行民主，仍停滯於官治紳治的範疇中。

抗戰勝利，政府將結束訓政，還政於民，在準備憲政實施的前夕，各縣先成立臨時民意機構，爲民主政治之先聲。本縣臨時參議會，於中華民國三十五年四月成立，假東林書院召開第一屆大會文光濫竽充數，參與末議，未能表達民意，有所貢獻，深感惶愧。茲者正式參議會業經成立，臨時參議會已成歷史上之名字；爲留雪泥鴻爪，有紀念刊之編輯。文光雖不文，有不能已於言者數端，筆之以舒所見：

一、歷屆議決案不下數百件，除一紙公文爲執行之門面外，可稱無一件能切實執行；如此敷衍了事，殊爲遺憾。

二、討論案件，未能在大的原則之下，儘量接受反對者意見，往往挾持成見，感情用事。

三、替農工力爭者太少，對於傳統精神太深，不能爲整個社會建設謀發展，有倚重倚輕之弊。文光希望今後議會，必次認清，達到真理之大道，放開襟懷，化除私見，用超然的立場，以客觀的態度，來尋求民隱，代表民意，鑒往知來，成爲名符其實的民意機關。

民意機關應有的職責

袁廷傑

勝利迄今，環顧國內情狀，令人感喟叢生，人民生計，仍陷水深火熱之中，社會種種，較敵僞盤據期間，猶未改觀，言之可慨！民氣消沉，風尙習於奢靡，富貴者耽於佚樂；貧窮者輾轉溝壑。爾詐我虞，道德淪亡。生活享受之不平等現象，日趨尖銳。「朱門酒肉臭，路有凍死骨！」觸目皆是。去「人人有飯吃；人人有衣穿，人人有屋住。」之正常狀態，奚啻霄壤。民怨沸騰，心理向背。對國家前途希望，日漸淡薄，對政府信仰，日趨動搖。危機迴蕩潛伏，治安穩定堪慮。言念及此，能不懍然！

參議員爲人民喉舌，職責在解除人民痛苦，猶民之良醫，關於民生疾苦，自應洞察無遺；以醫者制股之心，奉「望，問，聞，切，」爲立言處事之主旨，對上述暗伏社會內層之險象，尤應大聲疾呼，促起政府注意，建議謀改善之方，冀達到「人人有飯吃，人人有衣穿，人人有屋住。」之合理民生。

竊以目前所以形成貧富懸殊，社會不安之重大原因，僉在一般擁有大量資金之官僚與奸商，囤積操縱，居奇壟斷，從中推波助瀾所致。大多數貧苦階級喘息於少數富商巨賈之手掌中，幾至無以爲生。貧者益貧，富者益富，終至激成巨變，其勢將如狂濤駭浪，一發不可收拾。故負責傳達民意，爲民謀福之參議員，應迅予籌謀對策，督促政府，防止資本主義之滋長，確切實施節制資本；使貧富之階級對立現象，日漸消滅，俾人民均獲享受飽食暖衣。衆瘦獨肥之畸形現象，應不復再存在於現社會。如斯則庶近乎 國父遺教所昭示人類平等之精義，政治得趨清明，民心自能收攬矣。

客歲四月，邑臨參會成立，廷傑猥以菲材，謬承當軸圈委爲臨參議員，自維譾陋，愧無建樹，倍增汗顏。茲以臨參會結束，同人等發起編纂臨參會紀念刊，屬稿於余，爰略抒蒭見，錄之如上，尙乞有以指正焉。

爲無錫縣臨時參議會紀念刊塗鴉

朱祖璋

參議員是人民大衆的喉舌，應該爲占絕對大多數的農工羣衆解除痛苦，他們身受着大地主大資本家的壓迫和榨取，做的牛馬工作，過的非人生活；甚至視若奴隸賤役，得不到社會的同情，然而時代的巨輪不斷的在前進，以前的錯誤必須糾正， 國父曾經說過，民權革命的目的，在促成全體人民在政治地位上的平等，祇要有公民的身份，不論農工商學，富貴貧賤，並沒有階級的存在，在政治上是一律平等的，人類不過有智愚賢能之分，而沒有紳仕閥閱之別，參議員雖由政府圈委，然而我們是來自人民，所以無論在平等的立場上，或是互助的原則下，我們應該同情農工，爲他們說話，爲他們服務，矯正以前不平等的錯誤觀念，提高農工羣衆的地位，使社會上不再有級階的存在。

工界代表朱祖璋草

三月十九日

無錫農村之前途

石清麟

我無錫農村，已日趨於崩潰矣！農具窳劣，資本缺乏，工資增高，耕牛減少，均足影響生產効率。抗戰前農民尚多從事育蠶繅絲等副業，所得收入，用以添置農具及技術設備；今則蠶絲副業，無利可圖，農村經濟，已瀕破產。農民生活艱困，營養不良，勞動力大不如前。年來復因抽征壯丁，農村青年更多出走外埠，以致壯丁缺乏，佃工奇昂，肥沃田地，任令荒蕪，田價因之日形低落。今日無錫農村之前途，已因壯丁逃避，經濟枯竭，有日趨崩潰之勢。言念及此，寗不痛心！查無錫全縣因農村生產豐富，水陸運輸暢通，夙號工商巨埠。並以地濱江湖，灌溉便利，與其他吾國東南濱海各地相較，本不相讓。無錫農村情形如此，其他各地尤可概見。竊思吾國號稱以農立國，農民占全國人口之最大多數，農村生產日漸減少，今後食糧棉花及日用必需品等，胥恃輸入，漏卮莫塞，前途堪虞。農民處此半飢餓狀態之下，其常識之缺乏，文化之低下，理智觀念之薄弱，原非本篇所能詳述。惟有希望全國有識之士，將目光轉及農村，迅謀改善農民生活，增加農村生產，誠爲立國之百年大計。須知工商業之基礎，建築於農村，農村購買力薄弱，則工商業何能發達，更何能與外貨競爭？環顧今日國內狀況，欲謀救濟民生，復興中國，實攸賴於全國人士之集中力量，從事於改善農村！

無錫城牆之存廢問題

穆吉甫

無錫地處京滬沿線，陸運有鐵路可以直達南北，水運有運河太湖，可以銜接鄰縣，貨物集散，人口稠密，因地理上之衝要，與工商業之發達，故戰後人口激增，於是住與行的問題，均感嚴重，房租且超過上海，因此聯想到何以不拆除城牆，開闢馬路，填塞內城河，建造平民住宅，以解除住與行的恐慌。按拆除城牆，戰前曾經邑人提議，卒以防止寇盜之故，迄未實行，戰後百廢待興，建設第一，住與行的問題，尤爲縣市建設之重要工作，爰就管見所及，謹與地方賢達，作合理的研討。

主張保存城牆之理由，認爲此古老城牆，可以防禦敵寇，防禦盜賊，第以現代武器之進步，破壞力之强大，攻守之勢與昔大異，加以無錫在交通未發達前，原屬偏僻小縣，非但城牆單薄，周圍不廣，且久未修葺，好似衰老久病之軀，置於舊時征戰時代，亦不難摧枯拉朽，如以現代武器論，直如螳臂當車，且無錫完全爲工商地區，而非軍事地區，囘溯軍閥時代，及此次敵寇侵犯，軍事形勢之變更，西隨常鎭，東隨蘇崐，在無錫四郊，迄未利用地形防守作戰，再查鎭江杭州均屬軍略要地，且省會所在此城牆早經拆除，無錫彈丸小邑，更何足恃，如言警備問題，夫防禦盜賊，治本當然屬於教育與社會經濟，治標則完全繫於軍警之防範，且無錫商業及經濟之重心，悉在城外，故主張保存城牆，防禦寇盜，如能一加考慮，所說自難成立，與其保存不適用之城牆，以爲防禦，遠不若建築普通之堡壘，較有實効。

次言廢除者之主張，其利益有五：

(一)無錫城區，面積極小，惟人口密度，甲於他縣，原有幾條幹路，短小狹隘，現在人口激增，通行已感擁擠，同時通行汽車，既未拓寬路面，使行人每具戒心，路面亦不堅固，至載重運輸，尤多不便，並因橋樑多〃失修，不久前軍用卡車行經北水關橋，甚至斷橋，陷車傷人，如能拆除城牆，開闢環城馬路，加以沿城一帶，原有道路在內，則路面寬廣，交通四達，人行運輸，交臻便利，並可進而爲環城汽車道之設計。

(二)拆除城牆後，河身狹小之內城河，完全無用，城內居民，可利用寬廣之外城河，內城河塡塞後，可以建造平民住宅，小型公園，解除住屋之困難。

(三)城根垃圾，可以永遠清除，內城河不潔之飲料，可以不用，至於流通空氣，減少病菌，猶其餘事，有裨公共衛生，殊匪淺鮮。

(四)因馬路之開闢，住宅之增加，交通運輸之便利，均可促進工商業之繁盛，並因此吸引外來之投資，對於繁榮市面，土地增值，可以預卜。

(五)市容之良窳，不特有關外來人士之觀瞻，對本邑市民，影響尤大，蓋優良之市容，每能啟發人民優良的理想，健全的身心，故拆城塡河以後，更可謀現代化的設計，爲美化無錫城區的建設。

依上研究所得，與其保存無用之城牆，曷若爲大衆福利而廢除，曾適心理，對於社會公共事業，每有惰性之趨向，値玆建設第一之秋，城牆之拆除，實一舉而數善備，至環城一帶原有房屋，儘可維持舊觀，城外有少數民房，接連城牆搭蓋者，如有拆除之必要，亦宜按照合理之實價，予以收買，或與平民住宅調換，任令選擇其一，總以不損失人民產權爲原則，關於經費之籌措，(一)採取工賑辦法，(二)在縣行政經費內指撥一部，(三)分募建設捐款，(四)不足再發行建設公債之償還，可拍賣城磚及平民住宅，其餘在縣款收入部份陸續攤還，故對於經費部份亦無困難，此爲無錫一大建設，深願地方人士羣起謀之。

憶臨參會

呂載陽

本會自民國卅五年四月組織成立，迄卅六年三月任務終了，歷時一年，大會三屆，決議案達兩百件，對於地方興革，庶政得失，安定社會，復興教育，敦厚民風，挽救農村，除民疾苦諸端，參議諸公，莫不代表民意，各抒讜論，盡謀碩劃盡情貢獻，載陽猥以庸愚，謬膺祕書職務，追隨議長副議長，暨我參議員諸公，步趨終始，經過情形，知之較詳，茲值刊册紀念，辱蒙莊參議員正，胡參議員正霞，囑必爲文留念，勉書數語，聊表觀感。

竊維本會歷屆決議案，大多均能顧及吾邑人力物力財力，暨實際環境，詳盡研討，愼重決議，以期決而能行，行必有果，此固參議諸公，學驗豐富，識見遠到，而亦議長副議長之思考週詳，領導有方也，惟在政府執行方面，殊嫌不能澈底，例如募集中心國民學校基金，限制農田戽水包價，澈查僞匪鄉鎭長經手事項，暨改良鄉村茶肆利用爲推廣教育場所等案，以吾邑人力物力財力，及實際環境而言，並無不能澈底執行之苦，但事實上政府均未切實執行，其他執行比較困難之案件，自屬更無論矣，是則議會之設，無非點綴門面，粉飾民主而已，其於裨益國家社會者何有。

茲者臨時參議會結束，民選之縣參議會已告成立，名稱雖異，其代表民意，督促政府之任務則一，鄙意今後議會，應注意者，除須繼續臨參時代，詳盡研討，愼重決議之精神外，對於如何督促政府，切實執行決議，似亦不可忽視，本會編刊斯册，不外紀念過去，惕勵來茲，芻蕘之見，尙祈先進諸公有以教正。

臨參會成就在那裏

莊正

做了十個月臨時參議員，參加了三次大會，議決了二百餘件地方應興應革的議案：叨擾了軍政長官十次以上的盛筵，袋進了十萬元左右的川旅費，慚愧，這是人民的汗血錢！

經過了長期訓政，又經過了八年抗戰，人民望治之切，真如大旱之望雲霓，政府也在戰事結束、，勝利來臨的時機，高唱還政於民。在這施行憲政的初步階段，省縣(市)曾設臨時參議會的機構，作為實施民主的橋樑，議員人選由縣政府介紹，最後由省政府圈定，職權更嚴予限制，議決案省府可予以廢棄，尤其縣(市)預算通過後亦可隨意變更。此種「欽定」式的「臨時」議會，其工作上之成就，已可概見。

在第一屆大會召集時，三十位參議員每個人都充滿着滿腔熱忱，想建設一個理想的新無錫，至少能確立個百年大計。所以橫一個提案，豎一個建議，議案多至一百五十餘件，開八次大會，審查會開了近二十次，對於議案商討之周詳，可謂無微不至；字斟句酌，甚至一字之微，不肯放鬆，大會延續至一個月，通過了一百三十四件要案，尚有不急要之提案數十件，授權駐會委員會討論。所有決議案，分別送縣執行。

三個月後，第二屆大會又隆重召開，議員們內心的情緒如何，姑置不論，出席的人數，已打了折扣，檢討議案執行的情形，能否使人滿意，就 蔣議長的開會詞，曾慨乎言之地說：「縣府對於上屆大會送請執行之決議案一百十餘件，到現在所執行的，簡直一件都沒有，一無成績可言！此見縣府缺乏誠意，臨參會等於虛設！」。而徐縣長的答辯，認爲不合羅輯，提出嚴重抗議。聲明臨參會送去的一百〇四件決議案，執行已盡最大努力，大體已告一段落。」並逐一說明各案執行經過，及執行困難情形。縣長最後也慨然地說：「其他爲人力物力及經濟所限制，未能盡如人意，亟盼貴會不客氣的多予指正，和多多協助。」本來政府與議會，總是站在對立的地位，議長縣長常能互相表示遺憾，政治才有上軌道的希望，所以從表面上看，到是很好的現象。

第二屆大會又經詳爲研討，通過了數十件議案，又依法送縣執行；執行的結果，究竟能否使人滿意，可就第三屆大會開幕時，並沒有人提出表示遺憾，這一點或者卽足以證明，已有進步：可是有一點足以注意的，是出席議員人數，經常只寥寥十五六人，提案數較第二次大會時更少，聊以點綴門面。大會除縣府工作人員受質詢時，全場空氣稍爲緊張外，其餘都在雍雍睦睦的空氣中討論議案，人報記載也說：「冷冷靜靜，通過議案」議員們對於會議的情緒，大致如此。

在現臨參會已經結束，民選議員已經產生，代表正真民意的無錫縣參議會卽將召集。檢討「欽定」式的臨參會時期無錫一年來的復興建設，嚴格地說，與剛勝利後並無二致。街道仍舊狹隘，城牆依然屹立（惟有圖正刧已升格爲經濟幹事，議會的成就，不過費了十個月的時間，化了數千萬公帑，通過了二百餘件所謂地方應興應革的「議案」。在我個人，叨擾了軍政長官十次以上的盛筵，袋進了十萬元左右的人民汗血錢，如此而已！

贈臨參同仁一律

蔣翼

抗戰八年掃寇氛，地方庶政劇紛紜。
滿堂賢達議興革，闔邑事功賴恪勤。
廣益集思齊衆力，濫竽附驥逐諸君。
會開三屆留鴻爪，錫邑史乘百世芬。

會議録

無錫縣臨時參議會第一屆大會第一次會議紀錄

日期　三十五年四月六日上午八時三十分
地點　東林小學大禮堂（本會臨時議場）
出席參議員　蔣餔齋　石清麟　錢少明　章緗以　穆吉甫　張正覺　蔣翼
朱學泉　安君模　呂子瑜　華士巽　錢殷之　施錫祺　姚冬聲　榮文光
臧文達　朱文沅　沈錫君　馮曉鐘　胡正霞　李惕平　莊正　黃君與
朱祖璋　徐亦子　孫荊楚（共二十六人）
缺席參議員　孫翔風　李公威　錢基博　匡仲謀
列席縣府各長官：
縣長　范惕生
民政科長　廉文熹
財政科長　王詩人
教育科長　辛曾輝
建設科長　周慶文
田糧科長　侯鼐璋
軍事科長　李沾澤
警察局長　潘玉峋
自治稅捐征收處主任　徐季華
社會科長　柳再春
會計室科員　楊海岑
主席　蔣議長
甲．報告事項
（一）主席報告
1．本會籌備經過情形
2．三月二十五日談話會時抽定各議員席次
3．議長指定第一審查委員會委員名單如下：
莊正　孫翔風　榮文光　穆吉甫　朱祖璋（以莊正爲召集人）
第二審查委員會委員名單如下：
張正覺　朱文沅　馮曉鐘　沈錫君　安君模　章緗以　李惕平（以馮曉鐘爲召集人）
特種審查委員會委員名單如下：
錢少明　李公威　石清麟　胡正霞　沈錫君　朱祖璋　朱文沅　黃君與
華士巽（以朱文沅爲召集人）
4．宣讀旁聽規則
5．本會向　蔣主席致敬電文
國民政府主席蔣鈞鑒抗戰勝利薄海歡騰鈞座領導抗戰艱苦卓絕豐功偉績
千秋應著仰望勛勞朔任欽遲茲值本會成立全體參議員一致議決在鈞座領
導下努力實施憲政完成建國大業爺電致敬伏祈垂察江蘇省無錫縣臨時參
議會全體參議員叩卯魚祕印
6．本會向王主席致敬電文：
江蘇省王主席鈞鑒倭寇降伏於茲八月蘇省在我鈞座領導之下復員大業已
見端緒仰企勛勞欽敬蝎極本會同仁自當追隨鈞座秉承意旨努力實施憲政
奠定自治基礎值茲大會成立特由全體決議肅電致敬仰祈鑒詧無錫縣臨時
參議會全體參議員叩卯魚印
7．本會致范縣長慰問電文：
范縣長台鑒台端出長桑梓將歷二載前於艱苦環境之下與敵僞奮鬥勝利後
進駐城區應付游雜部隊維護地方辦理復員倍著辛勤其間措施雖未盡善然
勉力撑支實已匪易頃悉台端迭電懇辭奉調赴省特致慰問之意無錫縣臨時
參議會全體參議員叩魚印
乙．縣長施政報告：
議長副議長各位參議員關於縣政工作方面縣府於去年八月二十四日挺進城區
迄今七月有餘限於經濟及其他種種條件未能照理想推展故無十分成績茲先簡
單報告縣府方面正在趕印工作報告一俟印就即當分送各位參議員
（一）民政方面：
自復員之始縣府即召開復員委員會先後三次討論各項復員計劃議案二十三件
均已付之實行各區署鄉鎮公所至今已完全恢復鄉鎮保甲長都逐漸加以調整實
際上因鄉鎮經費無着故多視公職爲畏途最近成立行政幹部訓練所以資造就基
層行政幹部各鄉鎮均已恢復二十六年以前界址本縣編查保甲業已完成計全縣
十個區一九九鄉鎮一八七一保二〇二四八甲二二九〇四五普通戶二〇二四船
戶一三八人公共戶一二七三寺廟戶總計二三三七三〇現住男女合計一〇二五
七一六口他往男女合計七七二八六口總計一一〇三〇〇二口此次編查保甲並
未化多大費用紙張係由王主席批准撥給人力方面由地方智識分子及小學教員
協助關於太湖保甲亦已會同軍方編查完竣最近並派員分赴各處抽查並舉辦戶

口興勸登記

禁烟工作係遵照行政院及江南行署法令辦理在自首期內自首者不犯罪販賣者將烟毒品自願繳出亦可不予處罰統計自首登記者本府九七人警察局一一七人城區區署八八人共三〇二人按之本縣實際烟毒人犯數相差甚鉅現在自首限期已屆即將開始總檢查據潘局長估計可能拘捕三千人之多如此大量烟毒犯拘押處所口糧及勒戒藥品都成問題希望烟民能自動戒絕最爲上策烟毒案件已結者七四件未結者四一件查獲烟土二百兩左右

撫恤一項至關重要抗戰人員殺身成仁國家應予優恤本邑各陣亡人員家屬向縣府請恤者隨時轉呈上峯核辦或得上峯飭知給恤事件隨時辦理

衛生方面照中央規定要成立衛生院本縣就僞縣立醫院接收改組但限於經費設備未週和光醫院藥品已動用一部份大部都係軍用藥品不適民用又與稚老丁慕老等發起籌設無錫公醫院擬就社橋頭敵陸軍病院改設已請求軍政部撥給院址本人亦與第一綏靖區司令部方面接洽該處現由軍隊駐守但最低限度要求產權留歸地方垃圾問題本邑很是嚴重縣府一再召集會議潘警察局長曾盡最大努力僱用清潔夫備辦垃圾車並舉行勞動服務清除尚有辦法可想出路却成問題近來江北方面絕無運垃圾船只來係實際困難希望大家來檢討完善辦法

（二）教育方面：

無錫教育素稱發達八年來雖受敵僞摧殘但教員方面甘心推行奴化教育者很少且有與縣府在地下工作時互有聯繫者復員以來各校陸續恢復現在全縣學校學級及學生數已超過戰前學校經費方面發放很少雖然縣校學費照例不能收取但事實上不得不酌量收取以資挹注且各縣都屬同樣情形現在無錫所收的學費約可維持三個月其餘仍須籌發給經費方可維持現在推行國民教育每鎮要設立中心國民小學每保要設立保國民小學現已設立者中心國民學校一四一校保國民小學二〇五校共計三四六校小學生四八四二四人縣中現有學生一六四五人縣女中學生一〇三四人私立中學十六所共學生六六九七人教師二七四人學租方面共計租額一四〇〇石去年收得四百十二石五斗列入本年度預算中師資方面實施甄別開設訓練班不過現在國民小學教師一千餘人中合格的不及半數有待師範方面培植人才來逐漸調整

校舍方面八年來破壞很多凡合於請求救濟條件的已呈請善後總署救濟設法修建

又本邑教育發達縣府教育科辦事人員依照緊縮標準連科長祇有五人實在應付不了雖已呈請省府改設教育局擴大組織以期推進工作尚未奉批復希望參議會方面對此事多發表意見加以協助

（三）財政方面：

財政困難係目前最大問題中央規定五項自治稅捐爲地方主要收入實屬寥寥無幾三十四年九月至十二月僅收入二千五百餘萬元本年一月至三月收入二千八百餘萬元財源不裕以致一切事業都難推展目前警察保安隊士公役等待遇不敷伙食之需公務人員生活亦不能維持實爲當前嚴重問題

本縣預算因生活補助費一再變動屢次更改最近省方又頒發緊縮標準人事須大爲減削業已遵照新標準將概算編就即可分送各位討論

前因政費不敷遵照省方規定組織財務委員會會同向地方各商業印借三千四百餘萬元聊資維持在財政困難之秋得財務委員會蔣主任委員的幫助很多殊深感謝

成立財政整理委員會整理公款公產

積極整頓自治稅捐所有稅票一律改用四聯並調塵事實之需要在洛社長安橋周新鎮蕩口設立分處以增稅收如整頓得好估計全年可征得稅款約三萬萬元之譜本邑僞幣掉換問題曾一度嚴重異常經本府一再督促各行改善收換辦法及商會之協力市上僞幣始見絕跡總計本邑各行局收換僞幣總數達二千萬萬元之鉅

（四）建設方面：

談到建設是非錢不行的本邑建設事業要做的很多但因經費缺乏故均無從着手即以修建吳橋一事而論省方核准三十七萬元但爲一勞永逸切實修建按照目前市價非二千萬元不行本人曾請求第一綏靖區司令部方面協助或有辦法欲賴本縣修建徒成空言城區沈區長說三十七萬元事實上祇能買一根好的木頭

公路方面已修復的如蘇錫公路錫澄公路都由省方及軍方主修縣府僅處於協助地位錫滬公路因有大橋三座工程浩大修復非易尙難通車鄉區各文路橋樑及路面破壞之處動員民伕修復又碉堡已建立者共二十八座

修建房屋報請查勘者計一八八起已核定發給執照者一六三起

整理航運請領輪船業執照者七十餘家航船業執照者三百餘家均已轉呈省廳核發

電流問題關於地方工業至重且大曾一再與商會努力籲請增發煤斤以期加強電力但未有若何良好結果

成立農業推廣所並領得樹苗一萬枝分發各處種植

關於車輛管理錫邑以人力車爲最多且多破舊不堪照例均不合格但事實上一切要照標準做到則物價高昂成本大了勢必加租有激成車夫罷工可能所以在這樣

的環境之下欲求適合標準的車輛實非易事

（五）　軍事方面：

本縣本有保安團史耀民部及保安第二大隊張靜部後合併整編爲縣保安大隊計四中隊最近又縮編爲三中隊共計作戰五次

關於自衛隊各區成立一分隊每鄉鎭成立一班先後計有一二一鄉鎭組織成立其餘各鄉鎭因環境特殊或以經費限制尙未如期成立現正在籌劃中槍械方面先後由孫元良將軍及湯司令官撥到四百枝內二百枝係以每枝一五〇〇〇元之價格由各鄉鎭價購本府又將保安隊編餘槍枝一併發給自衛隊應用現計東亭區有步槍三十四枝蕩口區步槍四十五枝城區步槍二十枝前洲區步槍二十枝長安橋區步槍二十枝周新鎭區步槍十枝自動步槍二枝安鎭區步槍一百枝輕機槍一挺藕塘橋區步槍四十枝張涇橋區步槍九十四枝輕機槍二挺洛社區步槍五十枝自治實驗鄉步槍二枝槍械尙覺不足現雖要求湯司令官核發二千枝因各縣均在要求恐難如願警局方面向司令部方面借到步槍一百枝應用目前保安隊士每月餉項及膳食費規定祇有七千餘元事實上因財政困難又不能全部領到故士兵生活非常痛苦

（六）　田糧方面：

關於採購軍糧本縣派額八萬担本人因爲數額太多一再請求省方減少未獲邀准現已辦到六萬二千三百九十石所虧一萬數千石仍須催解所有糧款隨到隨發均有賬可查惟各鄉不肯多領或領去後要求退還採辦方式城區米業四萬石各鄉區共四萬石糧價均照五千元一石計算所購之糧均陸續解滬倉庫存數極少除此八萬石外聞以後尙須續購價格則可按照三月十五日市價計算

奉令實施糧食議價已開會數次規定無錫米價不得超過當日滬市八七折違則處罰經此措施後米價已見穩定

舉辦糧商登記截至三月十五日止先後聲請登記者計米糧行業二一六家粉麩業六八家米糧另售業二五九家堆棧業二三家礱米廠業二十八家麵粉廠業二十三家共計六一七家

整理賦田以前本邑有田一•二六〇•八一一畝爲今後征收田賦根據計各縣都有三十萬元的整理串册經費惟省方認爲本縣册籍尙屬完整無需重造故經費亦分文未發

（六）　社會方面：

社會科的工作已由該科印就工作報告分送各位現在概述如下：

1•對於抑平物價安定民生的努力經過2•組訓民衆完成各級人民團體之組織3•調整工資處理勞資爭議4•歡迎國軍舉行歡迎大會5•慰勞國軍籌募慰勞獻金6•舉行擴大慶祝奮發民氣7•籌組冬令救濟委員會救濟災黎8•剷除荒謬標語改正奸僞命名9•加强各級工會基層組織舉辦工運會報關於勞資糾紛共計二十四起都由本府調處完滿解決其間得縣商會及總工會的協力頗多又本府成立合作指導室但本縣已成立的合作社不多故無若何成績可言

（八）　軍法方面：

本府軍法室辦理烟毒軍人犯罪奸匪漢奸盜匪等案件依其性質分別由本府判決或移送蘇州高等法院或第一綏靖區司令部辦理但人員不多故辦事不能如理想的迅速

（九）　本年度施政計劃：

爲提高行政效率必需確立行政三聯制人事方面注重考核確立分任負責制

健全各縣屬機構	注意訓導督導工作	加强黨政軍聯繫
調整區鄉鎭保甲長	整飭區鄉鎭保辦公處	舉行公民宣誓
整理戶籍及門牌	厲行禁烟	加强民衆自衛組織
撫卹忠烈	收容乞丐擴充習藝所	檢查水井
清除垃圾	嚴禁賭博	籌設公醫院
防疫事項	推行學校衛生	免費接生
組織兒童保健會	管理特種營業	整頓自治課稅
廢除苛雜	舉辦因地制宜稅	實行金庫制度
甄別財務稅務人員	整頓契稅	推行二五減稅
抑平糧價	恢復縣立師範	充實各校設備
舉行運動會	修理公路橋樑	拓寬街道
開闢環城馬路	管理車輛	普設郵政箱
完成各級人民團體	設立救濟院	疏浚河道
組織勞資糾紛仲裁會	舉辦民槍登記	普遍組織民衆自衛隊
整訓保安部隊等等		

以上種種不過犖犖大者相信在各位督導下努力做去必能達到目的本人學識經驗兩感不足希望各位儘量指示當以十二萬分誠意謹敬接受

乙•質詢：

姚冬聲提：軍粮價款縣府是否確實隨時發給農民交貨後都未能即時領得價款而物價高漲損失太大

范縣長答：軍糧貨款係分五次發下並非一次領到第一次發下時與市價不相上下毫

不吃虧那知糧商得知採購軍糧消息隔日即暴漲至於軍糧價款確領到即發但各區情形不同有的隨領隨發有的須米收到後才發也有要米解倉廒才發曾派員啟查發現挪用即予嚴懲並責令須持農民收據作報銷現祇二區尚未報日內將行總檢查如有故意遲緩發給事實時隨時法辦希望民衆能加檢舉

石清麟提：要求公佈各區發給糧價日期及數目以明眞相

范縣長答：軍糧辦理完竣後原欲公佈自可照辦

錢少明提：城區糧商承辦軍糧四萬石但聞於農民售貨時除扣佣金外更須每担扣二百元以資貼補軍糧虧耗是則此次軍糧之損失完全由農民負担且至今繼續照扣應請徹查

范縣長答：省方規定軍糧須向農民採購後以情形困難首批二萬担遂在城區購買行商虧折實大當經邀同士紳汪錫君蔣鋪齋等與米業商定於代客買賣時米每石扣五十元稻每担扣二十五元雜糧每担扣二十元至彌補虧折足額時即須停收此事由米業公會辦理是否有利用取巧情形即派員徹查錢參議員所謂每担扣二百元絕非事實

石清麟提：請縣府公佈各區攤派軍糧數目

范縣長答：當時因恐實際採購時不能足額故各區攤購總數稍多至於各區已解糧額及領款數目都可公佈候田糧科整理後當而報告本縣共計收到糧款四萬萬元已發三萬八千餘萬元

蔣議長當以軍糧問題情形複雜各參議員質問歷時較久爲結束問題起見擬指定姚參議員冬祥錢參議員少明石參議員清麟三位負責檢查賬目後提出報告明白眞相後再行討論

姚參議員冬祥即席謂茲事重大待田糧科提出報告後如有疑義再行徹查當經一致決議通過

石清麟提：據范縣長報告田糧處汪督導員移借糧款四百餘萬元是何緣故

范縣長答：此事曾呈經田糧處核准因經費無着故由汪督導向本府商借

穆青甫提：軍糧價款據本人調查時所得省方共分六次發給爲何本縣領到日期與發區日期相差太遠一・二・三・批本縣領到一萬四千萬元後爲何張涇橋區僅領得三百萬元

范縣錢答：第一・二・批之款均交米業公會鄉區派購軍糧在一月份以後可査賬冊

朱文沅提：採購軍糧情形請縣長飭科製成詳表送會審査

范縣長答：可以照辦

孫荊楚提：解交軍糧流弊很多如米要篩篩下的歸他們農民損失極大

范縣長答：現在各縣解交軍糧以無錫米質最差本縣係糙米他縣係白米是本人盡力交涉結果孫參議員所說故意留難取巧是何區何鄉何人請提具體事實如屬縣府範圍決予嚴辦

蔣議長謂今天時間已將中午各科長報告於下次大會行之並請各機關長官退席開始討論

丙・討論事項：

（一）預備會議所決定之旁聽規則有無須修正之處請討論案

決議：無修改通過

（二）本日議程所列各提案擬按照議事規則第十八條之規定將各案先行交付審査俟有審査報告後再行提會討論案

決議：議程中第三・四・兩案交第一審査委員會先行審査議程中第五・六・七・八・九・十・六案及縣府預算案一併交第二審査委員會審

（三）本會接受請願案件應否規定介紹參議員人數案（主席提）（附議人數在二人以上宣告成立）

決議：民衆請願件應由參議員三人之介紹方得成立請願案

（四）朱參議員祖琼臨時動議：「電話中央停購軍糧案」（經主席詢問附議人數在二人以上宣告成立）

決議：議案成立列入下次大會討論

丁・選舉

依據預備會議決議應由本會票選代表四人爲無錫縣財政整理委員會委員

選舉結果除蔣鋪齋（十二票）穆青甫（十二票）徐赤子（十票）三人得票較多當選爲財政整理委員會委員外爲曉鐘安君模二人各得七票公決由徐副議長舉行拈鬮決定結果拈定安君模當選爲財政整理委員會委員

十一時四十五分散會

議長　蔣鋪齋

秘書　呂叔賜

無錫縣臨時參議會第一屆大會第二次會議紀錄

日期　三十五年四月八日下午二時

地點　東林小學大禮堂

出席參議員　蔣鋪齋等二十七人

列席者　民政科長　廉文熹

警察局長　潘玉崎
地方行政幹部訓練所教育長　張一飛
主席　蔣議長
首由主席報告出席參議員已足法定人數宣告開會並由秘書宣讀第一次大會紀錄
報告事項：
甲・民政科長廉文熹報告：
關於本科施政狀況可分四點報告第一是保甲第二是衛生第三是禁烟第四是獎恤關於保甲事項第一是調整區鄉鎭長如果在當地找不到沒有充任過僞職的適當人士不得已仍舊暫用僞職的人時須經當地民衆的推舉和在敵僞時沒有劣跡而且要由區長切實保證以示限制以後再將鄉鎭長分別考詢並逐漸加以調整第二是劃分境界淪陷時期經敵僞妄改名稱以致界址紊亂糾紛迭起所以在區長會議中決定一律恢復戰前界址改換原來名稱現在全縣境界已根據內政部檔案室中所有無錫縣地圖更止就緒極小部分不合理的地方俟土地丈量以後再逐加調整第三編查保甲舉辦時印刷費一項估計需千餘萬元當時縣政經費非常困難只能用舊的戶口表及聘宮一面注重抽查工作警察和憲兵幫了很多的忙後來想到保甲表册如果不印關於編組保甲將無法完成適王主席來錫當經范縣長請求將接收之毛邊紙一百件撥用經王主席批准所以本邑對於編組保甲未化多大費用編查保甲城區先開始鄉區於年底才辦理當時恰巧鄉區以採購軍糧爲重心工作所以有一部份鄉鎭長無暇顧及不免有敷衍塞責的情形故數字方面不會十分正確以後只有加緊辦理戶口異動登記來補救關於禁烟事項厲行禁烟禁毒是復員期中再重要的工作本邑最初遵奉江南行署頒布的肅清煙毒暫行辦法先辦自新自首及設立戒烟所勒令戒絕但戒煙所因經費毫無着落所以不久就停辦後省方轉下行政院頒布的法令又規定於六個月內禁絕後又奉令展限兩月最近又奉令辦理總檢查總之關於禁烟法令辦法分岐眞是無所適從向上峯請示民政廳及省保甲司令部指示各異此點最感頭痛現在就要舉辦縱横連坐切結施行總檢查但查出後拘押勒戒都成問題還是迫切需要解決的過去因爲經費所限戒煙設備不足又屢展限期所以毫無成績可言還是很覺慚愧而痛心的關於獎恤方面軍人獎恤事件歸軍事科辦理凡民衆於抗戰時忠貞不貳或因抗戰陣亡請奬請恤者本科均已照轉照辦上峯對於請恤事件亦都准如所請多少發給恤金
本人還有一點感想在報紙上看到「行政人員人人有畢個個叫宽」參議會爲問畢之所也是叫寃之所關於各項興革事宜請各位多所指示至經濟上之困難及法令以推行亦請各位多多協助

乙・警察局長潘玉崎報告：
本人自去年十月二十三日奉命到錫接事以來已閱五月時間不能說短可是許多工作都沒有完成很是慚愧茲分數項報告如下：
（一）關於組織及人事事項
除總局外在城區設立第一至第五分所在鄉區各地設立第六至第十四分所並有十二個分駐所及三個警察中隊一個水巡隊接事時共有員警一一二四人十二月止增至一五九〇人三月份止又增至一七二八人計官長一六七人長警一三五七人清潔伕公役二〇四人最近奉令緊縮計裁去官長四四人長警二一四人本局員警雖大部分不免仍係僞員但工作好的亦有一面加强人事管理員警都須取保一面厲行長警訓練注意考核以期逐漸整飭風紀改善警察素質槍械方面共有步槍七四六枝手槍九〇枝匣子槍一三枝輕機槍三挺子彈三萬餘發城區各警所每所約配置步槍四〇枝鄉區每所配置步槍十餘枝二十枝不等安鎭區因駐防部隊較多配置較少祇有六枝其餘警察隊每中隊配置步槍一〇〇枝輕機槍一挺
（二）關於長警待遇及福利事項
本人接事時除人員服裝槍械器具什物等接收外現金一個都沒有接收到又因縣府財政困難應領經費未能全數領到截至目前止欠發的有四千六百七十餘萬元之鉅是以維持爲難官警生活非常痛苦本局曾向縣府領到布四七五疋除將一部份換取棉花外製就棉制服一千餘套長警服裝得以煥然一新並製發棉被二五〇條以資禦寒
（三）關於治安事項
本邑因有縣府政警室兼理緝捕事宜故本局暫未設偵緝人員但警局無偵緝隊如人之無耳目爲補救計故飭由各警所於晚間加强巡邏以爲事先防範之計對於特種營業如旅館戲院菜館浴室等公共場所加以管理由各業自印執照申請警局登記蓋印可謂絕未收一個錢對於娼妓歌女之限制及管理因風化區尚未找得適當地址不能集中管理沒有辦得好很是慚愧妓女十有九病現登記者有一四五人
（四）關於交通管理及整頓市容事項
訓練交通警擇身體壯大者充任以重觀瞻指定人力車站及於狹小街道規定單程交通以免阻塞街道於熱鬧市街取締攤販以免妨礙交通清除敵僞標語及廣告粘清遺蒋於北區熱鬧街道督促各商店每家自設路燈以利行人
（五）關於清潔衛生事項
清除垃圾工作雖有清潔伕及舉行警士勞動服務協同搬運垃圾但缺乏出路是一困難問題現已置備了二十輛垃圾車擬於規定時間流動各處以代垃圾箱收受垃

垃路上絕對不准再行傾倒如此做去想無錫的垃圾於四個月內可期肅清

(六) 關於戶籍事項

因經費關係本局尚無戶籍册但隨時選擇優秀員警聯合軍憲及保甲抽查戶口對於旅棧流動戶口尤特別注意時加檢查

(七) 關於司法方面

本局司法人員處理案件完全依照法令辦理惟因環境複雜亦頗多棘手之處惟求於迅速適當兩點着手羈押人犯决不超過二十四小時隨時移轉法院辦理情節輕微者即行開擇辦理烟民自首在本局登記者有二百餘人

上述各點完成的地方很少比較辦到的就是警察風紀到差時聞以前警察風紀很壞即嚴令所屬如因能力薄弱而生過失者從輕處辦如品性惡劣者則予重懲並因積習關係曾將各警察所長警互相對調服務現在城區比較進步些鄉區則尚未辦好皆以警士素質不佳兼之待遇菲薄致未能盡如人意總之沒有錢要事辦得好非常困難希望各位一方面要多加指示興革之道一方面還要請設法改善長警待遇

質詢：

莊　正提：城區治安報告很多　理也好但警察局忽略了大多數人民所在的鄉區本席代表周新鎮區有所詢問該區警察所長堵承棟所作所為局長知道否1.黑夜搜查西涇頭平民八家並將四人拘捕解城未知所犯何罪2.最近燒香浜捉賭案堵所長率便衣二人持槍前往捉賭反而願任保護索取陋規致與自衛隊發生衝突報告總局之呈文中反說南方泉自衛隊包庇賭博3.周新鎮區現有烟館三百餘家之多堵所長派高姓警士等按日每家收取六百元一千元不等是否係因地制宜稅

潘局長答：警察辦案穿着便衣殊屬不合關於賭案俟調查詳情後再答復其他兩點即當澈查嚴辦

黃君與提：鄉區警察所槍枝分配不勻安鎮區祇有六枝內二枝可用太覺輕忽歧視

潘局長答：當設法調整發足二十枝可也以前因為該所人事三度更易且警士良莠不齊恐有意外發生且該處其他部隊較多故發槍較少

錢少明提：堵承棟確是劣跡昭著曾向燒香船每船收取數千元致與自衛隊衝突此種警察所不能禁賭反要收取陋規簡直可以不要莊正補充謂堵所長又曾向南方泉烟賭館敲詐罰金五十萬元及白米十三石烟賭館本身雖違法但堵所長如此處罰有何根據

潘局長答：這都是非法的犯罪的查明決予嚴辦

穆吉甫提：請警局公佈本邑竊盜案件未破者若干因何未破

潘局長答：凡本局所知可作書面報告

姚冬聲提：警局經費困難能有如此成績亦已不易惟本邑露天坑廁太多殊礙衛生迅予取締不知警局曾注意及此否

潘局長答：早已注意茲先將不必要的打掉需要的令其改善

蔣　翼提：自實行靠右邊走以來一般車輛尚能遵行一部份包車階級仍得違反警察為何不加糾正

潘局長答：警察執行職務時遭意外阻礙以致因循以後當鼓勵其勇氣使能切實負責

施錫祺提：東區警察分所檢查旅客宿娼殊見認眞但馬路上仍多雉妓實應同時加緊取締

丙．　地方行政幹部訓練所教育長張一飛報告

本所係遵照省令設立但無設當地點暫借惠山忠烈祠開學開辦費祇有二十五萬元建一副灶尚不夠故其他各項祇得因陋就簡沒有桌椅學員都坐在蒲團上筆記時手拿一板物質條件雖然這樣缺乏但學員的精神都很飽滿第一期三月一日開始四月四日已結業受訓學員共計一五三人內調訓者一一七人招考者三二人保送者四人畢業者一三九人其餘退學者一人開除者五人及格者八人第二期訓練於本月二十日開始云

穆吉甫質詢：按區鄉鎮組織條例第二十九條規定經訓練合格人員方得充任鄉鎮長是幹訓所責任非常重大但覺訓練材料異常缺乏似有未妥

張教育長答：此次訓練所講師均係地方各機關首長及各學者教材方面如經濟充裕當然可以增多

（臨時動議）

(一)臧文達提：「對於燒香浜香客刼案報載頗多疑點應分請軍警機關澈究案」連署人達出席人數三分之二成立議案

議決：原案案由改為「對於燒香浜香客刼案報載頗多疑點應請第一綏靖區湯司令部從嚴澈究案」並由原提案人附加說明後由會電請湯司令官辦理

(二)孫翔風李惕平提：「電請第一綏靖區湯司令官限制軍隊及軍官眷屬借住民房案」連署人在出席人數二分之一以上成立議案

決議：原告無修改通過由會電請湯司令官辦理

(三)臧文達提：「頃據藕蕩橋區崇仁鄉鄉長劉秉章面稱今日來城解軍米共五十担(即五千斤)糙米十二石(即一千二百斤)倉庫方面將白米收進糙米拒不肯收同時白米五十担中竟秤虧至一百斤之多並需索起艙費每二百斤一百元上力費每二百斤一百五十元鄉長身上無錢未將起艙上力錢繳清該倉庫竟將軍米收據持不交出云云」

按昨日范縣長報告爲體諒民衆痛苦起見軍米仍收糙米何以該倉庫拒收糙米起舶上力尋費是否規定支出軍米收進以後不出收據用意何在鄉長繳軍米以後無有收據何以交賬敬請討論緊急辦法處置案

決議：於第三次會議時再行討論

（討論事項）

蔣議長意見本日議程第四項朱參議員祖璋等所提「呈請中央停賒軍糧」案山中停賒二字似欠妥當應否加以修正

決議：原案修正爲「呈請中央改善採賒軍糧案」先行交付特種審查委員會審查擬具辦法後再行提交大會討論

（議長決定事項）

1. 本日議程第三項「本縣三十五年度預算案」先交付第一第二兩審查委員會會同審查後再行提大會討論以節省討論時間由第二審查委員會召集人馮參議員曉鐘召集之

同時並應通知縣府財政科長及自治稅捐征收處主任於審查時出席以便諮詢

2. 本日議程第五六十五項各提案先行交付第一審查委員會審查後再行提交大會討論

本日議程第七·八·十一·十二·十四·十六·十七·十八·十九·二十·廿五項各提案先行交付第二審查委員會審查後再行提交大會討論

本日議程第十·十三·廿二·廿三·廿四項各提案先行交付特種審查委員會審查後再行提交大會討論

3. 本日議程第九項「開展地方自治稅捐以維縣政經費案」先行交付第一第二兩審查委員會會同審查後再行提交大會討論

爲節省大會時間起見以後收到提案及所有未列議程中之各提案由議長逕行分別交付各審查委員會審查後提交大會討論此項交付審查之案由不再於大會中宣讀

4. 明日全日開各組審查會

5. 後日續開第三次大會上午八時半起舉行

五時二十分散會

議　長　蔣 師 齋

秘　書　呂 감 裁 焬

無錫縣臨時參議會第一屆大會第三次會議紀錄

日期　三十五年四月十日上午八時三十分

地點　東林小學大禮堂

出席議員　沈錫君　蔣師齋　石清麟　朱學泉　姚冬醉　呂子瑜　張正覺　錢少明　臧文達　章繩以　施錫祺　徐赤子　馮曉鐘　莊　正　黃君輿　安君模　穆吉甫　朱文沅　錢殷之　孫翔風　華士巽　朱祖璋　孫荊楚　榮文光　蔣　翼　共計二十五人

缺席議員　李惕平　李公威　胡正霞　錢基博　匡仲謀

列席者　縣政府教育科長辛增輝

主　席　蔣議長

主席報告出席議員人數宣告開會

繼由呂秘書宣讀省府頒發本會關防鈐記縣府派員前往具領電文一件　宣讀縣府社會科交來工作報告更正冬令救濟委員會委員赴滬募得一〇一三，一〇〇〇元誤寫一〇一，三一〇〇元並誤寫除去雜用開支三五，四三〇〇元十三字函一件　宣讀上次大會記錄

報告事項：

教育科辛科長報告如下：

關於無錫教育概況從去年九月十二日接收開始以來施行步驟分三個目標：(甲)從量的擴充到質的改善(乙)適應當時環境恢復學校先從城區再到鄉區(丙)現在最重大的任務厥爲普遍設立國民學校次爲中等學校

現已恢復的學校城區有十四個小學三個中學並鄉區共有四百十九校已委校長有三百九十四校中心及保國民學校共有一千零六十四級學生數爲五萬二千六百二十四名教職員有一千五百六十五人加上私校數約有五百所中學十一所已超過戰前數量以後如能每一鄉鎮設一中心國民學校每三保設一保國民小學則吾無錫教育前途有無限希望關於中等學校城區已有男女兩縣立中學鄉區的懷仁中學安陽中學在抗戰時期均負有抗戰教育的相當歷史以後決收歸縣立該校等經費現已按照城區縣中打七折列入本年度預算

鄉區學校已逐漸恢復因人事不敷於今年二月份起每區增添教育指導員一人但又因生活費無濟致不能盡如期望

關於師資方面：遵照教育部規定舉行教師甄審計登記者有一千二百八十六人甄審合格三百十二人應受訓二百二十人受訓合格六十五人共計合格教師三百七十七人四分之三爲不及格因爲師資缺乏將來預備在梅村開辦縣立師範同時今年須舉行全縣教師總登記送省核發證件

關於教育活動方面：(一)去年曾舉行中小學文藝競賽(二)今年四月二日曾舉行兒童健康比賽(三)今後尚須舉行各科研究會並舉行示範教育及舉行社會測驗

關於去年教育經費情形：城區學校至一月份止應發壹千另五萬六千二百元內八百另一萬三千三百念四元因經濟拮据迄未發放

關於本年度教育經費：教育經費預算佔全縣總預算百分之二十八臨時費四千萬元給各校添置校具修理等實不夠支配

關於教師救濟方面：(一)因教師生活清苦於去年曾有家庭津貼共發三十五担五斗米但杯水車薪無濟於事(二)今年已請求善後救濟總署發放舊衣俟該項舊衣到達願儘先發放給小教本邑教育經費在戰前不及如皋多但尚稱穩定希望參議員諸公多多指示能恢復戰前原狀幸甚

質詢

莊　正問：無錫教育的復員工作辛科長備見辛勞惟在教師甄審會議上曾決定曾任過去的偽校長雖受訓仍不得任用校長現崇安寺小學校長顧涇村與實小學校長周世傑均以偽校長蟬聯請求解釋

辛科長答：去年我對於校長問題向以慎重人選惟省頒命令確有經甄審受訓爲合格並且該兩校長曾參加地下工作有范縣長委任顧涇村曾任洛社教育指導員周世傑爲城區教育連絡員並且蔣主席前在上海時對偽教師亦以寬大爲懷爲原則

莊　正提：對該兩校長參加地下工作殊覺懷疑我對該兩校長不認識也並無成見不過參照繆道斌過去在三十三年曾和軍統發生關係尚不足憑證依然要判死刑顧校長於二十八年就參加偽維持會時間很早很長參加范縣長地下工作已在最後時間

辛科長答：繆道斌的問題太大並且對偽教師任用中央確有命令不能歧視

莊　正提：該校長施行奴化教育應請注意

辛科長答：參加偽組織是一個問題有無奴化教育是一個問題如有奴化行爲當然不可原諒

孫翔風提：據本人所知尚無奴化教育的事實

朱文沅問：莊參議員所詢有無奴化教育應調查後再辦理

關於教育經費應普遍發放不能偏於城區今年鄉區可否能領到

辛科長答：本年度經費預算係全縣預算要有城鄉均有

石清麟問：鄉間國民學校往往干涉私校應否切實注意

辛科長答：除誠意接受外但大部份私校尚未立案希望督促趕快立案使私校能長久穩定不致隨便停閉

穆吉甫提：鄉區中學經費百分之三十須由地方負担爲甚城區中學可以十足發放

辛科長答：城鄉並無歧視因安陽中學等有校產彌補

錢少明問：在戰前所在地之學校是否已完全恢復在南方泉區爲甚不辦一中學

辛科長答：尚未完全恢復在以前本有計劃每區辦一中學因經費無着該計劃未能實現

錢少明問：北方有懷仁中學西方有安陽中學並預備在東方辦一縣師能否以七成經費在南方添設一中學以資平均

辛科長答：我以爲懷仁安陽中學及吳風縣師之地點在三角地業已很適中

十時正休息十分鐘

繼續質詢

章綱以問：縣府何重視公務人員小教之經費竟有積欠數月之多公教人員之待遇應該平等否則小教生活堪虞當然要逃亡改業這也就是師資缺乏的根本原因

辛科長答：縣府人員之經費能按月發放是事實至於教育經費收入沒有又不能借小教前途確是危機重重望諸公在田賦未開征前想法補救

錢少明提：請范縣長在未離任前教費應該發清

張正覺提：江陰上海教育經費均能想法發清無錫不能注意及此請參酌上海江陰情形補救否則恐非地方之福

朱祖琼提：農工商學同爲四民農工受教育機會最少請縣府設立農工職業學校

錢殷之提：縣府教育經費如此無着落將來學校終有停頓一天最好有新的方法補救對工農職業學校亦請當局計劃

過曉鐘提：本縣教費積欠到半年以上這是當局太不負責任提高待遇教費按月發放以及增設農工職業學校應採取緊急辦法提前解決

華士巽提：望教育當局今後教育方針應以生利爲目的

錢殷之提：教育在以前原實行手腦並用今後學校應普遍設立勞作設備並與質能同時進行

辛科長答：(一)國民學校依法令不能再收學費縣府同仁無日不在爲教師謀安定但縣府經費困難確係事實(二)蘇州國民學校即不收學費但每一學生收基金三千元以學息作學費(三)江陰本沙田學田補救並在錫澄路上向旅客征收教育捐縣府也想效法恐省方不准迄未舉辦(四)戰前在穩定時期經費尚且借款發放現在經費困難動盪還請參議諸公設法(五)即臨時費一項亦無法分發而請求學校有十餘校之多現已酌量發一點

蔣　翼提：區教育指導員沒有待遇未可厚非但兩督學應該時時下鄉視導

辛科長答：教育科人事太少督學在去年担任甄審今年幫助四鄉復校工作確已很忙並旅費不多時時下鄉視導實感心長力短

議長宣稱：關於教育問題可歸納兩點（一）教育經費應儘先發放（二）在各項賦稅未征以前如何籌措發放

討論事項

一、解繳軍粮緊急動議案　上次大會臧文達等提

一致請求省田粮處駐錫倉厫股長俞贊堯申復理由

當經該倉厫俞股長報告：（一）對於鄉區解繳軍糧其困難情形余極同情（二）至於倉庫白米收糙米不收絕對沒有此事倉庫決不要陋規但糙白米均以一百五十斤作一石並無折扣上下力起駁費諒係工人需索該工人並非倉庫雇用（三）一〇二倉庫係軍隊倉庫不屬省田粮處（四）對崇仁鄉劉鄉長解繳軍糧絕無勒索不收情事內六包因沙子太多故退回（五）如有磅秤上下其手儘可檢舉

時已正午十二時宣布散會下午二時討論直至二時三十分議長報告議員出席已過半數宣布對上案繼續討論

議決：原提案修正改爲「改善解繳軍糧手續案」辦法：電省府田粮管理處（一）軍粮應由省縣倉庫統一收發（二）駁力費用應由倉庫規定最低數額並公告解繳軍粮者知悉解繳人能自動搬運者不得需索任何費用（三）貨船到岸應隨到隨收不得留難（四）磅秤應正確倉庫方面應請解繳人監督磅秤並體卹物力不得狠耗

二、對於本邑及江陰鄰近駐軍逕向民間征取稻草不給代價或廉價征取擾民殊甚應設法制止案　孫荊楚臨時動議

議決：辦法如下：

（一）電湯司令官命令制止非本邑駐軍不得再向本地住民征收柴草

（二）並電知縣府轉令各鄉鎮長此後對軍隊征收柴草務須按照各地駐軍需要統籌依照市價代爲收買務使鄉民減輕負担

三、莊參議員正爲周新鎮警察所所長堵承棟在該區區長前公然恫嚇如何處理案　莊正臨時動議並提出書面報告及請求

議決：由會函請地方法院周首席檢察官依法偵查

四、發起尊師運動及慰問教師案　姚冬聲臨時動議

議決：辦法：尊師運動一節保留　慰問教師電稿由議長指定徐亦子朱文沅孫荊楚三議員起草

五、爲本會表白立場應即發表宣言使社會人士得明瞭本會之態度與任務案　臧文達等臨時動議

議決：原提案由修正改爲告闔邑同胞書於大會閉會時發表並推定朱參議員文沅蔣參議員翼馮參議員曉鐘黃參議員君與徐副議長亦子臧參議員文達安參議員君模錢參議員少明莊參議員正爲起草人

六、本會大會前設置民意箱案

議決：報告人改爲投遞人不得匿名誣報　（照審查報告修正通過）

七、改善全縣警察素質以增進効力案

議決：（照審查報告修正通過）

八、如何籌集國民學校基金案

議決：由縣府督飭各區鄉鎮長就學校所在地聘請地方人士組織籌募基金委員會依照國民學校法籌募之不足繼續籌募　（照審查報告修正通過）

九、確定教育經費百分率及獨立保管以利發展教育事業案

議決：辦法（一）確定本縣教育經費應在全縣行政經費數字中佔百分之三十編造預算（二）組織教育行政委員會統一計劃（三）教育經費應儘先發放任何政費不得超過教育經費發放之成數　（照審查報告修正通告）

十、革除區糧書冊給以輕人民負担案　因與莊參議員正所提性質相同保留併案討論

十一、廣造森林以益水利案　移後遇有其他性質相同之提案時併案討論

鐘鳴六時宣佈散會

議長　蔣餔齋

秘書　呂啟曙

無錫縣臨時參議會第一屆大會第四次會議紀錄

日期　三十五年四月十二日（上午八時半起至十二時）

地點　東林小學大禮堂

出席參議員　蔣餔齋　徐亦子　章繩以　朱學泉　呂子瑜　蔣　翼　石清齋
臧文達　榮文光　孫荊楚　姚冬聲　張正鍔　朱祖璋　穆青甫
錢厥之　莊　正　馮曉鐘　安君模　朱文沅　施錫祺　錢少明
共計出席二十一人

缺席參議員　沈錫君　李惕平　孫翔鳳　胡正茵　李公威　華士巽　黃君與
錢基博　匡仲謀　共計缺席九人

列席者　財政科長　王壽人　科員　張貽孫

主　席　蔣議長

首由主席報告出席參議員已足法定人數宣告開會

繼由呂祕書宣讀第三次大會紀錄

報告事項：

財政科長王壽人報告：

我國財政收入向以田賦關稅鹽稅三項爲大宗但關鹽二稅都屬國家收入田賦則有一部份撥作縣收入本縣自復員以來田賦一項又經中央明令豁免地方收入僅賴五項自治稅捐實屬寥寥無幾財源不裕而各種費用又待支孔殷以致應付非常困難

以去年九月至十二月而言本邑有保安隊一千五六百人警察一千五六百人囚犯二百人連同縣屬各機關人員總計達四千人以上日需食米四十石粥少僧多維持爲難不得已向第三方面軍第十五前進倉庫借到白米九百石又呈經省黨政接收委員會核准撥借小麥二千包白布一千疋聊以維持部隊伙食及製備將團冬季制服勉渡難關惟所借布疋敵僞產業處理局一再索還經呈請省方核示以戰前布價折算支付但處理局方面最低限度堅持須照市價八折計算約須二千七百萬元之鉅本縣以何來此鉅款又經呈省請示奉指復俟中央撥款到後再行歸償所借之米倉庫方面亦已來催索惟所借小麥則尚無如何動靜

自縣府遷進城區以來即於去歲九月間遵照江南行署規定組織地方捐稅征收處今年又改稱自治稅捐征收處並於各鄉設有分處四所五項自治稅捐除房捐即日籌備開征外其餘均已舉辦自新主任徐季華到差後積極整頓稅收大見起色四月份可望增加至三千萬元以前每月收數祇有一千數百萬元希望以後每月稅收能達到五千萬元之標準加以省方撥款則暫可勉行維持經常費之支出

去年十一月間奉令聘請地方人士組織財務委員會曾向地方各商業印借法幣三千五百萬元以維持各機關經費結果實借到三千四百四十萬〇五千元此款將於本年度完全償還自該會成立後負責監督財政收支釐核預算開源節流兩方無不熱心擘劃今日縣財政之得能漸趨正軌財委會整頓之功實不可沒

三十五年度本縣概算已編過三次最初遵照江南行署所定編制第二次按照省頒擬大標準最近又奉省頒緊縮標準業已遵照彙編就緒並已分送各位參議

總之財政爲凡百事業之源泉希望諸公對此後本縣財政方面之措施多多指導

繼由財政科員龔貽蓀報告去年九月至十二月各項稅收及各機關已領經費數字並本年一月至三月各項自治稅捐收入及省撥補助款項數目暨各機關已領經費數額（數字冗長不及備錄且財政科允發書面收支數目報告故從略）

質詢：

莊參議員正問：縣府由鄉遷駐城區時各業會有獻金爲何報告中並未提及擬請將詳細情形書面公佈

王科長答：獻金一事本科並未經手當轉知金庫方面提出書面報告

錢參議員少明問：財政報告數目繁瑣無從記憶請財政科印發收支報告表以便查詢

王科長答：可以照辦

榮參議員文光問：城區每戶收取清潔勞動服務代金一千元二千元不等是何名目

王科長答：此事本人不知道

安參議員君模起立謂：據本人所知上次軍風紀巡察團來錫以本邑垃圾亟須清除縣府奉諭後即轉飭區鄉鎮公所即日辦理由每保雇清潔伕一名待遇月給白米一石所收清潔勞動代金大約即係此用

質詢至此告一段落姚參議員冬蘗以縣府田糧科提出之採辦軍糧報告有若干不明瞭處須請該科主管人負責解釋當由蔣議長謂今日時間不及請王科長轉知田糧科候科長於下次大會出席以便答復質詢時已九時五十分當由議長宣告休息十分鐘

十時正大會繼續進行首由議長報告上次大會決定致電慰問本邑中小學教師並經指定徐赤子孫莉楚朱文沅三位參議員起草茲已擬就是否有當請各位討論經修改後通過如下：

『無錫全縣中小學教師諸先生公鑒抗戰軍興全國振奮我邑民衆同仇敵愾實乃諸先生平日教育宣導之力其後我邑不幸遽告淪陷諸先生或寄身鋒鏑參加殺敵或奔走鄉村鼓舞人心或再接再厲維抗建之教育或不屈不撓樹忠貞之風尚更著諸先生憂時救國之勞今者強敵敗降山河重復勝利光榮諸先生與執戈諸將士實共有之茲值復員伊始百廢待舉中小學教師負文化建設之鉅任而生活艱辛倍逾往昔我邑教師痛苦尤甚本會代表我邑民衆對諸先生堅貞卓絕之精神倍申欽敬對諸先生艱難困苦之處境尤表同情除於我邑教育建設力謀進步外敢先向我全邑中小學教師諸先生謹致慰問

無錫縣臨時參議會叩文』

討論提案修正通過如下：

（一）分發各區之冬令救濟費是否惠及貧民應請調查查核案

議決：請縣政府將冬令救濟費捐款人之姓名數目及分配方法連同各區受惠貧戶之證件一併列冊送會審核

（二）拓寬街道疏通陰溝整頓市容案

議決：1. 先行拓寬縣前街北盛巷觀前街太平巷四要道寬度六公尺限六個月內完成

由縣府擬具追加預算提會核議

2.疏通陰溝由縣府督同區鎮公所即日辦理

(三)從速褒揚抗戰烈士以彰氣節而慰英靈案

議決：1.由本會推定委員十二人組織褒揚烈士委員會並以議長副議長縣長爲當然委員其組織由委員會議定之

2.飭修忠烈祠俾成仁烈士入祠配享以慰英靈

3.撫卹烈士家屬其詳細辦法由委員會定之

4.經費列入追加預算提會核議

(四)本邑路燈應從速補充及整理案

議決：由縣函請戚墅堰電廠將路燈從速補充及修理

(五)收回勞工醫院案

議決：1.俟縣衛生院有適當地址可以遷讓時即以該院地址改爲勞工醫院

2.上列辦法原則通過其詳細辦法留交下屆大會討論

臨時動議：

姚參議員多聲提：「公產招標出租」引起社會恐慌人民請願本會應如何處理請公決案

議長宣稱本日時間不及列入下次大會議程中第一項討論

時近中午當由議長宣告本日議程中未及討論各案留交下次大會時討論本日下午不再繼續討論

十三日開審查會十四日星期日休會十五日審查會定十六日上午八時半召開第五次大會

十二時議畢散會

議長　蔣鏞齋

秘書　呂載敭

無錫縣臨時參議會第一屆大會第五次會議紀錄

日期　三十五年四月十六日(上午八時三十分起至十二時)

地點　東林小學大禮堂

出席參議員　蔣鏞齋　章繩以　呂子瑜　蔣　翼　施錫祺　石濤麟　徐赤子

張正覺　朱學泉　朱祖璋　穆吉甫　榮文光　莊　正　姚多聲

臧文達　朱文源　李惕平　安君模　黃君輿　錢啟之　錢少明

馮曉鐘　沈錫君　共計二十三人

缺席參議員　孫荆楚　孫翔風　李公威　胡正霞　華士巽　匡仲謀　錢基博

共計七人

列　席　者　社會科長　柳再春

田糧科長　侯國璋

主　　席　蔣議長　(八時三十分起至十時)

徐副議長　(十時十分起至十二時)

報告事項：

(一)主席蔣議長報告出席參議員已足法定人數宣告開會

(二)呂秘書宣讀王主席致本會復電

(三)呂秘書宣讀本邑直接稅局李局長致本會賀電

(四)呂秘書宣讀無錫縣政府請本會延長會期三天原函

(五)呂秘書宣讀嘉定縣臨時參議會爲對於臨參會組織規程及議事規則有數點發生疑義已呈請省府明白解釋或予修正抄附原呈函請查照由原函一件

(六)蔣議長宣告本會已收到提案甚多討論需時爲期大會能如期結束計應有決定收受提案截止期之必要各位參議員如有提案請儘於今日下午五時以前送交秘書室逾期即不再收受

(七)蔣議長報告本會關防業已領到於今日啓用

(八)呂秘書宣讀第四次大會紀錄

採購軍糧問題質詢：

姚參議員多聲問：縣府奉令採購軍糧八萬石分配由米業公會負担四萬石各鄉區担任四萬石則每區平均應解四千石爲何縣府當初每區要派八千石其溢出之數是何用意

侯科長答：各區負担軍糧數當初係由范縣長決定因估料事實上決不能採購足額故不得不稍留伸縮餘地至二月六日第三次區長會議時經決定重新調整各區承辦軍糧數額計周新鎮區東亭區蕩橋區張涇橋區各四千五百石前洲區二千五百石自治實驗鄉一千五百石共計四萬一千石溢出不過一千石但事實上各區已繳解者最多爲三千四百餘石均未足額

錢參議員少明問：分配各鄉區購糧數目依據什麽做標準

侯科長答：各區購糧數目係於去年十二月由范縣長決定大概是按照區域之大小及所產米糧多寡而定

錢參議員少明問：周新鎮區山多田少人口亦不多何以派額達五千石之多

侯科長答：此數係范縣長決定本科成立於二月十六日當時採購軍糧已成尾聲僅負

催繳責任惟目下周新鎮區實解數爲三千四百餘石並未全數繳足

榮參議員文光問：洛社區各鄉各保有業已繳一區八千石支配額繳解的怎麼辦

侯科長答：此事確有負担不勻之感但採購軍糧奉令向各鄉殷實糧戶勸購爲原則事實上欲求其絕對公允是很困難的就洛社全區而言已繳解數不過三千四百餘石尚未足額

穆參議員青甫問：張涇橋區王莊鄉承辦軍糧二百餘石但由區署解縣時少解八十石未知何故又陣墅鎮之軍糧價款每担四千八百元遲至四月九日始領到均請徹查

侯科長答：辦理軍糧不肖區鄉鎮長難免上下其手從中取利當徹查眞相惟現值縣長交替時期俟新縣長到任後決嚴密查究

姚參議員冬聲提：當初每區故意多派購糧數目實爲失策迄今有些鄉鎮仍照每區八千石之標準向人民催繳縣府對此應作合理處置凡已照調整數額繳足的不應再要未繳解的則應嚴催以示公允

侯科長答：當如此辦理

朱參議員祖琦提：希望縣府佈告曉諭各鄉民凡已繳軍米者價款即向區鄉鎮公所領取如有中飽或故意就扣遲發等弊情形可向縣府告發

侯科長答：本人甚表贊同當可照辦

姚參議員冬聲提：新合鄉鄉長徐鴻奎因招待供應督糧員范競立等費用有向每保攤借三斗米作供應費情事查採購軍糧縣府職責所在何可因督糧而擾及民衆

侯科長答：督糧隊每隊包括督糧員二人保安隊五人於出發時均發給伙食費及旅費並再三叮囑不能擾及民衆果有前項情事俟督糧隊回城後當徹究

黄參議員君與問：解繳軍糧至倉庫時田糧科是不是負責任

侯科長答：本年二月底以前各區軍糧係解至本縣軍糧倉庫自三月一日起卽省倉庫負責田糧科派員協同鄉民解繳而已

黄參議員君與問：田糧科報告上說米每石由米業公會扣成交費五十元以彌補米業承辦軍糧虧耗但有超過規定每石扣二百元者且需扣至何時爲止

侯科長答：徐新縣長接事後對此事當能有所決定

莊參議員正問：米業公會爲辦軍糧一事究竟損失若干有無確數估計成交費扣至何時可以彌補足額

侯科長答：本科尚無此項數字當令米業公會呈報

過參議員曉鐘表示意見謂：縣長曾說第一次辦軍糧時米價每石不到五千元第二天就漲起了許多他們米商當然賺了不少錢就是爲了辦軍糧損失一些亦沒有什麼說不過去何必定要扣成交費來彌補呢

臧參議員文達提：地方部隊作風不良尚深中敵僞遺毒野心未馴在城區雖尚能自檢一到鄉間就肆無忌憚了據本人所知三月二十幾日陸區橋發生督糧之保安隊士因向鄉長要點心吃不理而將鄉長拘押起來的事這種情形不制止太失人心了希望以後催糧不要派保安隊去勝利以後最大弊政可說是採購軍糧鄉長派每保應繳解數毫無準則如過鄉長心很多派了亦有誰知道且對於繳解手續亦應切實改善

侯科長答：縣府於辦理採購軍糧時爲防弊起見曾印就認購軍糧花名册一式三份以一份存區一份存鄉鎮公所一份呈縣於辦理結束時當令各區呈報並公佈大衆以昭信實

蔣參議員燮提：本人來自田間農民疾苦聞見較切勸購軍糧時有一部分農民以本身並無餘糧且自己尚不夠吃想出一個代金辦法卽出價託鄉鎮長代爲購米以繳軍糧但鄉鎮長收款後或移作別用或觀望不購坐失時機而米價日高相差過鉅無法購得現各區軍糧未能繳齊卽是此故其實督糧員大可不必各鄉鎮可組織軍糧稽核委員會負責稽查軍糧解繳及價款發給情形

侯科長答：辦法甚善決向徐新縣長貢獻此意

議長當表示意見謂稽核委員會之任務既係徹查區鄉鎮辦理軍糧有無弊竇其委員萬不可由區長聘任之否則辦事必難徹底等於虛設最好由熟悉各該處情形之參議員推薦公正人士由縣長核聘之

社會科柳科長報告：

略謂自我國抗戰勝利縣府於去年八月挺進城區以來對於各項復員工作均在積極推進而社會組訓工作尤未敢絲毫懈怠茲將七月餘來本科工作概況分述如下：

(一)抑平物價安定民生(二)組織民衆完成各級人民團體之組織(三)調整工資處理勞資爭議(四)歡迎國軍舉行歡迎大會(五)慰勞國軍籌募慰勞獻金(六)舉行擴大慶祝激發民氣(七)籌組冬令救濟委員會救濟災黎(八)剷除荒謬標語改正奸僞命名(九)加强各級工會基層組織舉辦工運會報(因該科已印送書面報告故紀錄項目內容從略)兄弟才疏學淺不到之處尚希各位多多指導如有質詢事項可請隨時提出

十時正由議長宣告休息十分鐘

十時十分起繼續開會而蔣議長適因要事離會卽依照江蘇省各縣臨時參議會議事規則第四條之規定由徐副議長代理主席繼續討論當由張參議員正發發表意見謂每次大會各科報告費時太多以致各項提案不及討論此後請由各科備具書面報告有疑問時再請出席答復當由主席徐副議長答謂當轉請各科提出書面報告口頭報告可以省略如有質詢隨時提出

臨時動議：

（一）縣府採購軍糧各區鄉鎮長有多收少解情事糧商方面有擅改縣府及地方人士議定之數加收三倍之多應予嚴厲澈查以解民困案（石濟麟等臨時動議）

議決：先行交付第一審查委員會審查後再提交大會討論

（二）公產招標出租引起社會恐慌人民請願本會應如何處理請公決案（姚參議員冬聲等於第四次大會時臨時緊急動議）（本日議程第四項）

議決：本案須詳查法令從長討論先行交付第二審查委員會及特種審查委員會會同審查由第二審查委員會召集人過參議員曉鐘召集之

（三）亟須取締投機市場揭發囤積居奇之奸商以安民生案（本日議程第五項）

議決：函請縣政府嚴格執行取締

（四）善後救濟物資之分配情形應請主管機關據實查報以憑查核公告而昭大信案（本日議程第六項）

議決：分函善後救濟總署蘇甯分署及本縣善後救濟協會查照辦理

（五）增加教育經費擴充中等教育請願案（本日議程第七項）

議決：再交第二審查委員會審查

（六）逮捕人犯須於二十四小時內移送司法機關偵訊以保障人權案（姚參議員冬聲等臨時動議）

議決：因有提案性質相同本案先交特種審查委員會審查以便併案討論

討論至此已中午十二時議程中尚有提案十一件不及討論當由主席徐副議長宣告改列下次大會議程中討論本日下午因縣財政整理委員會召開常會本會有參議員六人係該會委員時間衝突故本日下午休會十七十八兩日開審查會審查提案第六次大會定十九日上午八時半舉行

主席 蔣鋪齋
徐赤子
秘書 呂載陽

無錫縣臨時參議會第一屆大會第六次會議紀錄

日期 三十五年四月十九日（上午八時半至十二時）

地點 東林小學大禮堂

出席參議員 蔣鋪齋 蔣鞠 安君模 章繩以 徐赤子 宋祖璋 朱文沅 黃君與 張正覺 沈錫君 莊正 臧文達 錢殷之 石濟麟 錢少明 施錫祺 姚冬聲 穆吉甫 榮文光 共計十九人

缺席參議員 李惕平 李公威 朱學泉 過曉鐘 孫翔風 胡正霞 呂子瑜 孫荊楚 華士巽 錢基博 匡仲謀 共計十一人

主席 蔣議長 出席參議員已足法定人數宣告開會

報告事項：

（一）宣讀本會聯合本邑各公團致周恩來毛澤東先生籲請和平團結勿啓輕戰端電原稿一件

（二）宣讀范縣長復謝本會慰問代電壹件

（三）宣讀蕩湯橋區區長章星垣爲軍隊佔用民房征集燃料請本會設法救濟代電一件

（四）宣讀兄弟醫院朱繼山朱品三爲醫院房屋被軍事機關及無錫電信局佔用籲請本會主持正義轉請發還遷讓來呈一件

（五）宣讀本邑私立中學校長座談會暨全體教職員聯誼會爲闡述不得不增收學費苦衷籲請各界寄予同情文一件

（六）宣讀無錫縣地方行政幹部訓練所第一期民政組訓練實施工作報告要點文一件

（七）宣讀第五次大會紀錄

討論事項：

（一）教育經費應儘先發放案及在各項賦稅未能正常開征以前應如何籌措以資按期發放案（審查報告兩案合併討論）

議決：1.關於教育經費應儘先發放一項根據四月十日第三次大會決議函縣切實執行

2.在稅課收入不敷發放時應由縣敍述教育之重要及困難情形呈省以三十五年田賦作抵向國家銀行輕利借墊發放（其利息由縣追加預算提會核議）

（二）查本縣人民自由保障委員會業已成立本會應否依照政治協商會議決之和平建國綱領草案附記（二）之規定推派代表二人參加請討論案（徐副議長赤子等臨時動議）

議決：本案通過「代表之推定」於推定袁揚抗戰烈士委員會委員時同時辦理

（三）公產招標出租引起社會恐慌人民請願本會應如何處理請公決案（審查報告）

議決：請求停止招標一項因限於行政院法令惟恐影響及於社會經濟應由會向省府建議由省轉呈行政院將淸理各縣市公有款產規則第二十條招標出租一點改爲另行訂定租金價格出租其他有關招標各條文並請一律修正在未經修正以前應由省通飭各縣暫行停止執行一面由利害關係人直接分向行政院省政府請願修正

（四）增加教育經費擴充中等教育案及本縣各縣立中學應從速充實設備案（審查意

見兩請願案合併討論）

議決：兩案與教育經費應根據中央規定預算案性質相同均經列有專案本兩案併案辦理

（五）電請中央停購軍糧案提高收購軍糧價格嚴禁以暴力威脅人民認購案本邑糧款尅扣遲發以致民間受盡損失影響收購數量應予澈查案（審查意見以上四案合併討論）

議決：最近中央對於採購軍糧已明令提高價格並改善辦法本四案案由合併修改爲「澈查軍糈積弊案」辦法改爲「各區分派軍糧數領發放糧款數目與日期收解軍糧數目及米糧業公會抽取彌補採糧差額費用應請縣府詳細澈查公佈」

（六）本邑敵僞產業處理局平售布疋限制時間民衆列隊鵠候有礙交通而妨秩序費時失業莫此爲甚且流弊叢生一般關徙藉以牟利公教人員因限于職務無法購買應函請改善辦法案（穆參議員吉甫等臨時動議）

議決：函請蘇浙皖區敵僞產業處理局駐蘇辦事處增添發售商店改善發售辦法並另行規定公教人員憑證自行分配辦法以昭公允

（七）縣府奉令征收住戶防捐影響房租上漲請暫緩實行征收案（石參議員清麟等臨時動議）

議決：本案先行交付審查

（八）本邑省錫師校舍破壞不堪應用事關國民教育非常重要應如何倡導向有關各縣呼籲從速募捐以資修葺案（榮參議員文光等臨時動議）

議決：先行函請縣政府通知無錫師範區有關各縣推派代表組織省立無錫師範修葺校舍募捐委員會並於各縣設立分會以資推進一面建議省臨時參議會特列臨時經費並予協助

（九）請褒揚營造工人抗戰成仁案（朱參議員祖璋等臨時提出）

議決：併入褒揚抗戰烈士以彰氣節而慰英靈案辦理

（十）請將公花園改名爲「中正公園」横雲公園改名爲「敬之公園」惠山公園改名爲「息伯公園」用以紀念領袖及抗戰有功將領案（姚參議員冬聲等臨時提出）

議決：本案保留交下屆大會討論

（十一）敵僞產業處理機關應從速公佈接收賬目並應提百分之五十充地方事業及建設之用案請政府劃撥敵僞產業建造平民住宅以解決房屋恐慌案接收物資已亟應整理平賣並准由公教人員優先購置案（審查意見）三案合併討論．

議決：案由合併修正爲「請敵僞產業處理機關將本縣接收之敵僞產業除平衡國家預算外酌量移撥充作地方公共建設之用物資部分從速平賣對公教人員予以優先購置之權利對於接收情形請詳細公佈案」辦法：由會函請蘇浙皖敵僞產業處理局駐蘇辦事處查照辦理

（十二）黨政接收委員會之接收及移交情形應調查詳予審查案

議決：本案留交駐會委員會調查核辦

討論至此已中午十二時即由議長宣告散會議程中未及討論各案下午二時起繼續開會討論但下午出席參議員祇十人不足法定人數宣告流會

議　長　蔣餔齋

祕　書　呂叔踼　幹事任建平代

無錫縣臨時參議會第一屆大會第七次會議紀錄

日期　三十五年四月二十三日（上午八時半至十二時 下午二時一刻至五時一刻）

地點　東林小學大禮堂

出席參議員　蔣餔齋　朱學泉　徐赤子　漳繩以　穆吉甫　榮文光　孫術堯
錢殷之　安君模　石清麟　呂子瑜　沈錫君　施錫祺　朱文沅
蔣　夏　朱祖璋　張正覺　黃君興　錢少明　臧文達　莊　正
馮曉籤　孫翔風　共計二十三人

缺席參議員　李公威　李惕平　胡正霞　姚冬聲　華士巽　匡仲謀　錢基博
共計七人

列　席　徐縣長

主　席　蔣議長

首由議長報告出席參議員已足法定人數宣告開會繼由祕書報告關於建設科軍事科保安大隊民衆自衛總隊等工作報告及縣商會經募各業獻金慰勞金收支清册縣金庫三十四年度收支報告表又三十五年一月一日起至三月三十一日止收支報告表無錫縣捐獻及贈與擴充教育經費明細表等收支款項數目均經印刷分發各位參議員可請查閱不再宣讀同時報告收到第一綏靖區司令部復本會真電代電無錫地方法院賀電常熟縣臨時參議會第一屆大會宣言江蘇省政府勉本會甚策羣力共濟時艱代電等文件並宣讀第六次大會紀錄旋由蔣議長報告謂刻收到蘇浙皖區敵僞產業處理局駐蘇辦事處聘函一件聘請本議長爲敵僞物資估價委員會委員查議長係本會之代表本會應否接授其聘請應請各位參議員加以檢討經各參議員紛紛發表意見僉以本會對於蘇浙皖區敵僞產業處理局駐蘇辦事處處理敵僞產業情形可隨時詢問或建議必要時

並得請其報告似無參加該處敵僞物資估價委員會組織之必要當經全場一致通過

蔣議長臨時報告晉謁王主席請示經過：

略謂此次省府王主席蒞錫本人與徐副議長曾於昨晨八時同往晉謁對於各項問題有所請示當承分別指示關於採辦軍糧問題本省派辦額爲七十五萬石已解者六十三萬石尚缺十二萬石中央以需糧孔殷催繳甚急雖經省府瀝陳困難請求減免結果未能邀准至於本縣尚須解軍糧一萬數千石必須催繳價格方面省府爲體念民艱已允每石增發八千元合計每石爲一萬三千元俟此批追繳足額後中央尚須續辦軍糧以濟軍食惟此後採辦價格可以提高至每石二萬四千元對於確保治安方面積極組織民衆自衛隊及充實警察力量同時逐步縮編保安隊以節省經費關於在田賦未開征前地方稅收有限不足維持各政教費用之支出可否向銀行借款一點因格於中央政令且利息無從所出簡直絕無辦法是以欲圖目前難關惟有極力緊縮一道

徐縣長報告施政意見：

議長副議長各位參議員本人自接事後今天是第四天因事務紛繁致未暇一一奉訪衷心至爲歉仄今日乘此報告機會得與諸位晤面至爲榮幸至於施政方針應先明瞭地方情形採集各方意見參酌輿論民意方可決定本人雖是本邑鄰縣江陰人但離鄉已久對於無錫情形不甚熟悉今日與其說是報告施政方針毋寗說是向各位領取教益在未報告前首先來談談之本人對於縣政的認識

縣政工作看來似乎很紛繁部門千頭萬緒其實是一件很平凡的事因爲國家大政均經訂有計劃以實現三民主義爲鵠的關於縣政設施亦訂有縣各級組織綱要及實施原則建設綱領等可資遵循不必標新立異祇須依照規定按步辦理運用行政上之技巧來平衡推展即可同時要有堅決毅力誠懇態度使民衆能瞭解於全民協力之下逐步趨向目標邁進

縣政與民衆的關係非常密切縣長本爲親民之官一舉一動對民衆影響很大不過要使全縣民衆能擁護縣政府對縣府的措施表示滿意是很困難的一件事最近本邑各報對本人過分揄揚真感覺到十分惶恐慚愧因爲本人此後推行政務必然會招致許多不同的批評或者贊成或者反對縣政之實施不能顧及民衆一時的毀譽而忽視了大體否則必致影響整個大局永難達到理想的成功總地社會上往往有一種情形目前認爲非的過一時期就覺得很對本人在龍泉縣長任內曾爲了拆讓房屋開闢馬路問題引起當地人民的劇烈反對輿論譁然本人不稍動搖親率軍警出發動手未及半載人民反說有了馬路足以繁榮市面便利行人大家都以爲對了故本人一貫主張推行縣政當以大多數人民的利益爲前提不能顧少數人的反對要爭取永遠的成功毀譽在所不計正所謂「豈能盡如人意但求無愧我心」

本人認爲良好的公務員要有好的環境來培養否則本來好的也將逐漸變壞社會一般人每慨嘆官吏之貪污然而忽略了官吏爲什麼要貪污像目前生活程度之高待遇之菲薄假使一個公務員家有三五口試想如何能維持環境要迫使他向壞的路上走所以要做到弊絕風清首先必須維持公務員最低的限度的生活

現行法令與現實情形尚差一相當距離例如後方對於兵糧兩政列爲縣長最重要工作記得在浙江時有過這樣一件滑稽的事法令明白規定征兵是不許捆綁的因爲當兵是爲國家出力是很光榮的但是事實上人民都視被征入伍爲畏途千方百計設法逃避已征的壯丁在解送途中亦多脫逃依照法令是不能捆綁的但不加捆綁則無法防範脫逃真所謂法令與事實難於兼顧縣長亦並非故意要捆綁壯丁違背法令實出於沒奈何所以聰明的人想出一個辦法在鄉間捆綁了解送到了城裏耳目衆多就解除捆綁以免被人指摘總之如何來拉攏法令與事實間的距離即爲縣長的艱苦工作能夠做得巧妙就是好做得不巧妙就是違法

社會上的人有君子與小人之分多接近君子固可濡沐道義但有事時希望君子來幫忙是靠不住的至於小人則素所鄙惡本人在龍泉縣長任內隨時在風雨飄搖中與惡勢力奮鬥爲了地方爲了正氣終毫沒有表示過畏怯

一般人對縣長的看法很神祕大家總認爲財政有辦法本人在重慶中央訓練團受訓時被方要我們獻金我月得數萬元祇夠維持個人生活實在窮得可以但是人家不相信的認爲做縣長一定有辦法這種心理差得很無形中就是引導縣長向壞的路上走如送禮請客等不是在造成貪污之風嗎有一次立法院孫院長科演講說一百個縣長可說一百個是貪污的我聽了很不平立刻抗議請提出證據來孫院長很快的轉言說至少八十個縣長是壞的當然好的不是沒有不過少數而已我才平了這口氣社會上一面要鼓勵好的縣長一面要指摘壞的縣長倘若不分皂白好壞混爲一談那麼好的會因灰心而自暴自棄壞的人則臉皮越黯越老又有什麼效力有人說縣長是三「萬」上峯以爲是「萬能」老百姓以爲是「萬惡」而縣長則實在是「萬難」可以說是道盡我輩縣長的苦衷要希望有好的縣政必須社會上對縣長加以同情安慰和鼓勵本人將決心整飭風紀以求弊絕風清然個人耳目有限如屬員有何不法行爲希望社會協助檢舉不要把一切罪惡都加到縣長頭上如經檢舉而縣長不辦那才是縣長的不好應負其責本人在龍泉任縣長三年先後懲辦高級職員二十餘人之多以致一般人都說徐某在殺幹部本人將繼此作風秉公辦理希望各位共同負起責任協力檢舉不法人員現在縣政工作繁劇縣長的事情非常忙希望要使縣長能減少人事的應付使多一點時間來辦事

至於本人對於施政意見已於昨日在縣府紀念週上報告過各報都有記載現在再專覆申述一下：

(一)民政　健全各級民意機構如鄉鎮保民大會急須召開以發揚民意達成實行民主政治的目的整理戶籍尤爲重要須及早完成

(二)財政　經濟爲施政之母整理財政不外開源節流二道目前節流已無可再節開源方面切實整頓五項自治稅捐房捐俟調查竣事即行開征營業牌照稅亦要嚴格查征至於契稅有縣級提成關係亦將與直接稅局磋商進行如稅收經整頓後仍不敷支出所需則不得不舉辦因地制宜稅藉資挹注總之希望社會對於合法稅捐的征收不要加以阻力以免阻塞財源更盼望報界能廣加宣傳協助使民衆能明瞭至於縣府財政可以絕對公開任何人可來查賬最近已向省方建議設立公庫並向江蘇省農民銀行接洽代理金庫事宜現在靜俟核示辦理中

(三)教育　教育經費至下月可以解决一部份如經費充裕一切都可以推進此後教育應注重科學的教育現在是科學世界已至原子時代可是我們還在原始時代今後倘再遭遇一次國難前途何可設想科學發達如英國尚自稱較美國落後三十年日本更瞠乎其後我國應如何迎頭趕上積極提倡科學教育以適應世界潮流

(四)建設　建設一事眞是千頭萬緒尚在研究中無錫人口衆多需設市標準祗差五萬人了將來復且大學遷錫後人口又將加增總之無錫的建設計劃要以市爲目標不要以縣爲目標

(五)社會　注意工運希望勞資協調努力生產

(六)治安　欲求治安確立必須嚴密保甲組織對於四鄉土匪决心於五月底前肅清不日即開始行動

(七)軍法　聞本縣羈押人犯相當多此後當積極疏散凡屬司法範圍者應即移送法院究辦無罪者釋放以免浪費囚糧以後非軍法範圍內者不予受理普通官吏都認爲能拘人禁閉可以樹立威信本人認爲這是落伍的思想爲了尊重司法獨立保障人權都不能這樣違法的做

(八)糧政　採購軍糧爲要政之一　蔣主席說盼望人民能再忍一次苦再作一次報效不久將組織軍糧採購委員會續辦軍糧並已頒訂硬性辦法十四條規定須向大糧戶採購並不挨戶攤派如有故意逃避就要嚴辦中央並規定此後採購軍糧黨團及民意機關都應共同負責列爲三十五年度中心工作

本人到任不久實無具體施政意見可以報告深爲歉仄邑報上說本人只會做事不會做官本人亦有此感平日本人願意多做些事少做敷衍歷年來事業上略有收穫不過對於自己做人則完全失敗開罪他人很多本人原籍江陰澄錫唇齒相依於錫地做事當對清廉自勉戰戰兢兢如履薄冰當謹愼從事以清白之身來錫將以清白之身而去不僅對參議員諸公如此表示皎皎此心

討論事項：

(一)周新鎮區駐紮綢餘軍官三大隊十五中隊日需柴草五十餘担並借用民房不堪負担請求救濟案(請願案)

議决：由本會詳具理由摘附原呈呈請第一綏靖區司令部增發經費通飭所屬需用柴草應照市價向民間採購駐軍房屋以利用公共寺廟祠堂爲原則

(二)肅清各機關學校公團附份逆子案

議决：由縣府分飭各主管機關學校團體嚴格注意及甄別隨時將附逆份子澈底肅清

(三)本城房屋糾紛最近愈形嚴重應如何設法消弭以資抑平案

勝利後城區住戶驟增房屋糾紛迭起影響民生頗鉅應如何處理俾蘇民生案

議决：以上兩案合併討論辦法如下：

一、由縣府參照上海市等各地方標準從速訂立房租標準嚴格執行以免糾紛

二、由縣府組織房租糾紛調解委員會負責處理一切糾紛事宜

(四)追還被侵吞公山及歷年學息並嚴懲侵吞公產人員案

議决：由縣府飭令財政整理委員會澈底調查被侵吞及盜賣之公產並追還以前學息暨嚴懲侵吞人員

(五)趕修塘岸以利民行案

議决：關於學田學息應由縣府直接派員收取勿再暗中包收以免流弊

(六)肅清地痞流氓以安民居案

議决：案由改爲「肅清地痞流氓及敵僞密探案」

辦法：請軍政機關通令嚴密檢查其部下是否有痞氓及敵僞時密探混跡在內以資肅清

(七)如何拓寬鳳光橋至南門間之街道暨改建倉橋及中市橋石級爲水泥橋面案

議决：由縣府擬具計劃及追加預算送會核議

(八)如何拓寬本城縣前街觀前街盛巷及城外太平巷案

議决：函縣將已有「拓寬街道疏通陰溝整頓市容案」送請執行毋庸再議

(九)呈請撤銷復員時期臨時治安機構以一地方治權並積極樹立地方自衞力量案

如何扶植民衆自衞力量案

裁撤保安大隊增强自衞團實力案

各鄉區土匪橫行警衞薄弱應如何增强自衞力量以維地方案

縮編保安隊提高警察官兵待遇案

議決：以上五案合併討論案由統一修正爲「擬請撤銷臨時治安機構及縮編保安隊增强自衛實力案」

辦法：一、由縣呈請第一綏靖區司令部將不必要各臨時機構酌量取消

二、縮編保安隊甄別良莠淘汰低劣官佐士兵

三、編餘槍械分發各區自衛隊充實自衛力量

（十）確定縣立女子中學校產及擴展案

議決：一、由縣府將小學部附設於中學部合併辦理

二、由縣府飭將百嬰堂借用資金邑廟房屋後造三進歸還女中

三：由縣向同仁堂借用華陀廟殿後面二進房屋暨後部荒園一大方連同房屋三間並內城河轉角之坟地一方以資擴展

（十一）請本縣軍政當局負責查究社橋頭江蘇省立教育學院於抗戰勝利後被忠義救國軍駐錫辦事處强行槊去該院圖書五十箱儀器十箱並早日歸還該院以供學生參攷應用案

議決：應即敍述事實函縣呈請第一綏靖區司令部澈究追回

（十二）請蘇浙皖區敵僞產業處理局駐蘇辦事處將接收之物資除軍用必需品外酌量撥交全縣已成立之各消費合作社平售以資提倡社會福利事業案

議決：由會建議蘇浙皖區敵僞產業處理局駐蘇辦事處採納辦理並由縣府令飭合作指導室會同各合作社一致向駐蘇辦事處請求

（十三）核議恆善普濟同仁育嬰四善堂公產應否清理統一管理案

議決：靜候省府核示辦理

（十四）速定治螟計劃切實施行以防災荒案

議決：一、由縣府派員先行調查以前被災地區及去年尚有螟害地區劃定實施滅除範圍先行宣傳教導滅除方法並擬定獎懲規則督促區鄉保長監視實施

二、閘營後救濟總署有專設之除螟隊應由縣府請求派遣來縣協助辦理

三、江陰南境地區年來螟災亦重應由縣府函請同時辦理以免日後蔓延

（十五）請求建議保障人權分函軍警司法機關不得濫肆職權案（請願案）逮捕人犯應於二十四小時內送請司法機關偵訊不得無故覊押而保障人權案

議決：以上兩案合併討論案由修正爲「切實保障人權案」

辦法一、非依法律不得逮捕

二、已逮捕之人犯除現役軍人外應於二十四小時內移送法院偵訊

三、分函軍政機關查照辦理

（十六）懇請澈查敵僞時各區鄉鎮長歷任經手事項暨調整現任各區鄉鎮長案

議決：案由改爲「澈查敵僞時各區鄉鎮長歷任經手事項案」

辦法一、由縣府澈查歷任僞區鄉鎮保長經手軍稻及配給物資捐稅等暇日有無弊竇

二、准許人民檢舉僞區鄉鎮保長及現任人員之違法情事

（十七）請縣府實施全縣婦女補習教育案

請聯合各工廠共同設立女子職業學校案

議決：以上兩案合併討論案由修正爲「積極推進女子職業教育及識字教育案」

辦法：一、由各國民學校添設女子成人識字班

二、由縣府聯絡各工廠集款組織女子職業學校

（十八）無錫病理化驗所化驗失實玩忽人命應予取締案

議決：該大婁巷無錫病理化驗所玩忽人命應酌敍事實函請縣政府飭令主管部份嚴密調查審核資格檢驗設備勒令改善以資取締對於其他各化驗所亦應隨時予以監督復會查照

（十九）爲陶城鄉長歷追勒收軍糧請求支持公道案（請願案）

議決：函縣府澈查辦理

（二十）爲交通部無錫電信局暨兵站倉庫佔用醫院房屋請求轉請發還以惠病家案（兄弟醫院 朱蘊山 朱品山 請願案）

議決：函請縣政府分別設法交涉發還

（二十一）戽水機船承包農田應規定包價以減輕農民負担案

議決：函縣政府轉飭戽水業同業公會迅將最低包價呈縣核准佈告週知以資統一但高田包價最高每畝不得超過秈米各一斗五升平田低田依次遞減

（二十二）本縣保安大隊服裝費如何動支案

議決：併入縣預算案辦理

（二十三）抗戰前徵用民地請政府給價除糧輕減人民負担案

議決：交地政機關辦理

（二十四）阻止開鑿璨湖諸山岩石禁伐樹木以保天然風景案（請願案）

議決：授權駐會委員會酌核辦理

（二十五）出徵抗敵軍人家屬之優待資金與物品應如何徵募或提撥始爲適當案

議決：授權駐會委員會酌核辦理

（二十六）發起尊師運動以資補救教師生活案

議決：授權駐會委員會酌核辦理
（二十七）提請縣府轉商戚墅堰電廠充分供給鄉區電流以利農田灌溉而蘇農困案
擴充電廠電力以利發展工業案
函請戚墅堰電廠普遍供給電力以利農村而使工廠復工案
議決：以上三案合併授權駐會委員會酌核辦理
（二十八）城鄉教育經費支配應力求合理化案
如何規定縣教育經費以發展本縣教育事業案
議決：以上兩案合併授權駐會委員會酌核辦理
（二十九）擬即恢復縣教育局以增強教育行政效率案
議決：授權駐會委員會酌核辦理
（三十）擬舉辦社會福利事業成立縣救濟院以利劫後民生案
議決：授權駐會委員會酌核辦理
（三十一）如何充裕本縣建設經費案
議決：授權駐會委員會酌核辦理
（三十二）請撥縣有公地爲孤兒院院址案
議決：授權駐會委員會酌核辦理
（三十三）各區應辦公立初中一所以普及教育案
議決：授權駐會委員會酌核辦理
（三十四）請求設立省立無錫中學案
議決：授權駐會委員會酌核辦理
（三十五）爲民田之產去糧存者應請設法清理以求合理徵稅案
議決：授權駐會委員會酌核辦理
（三十六）設立廣大完全之縣體育場並普遍設立鄉體育場以提倡民衆體育促進民族康健案
議決：授權駐會委員會酌核辦理
（三十七）奉令徵工興修錫甘公路擬請酌貼膳費案
議決：授權駐會委員會酌核辦理
（三十八）奉令辦理公民宣誓應如何辦理案
議決：授權駐會委員會酌核辦理
（三十九）如何建議調整軍糧價格案
議決：本案撤銷
（四十）繳全警察隊械彈以免物議案
整理本縣警察素質案
議決：以上兩案與已通過之「改善全縣警察素質以增進效力案」性質相同由駐會委員會查案酌辦
（四十一）恢復鄉區電話增進鄉鎮建設案
議決：授權駐會委員會酌核辦理
（四十二）本縣公園亟應積極整理案
議決：授權駐會委員會酌核辦理
（四十三）限期普設國民學校並積極辦理成人教育以掃除文盲提高文化水準案
議決：授權駐會委員會酌核辦理
（四十四）廢止徵收出賦義圖案
議決：授權駐會委員會酌核辦理
（四十五）公教人員亟應規定合理待遇案
議決：授權駐會委員會酌核辦理
（四十六）創辦縣立科學館以便各校實驗而發展科學教育案
議決：授權駐會委員會酌核辦理
（四十七）積極修復錫虞段錫滬公路案
議決：授權駐會委員會酌核辦理
（四十八）本邑省立錫師校舍破壞不堪應用擬請由本會發起致函本師範區各縣參議會分別組織勸募委員會籌集款項以資修理案
議決：四月十九日大會通過「本邑省錫師校舍破壞不堪應用事關國民教育非常重要應如何倡導向有關各縣呼籲從速募捐以資修葺案」本案與前案既性質相同併案辦理
（四十九）從速展開地方自治項下各稅以維縣政經費案
議決：本案撤銷
（五十）吾國國策既以教育爲建國第一項自應廣籌經費使教育事業之質量雙方俱得發展案
議決：授權駐會委員會酌核辦理
（五十一）呈省從速恢復洛社鄉村師範並徹查拆毀該校校舍爲首人犯嚴予懲辦責令賠償案
議決：授權駐會委員會及原提案人酌核辦理
（五十二）統籌教育經費應根據中央規定預算量出爲入俾杜削足適履之弊案
如何安定教師生活使安心服務案

提高中心小學教職員待遇安定教職員生活以維教育事業案

議決：以上三案合併授權駐會委員會酌核辦理

（五十三）本縣應從速實行新縣制案

議決：本案撤銷

（五十四）保持湖山地區完整嚴禁開山炸石案

議決：與「阻止開採環湖諸山岩石禁伐樹木以保天然風景案」併案辦理

（五十五）參議會爲民意發表機關除由參議員代表民意外自應遍設民意箱廣徵提案送會商議案

議決：四月十日大會通過「本會前設民意箱案」本案與前案性質相同併案辦理

（五十六）保護遊覽旅客以繁榮地方案

議決：授權駐會委員會酌核辦理

（五十七）爲抗戰犧牲者應如何表揚案

議決：四月十二日大會通過「從速表揚抗戰烈士以彰氣節而慰英靈案」本案與前案性質相同併案辦理

（五十八）收回勞工醫院請將現行縣立醫院全部改爲勞工醫院案

議決：併入四月十二日大會通過之「收回勞工醫院案」辦理

（五十九）爲訴農村概況請求呈省停購軍糧以紓民困案

議決：本案撤銷

（六　十）嚴行取締區鄉嚮徵收册紿案

議決：授權駐會委員會酌核辦理

（六十一）淪陷時鄉保長如民衆仍行推舉可否充任案

議決：本案撤銷

議　長　蔣鋪齊

祕　書　呂啟踢

無錫縣臨時參議會第一屆大會第八次會議紀錄

日期　三十五年四月二十七日（上午九時起至十二時
下午一時半起至五時半）

地點　東林小學大禮堂

出席參議員　蔣鋪齊　榮文光　朱祖璋　穆吉甫　章綳以　石清麟　徐赤子

孫荊楚　蔣　璵　過曉鐘　張正覺　安君模　朱文沅　沈錫君

黃君與　莊　正　施錫祺　錢少明　臧文達　錢啟之　共二十人

缺席參議員　李惕平　李公威　朱學東、孫翔鳳　胡正雷　呂子瑜　華士巽

姚冬犀　錢基博　匡仲謀　共計十人

列席者　財政科長　王壽入

科員　龔貽孫

自治稅捐征收處主任　徐季華

主　席　蔣議長

九時正主席報告出席參議員已足法定人數宣告開會繼由祕書宣讀第七次大會紀錄並依據以前大會決議關於表揚抗戰烈士委員會除議長副議長縣長爲當然委員外另行推定參議員十二人爲委員名單如右

李惕平　朱文沅　黃君與　榮文光　張正覺　孫荊楚

穆吉甫　朱祖璋　蔣　璵　錢少明　章綳以　石清麟

同時依據第六次大會決議推定議長蔣鋪齊參議員李公威二人代表本會參加本縣人民自由保障委員會

繼即按照議程討論三十五年度縣預算當由第一第二兩審查委員會召集人莊參議員正及過參議員曉鐘報告審查意見並由財政科科員龔貽孫逐項說明經各參議員紛紛發表意見熱烈討論至十二時各項歲入概算除營業牌照稅及使用牌照稅因征收處徐主任上午未來無從諮詢未能決定數目外其餘均經修正通過因午餐時間已到暫告散會下午繼續討論

下午一時半繼續開會除沈參議員錫君缺席外其餘上午出席大會之參議員均出席實到十九人

第一綏靖區司令部副參謀長李元凱氏代表湯司令官出席致詞

略謂無錫縣臨時參議會於收復區中成立最早自開會以來對各項提案討論甚爲熱烈充分表現眞誠的爲民衆之喉舌足見無錫文化程度之高不愧爲中國著名之區繼即報告整編轄區內僞軍及游雜部隊之經過並說明江南治安現狀（詞長從略）並謂湯司令官一向主張軍民應打成一片徹底精誠合作以共同建設錦繡燦爛的大江南希望各位在求社會之繁榮謀人民福利之目的下力謀軍民合作相助相諒最後敬祝各位康健並祝大會各項決議案能順利完成

李副參謀長致詞畢繼續討論三十五年度縣預算自治稅捐征收處主任徐季華亦到會說明仍由第一·第二兩審查委員會召集人莊參議員正及過參議員曉鐘報告審查意見經各參議員熱烈討論對於普通歲出經常門及臨時門所列概算數頗多删減均已將修正數字及删除者分別詳紀於總概算書草案原稿內惟討論至五時許普通歲出臨時門尚有一部份未及討論完竣

討論事項：

(一)大會本日即須閉幕而縣預算尚未討論完竣應如何辦理請公决案（主席臨時交議）

議决：由駐會委員會邀集三審查委員會召集人及縣府有關人員參酌審查報告及今日大會所討論大綱會同商討擬就草案三讀通過後送縣府呈省核准施行

(二)大會本日即須閉幕尚有提案多件不及討論應如何辦理案（主席臨時交議）

議决：授權駐會委員會酌核辦理

(三)縣府擬於規定外增設秘書二人請討論案

議决：准在增設二十五員總款額內改設秘書二人

(四)縣府擬發起在籍中學生捐募教育補助費運動及尊師獻金運動請討論案

議决：一致贊助

選舉駐會委員會駐會議員　開票結果如下：

馮曉鐘　十一票（當選）

臧文達　十一票（當選）

穆古甫　八票（當選）

莊　正　八票（莊正與穆古甫同爲八票由議長指定章參議員紹以拈鬮决定取捨結果拈得穆古甫當選）

蔣　潁　五票

朱文沅　四票

章紹以　三票

黃君與　三票

李惕平　二票

張正體　一票

安君模　一票

投票者十九人每人選舉三人共計五十七票

告全縣同胞書　修正通過如下：

全縣同胞們：

人類的文明，在繼續不斷的進步，不問他的進程緩速，每一時代，總是在進展着，並且每一時代，自有先知先覺者把握領導力量，向着人類文明的旅程中邁進。現在我們該感謝國父孫中山先生，他的確推動了近代中國文明進展的巨輪，領導全中國人民，把中國推向世界民主的光明大道上走，雖說中國民權思想不全是他首倡，但經他領導革命，才確立民權運動的基礎。

民權運動到了二十世紀，已變成世界上不可動搖的力量，全世界的民主運動，都從理想變成事實，不論拿破侖也好，秦始皇也好，希特勒也好，他們都逃不了歷史的擯棄，這證明民權運動是由歷史演變而成，不是專制魔王所能擋得住的。

中國國民黨領導革命，憑他數十年訓練民衆參政的經驗，認清時代潮流的趨勢，根據先總理的指示，今天來很開明的决心，拱手還政於人民，我們不能不感謝國家最高領袖的英明果斷，爲國爲民的苦心，這眞可說是完成了歷史的使命了。

我們無錫在今天國民黨領導召開全國國民代會大會的前夕，作憲政開始以前的地方自治準備，完成臨時性的民意機關—無錫臨時參議會在國家法律範圍內，實踐「無錫人的事無錫人管」這句話，那麼今後我們民衆，再不要放棄這天賦吾人的權利與義務，應盡量向民主大道上去爭取。

我們無錫居京滬中心、工商發達，文化水準較高，可是從國民革命軍北伐統一完成以來，始終沒有成立正式的民意機關，現在由我們這三十人未經全體民衆推選的代表，來承受政府的囑望，担負未來地方民主政治過渡的橋樑，這責任多艱鉅，因此我們深深的感覺慚愧與惶恐。

現在無錫縣臨時參議會第一屆大會在八天中草草完成了，其中關於民政方面的案件有三十三件，建設教育文化經濟的有七十八件，特種案件有二十三件，這次大會雖因限於時間，未能將要說的話說完，但政府如能切實的推行，我們確信是戰後瘡痍滿目的復興要圖，要知道我們在數千年專制遺毒下，八年敵僞的鐵蹄威迫中，再加上勝利以來貪污官吏所加於我們的痛苦，我們遭遇重大的磨難，該從何處說起，所以除了希望政府接受我們人民意見，來恢復地方原氣之外，他無所求，同時希望全邑同胞，共同負起自己自任來建設地方，奠定地方自治的基礎！

議長　蔣鏞齋

秘書　呂載陽

五時三十分散會本屆大會亦告閉幕

無錫縣臨時參議會第二屆大會第一次會議紀錄

日期　三十五年八月十三日上午九時

地點　本會大禮堂

出席者　蔣鏞齋　蔣潁　石清麟、穆古甫　徐赤子　錢少明　錢秉楚

沈錫君　黃君輿　施錫禛　莊　正　安君模　章繩以　馮曉鐘
曹鳳樓　姚冬聲　華士巽　朱文洪　臧文達　胡止霞　朱甌璋
李惕平

主席　蔣輔齊　　紀錄　蔡駿　戴鵬

報告事項

甲・縣府工作報告　（徐縣長）

在本人開始接收縣政以來對於本縣已確定一有計劃之方策緣為無錫經八年抗戰受敵人蹂躪最深際茲瘡痍滿目百廢待興狀況之下復興本縣之先決條件首在精神之振作展開所有一切設施均在注意各項有條不紊之整理使循序趨於正軌茲將本縣行政既定目標分述如下：

甲・確定健全人事

乙・成立健全之民意機構

丙・整飭財政

此外關於各科施政情形概括報告如下：

一・民政方面分列如下：

1. 公民宣誓已於七月七日舉行計全民人數五五八・三一一人公民人數四九〇・二七九人佔全人口百分之八七・七

2. 併鄉計劃係按照省府規定加強自治為實行憲政計將全縣一九九個鄉鎮縮為一百個鄉鎮全部計劃已呈省核示中

3. 全縣戶口總複查計一九九鄉鎮一八四五保一九・九七七甲二三二・八九九戶一〇・二三六・六五人全縣人口為一・一一三・四〇二人並編查水上保甲設立忠河鎮分為五保八八甲九九二戶保甲總複查業於五月二十五日實行

4. 戒烟工作之推行全邑烟民計三六一七人已戒絕者有二九六四人境內戒烟醫院共有十三所城區戒烟所十一處鄉區五處但為各鄉檢舉重於情感經費拮据未收全功

5. 優待軍人家屬出征家屬優待辦法為經濟所限至未能順利完成現僅辦到軍人子弟免費升學及免費診治二項而已

6. 衛生方面除本邑原有醫院外並添設公立醫院為時疫猖獗特在滬募得一萬萬元以作舉辦西門外時疫隔離病院計衛生院六月份入院病人門診及住院計二六四人七月份公醫院門診住院病人計四〇八人時疫醫院計門診住院病人三八五人計死亡三十七人並於本邑四門及火車站分別設注射站計注射人數為一一七・〇〇〇人並實施清潔運動暨由城區署酌增清道夫名額及派任中英醫師赴各處檢驗冷飲食品以免傳染疫病

二・財政方面分列如下：

甲・成立公庫

乙・編製預算

丙・整理財政

1. 收入田賦營業稅契稅計收入一・九三〇・〇〇〇萬元

2. 開徵房捐自六月一日至八月五日止已有北塘中二通漢大安西興五鎮計收入四八・七二五・二〇〇元

3. 整理公產公款方面最近有招標房地計已招出六四處租金六五〇餘萬公田計有三千畝

4. 支付方面教育經費佔全部縣經費百分之十六建設事業佔百分之一・一二・行政經費佔百分之三・三衛生經費佔百分之四・四三救濟經費佔百分之〇・七四・保安經費為社會秩序問題能影響治安故佔百分之二八・四

三・教育方面分列如下：

1. 公立小學計四〇九所教師一四五一人學生五八七四四人

2. 私立小學計三十五所教師二七二人學生一〇六四七人

3. 公立中學計二所私立中學(已立案者)十所學生總數五八九〇人

4. 推行尊師運動已募得一二七〇萬元全縣一四五一人教師中每人得一萬元

5. 擴充公立學校二所縣師中增簡師二班訓練班二班另設助產學校

四・建設方面分列如下：

甲・拓寬街道計劃

乙・各馬路修理計劃已經完成

丙・擬籌設魚場一所

五・社會方面分列如下：

甲・處理勞資糾紛十七起

乙・擬定青年軍復員計劃

丙・救濟難胞計劃

六・田糧科為徵購軍糧計一〇二六二石代購一〇三二大包並擬定計劃成立管制糧食委員會糧食管價委員會及登記出口數量委員會等

七、軍事科爲嚴查奸匪維護治安計分別拘獲奸匪總數五〇人破獲匪盜三件及特局破獲盜匪案七起於江陰軍事緊張時本人曾出席錫澄虞三縣聯防會二次至軍法處對於烟犯已分別送交地院處理

乙、議長報告：

本會共計交付執行議案計一百另四件內分三項一、決議案二、諮詢案三、傳達民意案嗣後縣府執行議案應有書面報告到會若有不能執行時應提交覆議至遲次屆大會時係依照臨參會組織規第八條之規定辦理

討論事項

一、縣府交議土地權利人補領印照暫行辦法案

議決 修正通過如下：

一、凡本縣境內土地權利人因戰時而遺失產權證件補領印照除關土地清理另有明文規定者外悉依本暫行辦法之規定辦理之

二、遺失或損毀印照印單土地所有權狀區條（須有地政機關審核確認者）之土地權利人在補領印照前應敘明詳實理由經登報三天聲明作廢自登報期滿二星期後並無他人提出異議者得具呈本府申請補發印照

三、土地權利人申請補領印照時應將民國二十六年前三年完糧印串（如無上列證明文件以該地四鄰保結代替之）連同登報報紙全份隨呈附送審核

四、權利申請人之呈文除註明保甲戶數外須有當地鄉鎮保甲長證明否則不予受理

五、領取印照時應繳印照工本費每張五十元

六、凡敵僞時期所領印照一律無效仍應遵照本辦法第二條第三條規定手續辦理

七、本辦法經縣臨時參議會議決後由縣呈省核准施行

附式照

存根		
今據 報稱爲因	遺失 字 號田 畝	
分 厘 毫 絲 忽原花戶		經依照補領印照暫行
辦法查明確實除發給印照執業爲憑外特留存根備査		
中華民國 年 月 日錫〇田字第 號		

錫〇田字第 號

江蘇省無錫縣政府 爲補發印照事查本縣人民土地權利向以田單爲執業人憑證但歷經兵燹及水火盜竊等災害致多損毀遺失執業無憑爲確定人民產權起見准由業戶依照補領印照暫行辦法呈請本府補發印照以資信守今據〇〇〇具報 字 號 田 畝 分 厘 毫 絲 忽原花戶 田單一紙於民國 年 月因 報案遺失業經査明確實註册除留存根備査外合給印照執業爲憑嗣後該田買賣同償悉憑此照爲證同契驗稅過戶將來土地淸丈時准將此照掉換土地所有權狀須至印照者

中華民國 年 月 日給

錫〇田字第 號

二、縣府遵令提交核議忠節祠歸公管理案

議決：由縣府會同本會分別審查將忠節牌位移置忠烈祠或貞節祠分別供奉以垂久遠所有祠基祠屋祠田一併整理歸公

三、縣府函請查明恤養普濟同仁育嬰四善堂是否私立救濟設施核議見復案

議決：（照審查意見通過）應由縣府派員分赴四堂限十日內抄錄該四堂一應碑文連同勝利後該四堂呈請縣府備案卷附財政整理委員會呈省核示全卷提會核議

主席 蔣鼐齋

紀錄 蔡駿 戴鵬

無錫縣臨時參議會第二屆大會第二次會議紀錄

日期 三十五年八月十五日上午八時

地點 本會大禮堂

出席者 徐赤子 朱文沅 安君槙 章繩以 莊正 石淸麟 馮曉鐘 胡止盦 呂子瑜 穆吉甫 錢少明 黃君輿 孫荊蓀 施錫祺 臧文達 蔣頴 沈錫君 曾鳳樓 榮文光 貴延傑

主席 徐赤子 紀錄 蔡駿 戴鵬

報告事項

（一）呂秘書宣讀上次大會紀錄

（二）奉令吳公堂四耶君廟自可列入公產整理

討論事項

石參議員淸麟提

一、木排阻塞河道應予取締請討論公決案

議決：由縣府按照戰前成案規定木排停歇之地點以東在蠡康紗廠以外西在西水仙

廟以外南在南水仙廟以外北在吳橋以外並由縣飭令警局規定停歇木排之寬度以不妨礙水上交通爲原則違者隨時予以取締限一個月內實施

蔣參議員鞏提

二、改進育嬰堂哺育辦法請討論公決案

議決：本案應由縣府詳訂辦法切實執行並將辦法送會參考

莊參議員正胡參議員正齋提

三、錢基厚一再詆辱本會應如何表示臨時緊急動議案

議決：應根據事實去函糾正並推定馮參議員曉鐘孫參議員荊楚莊參議員正起草提交下次大會討論

朱參議員文沅提

四、呈請政府劃減薪給報酬所得稅及豁免加徵綜合所得稅請討論案

議決：向國民參政會建議請政府重行修訂

五、(縣府提交)田賦戶地糧分區數字表請討論公決案

議決：(照審查意見通過)查表列戶數應以二十六年爲標準二十六年以後應經稅契及合法推收者方爲有效由縣逐一查驗辦理

黃參議員君輿提

六、錫滬公路錫虞段迄未修復應呈省迅令搶修以利交通請討論公決案

議決：(照原辦法)電請省政府令飭省公路局積極興工修復以利交通

主席　徐赤子

紀錄　蔡駿　戴鵬

無錫縣臨時參議會第二屆大會第三次會議紀錄

日期　三十五年八月十六日

地址　本會大禮堂

主席者　蔣鞏　馮曉鐘　莊正　徐赤子　姚冬聲　章繩以　安君模
朱文沅　錢少明　孫荊楚　穆吉甫　袁廷傑　曾鳳標　石濤麟
呂子瑜　沈錫君　榮文光　施錫祺　李惕平

主席　徐赤子　　紀錄　蔡駿　戴鵬

甲・報告事項

呂秘書宣讀第二次大會紀錄

乙・討論事項

(一)討論糾正錢基厚一再詆辱本會函稿案

議決　修正如下：

〇〇先生大鑒本會同人受本邑各方之推著行政當局之遴委在政府實施民主政治之過渡期間雖非直接民選而職實代表民意就職以來兢兢業業凡有關民衆福利自當知無不言言無不盡毀譽之來在所不計乃本會第一屆大會議決恢復省立洛社鄉師徹查拆毀校舍人犯一案先生致函本會駐會委員會即斥本會同仁「借事訛詐」「信口雌黃」本會第二屆大會議決調查四善堂碑記謊件一案先生又致函徐縣長斥本會同人「於歷史悠久之善堂尙無所知」「豈復尙足勝代表民意」又謂不即發表省批「即爲臨參留地步」本會同人以先生爲一邑耆宿民所矜式而致本會駐會委員會一函竟不待查明眞相即爲少數人矇蔽肆其齮齕深爲惋惜但推原先生此舉或亦互室不可得罪之意本會爲忍辱負重及愛護鄉儒姑亦默而息及至讀先生致徐縣長函始知先生實蔑視本會故多所侮辱本會同人僉以爲如不再有表示無異自認下流實有負地方推著及政府遴委之雅望故不得不根據事實正告先生一二查拆毀洛社鄉師校舍雖在混亂之秋而年非邈遠民非孑遺究難逃一時耳目本會所指拆毀人犯自有根據抑且拆毀人犯亦自認不諱情眞罪確惟本會但求恢復學校俾利教育無意株求先生遠居滬上憑一二之讒辭肆偏袒之詭辯所謂「信口雌黃」「誣人罪實」者究爲誰屬此敢正告者一、四善堂一案本會准縣府交議職責所在何來「有意爲難」而所議決乃限期根查並非專斷且欲辦四善堂之是否公有除根查外尙有何種更大公之辦法設如四善堂果爲私產亦何畏乎根查何來「節外生枝」如根查有實據則省府自當尊重民意與前批有何抵觸更何勞先生爲本會留地步而先生挾省批之自重以留地步相恫嚇及對本會之根查本會同人實難度君子之腹矣而先生竟以本會不知善堂歷史爲不足代表民意豈先生之意必熟讀四善堂歷史而後方有縣臨時參議員之資格耶先生自幼讀聖賢書「子入太廟每事問」當猶能憶及本會根查四善堂態度不爲不審愼而先生反以爲罪實屬大惑不解此敢正告者二先生一邑碩望凡所言動視聽繫焉自宜一秉大公庶言足爲風行足爲式本會自當接受指導黽勉從事雅不願見大君子竟意存偏袒爲厲之階也本會同人爲昭明事非維持信譽計敢上蕪牘以正視聽諸希鑒察此頌大安

(二)電省請求將懷仁中學收歸縣立請討論公決案

議決　(照原辦法)以本會名義代電教廳請求從速批准以利教育

蔣議長舖齋提

（三）徵收田賦易知單應註明糧戶現住鄉鎮保甲戶數請討論公決案

議決 （照原辦法通過）

查徵收田賦先發易知單（即通知單）俾糧戶獲悉應完數目其單式上本有塡寫糧戶住址之規定惟承造單串之書吏逐漸忽略致年久完全不塡要因過戶時但知收費之多寡忘其職掌糧戶應有詳細紀載住址之責任也久而久之尋致欲註無從易知單每多無從送達完糧徵糧都失其根據發生隱攙實甚於此自應將可查悉者先行隨時註明一面由田糧科　督促區書負責儘三個月內查明加註以利徵收而資整飭

（四）（縣財務會遵令提交）核議東嶽廟尊賢祠歸公管理案

議決 東嶽廟照縣擬呈省辦法歸公管理對於尊賢祠供奉管理由縣擬具辦法提會核議

（五）（財務會遵令提交核議）小婁巷財神廟清節堂張中丞廟歸公管理案

議決 一、財神廟張中丞廟照縣呈省辦法歸公管理二、清節堂由縣督飭該堂董事另行計劃改設有關救濟清貧婦女之機構切實辦理以期造福婦女

石參議員清麟提

（六）工廠電流急宜恢復科以增加生產請討論公決案

議決 （照審查意見通過）函戚墅堰電廠轉請揚子公司從速設法擴充電力一面由會逕向經濟部建議

穆參議員杏甫提

（七）改裝自動電話並增加機數以靈通消息請討論公決案

議決 由會函電信局向交通部建議裝置

石參議員清麟提

（八）城鄉清潔衛生應予切實整理請討論公決案

議決 查核上屆大會決議有案函請縣府切實執行請提案人撤回

（九）（縣府提交）覆議前屆大會決議確立縣女中校產範圍請討論公決案

議決 （照審查意見通過）查育嬰堂究係私立或公立救濟事業姑置不論但舊金邑廟撥作縣女中爲校產應全部划歸應用育嬰堂所稱後造三進更與醫房亦屬舊金邑廟之一部且有糧根可查亦應划歸縣女中應用倘是運育嬰堂有必需應用之處亦可與縣女中洽商掉換俾資兩全

呂參議員子瑜提

（十）督促澈底實行治螟工作請討論公決案

議決 函縣府明定獎懲辦法令飭各區鄉鎮長督飭鄉鎮治螟會協同蘇常分署治螟工作隊暨各該鄉農會繼續切實工作

主　席　徐　亦　子

紀　錄　蔡　駿

臧　鵬

無錫縣臨時參議會第一屆大會第四次會議紀錄

日期　三十五年八月二十一日上午八時

地址　本會大禮堂

出席者　徐亦子　穆杏甫　黃君興　蔣　璟　施錫祺　沈錫君　袁延傑

臧文達　錢少明　馮曉鐘　石清麟　李公威　孫莉楚　莊　正

呂子瑜　曾鳳樓　胡正叡　朱祖璋　章繩以　榮文光　朱文沅

安若槙　蔣舖齋

主　席　徐　子　亦　　紀　錄　蔡　駿　臧　鵬

甲・報告事項

呂秘書宣讀第三次會議紀錄

乙・討論事項

（一）健全保甲組織發達校充實自衛力量案

議決 （照審查意見）函請縣府：一、愼選鄉鎮保甲長人員二、按月發放鄉鎮經費三、無給價發給各鄉鎮槍枝組織自衛隊增強地方自衛力量

（二）加緊水上防務維護水道安全案

議決 （一）函縣府嚴令警察局保安隊迅速充實水上警衛力量隨時派隊游巡在水路要口常川駐防以拔匪源而保水運（二）電請省府令飭水警區撥派巡船來錫駐防負責水上防務（三）請第一綏靖區司令部飭屬一體防範（四）由縣府切實計劃健全水上保甲機構充實自衛力量

（三）提倡火葬案

議決 本案請原提案人撤回

（四）全縣各鄉鎮應普裝電話所需裝置用費應由縣府籌發案

議決 （照審查意見通過）鄉區裝置電話經費已列入追加預算由縣府提辦理並不得向民間攤派捐款

（五）從速籌集國民學校基金澈底推行義務教育案

議決 （照審查意見通過）查第一次大會已有議決毋庸再提由駐會委員會函縣催促

再行切實執行

（六）電促政府嚴辦糧貸舞弊案

議決　本案政府已在徹查究辦無庸再提請原提案人撤回

（七）停止徵收城區衛生捐案

議決　本邑經費拮据衛生尤爲當務之急所提擬暫緩實行惟收取捐款應出具收據並由鄉鎮公所按月將收支賬目公佈由主管區署嚴密監督

（八）城內應否准予通行公共汽車案（縣府交議）

議決　城區縣市駛行公共汽車危險殊多在街道未拓寬至相當闊度時應絕對禁止通行

（九）城區房租高昂應由縣府照省頒辦法第四條嚴予執行案

議決　租金不得超過省令規定摘錄原提案理由所述省頒房屋救濟辦法第四條規定各點函縣政府酌量辦

（十）本縣自來水廠應如何創辦案

議決　原則贊同由縣擬具鼓勵民營辦法設法進行

（十一）後中止路與水塘填塞後仍有障礙物積留路中請轉函縣府派員查勘拆除請願案

議決　函縣查勘辦理

（十二）從速成立本邑市政設計委員會案

議決　原辦法贊同函縣從速辦理

（十三）糾正各醫院玩忽人命拒收病人案

議決　函縣令飭各醫院以後凡屬急症求治應以民命爲重不得藉故拒收違則予以嚴厲處分或勒令停業

（十四）拆除城牆填塞城河闢作馬路案

議決　函縣會同原提案人擬具詳細計划於下屆大會時討論

（十五）限制輪船載客數量以免危險案

議決　由縣府切實限制各輪船載客重數量嚴厲執行確保航運安全

（十六）禁止軍警機關向鄉鎮公所攤賣物品案

議決　本案保留

（十七）核議屠猪佣金划一数額案（縣府交議）

議決　每頭屠售價不得超過百分之三（買賣各半負担）

（十八）應請教廳設立高級職業學校培養專才案

議決　本案緩辦

（十九）請政府免徵職工薪給所得稅以恤工艱案

議決　向國民參政會建議政府免徵職工薪給所得稅

（二十）工廠學徒應由工業協會舉辦職業補習夜校案

議決　由會函知工業協會舉辦職業補習夜校並通知各小型工場飭令學徒入學肄業

附第一屆大會留交本屆大會核議案

（一）收回勞工醫院案

議決　移交正式議會議核

（二）將公花園改名爲中正公園案

議決　本案廢棄

（三）恢復縣教育局以增强教育行政效率案

議決　本案廢棄

（四）最短期內如何修復城區及鄉鎮公路橋樑案

議決　函縣詳細計劃分期修理酌列預算提會核議

主　席　徐赤子

紀　錄　蔡　駿

戴　鵬

無錫縣臨時參議會第二屆大會第五次會議紀錄

日期　三十五年八月二十四日上午八時

地址　本會大大禮堂

出席者　安君模　莊　正　蔣餔齋　沈錫君　徐赤子　黃君與　李陽平

孫翔風　石清麟　蔣　須　呂子瑜　朱文沅　穆叫巾　朱祇璋

施錫祺　臧文達　姚冬聲　榮文光　章綑以　馮曉鏞　錢少明

胡正證

列席者　徐縣長　李科長　康科長　沈祕書　王科長

湯科長　周科長　龔貽9

主　席　徐赤子　紀　錄　蔡　駿　戴　鵬

甲・報告事項

呂祕書宣讀第五次會議紀錄

乙・討論事項

（一）核議劃併鄉鎮案（縣府交議）

議決　（照審查意見通過）本案既經執行困難由縣府提交複議自應不執行前議暫維

現狀

（二）重建總下水道排洩污水改築所有排水溝以免引入河流案　城區污穢池塘如何填塞案（縣府交議）

議決　（照審查意見通過）應予普遍填塞以重公共衛生（但須先行宣洩陰溝再行逐步填塞）至重建總下水道應由縣府擬具計劃提會核議

（三）縣府諮詢承購軍糧短少糧商款項如何籌還案

議決　承辦軍糧由縣府負責虧欠款項是否屬實應先由縣府查明所收成交費確數及成交數量再行處理

（四）核議設置自治實驗鄉案（薛明劍等呈請核議）

議決　該自治實驗鄉雖經省府呈准立案但該鄉一切設施及規約法令仍應遵照省令呈由主管機關審核提會核議

（五）籌備各鄉鎮積穀以備救荒案（嚴惠請願案）

議決　積穀備荒原爲地方要政本請願案應予成立由就公庫着手籌備逐漸推及鄉鎮

臨時動議

（六）請將安陽中學收歸縣立電請教育廳批准案（臧參議員文達等）

議決　由本會與懷仁中學同時電請教育廳批准正式收歸縣立

主席　徐赤子

紀錄　蔡駿　[illegible]

無錫縣臨時參議會第二屆大會第六次會議紀錄

日期　三十五年八月二十六日上午八時

地址　本會大禮堂

出席者　徐赤子　臧文達　安君模　沈錫君　朱文沅　蔣翼　胡正讓
穆吉甫　朱祖璋　石清麟　莊止　黃君與　李惕平　章繩以
榮文光　袁廷傑　錢少明　馮曉鐘　蔣鋪齋

列席者　徐縣長　沈秘書　王科長　辛科長　龔貽葆

主席　徐赤子　　紀錄　呂戴陽　江鎮麟

甲・報告事項

呂秘書宣讀第五次會議紀錄

乙・討論事項

（一）核議三十五年度地方追加預算案（縣府交議）

議決　原追加預算已修正通過其歲入歲出經常臨時事業各門及預備金總數交由駐會委員會核議送省核定

（二）唐文治錢基博等函請將東林書院義租劃撥一部修葺書林書院並以舊管義田撥作中一鎮第一國民學校基金案

議決　中一鎮第一國民學校修葺費已列入預算關於將東林書院舊管義田撥作基金一節應由縣查明呈請省政府及教財兩廳核示

（三）本會將議長呈省辭職應電省挽留案

議決　本案通過

（四）縣立中學擬每生徵收學米五斗以維各教員生活案

議決　縣立中學教職待遇自應貼補至省立中學同樣待遇應於本學期開學後由縣府核明各校教職人數憑各校高初中學實到人數以平均分配規定按生補收補助費數額定期以現金收足但縣級待遇提高至省級同樣待遇時應即停止貼補其貼補之數額並將餘剩款項撥還已交補助費之各學生縣立各中學校學費應由縣公庫經收如由校長直接經收者不適用前項貼補之辦法

（五）收回省蠶絲試驗場借用積穀倉基地擴充體育場案

議決　應根據縣誌由縣財政整理委員會再行呈省將西門大倉復歸縣用以明產權

（六）請求制止非法勒捐案

議決　查非法收捐應由縣查明制止但農田戽水費本會第一屆大會已有規定議決專案送縣執行該戽水業公會各機船致取戽水費是否按照規定收費應由縣查明連同辦理經過情形一併復會備查

（七）編刊本會紀念冊案

議決　編印彙刊以資參攷實屬必要估計須印刷費用法幣式百萬元由會呈省核准由縣預算預備費項下動支並推定胡止讓錢少明蔣翼孫莉楚莊止五議員爲委員成立編纂委員會辦理編纂事宜

（八）整頓風俗以厚民情案

議決　整頓風俗以厚民情誠屬切要之圖應由縣督同新生活運動促進會參照原提議辦法切實辦理

（九）各鄉鎮及合作社所借農民肥料貸款各戶所得數額不符應請迅予澈究案

由本會函縣迅予澈查

（十）選舉第二屆駐會委員會委員

選舉結果：

馮曉鐘 十一票 李惕平 十票 莊 正 六票 臧文達 六票
朱文沅 一票 黄君輿 四票 錢少明 二票 胡正霞 一票
孫翔風 一票 章繩以 一票 蔣 翼 四票 石清麟 一票
朱祖璋 一票 沈錫君 一票 穆吉甫 一票
馮曉鐘 十一票當選 李惕平 十票當選 臧文達 莊 正 各六票
當場拈議決定臧文達當選

議決 馮曉鐘 李惕平 臧文達三議員當選爲駐會委員會委員

主 席 徐赤子
紀 錄 呂載陽
江鍾麟

無錫縣臨時參議會第三屆大會第一次會議紀錄

日期 三十六年一月八日上午九時
地點 本會大會會議廳

出席參議員 石清麟 錢少明 徐赤子 袁廷傑 朱學泉 莊 正 蔣 翼
朱文沅 安君模 穆吉甫 馮曉鐘 章繩以 榮文光 黄君輿
李惕平 臧文達 胡正霞 沈錫君 施錫祺 共十九人

列 席 者 徐淵若 沈乾初
秘 書 呂載陽

主 席 徐赤子
紀 錄 江鍾麟

行禮如儀

甲 報告事項

一、縣政府施政報告

縣政府代表沈副處長起立報告如后

一、民政科工作報告

(甲)民政部門：

(一)配合警局經常舉行城區突擊戶口抽查已達七十九次(二)健全水上保甲屬城區惠河鎮者經複查後計十保一百甲一千一百十五戶四千七百十三口屬周新鎮區者計三保二十七甲屬蘇塘橋區者計一保五甲均已整編保甲(三)協助東亭安鎮蕩口三區聯防辦事處辦理肅清該三區內之奸匪(四)製發國民身份證計九十萬張(五)各鄉鎮五戶聯保切結已辦竣

(乙)民意機關：

(一)辦理甲乙種公職候選人檢覈工作計送省者甲種八四〇人乙種一三二八八人(二)成立保民大會暨鄉鎮民代表會(三)塡發乙種公職候選人臨時及格證書及鄉鎮民代表當選證書(四)會同社會科飭各職業團體造送選舉人名薄及被選人當選名册(五)飭區指定縣參議員選舉場所(六)公布甲種公職候選人名單計八三一人選舉人總數三七七四人

(丙)禁政：

辦理烟民登記已登記人數計二四〇四人已戒除者男一六三四人女五一六人

(丁)鄉鎮造產：

各鄉鎮造產委員會已成立者有一四七鄉鎮

(戊)警務：

一、實施護航確保水道治安(二)整理及限制交通(三)舉辦會操競賽(四)成立車巡隊(五)勸導商民按置警鈴(六)積極訓練義勇警察(七)擴展外事警察業務(八)籌設長警補習所(九)實施冬防確保治安

二、財政方面報告

一、整頓稅收(1)合組編查房捐(2)派員查擠未納營業牌照稅之商號責令補納(3)督促稽徵處加緊徵收契稅並令各鄉鎮查擠未稅白契規定獎懲辦法(4)嚴行取締屠宰稅補稅舊習又每月召開肉業談話會一次(5)整頓筵席捐征收暫行辦法(6)督促稽查徵收營業稅

二、整頓公產公款由財政整理委員會依法清理惟以四善堂發生公私問題迄未解決

三、查報復員後人民經濟負担暨徵借款項及敵僞苛索人民款物

四、三十三年同盟勝利公債本縣攤派五百萬元業由省應如數領回轉發商會分發商號

五、會同會計室草擬三十六年度總概算書

六、奉省令轉飭所屬各機關嚴行取締高利貸並布告週知並將遵辦情形呈省備查

三、教育科報告

(一)依照第二屆國民教育實施計劃九月份起增設中心學校及保國民學校現有國民學校一五二所保國民學校二九四所(二)設立縣立師範(三)發放中學學校優秀清寒學生第二屆助學金(四)僞中學畢業生本屆呈請甄審者八十七人(五)辦理小學教員總登記者一七九〇人(六)各校捐資興學呈請獎勵者有傅潤戈子才等廿二人(七)催辦私校立案(八)十一月十五・十六・日開

公私立中小學校聯合運動會九月九日全縣慶祝體育節舉行各項球賽

四、建設科報告

(一)修理北城內馬路(二)建築小型飛機場(三)成立縣建設委員會(四)修建國省道路面(五)修建風景區路面橋樑(六)檢驗場車(七)辦理營業許可執照(八)檢定工作(九)對一五斗量器

五、社會科報告

(一)本階段組織人民團體計工會九個同業公會六個鄉農會一個社會團體五個(二)調處勞資糾紛計碾米業民船業油業漆作業機器翻沙業營造業印刷業人力車業酒醬業繅絲業 磚瓦業觀瓷業理髮業等十一件(三)三十五年國慶日舉行第一屆集團結婚參加者十五對 三十六年元旦舉行第二屆參加者十三對(四)三十五年九月三日舉行九三勝利慶祝大會 十月十日舉行國慶紀念大會十月三十一日主席六秩華誕舉行慶祝大會及簽名祝嘏 十一月十二日國父誕辰舉行紀念儀式(五)辦理人力車夫及車輛清查登記 (六)協辦勞功實驗區籌建勞工大廈(七)舉辦工運幹部訓(八)辦理私立救濟設施總檢查

六、地政科工作報告　三十五年九月至十二月

(一)地權清理自九月份起計收清理案件八一三起審查清理證件八二四起內無需清理當即發還者計十一起 其餘一律公告完竣連同八月底未及公告者計公告九一二起公告期滿無人提出異議 或經調解成立者發出清理證明書計三六九起十月十五日起因本縣 地籍整理辦事處成立該項清理業務奉令由該處辦理當即結束通知各業戶領回證件逕行辦理登記手續 (二)土地調解糾紛(三)救濟房荒(四)推進租田政策(五)督墾荒地(六)其他事項

七、軍事科工作報告

(甲)清剿境內散匪在三月保安隊及地方自衛隊主動搜索已有三十餘次匪首如顧復興曾俊峯等均已來府自首份子已達二四餘名

(乙)維護交通治安

(丙)組織聯防處計錫澄武三縣邊境聯防辦事處及錫武聯防辦事處架設鄉區電話自九月份起至十二月底止已架設完成者(一)東亭至城區段(二)玉祁至前洲段(三)前洲至洛社段(四)藕塘橋至洛社段(五)洛社至城區段成立感訓所接收第一綏靖司令部感訓人犯一六八名以及本府歷次交訓人犯共計已達二百〇四名

(丁)兵役(一)奉令實施臨時徵兵自十月底開始徵集以來由鄉鎮徵送來縣壯丁計一二五〇名經接兵部隊檢驗不合格退回者四〇五名實撥八四五名(二)調查壯丁全縣壯丁數計二十萬九千七百七十名(三)管理在鄉軍人退役軍官佐來府報冊者計白雲樵等十一名

八、合作方面報告

(一)八月份以前計合准登記者四十五社九月至十二月間先後組成經核准登記者八十一社社員六萬另九百六十八股金一萬三千另二十六萬九千元(二)各級合作社之業務如下(甲)消費部份—布匹火柴醬油香煙食糖食鹽等日用品供給社員總值一萬三千八百七十四萬元(乙)信用部份—水利耆殖儲押等向中農以信用貸款計四萬四千萬元 並歸還上半年所借之緊急育蠶合作烘繭貸款一萬萬六百萬元以及肥料貸款二萬四千萬元之一部(丙)運銷部份—糧食絲繭絲綿計值三萬一千七百五十萬元(丁)產生部份—羊毛絲綿等值二億元擬籌手搖小型水利暨土布紡織等資金由各社自籌一部份外商請中農行貸給(三)舉行合作事業工作會報四次(四)現正籌手依法籌組合作事業協會

九、田糧處報告

(一)結束預借田賦奉令預借田賦糙米二萬石早經如數徵足撥濟軍食其中折價繳納者一六、二四一、四八〇石繳納實物者三、七五八、五二〇石其折價繳納元數額係分批交由米業公會及碾米業公會代辦實物每次均由參議會證明最後經平均扯算每石三二、五四七、八一四元所有餘款已飭由各區署領回發還糧戶(二)催徵田賦(三)集儲賦穀(四)奉撥軍糧九十月份二萬石已全部撥領十一月八十六包十二月份一萬二千六包又緊急軍糧一萬二千六包實撥二萬八千三百廿六包總計撥四萬三千三百廿六包合數約十一萬石(五)招標加工賦穀(六)組織徵借實物監察委員會(七)籌組積穀委員會

(乙)質詢事項

一、建設方面

石參議員清麟提：借積餘款有無撥作裝置四鄉電話費之事

徐總長答：本案除東亭前洲二處早已裝置外其餘各處正在敷設中

黃參議員君典提：東亭前洲二處已經裝置何以其他各鄉鎮尚未敷設希望縣府早日裝就庶於交通及治安方面頗有關係

徐縣長答：洛社礪壁圖藕塘橋及自治實驗鄉一帶已經裝置就緒預備拓展至蕩口一帶實際上材用尚不夠敷設無線電 上峯不准普遍裝置有線電費用甚大現正逐步推進中

莊參議員正提：東北鄉電話已普遍裝置何以南鄉一帶尚未敷設電信局桿木已運到南橋離周新鎮不遠儘可借用電信局桿木裝置但局方拒絕請縣府提出交涉

錢參議員少明提：去年鄰縣如武進等縣裝設已上軌道何以本縣並無裝設工作擬請

且縣府對於吳橋及迎龍橋等處岸旁造屋侵佔河道並不取締其他如修理三鳳橋經費全由中三鎮保民負担縣政建設可謂毫無成績

徐縣長答：地方建設限於經費成績自少本邑被敵偽盤踞八載毁壞實多本年度縣府擬提倡造林計劃勞動服務（修築錫梅縣道）設計新市區等

錢參議員少明提：修補破壞尚覺不夠例如道路交通人力車夫攬搶顧客欠缺秩序最近閱滬報載台灣人力車輛停放指定地點依次受雇並不爭先喧鬧本邑人力車夫並不站在指定地點應請建設科會同警察局規劃指定停車場所並取締車夫拉客

二、田粮徵實方面

石參議員清麟提：周山浜糧戶向徵實倉庫完納稻穀照單應納九斤四兩而辦事處竟有浮收至十五斤者秤手舞弊有虧糧政

錢參議員少明提：糧戶完納賦穀與實際分量不符即用鐘之規定亦是一端

沈副處長答：如果各鄉鎮倉庫徵收賦穀作弊儘可當場檢舉依法辦理但每石規定市秤一百另八斤鄉人誤認每石為一百斤者諸如此類最好請各區鄉鎮徵借實物監委會就近監督比較有效

蔣參議員翼對於徵實問題有二點提出（一）鄉間圖正又稱經濟幹事完賦往往上下其手大戶少小戶多并少合多給以臨時收據但徵實辦事處非有正式收據不能抵完糧戶痛苦實甚（二）經濟幹事代完賦穀亦有賠累者例如張涇橋區零戶所收須雇船運至八士橋倉庫集中交納者往往總數一百担須虧耗數担之多此點經濟幹事很吃虧并向大會報告

莊參議員正報告周新鎮區經濟幹事有吞吃稅款三千多萬元在法院吃官司此類民蠹最好廢除之

石參議員清麟報告廟金鄉東亭區區長有收五斗米一畝田者

錢參議員少明提：糧多穀少往往向別處補進整批壞賬如果稻穀係作弊而來實屬貪污應請縣府嚴辦

沈副處長答：最要之點是否實物歸倉賬糧處是否高抬價格不論整零應注意價格鄉間亦有在倉庫附近設攤求售者城區倉庫曾發生此種事實辦事主任已撤職易人

錢參議員少明報告南鄉某處有十斤稻穀售價三千元者

主席宣稱請以書面說明提會討論

莊參議員正提：各鄉鎮徵實倉庫往往吃秤用大鐘糧戶損失稻穀每次有四五斤之多應請縣府設法改善

主席宣布休息十五分鐘

丙　討論事項

一、軍人利用機關名義低價收買柴草應予制止案

議決：由本會函請無錫指揮所查明制止

二、請團管區預行派員檢驗全縣適齡壯丁並對辦理徵兵弊端切實予以注意糾止案（修改提案）兵役機關辦理徵兵故意挑剔管理不善應予糾正案）

議決：分函兵役機關及縣政府對於徵兵應注意改善二點（1）體格檢驗應會同縣府辦理不得無故挑剔（2）新兵接收後之管理應由兵役機關負完全責任

三、部隊佔用民房應速發還以慰民情案

議決：電請國防部陸軍總司令部暨陸軍最高長官嚴飭所屬各部隊將佔用民房查明迅予發還以慰民情

四、非常時期人民團體組織法規不合現實應請廢止案

議決：由本會電請社會部予以修正

五、函請私立忠勤高級職業學校照市價收購該校基地以恤農艱案

議決：函請忠勤高級職業學校依照土地登記所定標準價格收買並請予最短期內迅予解決

議至此已鐘鳴十二時宣告散會

副議長　徐赤子
祕書　呂載陽
紀錄　江鍾麟

無錫縣臨時參議會第三屆大會第二次會議紀錄

日期　三十六年一月九日上午九時

地址　本會大會會議廳

出席參議員　過曉鐘　石清麟　黃君與　朱文沅　徐赤子　朱學泉　臧文達
莊正　穆吉甫　蔣翼　錢少明　胡正霞　李惕平　安君楨
章繩以　榮文光　施錫祺　袁廷傑　共十八人

列席者　潘玉岣　沈乾初　周慶文

主席　徐赤子　祕書　呂載陽　紀錄　江鍾麟

行禮如儀

首由呂祕書載陽起立報告第一次大會紀錄暨決議案件

次由主席請列席潘局長報告（一）義務警察隊組織情形（二）護航隊保護水上治安情形（三）整頓長途風紀問題

甲．報告事項

潘局長報告(一)義勇警察隊之組織及編制類似以前之商團但商團組織為現行法令所不許此事曾經駐軍最高長官陳副司令大慶一再督促協助並撥發槍械五十枝備用城區共分東南西北中五區每區額定四十人每保遴選一人以商店夥友具有初中程度者為合格去年十月九日曾經陳副司令檢閱一次成績良好在訓練期內制服由每人自製如果小商店財力不及由大商店協助並聘請地方士紳為設計委員如分局長兼任隊長槍械存放在局以利保管而利呼應

(二)護航隊保證水上治安情形查水上警察名額祇有三十個長警分駐三處地方力量甚為薄弱而護航路線須經過吳縣常熟武進江陰宜興溧陽等六縣頗有鞭長莫及之勢在未經組織護航隊以前一月間曾發生盜案九次之多盜匪化裝老百姓混入搭客之中不易辨別旋經貴會第二屆大會議決整頓水上治安又奉層峯令飭自去年九月二十日起已組織成立一中隊共九班每班有穿制服者七八人佩長槍便衣者二人佩短槍隨輪梭巡水上治安比較稍固三閱月以來僅發生一次盜案地點在澄錫交界之白兔橋屬邑境現已破案由張總隊長負責指揮懲戒方法如果發生盜案一次須記大過一次云

(三)長警風紀問題長警向商民或菜販索陋規有玷警譽如有發覺嚴辦不貸最近南區分局劉所長曾為此事傳局申斥並嚴飭所屬警長及警士不得非法行動如違撤革

乙・質詢事項

石參議員清鈴提:請警察當局注意下列三點(一)北大街為繁榮街市熙來攘往行人擁擠應取締人力車夫沿途停放車輛有礙交通且便利扒竊活動(二)東區一帶晚上燃放紙燈升空容易釀成草蓬火災(三)頑童玩弄假手槍以及抛擲金錢炮易起衝突應飭警取締

黄參議員君與提:護航問題補充幾點(一)保護輪船不要忽略民船冬防期內鄉間情形不安須常駐地方以防不虞(二)取締航輪中途停靠岸旁以防不測(三)警士舉動須注意禮貌

安參議員君椒提:敵偽時期路上行人靠左邊走勝利以後行人靠右邊走有衝突之虞應請交通警察隨時注意糾正

主席答稱現在交通法令規定車輛向右邊行行人靠左邊走

錢參議員少明提:應指定停車場所禁止車夫沿途拉客警察取坐勢禁止方法似覺不妥

施參議員錫祺提:勝利門以外及城內中山路一帶攤販沿途設攤求售行人車輛頗覺妨礙交通應使集中通運路一帶警局前經規定地點在圖書館路但寥寥無幾最好如布攤集中在布行弄之辦法比較妥當

丙・討論事項

一、組織整理惠山名勝區管理委員會藉以繁榮地方案

議決:函縣組織惠山名勝區管理委員會望經費照公園辦法帶徵茶捐並將名勝區公產劃歸該會管理

二、核議縣府接受商民捐獻食米一千石案

議決:此項捐獻食米確經地方軍警具領應請省方准予備案

三、徵實稻穀除中央與省扣除五成外其餘撥作地方經費政府收購應按市作價藉裕地方財政案

議決:電請糧食部收購縣級賦谷應按市作價藉裕地方財政

四、電請中央減低銀行放款利率放款銀行貸款限制以資根除高利貸案

議決:照原案通過

五、核議城區收護道路暫行辦法及路線計劃圖暨寬度表案

議決:(一)暫行辦法第二條應改為本辦法所規定之路線寬度計分特等二十四公尺甲等十六公尺乙等十二公尺丙等九公尺丁等六公尺等等級

(二)按照本辦法在十年以內完成逾期由政府強制拓寬

(三)各街道所屬等級由縣府會同建設委員會再行詳細規劃後送會核議

六、核議縣府前向商會所借偽幣伍萬萬元究應如何償還案

議決:此項借款既係供應各級機關軍事費用應否由縣歸還函復縣府呈省核示

七、電請農林部省建廳暨中蠶公司迅速普遍配發優良桑苗獎勵農民植桑並函縣布告勸阻農民砍伐桑樹以資挽救蠶桑事業案

議決:照原案通過

八、田賦徵實衡器(秤)缺失公平弊竇叢生應予改善以利糧戶案

議決:函電省府切實改善

九、核議搶修公路民工主副食費籌給辦法案

議決:核議將搶修路段動用民伕之施工情形送會核議

十、工商等團體電話按次收費應予制止案

議決:陳述理由電請交通部迅予制止

十一、改良民間娛樂案

議決:由縣府會同各社交機關規劃推行

副議長 徐赤子
秘書 呂叔陽
紀錄 江鏡麟

無錫縣臨時參議會第三屆大會第三次會議紀錄

日期 三十六年一月十二日上午九時

出地點　本會大會會議廳
出席參議員　徐赤子　穆吉甫　姚冬聲　章綱以　孫翔風　黃君與　朱文沅
安君模　石清麟　蔣　鑿　朱學泉　馮曉鐘　臧文達　莊　正
胡正霞　榮文光　施錫祺　錢少明　李惕平　共十九人
列席者　徐淵若　辛增輝　王壽人　沈乾初　方興岐
主　席　徐赤子　秘書　呂載颺　紀錄　江鑄麟
行禮如儀
首由呂秘書載颺宣讀上次會議紀錄
次由主席詢問各參議員對於上次會議紀錄有無異議旋即繼續討論本日議事日程
甲・討論事項
一、本縣應添設縣立中學以培養人才案
議決：保留
二、核議規劃新市區選建縣政府案
議決：(一)建設新市區原則通過
(二)函復縣府會同縣建設委員會擬就詳細計劃及造具概算提會核議
三、核議修建錫橫運河塘岸擬向行駛各輪船公司帶收補助費案
議決：(一)修建縣境塘岸本會第一屆大會已有議決經函請縣府擬具計劃迄未見復仍請查照前案辦理
(二)帶收輪船票價一成在不抵觸法令範圍內由縣府計劃辦理
四、教育經費發放應按照地方情形及生活指數案
議決：本年度概算核定教育經費比例已超過百分之三十五事關法令勢難到擬請原提案人撤回(本案照原審查意見保留)
五、請縣迅將各小學三十五年度經費如數發放並將各校所解基金如數歸償係官
六、教育經費儘先發放一案應切實執行案
議決：(五・六・兩案)合併討論
(一)請縣府如數發放三十五年度上學期經費
(二)請將借用三十五年度上學期基金發還保管
(三)督促各鄉鎮迅速成立國民學校基金保管委員會切實執行
七、確定縣教育經費獨立制度案
議決：(一)教育經費應佔地方總預算百分之三十五
(二)函縣將各項收入提出教育經費應佔成數專款存儲不得移作別用
八、縣財政整理委員會將教育會會址收歸公有應仍撥歸該會案
議決：本案移交駐會委員會查明辦理
九、晏公堂歸公管理案
議決：(照審查意見通過)查四業所送廟記載稱係奉祀水神晏蕭二公其功業勳蹟年代名諱均無可攷邑中志乘略無記載其爲淫祀並非古蹟實無疑義即就所附牟未年翻造儲堂收支表所列捐助款洋者亦不僅限於該四業而四業與其他各捐戶統稱助洋若干實足爲非四業公有之反證又查勒石永禁碑文所載明白指出爲辦理團防里中辦公之所益足以證明非四業公有之財產至該四業所持糧單仍係晏公堂戶名亦不足爲四業私有之證據至是否合於民法第七百七十九條暨同法七百七十條占有之事實事關物權爭執應歸司法解決
十、廿一、核議縣銀行人報社及博愛洋服店租賃公產所訂年限案
議決：(上列第十案第廿一案合併討論)該縣銀行人報社及博愛洋服店所租基地既已與縣財整會所訂公產租期合同應予備查
十一、春耕在即應請中國農民銀行大量發放農貸以資救濟案
議決：函縣轉請中國農民銀行從速大量發放農貸
十二、電請湯總司令陳兼主任撥發自衞槍枝充實地方自衞力量案
議決：電請湯總司令從速撥發每鄉鎮槍械三十枝配發子彈以充實地方自衞力量
十三、核議自治實驗鄉鎮各項規章案
議決：查本縣自治實驗鄉既奉省令准予設置其所訂規章應由縣府依照現行自治法令詳加審核務求規定明晰不涉空洞所有該鄉各項設施亦應嚴加攷核以收實效
十四、核議劃併鄉鎮案
議決：歸併鄉鎮茲事體大應交正式參議會普徵衆意詳爲研討再行定奪
十五、鄉區地價過高人民稅契不勝負担應予重行釐分等級以資公允案
議決：組織不動產評價委員會釐分等級函地籍整理處地價不能超出五十萬元
十六、財產租賃所得稅與徵收房捐實與法令抵觸應予糾正案
議決：電請財政部直接稅局在房捐徵收期間請緩徵財產租賃所得斟以恤民困
十七、自治房捐估價不一而稅率任意上下更與法令不合應予制止案
議決：自治房捐應依法令稅率及手續辦理不得任意變更函縣切實糾正
十八、請求縣府發給機器航船執照藉以改進運輸交通案
議決：函縣對於已裝置之機器航船暫行准許行駛
十九、爲濟墾闢蠶種場利用同業會名義摶取蠶農應予澈查案
議決：去年秋種浮收之二千五百元該種場不僅未遵照令即行發還且復以公會名義通知定戶以秋種兩張之餘款抵發春種一張歷時旣久幣值暗貶蠶農損失過鉅應即電請建廳轉飭該種場將扣發之二千五百元抵換春種一張其有不願取種

者准以二千五百元加利退還以恤農艱而符政令

二十、造就學生名單請援例向縣政府請求將補納費列入三十六年度縣預算案

議決：在本年度敎育經費支出臨時費項下增列社會敎育補助費二百萬元（暫以敎育學院學生每名每學期補助五萬元以廿名爲限由縣府調査確係家境淸寒學行優良者）

廿一、核議博愛洋服店與財政整理委員會所訂公產租期案

議決：本案與第十案合併審査照審査意見通過

廿二、核議四善堂應否淸理及管理案

議決：據三十五年十二月二十一日本邑錫報載人民捐獻慈善得所一律由縣實施淸理「江蘇各縣市淸理公有款產工作實施以來關於人民捐獻款產因地方積習相沿對於由縣統一淸理時有爭議省方前以一部份慈善堂所致其沿革係由人民集資捐獻惟爲地方公有而歷來向歸少數人士經管際此積極整理地方財政之時自應依照淸理各縣市公有款產規則第十四條四款（人民捐獻之不動產）之規定切實淸理其原辦救濟及慈善事業由縣統籌設施經呈院核示聞現已奉行政院指令核准照辦幷由府通令各區各縣市政府遵照認眞辦理俾固公有產權藉裕地方財政期使原有事業發揮宏效云根據報載函縣呈省請示辦理

議畢散會

主　席　徐赤子

秘　書　呂戴陽

紀　錄　江鐘麟

無錫縣臨時參議會第三屆大會第四次會議紀錄

日期　三十六年一月十二日下午二時

地點　本會大會會議廳

出席者　穆言甫　朱學泉　章繩以　榮文光　安君模　錢少明　徐赤子　孫翔鳳　黃君輿　朱文沅　臧文達　袁廷傑　莊　正　馮曉鐘　胡止霞　施錫祺　姚冬聲　蔣　翼　李惕平　石淸麟

列席者　徐淵若　嚴君傑　沈乾初　王壽人　李治澤　方興岐　辛增輝　湯慧先

主　席　徐赤子　　秘　書　呂戴陽　　紀　錄　江鐘麟

行禮如儀

主席宣稱繼續按照大會議事日程討論

廿三、核議本三縣十六年度縣概算及工作計劃案

議決：甲・普通歲入經常門第一款第三項契稅欄原則十五萬二千萬元應改列十二萬萬元第一款第四項遺產稅類原則一千一百四十萬元現增列改爲三萬三千一百四十八萬元又第六款屠宰稅數目照原列概算數惟說明欄應改敍從價徵收約列如上數第九項第一目筵席捐原列九萬萬元應改列七萬萬元第九項第二目娛樂捐原則四萬三千萬元應增列改爲五萬萬元又第四款第一項第二目田租欄原列三千四百萬元現增列爲六千四百九十四萬元說明欄內改敍擬切實加以整理約計如上數第四款第一項第二目地租原列三千零四十二萬零八百元應增列爲四千五百四十二萬零八百元又第四款第一項第三目房租欄原列九千六百萬元現增列爲一萬四千四百萬元又同款第二項鄉鎮主管監徵收入費原列二萬七千萬元現改列二萬萬元以上更動數目計共超入一萬零七百萬元應併列第七款第二項其他收入欄內（原列三十二萬萬元現增列爲三十三萬萬零七百萬元止）其歲入經常門合計數仍爲一百三十二萬萬一千一百四十四萬零八百元

乙・分概算（一）政權行使支出歲出經常門第一款第一項第一目俸薪原列八千八百八十元現增列改爲一萬七千四百元說明欄內改敍秘書一人月支二百元事務員五人各月支一百八十元書記五人月各支七十元年計如上數又同款同項第二目工餉原列一千八百八十元應增列爲二千八百八十元說明欄內改敍工役八人月各支三十元年計如上數又同款第二項辦公費原列六十四萬八千元現增列爲一百四十萬元零四千元說明欄內改敍職員十三人每人年支十萬零八千元合計如上數（二）政權行使支出歲出臨時門第一款第一項全體大會幷會議員往返川旅費原列五百六十萬元應增列改爲一千一百二十八萬元說明欄內改敍全縣參議員一百四十一人每年開會四次每人每次往返旅費平均支二萬元合計如上數又同款第二目議員在會期中食宿費原列一千六百九十二萬元現增列改爲二千八百六十萬元說明欄內應改敍全縣參議員一百四十三人每年開會四次每次會期平均以五日計算每人日支一萬元合計如上數又同款第三項大會記錄印刷費原列二十四萬元應增列爲四百萬元說明欄應改敍每年開會四次每次一百萬元合計如上數又第一款第四項調用人員膳雜費原列二十萬元應增列改爲八十萬元說明欄應改敍每年開會四次每次二十萬元合計如上數又同款第五項其他臨時費欄原列二百萬元現增列爲五百萬元又本歲出臨時門另行增列第二款參議會開會費四千五百萬元說明欄內應敍明修建費四千萬元購置費五百萬元（三）行政支出歲出經常門第十六款第

一項保辦公處辦公費原列八百九十八萬零八百元應增列爲二千二百四十五萬二千元說明欄內應改敘全縣一千八百七十一保每保月支一千元年計如上數(四)行政支出歲出臨時門第一款第一項出巡出差川旅費原列二千四百萬元應改列一千二百萬元同款第六項工商指導經費原列二百五十萬元應改列五十萬元又同款第七項兵役經費原列二千萬元應改列一千五百萬元又第一款第九項修繕費原列七百萬元應改列五百萬元又第三款第一項在押人犯膳食費原列四千零五十萬元應改列二千九百二十五萬元說明欄應改敘軍法人犯一•二兩月份計各一百五十名三月至十二月份每月平均約一百名每名月各支一萬五千元合計一千九百五十萬元調整數照上列標準百分之五十計算合計如上數又第五款第一項幹訓所學員用費原列六百萬元現改列三百六十萬元說明欄內應改敘全年預計訓練六期每期訓練學員一百名每期一月每月每名六千元合計如上數又第六款第一項感訓人犯副食費原列三千六百萬元應全數剔除由縣呈省撥發又同款第二項感訓人犯用費原列一千八百萬元應改列七百二十萬元說明欄應改敘每月二百名每名月支用費三千元年計如上數(五)教育文化支出歲出經常門第八款第一項各國民學校補助費原列八萬六千四百萬元應增列爲九萬六千萬元說明欄應改敘全縣八百級每級補助十萬元年計如上數又第九款幼稚園經費照列惟該項經費並非另行增設幼稚園係將幼稚班級附設於各中心國民學校又第十二款私立學校及文化團體補助費欄應將私立學校津貼費剔關於原列五千三百萬元應改列三千萬元說明欄內應敘明童子軍開辦費事業費一千萬元童子軍補助費一千萬元童子軍理事會及國民教育研究會年各補助費五百萬元合計如上數又第五款各級學校(助產學校)開辦費五百萬元應全數剔除(六)教育文化支出歲出臨時門第八款運動大會經費原列一千五百萬元應改列一千萬元又應在本臨時門第九款後面另行增列第十款教育學院學生清寒處助費二百萬元說明欄應敘明教育學院學生每名每學期補助費五萬元由縣府調查確係清寒學行優良者以二十名爲限(七)經濟及建設支出歲支臨時門第一款第三項苗圃培育費原列五十萬元應增列爲一百五十萬元(八)衞生支出歲出經常門第一款第四項免費治療費原列九十萬元予應刪除同款第五項藥品藥械費原列九百六十萬元應增列改爲一千萬元又第二款第四項免費治療費原列七十五萬元應刪除又第五款藥械費原列六百萬元應增列爲七百二十萬元(九)社會及救濟支出歲出經常門第三款第一項人民團體補助費(農會)原列一百二十萬元應增列爲二百四十萬元又同款四•五兩項教育會及婦女會應照原列概算數增加一倍年各支一百廿萬元(十)保安支出歲出經常門各區署民衆自衞隊經費應全部剔除(各區署所在地均有鄉鎮自衞隊組織所有經費一概刪除)惟第九款第四項鄉鎮民衆自衞隊原列六萬一千九百萬元應增列爲六萬九千一百二十萬元依照說明欄內再增加特別隊員三名餘照舊(十一)保安支出歲出臨時門第四款其他保安費欄原列二千五百萬元現改列一千五百萬元(十二)財務支出歲出經常門第五款公學產賦稅費欄原列一千六百萬元應改列乙千乙百二十萬元說明欄應改敘全縣公學產田地二千八百畝預計糧納賦穀每畝各二斗每斗折合國幣二千元合計如上數(十三)財務支出歲出臨時門第一款第二項倉庫租金費原列三千六百萬元現改列一千八百萬元照說明欄內應就列半數(十四)除以上各點外餘均照原列概算數通過

廿四、本邑地方捐款徵收辦法案

決議：保留

廿五、第三屆駐會委員會應否改選案

決議：上屆駐會委員可延長任期至正式縣參議會成立時爲止俾本會任務完畢毋庸另選

丙、三十六年度工作計劃照案備查提請公決案

決議：存案備查

議畢散會

主席 徐赤子
秘書 呂叔陽
紀錄 江鍾麟

江蘇省無錫縣臨時參議會參議員履歷表

三十五年六月填報

姓名	別號	年齡	籍貫	性別	學歷	經歷	黨團籍	現職	選出區城或團體	臨時通訊處	永久通訊處	備考
蔣餔齋	哲卿	六一	本	男	江蘇法政學堂畢業	十六年任中央法制委員會委員	無	無錫縣財務委員會主任委員	城區		城內石皮橋五號	議長
徐赤子	明德	四二	本	男	文治大學畢業	曾任無錫縣黨部委員	黨	錫報社長	工會	大市橋街錫報館	城內稅務前一零五號	副議長
李惕平		四三	本	男	正風文學院畢業	曾任中央信託局主任	黨		工會		四郎君巷一號	
馮曉鐘		四九	本	男	法國巴黎大學研究員	上海法學院經濟系主任	黨	無錫縣銀行常務董事	前洲區	大市橋街一〇九號	無錫前洲鎮馮灣里	
臧文達		三七	本	男	無錫工商中學畢業	曾任無錫縣政府科長	黨	教育部巡教團無錫主任	藕塘橋區	總工會八兒巷七號	無錫陸區橋	
錢少明		三九	本	男	上海大夏大學畢業	河南洛甯縣政府第一科長奉令代理縣務四月	黨	無錫縣女中教導主任	周新鎮區	無錫縣女中	無錫南坊泉	
朱文沅		四八	本	男	國立交通大學畢業	曾任無錫協新毛織廠廠長	團	青年團無錫分團主任	安鎮區	城中中市橋巷七號	無錫嚴家橋	
黃君與	涵中	四一	本	男	江蘇省區長訓練所畢業	曾任無錫縣黨部設計委員	黨	無錫縣復員委員會委員	農會		二下塘一二一號	
榮文光		四二	本	男	上海工部局育才公學畢業	曾任江蘇省第二區專員公署視察	黨	教育部蘇浙巡教團視察	洛社區	映山河十八號	無錫洛社鎮	

沈錫君		六四	本	男		曾任無錫縣商會整理委員會主任委員	無	無錫善後救濟會主任	商會	天主弄九號	
錢基博	子泉	六二		男		曾任光華大學文學院院長		華中大學文學院院長	商會		城內七尺場三號
胡正霞		四六	本	男	上海法學院法律系畢業	曾任江蘇省立蠶絲試驗場技士	無		農會	錫澄長途汽車公司	無錫堰橋鎮
朱祖瑾	劍明	四七	本	男		曾任工界抗敵後援會副主席	黨		工會	八兒巷總工會	北門壇頭弄十九號
呂子瑜		六〇	本	男	保定軍官學校畢業	曾任魯蘇戰區副總司令部參謀長	黨		長安橋區	大虹霓橋二二號	無錫堰橋鎮
孫荊楚		四六	本	男	北京大學文學院畢業	曾任私立胡氏初中教員	無	無錫膠南中學校校長	長安橋區		無錫堰橋鎮
蔣翼	甌蓀	四八	本	男	上海復旦大學文學士	曾任無錫縣黨部監察委員社會部合作事業專員	黨		長安橋區	城中新生路冉涇橋南首三六號	無錫寨門轉高樹下
安君模		三九	本	男	蘇州桃塢中學畢業	曾任乾昶絲廠廠長	無		安鎮區	無錫縣銀行	無錫安鎮澤上
穆吉甫	清	三二	本	男	國立復旦大學商學院會計系畢業	曾任上海國華造紙廠成本會計主任	無	無錫縣財政整理委員會委員	張經橋區	城中沈葉巷二一號	無錫張涇橋區港下鄉巷里
莊正	孟浩	四二	本	男	光華大學政治系畢業	曾任上海法學院講師	無	無錫縣銀行常務董事	周新鎮區	城中花園弄五號	無錫周新鎮區南方泉

3　無錫縣臨時參議會紀念特刊

李公威	冠傑	五五	本	男	聖約翰大學畢業	曾任無錫縣立初級中學校長	無		周新鎮區	光復門內沙坟井七號	無錫南鄉石塘鎮
石清麟		五二	本	男	金陵中學畢業	曾任新開彙報社社長	無			吉祥橋北錫山通訊社	北裏城脚十八號
孫翔風		四一	本	男	無錫工商中學畢業	曾任無錫人報社主編	黨	新新印刷公司經理	洛社區	上海福州路五一九號	無錫人報社
匡仲謀		六三	本	男		前北京政府簡任職任用農商部諮議國民政府命令嘉獎特授一等獎狀無錫私立匡村中學校主上海蘧萊市場場主曾任上海寶成紗廠董事上海華商紗布交易所理事上海國民銀行董事上海錫金公所董事無錫旅滬同鄉副理事長監事長曾任無錫匡村中學董事長	無		洛社區	無錫楊墅園匡村中學	上海南市尙文路何家弄六十二號
朱學泉		二九	本	男	中學畢業	曾任小學校長	無		東亭區	錫報社	
華士巽		六八	本	男		曾任私立鴻模小學校校董	無		蕩口區		無錫蕩口後倉浜
施錫祺		四四	本	男	上海大學畢業	曾任鱗城政工指導室主任	黨		城區	梁溪通信社	
姚冬聲		三五	本	男	中央政治學校特別訓練班畢業	青年團江南區團組訓科長	黨	大錫報社社長	保送	光復門新民路大錫報	新生路五十八號
章縄以		五三	本	女		曾任國立暨南大學女子部主任	黨	江蘇省立教育學院副教授	代表婦女		城內社橋辛盧

竇鳳樓	三二	本	男	南通學院紡織科畢業	蘇任經濟部戰時生產局曾浙皖特派員	富豐染織廠廠長	周新鎮區
袁廷傑	五一	本	男		曾任無錫縣工界抗敵後援團團長中新分會常務委員等職		代表工會

填表須知

一、學歷：填最後修業大學歷及曾受練訓

二、經歷：擇要填寫

三、黨（團）籍：如係黨（團）員填「黨」或「團」字全未加入填「無」字

四、選出區域或團體：如係住民代表填「某某鄉（鎮）職業團體代表填「農會」「商會」或「自由職業」餘類推

五、依照附發原表填報不得變更六、用毛筆填寫字跡不得草率，

七、參議員兼正副議長者在備考欄內註明

中華民國三十六年八月出版

錢少明
胡正霞
編輯委員　莊正
蔣翼
孫荆楚

無錫縣臨時參議會印行

無錫縣公安局年鑒

無錫縣公安局年鑒編纂處 編印

《無錫縣公安局年鑒》不分卷，無錫縣公安局年鑒編纂處編印，民國二十二年（一九三三）九月出版，鉛印本，錫豐印刷公司印刷。

無錫設警察始於清末，初爲商辦。宣統元年（一九〇九），於城中八兒巷成立巡警局，由地方士紳任警董，設巡官一員，警額一百數十名。辛亥革命後，設無錫市巡警總局，負責人爲總巡官。民國二年（一九一三）稱無錫警察事務所，總巡官改稱警務長。民國三年，又更名無錫縣警察所，所長由縣知事兼任，下設警佐。民國十六年，無錫縣警察所改組爲無錫縣公安局。該年，無錫市政廳又創設無錫市公安局，與縣局互争警權。後經駐軍第十四軍調停，合併爲無錫公安局，設四科、三處，轄公安、水巡、偵緝三隊。屢經興革，擴充警額。至民國二十二年，無錫縣公安局下設十六個分局，全縣警額除警察大隊外共八百十一名。民國二十六年二月一日，無錫縣公安局改稱無錫縣警察局。民國二十二年編印的《無錫縣公安局年鑒》包括：插圖（攝影）、題詞（十四幅）、發刊詞、大事記、法規章程、會議記録、業務報告、調查統計、撰著（無錫警政之沿革、訓政時期警官怎樣努力職責）、職員録、編校餘話等。該《年鑒》所載資料較爲全面、系統、詳實，是研究當時無錫警察制度和社會情況之重要第一手資料，具有較高文獻價值。

本書有部分圖表，或爲彩色，或爲插頁。爲裝訂方便，凡是彩色圖表及插頁，均標注序號，並移至本册之末；同時在原位置留一白頁，標明原處有何圖表及轉移後的位置。

本書據民國二十二年（一九三三）九月《無錫縣公安局年鑒》鉛印本影印。

（沙無垢）

無錫中國銀行

行址 北塘大街 電報掛號 六八九二
電話 公用三〇〇號 營業室 一〇三八號

本行總行設在上海 爲政府特許之國際匯兌銀行 資本及公積金二千八百萬元 資產總額九萬萬元 全國設立分行支行一百五十處 國內外通匯地點六百餘處 世界各國有代理店一百餘家 並於倫敦大阪自設分行 本行 辦理一切銀行業務 對於辦事手續力求迅速周到

本行第一堆棧址 廣勤路北新橋堍 第一堆棧 電話 九九〇號

NEPTUNUS

久大精☆鹽公司

海王

久大精鹽 價廉物美 清潔衛生 諸君歡迎

請吃久大精鹽 衛生有益

一無泥土
二無渣滓
三無、
四無
五無
六無、

地址 惠農橋沿河念五號
電話 一一四二號

無錫縣公安局年鑑目錄

偵緝隊探員

目次

會議紀錄

業務報告

調查統計

目次 三

目次

縣長嚴慎予近影

局長吳德馨近影

督察長金式祁

第一科科長李念如

第三科科長吳兆莘

長警補習所教務主任張逸

直轄第一分駐所巡官虞樹銘

第一分局長尚　濂

第二分局長王協中

第三分局長沈濟舟

第四分局長范　燻

第五分局長彭希文

第六分局長段起山

第七分局長惠志勳

第八分局長劉士德

第九分局長劉春蘭

第十分局長黄　仁

第十一分局長郁葆瑩

第十二分局長黃昌森

第十三分局長李君堅

第十四分局長童中嶽

第十五分局長陳司宇

第十六分局長談蔚南

無錫縣公安局各科處全體職員攝影

圖表一：此處原爲《無錫縣公安局全體警長補習期滿攝影》，見書後。

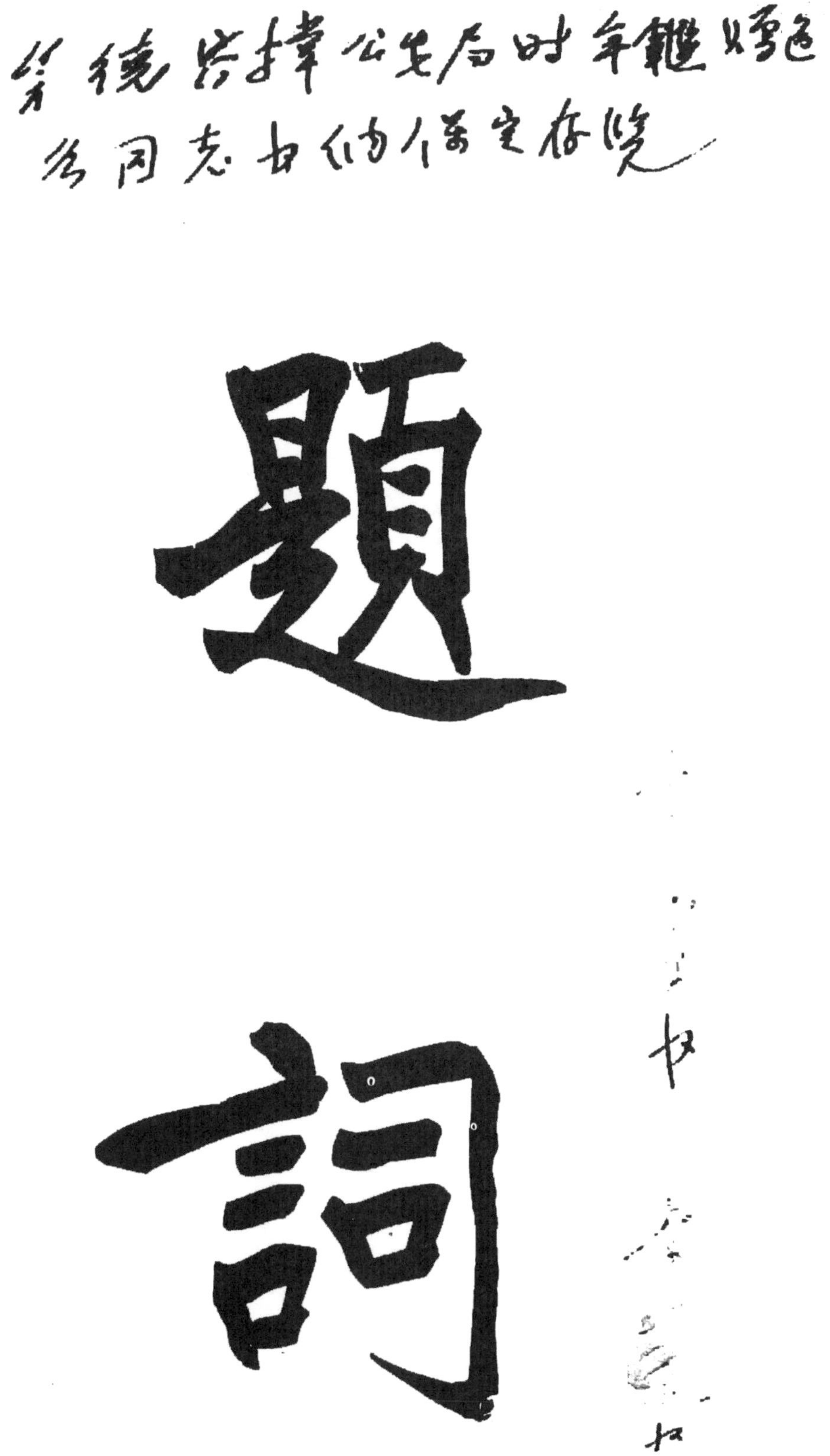
題詞

無錫縣公安局年鑑

績著簡編

黃紹竑題

無錫縣公安局年鑑

好惡同民

顧祝同題

無錫公安局年鑑

和平秩序

吳鐵城

無錫縣公安局年鑑出版

無錫於國號為名邑

願安護之與之俱休

而與之俱立

陳焯題

無錫縣公安局年鑑發刊紀念

規章悉備

文鴻恩題

古語云前事不忘後事之師是惟明達通見及斯搜羅政績自稽所司進計月以計年非圖功而圖治允矣循吏遺風錫邑要着凡瀏覽手是篇者寧不賞心悅目而奉為公安界之筮龜

鄒文華敬題

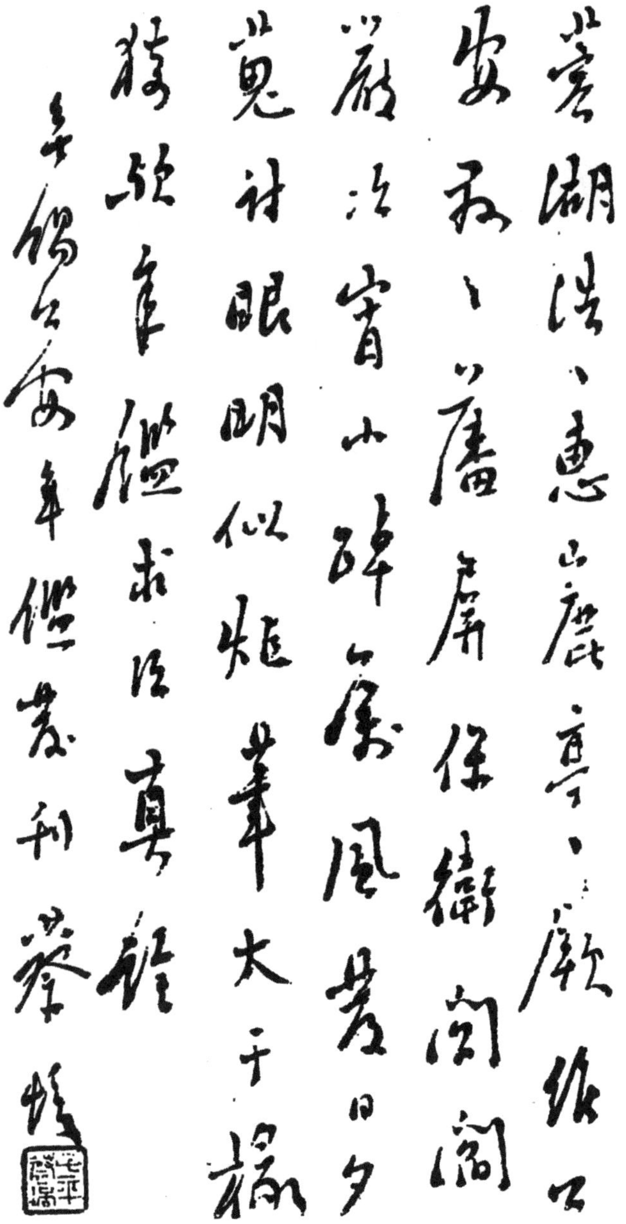

圖表朗列綱舉
目張鑑注知来
勵精圖強

題公安局年鑑

無錫縣公安局年鑑刊詞

勤奮從公　官守之職
編茲年鑑　以資攷覈
圖表周詳　記載翔實
綱舉目張　有典有則
政績斯彰　允為表率

周爾愷敬題

無錫縣公安局年鑑題詞

展布新猷功被惠麓
閭里又安斯民之福
觥觥鉅製燦然在目
鑒往知來維茲寶蓄

藏祜

敦風飭俗警頑振疲宵不閉户
路不拾遺四民既安廼修四維
尼山代魯共仰前規

無錫縣公安局年鑑

李泠敬題

公安局年鑑大刊

捍衛鄉閭

唐文治敬題

治安有策

楊壽楣敬題

彬文赳武扶弱抑彊

集漢溧陽長潘乾碑

無錫縣公安局編刊年鑑告成

集句誌盛 許國鳳敬題

發刊詞

吳德馨

本邑警務辦理有年變更興替不一其端然於歷年警政大概紀載未詳又無統計每難稽考且組織與設備未臻完善而各種單行法規亦多闕如以致臨事處理輒生困難復因經費竭蹶事事遷就舉凡各項應興應革之警察事業未能推行盡利遂致警察效能無由充分表見德馨忝司厥職良用疚心茲以熟審社會需要釐訂各項重要法規章程庶處理措施得有依據復經致力於調查統計彙集成帙俾資借鑑嘗考各國政治每多紀年之書本局年鑑所自昉也事屬草創闕略頗多聊爲公安之文獻冀以有示夫來彰用誌數言藉弁篇首

大事記

二十一年度大事記

七月一日　奉令辦理霍亂病人數及死亡人數週報表
府轄第一分駐所在西園鄉拘獲奉縣令飭緝之搶米案犯蔣詩興一名
七月二日　取締無橡皮輪之運貨塌車在市內行駛損壞道路
七月三日　取締理髮業違章破壞業規幷查明制止以息糾紛
第十六分局在園村里拘獲前夥刼南坊巷顧阿根家案內逸盜朱榮彬趙長庚陸錫根三名
七月六日　第十六分局在東八字橋拘獲搶米案犯顧吉生一名
七月八日　函車業同業公會通飭各車行人力車夫應穿着規定號衣以整市容
七月九日　函建設局派員檢查市內破舊車輛以杜危害
第八分局第三分駐所在孟甲里孟大寶等家被盜時拘獲嫌疑盜犯馮金貴丁春貴楊寄昌三名
七月十五日　令飭偵緝隊各探分配服務區域表
頒發偵緝隊服務規條四則
通飭派探嚴密檢查客民行動以杜亂萌
七月十九日　偵緝隊在北門外周山浜緝獲前搶刼方巷上強盤根家案內逸盜盛小山一名
七月二十三日　函各醫師訂定義務注射長警防疫針時間
通飭所屬依照訂定時間前往各醫師診所注射防疫針
七月二十五日　令飭查明嚴禁周明標等在梁溪河擅築魚
七月二十六日　取締無業游民在各輪埠藉端滋擾妨碍旅客安寧
偵緝隊在東門外厚生絲廠附近緝獲夥刼強盤根家內逸犯陳德餘一名
七月二十七日　重申嚴禁糞夫於白晝倒糞
嚴厲取締腐爛瓜菓隨處出售幷拋擲河面
掩埋東亭馬路旁暴露棺木以重衛生
七月二十八日　奉令核議擬辦無錫市清潔事務所之各項表冊附具意見呈復核奪
七月二十九日　修理第二分局垃圾車
呈函分報第二期警政統計期報表
八月三日　令第七分局妥慎處理該處民教館移交糾紛
八月五日　查明邑境有無製造槍械及售賣情事彙核呈復
出席縣執委員會除蠅會議
遵照除蠅辦法繼續辦理滅蠅運動
八月六日　醫師包車通行鬧市應穿着號衣以示識別
八月九日　調查量衡舊器列表具報
八月十日　定期舉行市區清潔運動並添置廣告欄及張貼辦法提案縣政府議決實行

掩埋東新路旁坟壙暴露棺木

八月十二日　令知市區劃後添設油漆廣告應以國貨幷經實業部登記者爲限幷於動工前應報請本局履勘察核以免妨礙市容

八月十六日　本局附設長警補習所學警在黄公澗舉行實彈射擊課程

八月十七日　重申嚴禁當街露宿妨害交通令文幷飭隨時勸導

八月十九日　取締沿街小攤盤踞僧佔人行道

八月二十二日　奉行轉飭根據清鄉條例舉行複查戶口

八，二十三日　實業部國貨陳列館派員徵集國貨物品飭屬協助

八月二十四日　舉行第二期學警畢業典禮

八月二十五日　切實取締泗堡橋一帶廠船停泊河面阻塞交通

繼續取締卜筮星相

八月二十六日　查明取締陳西社飼鴨妨礙公衆衛生

八月三十一日　禁止露天沐浴小攤營業

九月二日　嚴密偵防共黨乘機煽動飭屬加緊梭巡

九月四日　偵緝隊在北門外惠農橋緝獲夥刦慶福庵案內盗犯徐阿二一名

九月六日　取締城區媚神佞佛搭蓋燈棚

九月七日　第十六分局在安鎮繼續獲搶米案犯阿桂寶即（朱桂寶）一名

偵緝隊在南門外永昌絲廠工房緝獲前搶刦蘇錫班沈鑑華航船案內盗犯李富萬劉得勝周永昌李薛氏朱季氏等五名口

九月八日　密査楊永與等故違禁令私宰耕牛

九月十四日　代電飭十二分局會同區公所制止東湖塘流氓邀班演劇酬神

訓令各分局所取消調番貼寫探警差遣等名目改稱辦公警

九月十五日　訓令各分局所將老弱及不識字長警淘汰具報

解雇臨時清道清河伕役及臨時租用船隻幷將清潔地段表重行劃分

九月十六日　令發城區各分局所守望所備査表

九月十七日　飭査電影院隨票收捐情形呈復鑒核

第十一分局在陸堰上緝獲前搶刦鄒炳虎會款案內逸犯陸興福一名

九月十九日　呈復嚴厲制止東湖塘演劇聚賭一案情形

調査本邑城鄉武裝機關團體

令發迷拐婦孺招領單張貼認領

九月二十一日　劃一菜場衡器幷飭警隨時檢査

偵緝隊緝獲搶刦西大房鄉同益豐繭行案內逸犯尤金榮一名

九月二十五日　偵緝隊在馬路上蘇錫館續獲搶刦同益豐繭行案內逸犯許高其一名

九月二十六日　汽車單行計劃奉令公佈施行

難民過境通飭隨時彈壓遣送出境以免滋擾

九月二十八日　九縣聯防各警團於本日上午六時起同時總動員舉行第一次總搜剿

訓令督察處臨時査察各分局所警長是否帶班督崗

九月三十日　度量衡處罰條文奉令頒發轉飭遵照

十月一日　澈查楊宗嶽組織民食自決會並有秘密集會圖謀不軌一案情形呈復縣府

嚴禁假借航空救國捐名義向工人羣衆募捐

偵緝隊在本城鴻安棧續獲同益豐商行刼案內逸盜魏文彬一名

十月二日　轉發會哨證令飭各鄉分局與武澄廣鄰縣警團舉行定期或不定期會哨具報

十月四日　頒發九縣聯防復查戶口簡則令飭遵照

十月六日　第十分局呈解前夥刼呂家塘呂錫根等家案內逸盜包阿寶一名

肅清城廂內外牆壁粉筆反動標語并分飭嚴密偵察

十月八日　擬訂檢查車站輪埠暫行規則奉縣令修正公佈施行

十月十日　嚴查水陸要道反動接濟潮匪槍械

霍亂病人週報表奉令結束

十月十二日　澈查得月軒主陳賜楷違章添設熟水灶

各絲廠罷工經黨政機關調解先行復工令飭令該分局予以切實保護并呈縣仍予嚴密防範

訓令各分局所長警服務未滿三月者不得提升

十月十四日　絲廠復工風潮繼起呈報彈壓經過及工人暴動工廠損失情形

令發受理重傷案件解案單兩種并定十月二十一日起實行

十月十五日　代電督屬嚴密加緊防範絲廠罷工風潮并拘爲首滋事者查明解辦

十月十六日　呈報絲廠職工會開會討論復工秩序尙佳并無紛擾情事

十月十七日　吳局長在縣政府舉行宣誓就職典禮

各絲廠通經黨政機關調解再度復工風潮平息呈縣備查

十月十九日　密飭注意鼓動絲廠工潮○○○之行動偵察具報

十日二十二日　新光戲院未經呈准備案擅自開演勒令停業

十月二十三日　飭查新光戲院建築曾否改良一切設備是否完善

十月二十五　嚴行取締富商劣紳乘災重利盤剝貧民及賤賣土地等危害生計

呈兩分報第三期警政統計表

十月二十八日　九縣聯防辦事處第五次會議決議嗣後難民入境應飭公安局隊搜查所携物件如有違禁品發現應即沒收解辦一面并遣解出境通飭遵辦

十月二十九日　印就長警服務賞罰規則令發各分局轉給遵行

十月三十日　聯防第一區組織成立會商冬防聯防辦法

十一月一日　四縣聯防辦事處議決本年冬防自本日起至二十二年三月底止

局長召開章制編審委員會

十一月三日　奉頒肅清赤匪辦法督飭遵照

十一月五日　九縣聯防水陸警團於本日上午六時舉行第三次總搜剿一律同時總動員

局長召開第二次章制編審會議審核各科擬定規則名目

二十一年度大事記

十一月七日　偵緝隊在滬緝獲薛店鄉翁振東家綁刼案內匪犯錢子祥一名

十一月八日　得月軒店主陳賜福違章添築水灶奉令勒令拆除

偵緝隊由蘇提回搶刼羊腰灣秦士根家及高長岸張培榮家案內盜犯王益生陸兆林王全生嫌疑犯張德生劉仁生五名

十一月九日　第五分局呈報境內大成絲廠牆壁發現共黨反動刊物分飭嚴緝查究

沙辣油煉油廠風起害湧遍設四境設備均極簡陋分飭查明取締及改良

十一月十一日　憲兵第五團機槍三連在黃公澗舉行實彈射擊通告民衆周知

十一月十四日　鄉鎮茶館飯店容留旅客分飭切實檢查

十一月十五日　散兵游勇時有逗留鄉鎮藉端滋事分飭隨時查明驅逐出境

通令各分局所負責整頓所屬員警

十一月十六日　奉令訓練探警擬定訓練課程及時間表呈請縣府核示

十一月十九日　令十二分局勒令拆除張涇橋義生新槽坊侵佔官河建築違即應予強制執行

奉頒獎勵工業技術條例公佈施行

第二科科長代表出席推行新制度量衡委員會會議

十一月二十日　重申迎神賽會禁令如違拘辦

十一月二十四日　縣政府召開冬防會議局長出席與議

四

掩埋錫澄路旁浮厝棺木以重衛生

十一月二十八日　通惠路北柵口一帶夜間暴徒時出掠刼嚴飭五六兩分局加緊梭巡藉防未然

十一月三十日　遵照全縣冬防會議議決案辦理分區聯防事宜第一二兩區由本局召集組織第一聯防分區開第一次聯防會議

第三分局在水仙廟拘獲搶刼梢涇鄉東杜甲里杜少微等家案內嫌疑犯傅成貴吉成章兩名

奉令擬就保護長途電話線辦法四條

十二月一日　偵緝隊在蘇緝獲前搶刼羊尖安鎮西陽橋華墅等航船及同益豐醬行等刼案內盜犯楊煦張錫潘劉坤林等三名

人力車業子板改釘磁牌城鄉一律通行分令保護

冬防期內認眞檢查旅館工房船艄船篷戶分飭切實遵辦

十二月三日　農民銀行無錫分行在安鎮南橋等處組織農民米糧儲押處調濟農民經濟分飭介該分局妥爲保護

十二月六日　查明境內沙辣油煉油廠設備經過情形呈縣鑒核

協助錫陰印花稅局舉行檢查

繼續遵照指定地點與鄉縣警團舉行定期及不定期會哨

十二月八日　遵辦工廠調查登記表

奉令遵辦堵防難民辦法

十二月九日　第十四分局呈解夥刼華藏鄉范運芳家案內盜犯梁得金梁阿二何照明何照友何照餘五名

十二月十三日　最近氣候乾燥火警頻聞特發通告勸導民衆隨時注意廚房遺薪嚴誡兒童弄火並分令轉飭崗警切實注意如有火警發生應迅報各該段救火會從速施救

公函救火聯合會轉飭各段消弭糾紛并切實戒備以利消防

十二月十六日　第十六分局在安鎮破獲製造毒丸機關一起并拘獲製丸犯盧鳳林李正陽兩名

舉行第一區第二次聯防常會

彙製聯防機關武裝巡邏一覽表

十二月十七日　第七分局在謝埭橋捕獲搶刼陸家橋聚沙庵案內逸盜錢阿祥滕根生兩名

奉飭協助催繳銀漕

十二月十八日　取締菜販將菜浸水售賣

十二月二十一日　協助檢查汽車司機執照

檢查南貨業等改用新制秤

十二月二十二日　偵緝隊在望亭續獲前搶刼鄒炳虎會款案內嫌疑犯錢阿根一名

十二月二十五日　令發規定各分局所各項簿册圖表等式樣計八種

十二月二十六日　令發填繪盜案履勘表勘圖及失單等須知三件

查勘取締西鼓樓巷一帶草棚建築

十二月三十一日　第八分局第一分駐所在南橋附近緝獲搶刼西莊橋曹倘炳等家案內嫌疑盜犯董阿大一名

二十二年一月二日　第十二分局在斗山捕獲蔣巷上沈坤泉家刼案內嫌疑盜犯范生寶一名

一月九日　九縣聯防水陸警團於本日上午六時同時舉行第四次總搜剿一律同時總動員

一月十日　飭九分局緝獲盛映三家被刼案內嫌疑犯丁大狗一名

南里施粥廠繼續施粥特飭該分局派警維護秩序

一月十三日　呈復遵辦省政進行狀況一案內嚴密督屬肅清赤匪辦法情形

查禁私開香堂招收門徒

一月十六日　舉行第一區第三次聯防常會

呈齎并送二十一年第四期警政統計表

一月十九日　實業部派員來錫調查工人狀況分飭協護

一月二十日　飭一分局協同拆卸縣前傾圮樓房以免危害

一月二十一日　奉令徵收娛樂場所東北難民救濟捐一成與縣教育局會訂辦法呈縣核准徵收轉解并奉發佈告捐戳於本日起將所售門票先行送局加蓋戳記遵照辦法實行啟徵轉解

一月二十五日　嚴禁廢歷年關燃放炮竹

嚴禁廢歷新年逢禁賭博

一月二十九日　第三分局在船廠船上緝獲冷宿下鄒金寶家被刼案內盜犯陳老四及窃犯殷阿大周金南王錦茂陸保仁周寶南盜婦陸謝氏等七名口

一月三十日　九縣聯防水陸警團於本日上午六時同時舉行第五次總搜剿一律同時總動員

一月三十一日　第三分局在學士橋附近緝獲搶刼該處章士寶家案內嫌疑犯朱有南一名

二十年一度大事記

二月一日　勸導預防白喉

二月四日　變更徵收救濟東北難民捐辦法呈縣核示

二月六日　八十八師山砲榴彈砲在惠山實彈射擊分令轉飭民衆免滋誤會

二月十日　農民銀行無錫分行函爲派員下鄉催款時如有困難予以協助分飭遵照

分發西門段與横浜口縫包地段糾紛解決辦法雙方各自遵守令行各該分局知照并隨時查察

八十八師工兵營演習代備無篷櫓槳俱全之民船十五艘轉交應用

二月十四日　分飭隨時查察湖南游匪冒名難民騷擾地方

安徽大批難民在嚴家橋掠取鷄鴨致與該鎮農民發生糾紛

二月十五日　局長至嚴家橋澈查難民與民團糾紛經過并妥慎押解出境

九縣聯防警團於本日上午六時同時舉行第六次總搜剿一律同時總動員

二月十六日　嚴查車站無照裝運蘇米出省

舉行第一區第四次聯防常會

二月二十二日　奉飭督屬切實查禁運宰耕牛

奉頒嚴防太湖土匪辦法

從嚴取締無業游民身着制服假借受傷軍人名義在輪埠等處索詐滋擾

二月二十四日　奉頒修正度量衡器具檢查執行規則轉飭遵辦

二月二十五日　飭查新縣前自殺未遂之周徐氏潛服安神藥水來源澈究

二月二十八日　洛社馬盤鄉亦湖蕩酬神演唱雙枱京劇并糾衆賭博毆打情事派員隊警會同當地機關嚴厲制止

三月一日　嚴密查禁米商售糶濟斂

三月二日　九縣聯防警團於本日上午六時舉行第七次總搜查一律同時總動員并發會哨證二紙與鄰縣警團會哨

奉令永禁屠殺馬騾驢等家畜

偵緝隊在劉潭橋附近緝獲搶刦高長岸顧祖耕家案內盜犯何文斌嫌疑犯何二等尤紀發林益和尤冬泉等五名

三月三日　轉飭各戲院登載電影廣告須附註「片經電影檢查委員會給照〇字〇號」

三月七日　偵緝隊在尚長岸緝獲顧祖耕家被刦案內盜犯吳錦泰一名

三月十日　奉頒戰時警察非常任務節略轉飭遵辦

令發本局第二十八次局務會議議決整飭辦案辦法八項

三月十一日　令發各分局所長警教育實施預定科目表式

切實查禁南雙廟鎮醵資演劇酬神

三月十三日　上次遞送嚴家橋滋事難民又行滯錫呈縣派警察大隊會同押送遞解

三月十四日　令發奉縣轉省令抄發拘留所規則及各項表册格式

三月十六日　舉行第一區第五次聯防常會

三月二十一日　九縣聯防警團於本日上午六時舉行第八次總搜查一律同時總動員并發會哨證二紙與鄰縣警團

會哨

三月二十四日　第十二分局第一派出所在錫澄汽車路第三號橋畔捕獲搶刼劉家宕陸惠雲家案內盜犯楊洪生一名

三月二十五日　查禁西膠山迎神賽會并飭第十三分局事前會同切實制止

三月二十七日　奉頒兩路沿線日人往來旬報表轉飭隨時偵探注意

三月二十八日　再申迎神演劇禁令

三月三十一日　冬防期滿

第一區聯防結束

四月一日　嚴行取締中華海員工會聯合納會活動

會同第一區公所取締梨花莊坟境并會擬封閉辦法呈縣核示

四月六日　取締各衣莊查售舊服怪聲叫賣以維交通且整風化

四月十日　芙蓉山鄉民擬於積習舉行賽會呈縣轉飭警察大隊派隊協同彈壓

訓令城區各分局所內外勤長警人數實行支配於五月一日起實行

四月十四日　九縣聯防水陸警團於本日上午六時舉行第九次總會哨

搜剿一律同時總動員并發會哨證二紙與鄰縣警團

四月十五日　呈函并送本年第一期警政統計表

市區水泥所垃圾箱大都破損經查明彙表函請市款產管理委員會派員估計修理并附應行添建處所分別修建

四月十七日　令飭偵緝隊長薛福瑞遵照第二區行政督察專員公署訓令赴常出席偵緝會議籌商協緝辦法

四月十八日　嚴密注意假借宣傳抗日為名之敵諜漢奸在內地偵察

四月二十四日　嚴行取締陳耀明恢復熱水灶

四月二十六日　偵緝隊在上海井港前江溪橋墩上楊秉卿家被刼案內逸盜孫銀江一名

四月二十七日　通告并令知創立無錫師範學校高二生軍事訓練於南校場舉行減藥彈射擊課程

五月三日　令發處理案件日報表式樣定本月十一日起實行所有逐日填報違警案件日報表同時取消

五月四日　查明天聲戲院演唱淫詞穢曲勒令停演

取締各內河小輪違章行駛

奉令檢查各種槍炮子彈刀劍槍炮彈等銅売等給價辦法

行政督察專員公署成立依據辦事規程將各縣聯防區辦事處於奉令日一律結束

五月八日　勞工醫院停閉本局所屬長警醫藥困難呈請在違警罰金項下撥若干指定醫院辦理

五月十日　奉頒保護商市計劃辦法

五月十一日　第十六分局在安鎮及相巷上捕獲前夥刼相巷相華氏家案內嫌疑犯周金海錢叙管兩名

五月十二日　偵緝隊在西方泉續獲前夥刼東杜甲里杜少微等家盜案內逸犯唐阿壽一名

八

二十一年度大事記

五月十三日　推行新制度量衡繼續注意城市住戶鄉村居民以及肩挑負販等隨時檢查使用新制

五月十五日　參加衛生運動大會并擔任臨時西區宣傳及掃除事宜

五月十六日　查緝假借濤兵團名義之徒在外招謠

五月十七日　夏令衛生臨時經費准市款委會函復依照往年成案自六月十五日起至九月十五日止每月增撥洋叁百元

呈縣遵辦劃一度量衡檢查經過情形并附沒收舊制度量衡器統計表計舊衡器四百十桿鏈三百八十個舊度器三十四桿

五月十八日　偵緝隊在卜家橋緝獲搶刼該處胡鑫泉家案內逸犯李盤根一名

五月二十一日　偵緝隊在卜家橋緝獲胡鑫泉家被刼案內盜犯李盤根供指嫌疑犯卜仁根卜士根兩名

五月二十三日　令飭呈解煙案及毒品案件自本月二十五日起一律改用解案單

五月二十四日　隨時查明制止繭行製發兌票收繭以杜糾紛

切實取締瑞昌輪違章行駛并吊取行駛證呈驗

五月二十五日　查明取締顧順根等提倡迷信藉端斂錢

商團公會第四支隊在黃公澗設臨時靶場舉行實彈射擊課程通告并分令知照

五月二十六日　切實會同制止清民橋一帶無業游民籌備迎神賽會

五月二十九日　召開衛生警·蓬戶警談話會計劃市區清潔事宜並複查蓬戶辦法

五月三十一日　飭查縫包業橫濱口段與西門段工作糾紛如有違裁決辦法隨時嚴行制止

第二區行政聯防辦法公佈施行

六月一日　酒醬兩業私用舊制衡器奉飭切實檢查執行

十一分局呈解去冬雙板橋鄉南老五房周金香家綁刼案內窩盜嫌疑犯楊雲生一名

三日　直轄一分所會同六分局在周山浜緝獲尤阿裏陸盤福家搶刼傷人案及北門外析橋頭徐湧生五河鄉蔡巷上徐根寶等家被刼案內逸盜諸三寶黃錫根暨嫌疑犯陳錦榮等三名

四日　偵緝隊赴滬會同上海市公安局偵緝隊及老閘捕房中西包探在上海大馬路同羽春茶樓緝獲綁刼許謝鄉韓文泰一案要犯蔣澳臣丁富寶陳夫根袁永鶴李志平金恢堉胡石夫七名

五日　偵緝隊在東門外續獲陸盤福家及徐根寶家被刼案內逸犯張海林一名

六日　令發傳票拘票及結紙并各結塡具式樣定本月八日起實行

令發收案報告及案件備查繳納罰金等簿并定本月八日實行

八日　查禁各廟宇藥籤治病以重生命

飭查境內助產士人數製發表式依照查塡并自七月一日起遵照助產士條例第九第十兩條備具接生簿每月列表報候彙轉

規定客民建築冷炭瓦屑避免竈戶調査登記手續辦法議決通飭即日實行

查勘城鄉傾圮房屋勒限拆卸翻造以防危險

查禁市上一切不合衞生之飲食物品并飭一律加蓋紗罩以重衞生

九日 各商號懸掛市內廣告旗幟規定離地十公尺奉飭嚴加取締

十日 五月份檢查沒收舊制度量衡器具計度器五十八桿衡器二百二十三桿錘一百八十五個塡具檢查統計表解送縣府察核

十五日 第五分局呈解搶刼第六區劉塘橋野岸裏尤阿大等家案內逸盜張阿二一名

偵緝隊報解在申提回前搶刼尤岡裏陸盤穪蔡巷上徐根寶及北門外社橋衖徐湧生等家案內逸盜劉金生顔介梅兩名

十六日 市區添雇臨時清道伕二十五名清河伕八名臨時垃圾船四隻自本日實行至九月十五日止

十七日 換發市區清道清河伕役符號

十九日 嚴行取締錫澄營業小汽車組織聯合辦事處操縱營業并有勒指及刊用便利票情事

二十一日 稅警團特務班在惠山舉行實彈射擊呈發佈告并飭知照

二十二日 複査市區公共娛樂場所現狀并發表式分飭遵辦

複查街巷里街名稱并發表式分飭遵辦

奉頒內政部長指揮憲兵執行行政警察職務規則

二十一年度大事記

轉發遵照

二十三日 第九分局在第四區羅蕩橋雞柯山下截獲夥刼附近毛村地方吳漢金是鶴皐家逸盜顧阿二及嫌疑犯黄子儀二名

二十四日 分發市區清道清河伕役背心八十五套并飭愛護穿着

二十五日 商團第九支隊在東大池舉行實彈射擊通告并令飭遵知

偵緝隊在北門外吳橋緝獲夥刼毛村地方吳漢金是鶴皐家一案逸盜龔阿桑一名

二十六日 第十六分局在孟家橋地方拘獲前夥刼横塘上坟塘裏華銀奎家案內逸盜平金寶一名

分發市區清道清河伕役雨衣五十套并飭妥存備用

附警員進退事項

二十一年七月 第七分局局員李磷石以擅離職守免職遺缺委王學漢繼任

第十二分局長徐濟安因案撤職遺缺令錢夢明繼任

八月 前局長華璞被控撤職由民廳令委吳德霖接事

九月 第十三分局局員廉志霖以辦事不力免職遺缺委第十二分局局員吳緒澄繼任

第十二分局局員吳緒澄調委第十三分局局員遺缺委陳浩代理

九

二十一年度大事記

本局第三科科員鮑惕愚辭職遺缺令調第十二分局局員陳浩繼任

第十二分局局員陳浩調任本局第三科科員遺缺委沈堅繼任

本局督察長脫穎辭職遺缺委金式郁繼任

第十三分局長韓維安以侵吞罰金撤職查辦遺缺令調本局第三科科長張新繼任

第三科科長張新調任第十三分局長遺缺委吳兆莘繼任

本局第一科科員胡守眞辭職遺缺委王開森繼任

本局督察員張子靜辭職遺缺委溫占魁繼任

本局督察員李樹人辭職遺缺委盧成功繼任

十月　本局第一科科員潘企岳以擅離職守免職遺缺委孫灝繼任

第九分局局員虞濟以工作懈怠免職遺缺委黃昌森繼任

第九分局第一分駐所巡官劉榮楨免職遺缺委朱文英繼任

十一月　因冬防重要添委陳勉胡柏亭姚樂民三員爲臨時督察員劉錫珍郭恆全二員爲特務員

十二月　第六分局長殷起山因案停職遺缺令調第十四分局長朱綬代理

二十二年二月　第十三分局局員吳緒澄以措置失當釀成堰橋罷市免職遺缺委陸一山繼任

令第二分局局員劉清泰與第十二分局局員沈堅對調服務

三月　第十三分局長張新以釀成堰橋罷市風潮免職遺缺令調第十一分局長李君堅繼任

第十一分局長李堅調任第十三分局長遺缺調委第三分局長郁葆瑩繼任

四月　第三分局長郁葆瑩調任第十一分局長遺缺調委本局第一科科長沈濟舟繼任

本局第一科科長沈濟舟調任第三分局長遺缺委季念如繼任

五月　第二科科長胡彬因案停職職務暫由第一科科長季念如兼代

督察員溫占魁辭職遺缺令調第一科科員孫灝接充

第一科科員孫灝調充督察員遺缺委唐石禹繼任

第二分局長朱念生因案撤職遺缺令調第四分局長王協中接充

第四分局長王協中調任第二分局長遺缺委范熙繼任

第二分局局員沈堅另候任用遺缺調委員第八分局局員孫鍾傑繼任

第八分局局員孫鍾傑調任第二分局局遺缺委周用緘繼任

六月　第十二分局長錢夢明辭職遺缺調委第九分局局員黃昌森接充

第九分局局員黃昌森調充第十二分局長遺缺委

一〇

嚴森繼任

第十一分局局員劉伯英據查聲譽平常免職遺缺委潘晨鎬接充

第六分局代理分局長朱綬辭職遺缺令前分局長段起山復職

第十四分局長原任朱綬辭職遺缺委童中嶽代理

一一

豫康紡織公司廣告

製造國貨之生力軍！

本廠購置英國名廠所造最新式機器用上白棉花加工監紡頭號棉紗條分勻淨顏色潔白斤量加重尺碼放長此四點乃本廠之特色者如蒙 賜顧請向北塘祝棧街口本廠批發所接洽無任歡迎

無錫豫康紡織公司謹啟

抵制外貨之先鋒隊！

電話總廠六三七　批發所六二五

新世界旅社

工運橋下

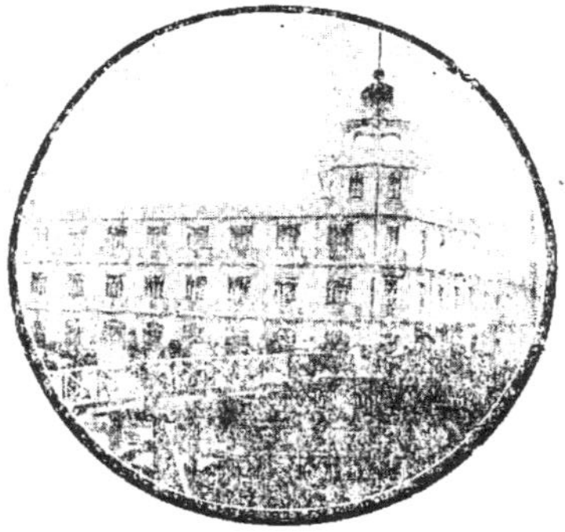

旅社全圖

本旅社自建高大洋樓地點適中大小房間百數十間無不空氣充足房間設備精益求精招待侍者應酬週到中西大餐力求精良價目便宜倘蒙 賜顧毋任歡迎

電話 五七三 五七四

法規章程

法規

無錫縣公安局各科處職掌規則

第一條 本規則依據 江蘇省政府公佈之各縣公安局組織規程訂定之

第二條 第一科職掌

一 關於警察教育之設計及警察學課之編審事項

二 關於全縣警士之編練調遣支配事項

三 關於職員長警之考核進退升降獎懲及請假事項

四 關於請願警准駁派遣事項

五 關於職員長警恤典事項

六 關於收發文書掌管印信及編製預算決算統計事項

七 關於會計及庶務事項

八 關於槍械服裝之管理事項

九 關於其他不屬於各科事項

第三條 第二科職掌

一 關於集會結社之保護取締及出版物印刷物之查察事項

二 關於違警物危險物及危險建築之查察取締及旅館宿舍公共娛樂場所之建築設置檢查取締事項

三 關於住戶遷移婚嫁出生死亡之調查及船帽船登計事項

四 關於妨害風化有傷人道一切行爲之查禁及宗教迷信之保護取締事項

五 關於度量衡之檢查取締及各項捐稅之徵收協助事項

六 道路橋梁溝渠暨公共交通處所以及招示廣告樹之查察保護事項

七 關於取締障碍交通之棚架木石等建築物及人行道上之露攤事項

八 關於調查火警發生原因及災後財產損失暨人口傷亡事項

九 關於茅屋蘆棚之搭蓋取締事項

十 關於公共衞生之設備及整理一切事項

十一 關於醫師藥師助產士產婆及其他屬於治療營業者之註册給照事項

第四條 第三科職掌

一 關於刑事犯現行犯嫌疑犯及證人之訊問逮捕看管解送或保釋事項

二 關於偵查人犯之證據及搜檢事項

三 關於通令查緝事項

四 關於違警案件之審判及處分事項

五 關於編發罰金聯單及擊給罰金收據事項

六 關於攷核局屬各分局之處理違警案件事項

七　關於勞資糾紛案件之勸導和解及其他爭執之調解事項
八　關於賍物證物違禁物及遺留物埋藏物飄流物之保管處置事項
九　關於偵緝隊之指揮及拘留所之管理事項
十　關於行政上特別規定之懲戒處分事項
第五條　督察處職掌
一　關於內勤事項
二　關於外勤事項
三　關於訓練指揮及考補警察事項
四　關於督察車巡隊遞巡事項
五　關於督察取締交通衛生事項
六　關於臨時命令檢查事項
第六條　各科處辦事細則另定之
第七條　本規則呈奉　縣政府核准施行如有未盡事宜得呈請修正之

無錫縣公安局各科處辦事細則

第一章　總則

第一條　本細則根據本局各科處職掌規則第六條之規定訂定之
第二條　凡本局各科處辦事均依本細則之規定
第三條　各科處事務如有互相關聯者應由各科處協商辦理設有意見不同者應簽呈局長裁決之
第四條　各科處應備左列各簿
一　收文簿
二　發文簿
三　稿簿
四　文件編存簿
五　值日日記簿
六　職員考勤簿
每日職員到局辦公及退公時均應親自簽註時間
上項各簿各科均應分置但督察處得僅分置上列後二種

第二章　權限及責任

第五條　各科科長暨督察長承局長之指揮掌管本科處一切事務並得依照各項規則或成案裁決本科處事宜
第六條　科員督察員稽查員各承本科科長暨督察長之監督指揮分任各科處一切事務雇員承各科科長之命服務
第七條　凡職員所擬之稿由擬稿人署名蓋章數員共擬之稿須連帶署名蓋章二科以上會辦之件須會同署名蓋章
第八條　凡職員承辦之件自接受之日起至遲不得逾二日其緊要事件應隨接隨辦但有特別情形者不在此限
第九條　凡職員對於機密事項及未經宣布之文件應嚴守秘密

第三章　文件收發及編存

第十條　各分局所呈報文件第一科收發員接到後隨時編號記入總收文簿送呈局長核閱決定辦法分交主管各科處辦理之
第十一條　上級機關文件或司法機關文件第一科收發員接收後不得擅自開拆須立即呈送局長拆閱其直書局長姓名者亦同

第十二條　凡文書所有表册物品或人犯贓證等件收到時應逐一查明登記逐交各科其發送時亦同

第十三條　各科收到分交文件由各科科員摘由記入各分置之收文簿再由各主管長官分配承辦人員辦理之

第十四條　各承辦人員辦就各種文件摘由記人送稿發文簿由科長核閱後送呈局長判行

第十五條　經判行之稿發交各科繕校後送簽封發

第十六條　第一科收發員接到各件繕發文件應隨時記入總發文簿立派傳騎分別發送但機要事件無須摘由應註明某時收到某時發送字樣於簿上備查

第十七條　凡發送文件非經局長署名用印後不得發送

第十八條　公布文件及發表新聞材料由科處選定送呈局長核准後交第一科派員分別送登公報或報紙

第十九條　編存之文件各科處應將種別卷數案由件數附件等項記入文件編存簿

第二十條　各科處應將所辦事件摘由列表送交第一科彙編業務報告

第二十一條　每屆月終各科處應將辦理件數分類填寫統計月報表册送交第一科彙編統計表册

第四章　會議

第二十二條　各科處遇有特別事故得開臨時會議

第二十三條　各科處會議以科員督察員組織之由科長督察長主席

第二十四條　議決事項由各科處主管長官呈送局長核閱

第五章　辦公時間

第二十五條　各科處除例假外每日辦公以八小時爲限其有特別事件及事務不能中止時仍須繼續辦理

第六章　附則

第二十六條　本細則自呈奉　縣政府核准施行如有未盡事宜得呈請修正之

無錫縣公安局局務會議規則草案

第一條　本會議以局長科長督察長分局長偵緝隊長直轄分駐所巡官及局長指定之人員組織之

第二條　會議時出席各員依編定之席次就座

第三條　會議時由局長主席局長有事故時得由局長指派代表主席

第四條　出席各員如有事故不克出席者應先期陳明事由並派代表出席

第五條　會議日期規定每月七日上午九時舉行以三小時爲限如有未決事項或必要時得延長之

第六條　會議時期遇有特殊事項不及開議者得由局長宣布臨時停止或變更會期

第七條　本會議議案分左列三類

一　局長交議

二　科長督察長分局長隊長巡官及局長指定之人員提議者

三　臨時動議者

第八條　凡提議事項應由提議者用書面叙明事實及理由於每屆會議日期五日以前送交第一科彙呈局長核定後編列付

議

第九條 遇有特別事項未及送編付議者得聲明事由臨時提出討論

第十條 會議時不得二人以上同時發言一事未決不得提議他事

第十一條 議決事項由局長發交主管各科處分別辦理

第十二條 會議紀錄由第一科派員担任每次紀錄於會議完畢繕呈局長核定後印發內外各部知照

第十三條 會議紀錄由第一科保存之

第十四條 本規則呈奉 縣政府核准施行如有未盡事宜得隨時呈請修正之

無錫縣公安局內外部職員功過賞罰暫行章程草案

第一章 總則

第一條 本章程所定功過賞罰凡本局所屬職員均適用之但依其他法令得呈請獎懲時不在此限

第二條 職員之功過賞罰由局長核定後飭交第一科註册執行之

第二章 賞則

第三條 賞分左列五種

一 專案請獎由 局長詳敘事實呈請 縣長轉呈核獎

二 升級

三 記名升用

四 記功——分記大功記功二種

五 嘉獎——嘉獎三次作記功一次記功三次作記大功一次記大功三次升級

第四條 有左列各項之一者即予專案請獎或升級

一 辦理警政著有特殊勞績者

二 敵人組織秘密機關危害黨國經偵查實在密報逮捕首要人犯者

三 督率外勤身先警士不避危險而著有特殊功績者

四 大幫匪徒入境擾亂能擘劃周詳或防範嚴密得以立時戡定者

第五條 有左列各項之一者予以記名升用

一 服務勤慎操守廉潔始終如一者

二 同寅協恭整理警政日臻完善者

三 當場督屬將持械夥刦盜匪人贓全數捕獲者

四 破獲綁匪機關救出被綁肉票或綁匪擄人時督屬當場緝獲者

五 遇有重大事故而應變有方者

第六條 有左列各項之一者予以記功

一 辦事敏捷歷久不懈者

二 督屬防範在三個月以內轄境無竊盜案件發生者

三 緝獲奉長官命令指拿之要犯者

四 匪盜意圖行刦防範得宜立時拿獲或擊斃者

五 連破本境盜竊案件或協助緝獲鄰境盜竊案在三起以上者

第七條 有左列各項之一者予以嘉獎

一 主管長官督率職員官警處理事務有條不紊者

二 各科處職員各局所雇員秉承服務案無留牘者

三　品行端正督率有方足資模範者
四　受理案件處置持平不偏不倚者
五　奉令飭辦事件立時遵辦而處理得宜者
六　境內出有刦盜重案能督屬依限破獲者
七　指導所屬內外勤務而能任勞任怨者

第二章　罰則

第八條　罰分左列五種
一　撤職
二　降代
三　降級—如記大功三次者准予抵銷
四　記過—分記大過記過二種
五　申斥—申斥三次作記過一次記過三次作記大過一次記大過三次者撤職或降代

第九條　有左列各項之一者撤職
一　違背長官命令藐玩不遵者其情節重大者另候核辦
二　轄境以內迭出傷人越貨案三起以上而逾限不破者
三　轄境設有共黨機關或敵人機關事前未能覺察致釀禍端者
四　轄境設有綁匪機關多處而懵無覺察者
五　服務疎懈廢弛職守而屢誡不悛者
六　洩漏軍機及秘密者除撤職外依法懲辦
七　行求賄賂有背官箴者其情節較重者依法懲辦
八　品行不端不足爲警察表率者

第十條　有左列各項之一者降爲代理
一　奉令交辦事件任意延誤者
二　境內發生越貨傷人案二起逾限不破者
三　境內發生命案盜案隱匿不報者
四　奉飭查復案件故意徇庇者

第十一條　有左列各項之一者降級
一　轄境一月內連出持械夥刦案三起者
二　所屬官警私通敵人失於覺察而查非知情者
三　所屬官警徇庇烟賭而放縱不予舉發者
四　服務未能稱職者

第十二條　有左列各項之一者記過或申斥
一　境內發生持械夥刦案件事前疏於防範者
二　一月以內轄境發生竊案五起以上未能破獲者
三　長警勤務操練玩忽懈怠經督察處報告三次以上而審查屬實者
四　對於公有各物未能督率認真保管者
五　處理事項遲延貽誤者
六　處理事件越出範圍者

第十三條　罰則自撤職以次得以功過相抵

第十四條　上列各條賞例罰則凡科長督察長分局長偵緝隊長直轄分駐所巡官各職員由局長核定之其科員督察員稽查員局員巡官雇員等得由該管長官核定呈請之

第十五條　凡因一種事項載明賞罰條例者按照條例辦理倘無明文規定者應酌量情形辦理

第四章　附則

第十六條　本章程呈奉　縣長核准後公布施行如有未盡事宜得隨時呈請修正之

法　規　　五

無錫縣公安局各科處值日規則草案

第一條 本局辦公廳各科及督察處規定每科處每日派值日員一人依照本規則掌理值日事宜

第二條 各科處值日員以科長科員督察長督察員特務員雇員等照表輪值

第三條 值日時間以每日上午八時起至次日上午八時止

第四條 輪值人員均應日夜在公不得離局

第五條 值日人員應辦之事項如左

一 本科處職員退公後而有緊急事件須即擬辦送稿繕發

二 其他奉命應辦事項

第六條 夜間有重大事件不能解決時應立即報告局長核示辦理

第七條 輪值人員如有不得已事故不能在局執行職務時應按照請假規則辦理

第八條 本規則呈奉 縣政府核准施行如有未盡事宜得隨時呈請修正之

無錫縣公安局收發文件規程草案

第一條 每日收到內外各種文件應隨時記入收發循環簿內遵式照填以備查考

第二條 每日收發內外文件按其最要次要尋常隨時登記分別差送不得積壓延誤公務

第三條 凡局屬之各機關未遵規定格式之呈報紙繕寫之文件（除標明機密外）概行拒絕收遞

第四條 如遇有機密緊要文件收到時收發處可毋庸摘由即行遞送局長拆閱收發處僅標明書面以示機密

第五第 凡收到局外局分所各種文件時遇有字跡潦草錯誤或手續不完備者得拒絕收遞或即行標明錯誤退還請其改正但須將拒絕及退還理由記存以備查考

第六條 差遣或派警解送文件案犯時應持解犯簿記明案件事實由接收機關蓋章或接收人員加蓋私章帶回備查以昭鄭重

第七條 每日自下午五時至次日下午四時收到文件合爲一日總收到分別摘由登簿送呈局長核閱後飭科處理

第八條 每日下午五時即行統計是日收發各種文件若干分別記入收發文件日記表內以備月計時便於統計考查

第九條 本規則自經局長核准後公佈施行

無錫縣公安局職員長警請假規則草案

第一條 凡屬本局職員及所屬長警等因疾病或不得已事故不能執行其職務時須依本規則請假

第二條 凡請假者應在各該科處局隊所所備之請假簿或報告單敘明事由呈請各該管長官查核分別准駁俟經核准後方得離職其病假在五日以上者須將醫生證明書呈核

第三條 凡請假者須呈請長官指派同僚一人代理職務

第四條 請假期滿如須續假者應依照本規則第二條之規定呈請續假至多不得逾十日但因特別情形經長官核准者不在此限

第五條 職員長警每六個月合計事假不得逾十日病假不得逾三十日其請假期限超過此數者應按日扣除薪俸但有特別

情形經局長核准者不在此限

第六條 職員請假逾假至一星期以上未經續假者應即免職長警請假逾假三日以上未經續假者應即開革但實有特殊情形經局長認可者不在此限

第七條 請假期滿應即呈報銷假以備查考

第八條 各分局所每屆月終應將所屬之請假者彙編請假一覽表呈局備查

第九條 婚喪限於本身喪事限於父母其餘關於親族慶弔等事均依照事假規則辦理

一 婚假除往返日期外以十日為限

二 喪假除往返日期外以三十日為限

第十條 凡因婚喪請假者准支原薪

第十一條 凡婚喪請假者均須有二人以上之證明但確有實據者毋庸再行證明

第十二條 凡因事請假者概依左列權限辦理但長警每班每日不得逾二人

有准假權者＼請假者	區員隊士	警長	警士	勤務伕役
分局長	一日	三日	五日	七日
偵緝隊長	二日			
直轄分駐所巡官		二日	三日	五日

第十三條 前條規定之日數係指請假及續假直至銷假時總日數而言倘日數超出定限時應將前次請假日數合併呈報

第十四條 前條規定之職別其有階級相同者得比照辦理

第十五條 請假期內遇有例假仍按請假日數計算不得扣除

第十六條 凡於一年之內未經請假勤勉從公者得由各該管長官呈報局長核獎之

第十七條 本規則呈奉 縣政府核准施行如有未盡事宜得隨時呈請修正之

無錫縣公安局長警假革升補暫行辦法草案

第一條 長警假革升補事項除應依照長警服務賞罰規則辦理外按照本辦法行之

第二條 在本局募警教練所未成立前各分局所得依照內政部頒發之警士錄用暫行辦法之規定自行招募警士但於應募時須先呈送本局考驗合格填具志願書後方准補充

第三條 警長由一級警中考選升充之不得越級

第四條 警長服務須滿三個月後成績優良者方准升級

警士升級亦同前項辦理

第五條 長警服務未滿三年者非有左列情形不得聲請長假

一 疾病非短時間所能痊愈者

二 殘廢

前項服務時間以募警自募補之日起算

凡長警因前項事由聲請長假者必須附具診斷書呈驗

第六條　長警聲請長假者應由該管長官詳叙募補日期幷事由呈准後方得離差

第七條　開革長警應由該長官聲叙開革事實呈候核准後方得離差

第八條　應行開革之長警情節重大涉及刑事範圍者除開革外依法移送法院辦理

第九條　長警一經開革永遠不准錄用

第十條　各分局所不得無故開革長警如有未經呈請核准擅自准許長警長假或開革者查出嚴懲

第十一條　本辦法呈奉　縣政府核准施行如有未盡事宜得隨時呈請修正之

無錫縣公安局長警服務賞罰規則

第一章　總綱

第一條　本局為考察各長警外勤之勤惰起見特訂定本規則作為賞罰之標準凡局屬各分局所長警均適用之

第二條　凡各分局所長警之賞罰除督察長督察員稽查員報告後隨時由本局長核定飭知外得由各分局所長官直接賞罰之但須於月底列表呈報本局備查

第三條　功非首先過係無心者按各本條酌核情形分別遞減之

第二章　獎賞事項

第四條　有左列各項之一者賞洋一元至五元

1. 拿獲盜匪及原贓者

2. 拿獲反動份子及謀亂國家機關者

3. 查獲敵人間諜及漢奸者

4. 查獲綁匪機關救出肉票者

5. 查獲私造私煅國幣及製造器具者

6. 查獲私造販運私藏軍火及接濟匪徒者

7. 緝獲窃賊竊犯及暴徒者

8. 緝獲長官指名拘拿要犯者

9. 因公奮不顧身而受重傷者

10 拿獲殺人放火正犯者

11 舉發因職務上收受賄賂及因事詐財有據者

12 查獲張貼標語煽惑人心希圖擾亂治安者

13 查獲販賣大宗烟土烟膏嗎啡等項及其他違禁物品暨私藏者

14 查獲非公務人員身藏槍械而無護照及兇器者

15 救護自盡及遇危害使不致殞命者

16 火勢初起親身撲滅不致延燒者

有前項事實之一者除獎銀外並得提升及呈請上級機關特別予以嘉獎

第五條　有左列各項之一者賞洋四角至八角

1. 查獲乘水火災變而窃取財物者

2. 檢拾貴重遺失物報局招領者

3. 盤獲人力車輛及脚夫拐逃旅客行李物件者

4. 查獲私運違禁物品者

5. 車馬驚逸奮身截獲未及傷人者

6. 查獲略誘人犯或販往外埠意圖售價者

7. 拘獲冒充官員及警探私向店戶索詐者

8，代擬僞造文書票據者

第六條　有左列各項之一者賞洋一角至三角

1，守望巡邏精神振作者

2．保護迷路小孩送局招領或送交其父兄領回者

3．排解得法指揮活潑者

4．服裝整潔禮節周到者

5．三月以內恪盡職責未犯崗規者

第三章　處罰事項

第七條　有左列各項之一者開革

1．「崗線以內」聞有匪警而畏葸不前致令逃竄者

2．因公擅受人民之贈與財物者

3．拾得貴重遺失物品而隱匿不報者

4．包庇娼賭及知情不舉者

5．調戲婦女經被害人告發訊明屬實者

6．徇情縱放人犯或受賄者

7．非正當防衞而擅自開槍者

8．不遵從長官命令者

犯前項第五第六者除開革外並應依法辦理

第八條　有左列各項之一者降級

1．於人民請求事件之職務所應爲而推諉不理者

2．辦事粗暴訓戒不改者

3．在服務時無故直入店舖居戶者

4．上差時沿途食物及吸香烟者

5．崗線以內出有竊案而惜無覺察者

第九條　有左列事項之一者罰洋三角

1．在崗瞌睡者

2．車輛擁擠不加指揮疏通者

3．無故用警棍毆人或猛擊車輛者

4．人民犯有違警行爲而膜不過問者

5．損壞槍彈及公物者

第五項除處罰外並應令其賠償

第十條　有左列事項之一者罰洋二角

1．換班時不整隊齊行任意喧笑者

2，在職務上任意偷懶或與婦女戲笑者

3．隨地而坐者

4．無故擅離崗線者

5．站崗閒談者

6，戲弄警棍或口唱歌曲者

7．人民詢事正當詢問時傲不回答者

8，人民遇有紛爭不加勸解者

9，遇隣崗鳴笛警求援助時而不前往援助者

第十一條　有左列事項之一者罰洋一角

1．與人談笑者

2．服裝不齊者

3．遇長官經過不知敬禮者

4，在服務時閱看書報者

5．無故離開崗位三十步以外者

6．依傍電桿店檯者

7，精神委靡不振者

8．上班遲到者

9·呆坐板凳者

10 在服務時向店舖或攤担購買物件者

11 落班不隨隊伍回局者

12 接班未至擅離崗緑者

第十二條　凡因一種事項載明賞罰條例者按照條例辦理倘無明文或特別規定者即酌核情形辦理

第四章　附則

第十三條　本規則自公布日施行如有未盡事宜得隨時修正之

無錫縣公安局請願警暫行章程草案

第一條　各機關團體商民等凡向本局請願派警常川駐衛者均按照本章程辦理之

第二條　請願警之人數以崗位爲標準每崗三名如僅供駐衛之職而不站崗者得酌量情形減少之

第三條　請願警應由該管分局選擇資深之一級警士派充

第四條　請願警每三個月得抽調訓練一次

第五條　請願警之月餉照一級警發給每名十二元應於每月二十五日以前繳送本局轉發

第六條　各分局請願警滿如六人以上者應設警長一名負責管理警長月餉十五元並應雇伙夫一名月給工食八元其薪餉工食均由各請願機關團體照派

第七條　請願警月需油燭等費均由各請願者核發

第八條　請願警之制服悉由本局製發以期齊一應繳之服裝費由各請願者於每年四十兩月按數繳局其鎗械等物則由本局發給但人民呈准自備亦可惟須將名目號碼報局註册

第九條　請願警須遵照本局長警服務規則理辦不得服其他雜項差使

第十條　請願警應由請願者另設駐所不得與各項伕役混雜住宿本局及該管分局得臨時派員查察之

第十一條　請願警請假應照請假規則辦理其假期如在五日以上者由該管局所派警代理以重職守

第十二條　請願警之獎懲均照本局長警服務賞罰規則辦理請願者如認爲應行獎懲事項得聲叙事實隨時知照該管局所核辦不得還自處理

第十三條　請願警服務期間最少應在六個月以上如係短期概不派駐

第十四條　請願警所帶之領章符號等均由本局發給各請願者不得自定式樣

第十五條　各請願者如欲撤銷請願警時應於半月前通知該管局所並加繳一月餉銀送局資遣藉示體恤

第十六條　請願警撤銷時其裝械等件均應悉數繳還

第十七條　請願警應責成該管所長官指揮監督並設立考勤簿隨時抽查

第十八條　本規則呈奉　縣政府核准施行如有未盡事宜得隨時呈請修正之

無錫縣公安局長警存餉辦法草案

第一條　本局所屬警長警士存餉依本規則之規定

第二條　本局依左列存餉額按月於發餉時由各分局所將應存長警姓名册造分別扣存

甲　警長二元

乙　警士一元

第三條　扣存之餉由本局代爲存入妥實銀行生息一面由局發給存餉收據

第四條　長警外亡或因故去職或確有重大事故呈准本局核准長假或銷差者應將本息一律發還

第五條　長警服務已滿三年因正當用途請求發還存餉者經該管長官查明屬實呈請本局核准後得取用存餉但至多以存餉金額二分之一爲限

第六條　本辦法呈奉　縣政府核准施行如有未盡事宜得隨時呈請修正之

（附無錫縣公安局長警存餉向中國銀行提存辦法）

無錫縣公安局長警存餉向中國銀行提存辦法

一、此項存餉以無錫縣公安局長警名義由現任局長負責存入本邑中國銀行言明年息七厘

二、提取此項存餉須由局長加蓋官章並私章爲憑

三、提取此項存餉時不得超過存餉金額總數十分之二但仍須將本月份之存餉存入

四、此項存餉已提取至總數十分之二時不得再提

五、此項存餉如須全部提取時須由現任局長與在職全體長警在本邑報上用二號字登載啟事七日證明後附報由現任局長加蓋官章並私章負責提取發還各長警

六、如未備具前項手續中國銀行不得付款

無錫縣公安局長警外出規則草案

第一條　本規則凡屬各局所長警外出時適用之

第二條　本規則所指外出分左列三項

一　請假

二　公差（如買辦食物傳達公文查辦案件等事）

三　外宿（因有眷屬經長官准許歸宿時）

第三條　長警外出除有特殊情形經長官准許便衣外均須穿着制服裝束整齊

第四條　長警外出時其服裝須受門崗之檢查

第五條　長警外出須佩左列外出證

一　請假證

二　公差證

三　外宿證

前項各證式樣及佩帶法另訂之

第六條　長警外出對於左列二項務須格外注意不得稍有疏懈

一　禮節

二　風紀

第七條　長警外出如有不得已事故逾限不歸時須將逾限事實詳細陳明長官核辦

第八條　長警外出遇有非常事故或該管境內及駐地附近發生水火災變情事應即返回

第九條　如有違犯本規則者按照長警獎懲規則辦理

第十條　本規則呈奉　縣政府核准施行如有未盡事宜得隨時呈請修正之

無錫縣公安局內務檢查規則草案

第一條　本規則凡屬各局所內務檢查均適用之

第二條　檢查分通常月終臨時三種通常檢查每星期一次由各分局所直接長官自行之月終檢查每屆月終由縣局派員分赴各局所行之臨時檢查以局令行之

第三條　檢查之事項如左

一　人數

二　服裝

三　槍械

四　清潔

第四條　通常檢查應於休息時輪班更換施行之

第五條　檢查完畢應將檢查情形呈報考核

第六條　月終檢查及臨時檢查時各局所均應按其所屬部隊駐地人數造具名冊以備點名之用

第七條　檢查時如遇有服裝不整槍械保管不得法以及室內不清潔等情事均應隨時指導並矯正之倘有故意違反或屢誡不悛者得呈請處分

第八條　本規則呈奉　縣政府核准施行如有未盡事宜得隨時呈請修正之

無錫縣公安局服裝保管規則草案

第一條　本局各屬服裝之保管悉依本規則之規定

第二條　各季服裝保存期限定爲三年期滿後得造册呈報註銷

第三條　每屆換季時應將上季服裝向各長警收回由各分局所派定人員登記負責保管如有損失由保管員賠償

第四條　收回之服裝必須洗刷清潔常時晒曬如有霉爛損壞情事應由保管人員負責賠償

第五條　各長警遇有携帶服裝潛逃或請假逾期未歸者應由主管官在三日內呈報並責令保人照價賠償

第六條　服裝在保管期內遇有不可抗拒之事實因而致損壞遺失者經主管官查明呈報證明屬實得免予賠償

第七條　本規則呈奉　縣政府核准施行如有未盡事宜得隨時呈請修正之

無錫縣公安局槍械保管規則草案

第一條　本局各屬槍械之保管悉依本規則之規定

第二條　各分局所槍械應由該管長官派定人員負責保管每星期應揩擦一次並於每月月終呈報本局備案

第三條　保管存儲槍械應視其種類性質分別儲藏並隨時調節室內空氣注意地面乾濕以防發生意外

第四條　發交各員警使用槍械應隨時注意加以愼重使用後如何揩擦保管由主管官長負責指導勿令銹汚損壞

第五條　無論存儲及使用之槍械主管官長應隨時檢查如有損壞均須報局飭修不得私自添配修理

第六條　凡槍械子彈用於剿緝盜匪演習打靶者應將消耗子彈實數或損折槍枝情形隨時造册報請核銷及修理

第七條　槍械遇有保管不良或使用不愼致受損壞者報由主管官

長查驗傷修其費用應由保管人或損壞者賠償之

槍械遺失或保管不良因之損壞不能修理者由遺失或損壞人負責賠償

第九條　如遇槍械遺失或損壞時須立即報告主管官長報局查核倘有隱匿不報經本局查出時除賠償外並須從嚴懲處其主管官長亦受連帶處分

第十條　各員警有攜帶槍械潛逃者應由主管官長報請通緝並責令保人負責賠償

前項賠償價目由局長估計酌定之

第十一條　賠償價款由局妥爲保存以備購置補充不得挪用

第十二條　槍械遺失損壞如係不可抗拒之事實經主管官長證明呈報查明屬實者得免予賠償

第十三條　向人民借用之槍械亦依照本規則辦理

第十四條　本規則呈奉　縣政府核准施行如有未盡事宜得隨時呈請修正之

無錫縣公安局檢查車站輪埠暫行規則

第一條　無錫地處京滬中樞水陸交通衝要宵小最易混跡實屬有礙於治安特於車站輪埠輪派員警檢查其檢查時照本規則辦理之

第二條　由督察處督察員二人偵緝隊探士六名至十名抽調各分局長警十二名至二十名由督察員率領分班輪流檢查

第三條　關檢查之地點如左

甲　車站

一、工運橋北火車站

二、南門外旗站

三、錫澄長途汽車公司車站

四、興隆橋開源長途公司汽車站

乙　輪埠

一、工運橋左右橋堍

二、南門外滬錫站

三、其他錫鋤錫溧錫宜錫常錫澄錫虞及四鄉各要鎮輪班

第四條　車站由本局員警會同憲兵檢查之汽車站及輪埠則由公安分局員警直接輪流檢查之

第五條　檢查時應注意之事項如左

一、攜帶軍用違禁物品（如火藥武器等）而無正式護照者

二、攜帶烟土及嗎啡等代用品等

三、攜帶反動宣傳刊物及反動印刷品等類者

四、有反動及共黨嫌疑查獲相當証據者

五、游兵散勇穿着軍服而無符號者

六、其他違犯法令之物品者

第六條　檢查員警如查獲第五條各款人証並獲者應隨時一併解局核辦

第七條　檢查員警應守規則如左

一、檢查所得違禁物品併人證立即解局核辦不得私相徇縱及有授受賄賂行爲

二、檢查所獲之違禁物品不得以多報少及隱匿中飽調換舞弊行爲

三、檢查員警不得有挾嫌誣害行爲
四、對於受檢查人應以公正和平之辭色不得有威嚇挾詐之舉動設有一二不入耳之言亦須善爲開導
五、檢查商民物品不得故意散亂檢查完畢仍應恢復原狀
六、檢查員警不得有私取商民旅客物品行爲

第八條 檢查員警如有違犯第七條各款者得酌情節輕重依法懲辦

第九條 本規則有未盡事宜得隨時呈請修正之

第十條 本規則自呈請縣政府核准後施行

無錫縣公安局取締旅店規則

第一條 本規則凡在無錫縣區域內以房屋供旅客之住宿而以營業爲目的者均適用之

第二條 凡以旅店爲營業者須先具聲請書並取具三家以上連署之殷實舖保保結呈由公安局核准給予執照方准開設聲請書內應開明左列各款
一、旅店字號
二、店主姓名及年歲籍貫
三、開設地點
四、資本若干
五、房間及床舖各若干
六、營業所用房屋是否已有如租自他人者應記明其租價及房主姓名
已經開設之旅店未備具前項手續者應依照前項規定補行之

第三條 公安局受前條聲請書後須派員切實調查如其人有不正當行爲及無確實舖保者均不核給營業執照其有左列各項之一者得酌令改造或加以相當之處置
一、供營業用之房屋有發生危險之虞者
二、地處潮濕空氣不流通者
三、無後門或側門可通出入者

第四條 旅店如有遷移擴充或改換字號及更換店主情事應仍按照第二條規定辦理

第五條 旅店閉歇須於五日前聲明事由及日期呈報公安局備查

第六條 旅店始業者領到執照後一個月內無故不開張者應將營業執照吊銷但因特別故障得聲明理由呈請酌予展限惟至多不得過三個月

第七條 旅店店主或經理人應負之責任如左
一、雇用之工役不准有強向旅客需索情事並須有妥實保人
二、門首須懸掛字號招牌夜間以標燈代之
三、門內須懸置旅客一覽牌將第幾號房間現住何客係何處人有何職業何日由何處來依次寫明
四、房間門首須編明號數及掛所住旅客之名牌
五、房屋器具及床帳被褥均須時常清潔
六、便所須設於相當地點不得與廚房毗連

第八條 旅客有左列各項情事之一者應禁止之
一、吸食鴉片或挾妓聚賭者
二、深夜無故喧嘩或高聲歌唱有礙他客安眠者

三、有害公共衛生及惹起火災之虞者

第九條　旅店遇有左列各項情事之一者應即報請該管警察官署核辦

一、旅客不服第八條之禁止者
二、旅客私帶軍械及一切違禁物品者
三、旅客携帶婦女或幼童稚女形似拐誘者
四、旅客行跡可疑及與其來往之人不安本分者
五、孤身婦女跡近逃亡者
六、外國人到店住宿者
七、旅客患有重病或傳染病者
八、旅客在店死亡者
九、旅客未將行李貨物携去無故出店在五日以上不知去向者
十、旅客去後有遺忘物件者
十一、旅客虧欠房飯金留物備抵者
十二、旅店簿據有遺失者

第十條　非來客之眷屬男女不得同住一處非同伴之客不得強令同住一房

第十一條　旅客之貨物行李及珍重緊要物件銀錢等項由旅客親自點交帳房收存登記簿上給以收藏證據如有遺失損壞店主應負賠償責任

第十二條　凡旅客來往須照規定之旅客登記簿按日登記循環送請該管警察官署察核

第十三條　該管警察官署稽查旅客時店主不得抗拒如有詰詢並應據實陳述

第十四條　旅店閉門晚間不得逾十二點鐘

第十五條　違背本規則情節較輕者按照違警罰法處分之重者送由司法機關依法究辦

第十六條　本規則自呈准公布日施行

附旅客登記簿使用規則

一、每旅店發給旅客循環登記簿二本按日輪流填送
二、每簿計訂五十頁不得撕去每日挨次填寫不得空行倘填寫錯誤儘可塗改或將本行塗去另寫一行惟需於塗改處加蓋本店圖章警察官吏稽查登記簿時亦應於塗改處加蓋名章以資證明
三、旅店每逢旅客到來應請該旅客按照登記簿所列各項逐一填寫明白不能填寫者得由旅店經理人代書
四、旅客自到店之起至出店日止須逐日照登記簿所列各項分別填寫
五、旅客去日即於來日之表內往何處去及起行日月格內註明
六、每日下午九時後應將本日旅客總數記載於本日旅客名次以後
七、每日下午十時由旅店派人將登記簿送請該管警察官署察核
八、旅店逐日所送登記簿該管警察官署察核時如發見錯誤應令該店更正並於旅客總數處加蓋圖章
九、本簿用完應呈送該管警察官署保存另換新簿填寫惟前來未去之客仍須按照登記簿所列各項逐日填寫

十、此項規則應刊印旅客登記簿首頁

旅客登記簿式

房間號數	旅客姓名	旅客年齡	旅客籍貫	旅客職業	旅客性別	來自何處	往何處去	到店月日	啟行月日	偕人	附記

無錫縣公安局蓬戶登記暫行規則

日

第一章 通則

第一條 本局爲防止盜賊維持公安起見所有居住於本局管轄境內之蓬戶均須依照本規則登記之。

第二條 蓬戶調查登記之進行其程序手續如左

甲 戶數調查登記

乙 口數調查登記

1.編訂門牌 2.頒發查口票 3.頒發調查證 4.詳報戶口數

第二章 調查職員

第三條 蓬戶調查登記事務以局長爲監督以第二科長爲辦事處主任各分局長及其他直轄分駐所巡官等爲委員其事務均就主管科及該管各分局所內之人員兼充但不另支津給

第四條 爲慎密詳細調查起見於必要時本局得增設調查員若干以便派往各分局所境內抽查而期確實

第五條 各分局長及分駐所巡官應督率巡官長警進行調查登記

第六條　事宜如遇特別情形得隨時商請就近公正士紳協助之

各分局應各選派巡長一名警士二名專司調查之責其所派長警以粗通文字明白方言而能繕寫者爲合格

第三章　區域分配

第七條　逢戶調查區域即以各分局直轄分駐所現在管轄者爲標準

第四章　戶數調查

第八條　戶數調查就本管區內各逢戶分別鄉名路名里名弄名等詳細調查以便分別號數置備門牌給發登記證

第九條　戶數之編訂以一路或一里一弄爲一列其門牌號數均從左至右挨次編訂東西街者自東起南北街自南而起以資一律

第十條　正戶之附屬房屋如非與正戶毗連者應一律編訂門牌但於册內註明之其一戶而有數門者亦如之

第十一條　凡一宅而數戶同居如非眞親屬（如父母兄弟妻子）應以數戶論惟門牌則以一宅爲一號以房主及二房東爲正戶餘爲附戶但登記證則一戶爲單位其號數以門牌爲標準編訂之其附戶則加甲乙丙丁等字樣如第一號附戶（甲）是

第五章　口數調查

第十二條　調查時各分局所於管轄區內應用之調查票及登記證門牌等約計需要若干呈報本局核發之

第十三條　各分局所如領到查口票時應派妥員督同長警挨戶發塡其逢戶不能塡寫者得由調查員警逐項詢明代塡之

第十四條　戶主之身分以現在主持家政爲定斷男丁以七歲至十六歲爲學童十七歲至四十歲爲壯丁

第六章　調查要則

第十五條　調查進行時執行職務之官員長警應一律着制服並須携帶調查執照如非着制服及無是項執照者不准擅入人家（執照由局製發）違則重懲以防流弊

第十六條　調查時一切詢問口氣務須和平指導愷切曉諭並嚴禁需索

第十七條　調查時對於左列事項應注意詳細登記並隨時報告長官

一、曾受刑事處分者

二、素無正當職業而驟富或平時揮霍異常者

三、本來樸素而忽然衣冠華麗者

四、甫經他處遷來而舉動闊綽與身分不相當者

五、形跡可疑或有來歷不明之人與之同居或往來者

六、家屋器具之鋪設與戶主身分不相稱者

第十八條　調查時應辦之事項如左

一、調查每十戶完畢即編成一甲即令此十戶中之戶主推舉甲長一名並令甲長辦理此甲各戶之連環保結及限制自由搭蓋事宜

二、調查每百戶完畢即令此十甲中之甲長公推保長一名但該地段不及十甲而有二甲以上者亦可推保長一名

三、不及兩甲者不設保長稱直隸甲長

四、不及十四戶者不設二甲其零戶卽歸該處第一甲長管轄

第七章　逢戶應守之細則

第十九條　各蓬戶均應遵守本局調查規則舉辦登記

第二十條　各蓬戶遇有本局員警到達調查詢問時應將本戶居住男女人口數目年歲籍貫職業及同居者之關係確實詳細告答以便登記

第二十一條　調查時各蓬戶如不受調查或有心誑報者處一元以上五元以下之罰金若有妨害調查之舉動者則處五天以上一月以下之拘留或相等之罰金前項處斷概由本局裁決之

第二十二條　各蓬戶應取具連環保結即由所在之一甲中之各戶互相做保

第二十三條　各蓬戶有服從甲長保長指揮命令之義務甲長保長對各戶主有指導保護檢舉之責任

第二十四條　各蓬戶如無連環保結者不得居住

第二十五條　本局員警及保長甲長若有非法之行爲者各蓬戶得隨時報告本局從嚴懲辦

第二十六條　各蓬戶有互相監督及檢舉各戶不規則之責任如有隱匿不報而經查覺者此甲中之各戶均連帶處罰在二次以上者取消其居住權即將此甲中之十戶驅逐出境封鎖房產其甲長之責任與戶主同保長地主得分別輕重處罰之

第二十七條　各蓬戶自受登記之日起如有左列各項移動各事均須報告本管甲長同至該管警局其呈報之手續及辦法如左

一、遷移　由此處移至他處應在三日內呈報該管警局呈繳舊登記證並領取遷移證既遂該處應在三日內呈報該管警局呈繳遷移證領取新登記證

二、出生　凡有生出子女者應於出生後三日內呈報之

三、死亡　凡有死亡者應將死亡者姓名年歲籍貫病由月日於三日內呈報請領移柩證或埋葬證

四、婚嫁　凡婚嫁者由男女各戶主或主婚人於三日內呈報之

五、往來　凡蓬戶有往來暫住者應即聲叙緣由具報在二日內即離去者報告保長甲長在二日以上者即應報請甲長同來警局呈報

第二十八條　各蓬戶及連保之各戶見他蓬戶有形跡可疑之人來往居住者或有上條各項移動不報者應即密報甲長保長或逕報警局以免連帶受累本局除代守秘密外並酌予獎勵

第二十九條　各蓬戶領到登記證後應妥爲保存懸掛室內可以一望而知之處若登記之事有不符者應在三日內報告甲長轉報警局更正之

第三十條　各蓬戶對本局及各分局之抽查員均應服從其檢查違則懲辦

第三十一條　各蓬戶自受登記之日起倘有新建及添蓋草蓬者除向本管警局呈報外並向市政籌備處領取許可證後方可動工否則由該管警局立予取締制止外並照違警條例處罰之

第三十二條　各保長甲長自被選舉後應覓具殷實舖保具報該管警局備查並委令由本局長加委印發

第八章　附則

第三十三條　各分局得遴選巡長一名或相當之職員及警士一名專辦蓬戶調查及移動登記事宜抽查職務

第三十四條　各項表冊另定之

第三十五條　本規則如有未盡事宜得另設補充條例補充之

第三十六條　本規則呈准　縣政府公佈施行并呈報民政廳備案

附表冊四種

蓬戶門(或登記證)牌存查

江蘇省無錫縣公安局第　　分局(登記證)第　　號
地方蓬戶(門牌)

戶主姓名　　年歲
職業　　籍貫
親屬　男　女　口丁　同居　男　女　口丁
共計　男　女　口丁
搭蓋　年　月　日
保長　　甲長

中華民國　　年　　月　　日

第　　字第　　號

(或用登記證字樣)

蓬戶門牌

江蘇省無錫縣公安局第　　分局(登記證)第　　號
地方蓬戶(門牌)

戶主姓名　　年歲
職業　　籍貫
親屬　男　女　口丁　同居　男　女　口丁
共計　男　女　口丁
搭蓋　年　月　日
保長　　甲長

中華民國　　年　　月　　日

法規　一九

法規

門牌使用法及保存法可在牌之左端列條書明如左

注意　一、要永久懸掛在室內可以一望便知的地方二、警察檢查時要拿出來核對三、要小心保存失去要罰不報補領重罰四、此牌不取分文若有索詐准予扭報重辦

存根

爲存根事今據　區所　路　里街　第　號門牌戶主　填報查口票紙核與定章相符除發調查證外合行存根備查須至存根者

中華民國　年　月　日填發

字第　號

調查證

無錫縣公安局

爲給發調查證事今據　區所　路　里街　第　號門牌戶主　填報查口票紙核與定章相符除註册外合給調查證存執須至證者

右證戶主　收執

給證甲長

中華民國　年　月　日給

無錫縣公安局蓬戶調查表

民國　年　月　日調查員

項目／局別	地址		編訂		搭蓋		蓬主姓名	籍貫	職業	有無		面貌		男女丁口				甲長		附記
	里	弄	號	數	年	月				眷	屬	特	徵	男孩	女孩	壯丁	婦女	姓	名	
合計																				
備攷																				

注意　一、附記欄內可填該蓬戶主平日性情品行　二、調查該蓬戶完畢時若有不滿十戶者得併入附近甲長管理

法規　二一

無錫縣公安局 蓬戶調查票

地方門牌第　　號蓬戶

事別 / 類別	戶主	親屬關係 例如父	母	兄	妻	同居關係 例如表兄	表姊妹堂姊妹	或朋友	或主夥
姓名									
性別男女									
已未嫁娶									
有無子女									
年歲及出生年月日									
籍貫									
曾否入國民黨									
搭蓋年數									
職業									
保長姓名									
甲長姓名									
地主姓名									
其他事項（如現住或他往）									

備攷

共計　男　女

口內計

入國民黨男女　名口
有業男女　名口
無職業男女　名口
幼童男女　名口
壯丁　名
廢疾男女　名口
現住男女　名口
他往男女　名口

曾受刑事處分者男女　名口
素行不正者男女　名口
形跡可疑者男女　名口
非家屬雜居者男女　名口
蓄辮　口
纏腳　口

中華民國　年　月　日查

二二二

遷移證存根

無錫縣公安局　　區所　　街里第　　號門牌爲
證明存根事今據　　路　　街里第　　號門牌
戶　　報稱於　　月　　日由現住地點遷至
區所　　路　　街里第　　號門牌居住除填發遷
移證外合行存根備查須至存根者
中華民國　　年　　月　　日填發第　　分駐所局

遷字第　　號

遷移證

無錫縣公安局　　區所　　爲
給發遷移證事今據　　路　　街里第　　號門牌
戶　　報稱於　　月　　日由現住地點遷至
區所　　路　　弄里第　　號門牌居住須至證明者
右證限　　日呈繳新遷往該管局驗銷
中華民國　　年　　月　　日給

無錫縣公安局第　　分駐所局給

二三

法規

遷移登記簿

戶主：姓名　年歲　職業　籍貫　牌號
原住地：區別　地址　門牌號數
現遷地：區別　地址　門牌號數
隨遷：男　丁
人數：女　口
遷移月日

營業種別：保長姓名
牌號：甲長姓名
原開設地：區別　地址　門數
現遷移地：區別　地址　門牌號數
鋪東：姓名　住所
經理：姓名　住所
隨遷人數：男丁　女口
遷移月日

中華民國　年　月　日　無錫縣公安局第　分局　駐所

出生登記簿

出生地：區別地址　門牌號數　附記
戶主：姓名　年歲　籍貫　職業
出生月日
男女之別
胎之次數
與戶主之稱謂
甲長姓名

中華民國　年　月　日　無錫縣公安局第　分局　駐所

或收養者可將來歷等填入附記內

死亡登記簿

死者	死亡	呈報人
姓名	月日	姓名
職業		年歲
男或女		籍貫
死亡原因		職業
有無證據		地址
埋葬何地		門牌號數
附註		甲長姓名
		與死亡者關係

中華民國　　年　　月　　日無錫縣公安局　　分局駐所

婚嫁登記簿

結婚地		戶主		嫁娶者姓名	結婚月日	與戶主之稱謂
男家住所	女家住所	男家戶主	女家戶主			
區別	區別	姓名	姓名			
地址	地址	年歲	年歲			
門牌號	門牌駐數	籍貫	籍貫			
		職業	職業			甲長姓名

中華民國　　年　　月　　日無錫縣公安局第　　分局駐所

法規　二五

無錫縣公安局蓬戶異動登記事項月報表

年　月份

事目	出入境		遷移		婚嫁		死亡				出生		親友往來				備考
日別／分類	出境	入境	遷入	移出	娶妻	嫁女	男	女	男孩	女孩	男孩	女孩	男	女	男孩	女孩	
一日																	
二日																	
三日																	
四日																	
五日																	
六日																	
七日																	
八日																	
九日																	
十日																	
十一日																	
十二日																	
十三日																	
十四日																	

二一六

十五日	十六日	十七日	十八日	十九日	二十日	二十一日	二十二日	二十三日	二十四日	二十五日	二十六日	二十七日	二十八日	二十九日	三十日	三十一日

統計																			
附記																			

中華民國　　年　　月　　日　　塡報

無錫縣公安局編訂工房登記暫行規則

第一條　在本局管轄境內所有之工房均須依本規則登記之

第二條　在各分局或分駐所轄境內所有之工房由住戶主戶將年歲籍貫職業及正附戶暨男女大小人口向該管分局或分駐所報告領取登記證後即須永久保存以備官廳檢查時核對一面由該管各分局或分駐所另塡一份呈報本局備查

第三條　各工房請求登記各戶概以門牌號數爲單位即每一工房由住戶主戶負責向該管公安分局依照手續登記惟所有附戶及男女大小人口統由戶主以眞確姓名年歲籍貫職業塡報倘若檢查時姓名與登記證不符者應立將該戶主帶局依法嚴懲

第四條　凡已登記註冊之工房無論正戶附戶如有遷徙出生死亡及其他事故須長時間離開住所者各該住戶戶主須攜帶登記證重行向各該管公安分局報告聲明後即將前發證書註銷作廢另給新證俾得登記與人數兩相符合每次收紙張費二分不得額外需索

第五條　各該管分局或分駐所應不時携帶登記底册向各工房抽查每一星期至少須在三次以上各工房不論何時均應服從檢查如發覺有不遵照本規則實行者即依法嚴辦

第六條　各工房住戶如有違警行爲及一切不法行爲各該戶主應事先密報該管公安分局倘匿而不報一經發覺即以共同犯論罪

第七條　各工房房主如明知租戶有犯罪行爲而故意租給者一經發覺逮案除將房屋發封外並科以相當之處分

第八條　本規則自公佈之日施行

附工房登記證一種

進法

字第　號

存根

無錫縣公安局第　分局分駐所工房登記證

工房所在地名稱

工房門牌號數

工房住戶戶主

姓名

年歲

籍貫

工房住戶戶數

正

附

人口數目

男

女

小

工房住戶職業

工房住戶居住時間

工房房主姓名

字第

號

字第　號

無錫縣公安局工房登記報告單

工房所在地名稱

工房門牌號數

工房住戶戶主

工房住戶戶主

姓名

年歲

籍貫

工房住戶戶數

正

附

人口數目

男

女

小

工房住戶職業

工房住戶居住時間

工房房主姓名

中華民國　年　月　日無錫縣公安局第　分局分駐所填報

字第

號

三九

字第　號

無錫縣公安局工房登記證

工房所在地名稱

工房門牌號數

工房住戶戶主

姓名

年歲

籍貫

工房住戶戶數

正

附

人口數目

男

女

小

工房住戶職業

工房住戶居住時間

工房房主姓名

中華民國　年　月　日無錫縣公安局第　分局分駐所發給

注意

一、各工房住戶凡領得登記證後即須永久保存以備官廳抽查時按証核對作爲憑証

一、工房內住戶如有發生違警及一切不法行爲各該主戶事先應密報該管公安分局否則一經發覺速案該主戶窩藏匪賴即以共同犯論

一、各工房住戶如有遷徙生死即須持此證往該管公安分局報告並換給新証核以人口與存記証相符隨將前給登記証註銷作廢每次收紙張費洋二分

無錫縣公安局管理船舶暫行規則

第一條　在本局管轄境内行駛之船舶均依本規則管理之

第二條　在各分局或分駐所轄境内停泊之船舶由其船主直接向各該管分局或分駐所請求登記註册

第三條　請求登記之船舶船主須覓具陸地妥實商保隨同赴該管分局或分駐所領取保証書照式填明具保再行請求登記

第四條　各分局或分駐所接受各船舶船主請求登記時應細審其商保是否妥實及船主之職業是否正當二者缺一即拒絕其登記並時勒令離去本縣縣境

第五條　各分局或分駐所審核請求登記之船戶合格後即按船編號註册發給船牌一方監視其釘固於船身容易覺察之處並指定地點停泊不得任其自由開行

第六條　已准登記編號註册之船戶如因故必須離開該管分局或分駐所轄區或開回原籍等情事應由其船主報告於該管分局所在册中註銷並將其牌照吊銷發給離埠執照

第七條　各分局或分駐所如查見有在其他分局或分駐所已經登記之船舶而未補行第二三四五等條之手續者應勒分補行登記並將其以前登記所領之船牌吊銷送交其已登記之分局或分駐所備查

第八條　凡已准登記註册之船戶如有出生死亡以及外來親友借宿者均應立向各該管分局或分駐所報告倘有隱匿情弊一經查出即行依法嚴辦

第九條　各該管分局或分駐所應不時携帶登記册向各船戶抽查每星期至少二次以上如發覺有不依本規則實行者即依法嚴辦

第十條　各船舶之船牌各分局或分駐所按照規定格式仿製除船牌每方應向各船戶收回牌費大洋一角外其餘不得有所需索

第十一條　各分局或分駐所抽查各船戶時兼注意其衛生事宜倘見有將穢物棄擲河中者按照違警罰法處罰或發覺有傳染病發生時應立即設法隔離或勒令離去本縣縣境

第十二條　本規則自呈請　縣政府核准後施行

附表式四種

無錫縣公安局第　分局/分駐所　轄區船舶登記册

第　　號

船	姓名　　　現年　歲　　省　　縣人
年歲 籍貫	
職業	前業　　　現業
家屬人口	男　名　女　名　口　幼童男女　名　口
船夥姓名	

類別	項目	填寫
戶	船身下水年月	年　月
	由何處來	
	來此營何業	
	船牌號數及發給年月	第　號　年　月　日發給
	指定停泊地點	
	人口增減	
保人	姓名年歲籍貫	現年　歲　省　縣人
	現在職業	
	住址及通訊處	
	與被保者之關係	
遷徙	何故遷徙	
	遷徙年月	年　月　日
	遷徙處所	
查驗編定情形	查驗員	簽押
	附記	

注意

一、此表應由左側裝訂成册

二、各分局或分駐所編定後應各另填一份呈總局存查

三、以後如有遷徙或新增者應隨時呈報備查

四、人口增減係登記出生死亡人口

無錫縣公安局第　分局 分駐所　紹絹船船戶聲請登記証

船戶	姓名　年歲 籍貫	現年　歲　省　縣人
	職業	前業　現業
	家屬人口	男　名 女　名 幼孩 男 女　名口
	船夥姓名	
	船身下水年月	年　月
	停泊地點	
	由何處來	
	來此營何業	
保人	姓名　年歲 籍貫	現年　歲　省　縣人
	現在職業	
	住址及通信處	
	與被保者之關係	
查驗	查驗員	簽押

編定情形　附記

注意
一、此表於登記後發交船戶收執粘貼於木板懸掛船中以便檢查
二、船戶如欲離埠他往須將船牌繳銷於該管公安分局或分駐所換領離埠證
三、如船戶離此分局或分駐所轄區而至他分局或分駐所轄區停泊者應持離埠證向該管分局或分駐所補行登記手續補領船牌
四、如有出生死亡以及親友來往借住至一日以上者必須呈報該管分局或分駐所倘隱匿不報查出嚴辦

中華民國　　年　　月　　日無錫縣公安局　分局　分駐所發

第　　號

茲因本船戶與家屬船夥等共計　　名
由　　地方來無錫營　　業理合聲請登記此呈
無錫縣公安局第　　分局　分駐所　鑒核
聲請登記人

中華民國　　年　　月　　日具

立保證書人　　今保得　　船戶確保善良人民由　　地方來無錫營
業自應遵守警章嗣後如有不法行爲均由保人負完全責任此呈
無錫縣公安局第　　分局　分駐所
被保人
保人
店號
確實通訊處

中華民國　　年　　月　　日具

存根

無錫縣公安局第　分局分駐所第　號艒艒船戶離埠證

船戶姓名
船戶號數
離埠年月　年　月　日
開往何處
作何事務
中華民國　年　月　日第　分局分駐所發給

第　號

艒艒船戶離埠證

無錫縣公安局第　分局分駐所第　號艒艒船戶離埠證

船主姓名
船牌號數
離埠年月　年　月　日
開往何處
作何事務
中華民國　年　月　日具

一、欲離埠之船戶須將船牌送繳該管分局或分駐所換給此證以作憑信
二、至本縣縣境任何埠頭停泊須持此證向該管分局或分駐所換領船牌並聲請登記
三、如無此證者即認爲來歷不明該管分局或分駐所應按照規則從嚴取締

無錫城市茶館管理規則

第一條 凡城市開設之茶館以售賣飲料為營業者均依本規則管理之

第二條 城市內已開設之茶館自本規則頒佈日起在一星期內向各該管分局所聲請登記請領管理執照

第三條 各分局所接受各茶館主聲請登記書後應切實勘查與本規則無抵觸時即暫給許可證一面呈請發給管理執照

第四條 管理執照由縣公安局擬製式樣呈由縣政府核准後印刷核發

第五條 各茶館主應按照下列各項聲請登記

一 業主姓名 年歲 籍貫 職業 住址

二 牌號

三 開設地點

四 資本數目

五 房屋間數或樓房幢數

六 保人姓名 年歲 籍貫 職業 住址

第六條 茶館分下列三種

一 茶棹在二十張外者列甲種

二 茶棹在十張外者列乙種

三 茶棹在未滿十張者列丙種

第七條 經各分局所審查合格之茶館應覓具城市內妥慎殷實商保二家連同聲請書呈請總局核發管理執照

第八條 各茶館應將領得管理執照配具鏡框懸掛茶堂之內

第九條 茶館管理執照分下列三種

甲種管理執照（即第六條第一項之茶館）

乙種管理執照（即第六條第二項之茶館）

丙管理種執照（即第六條第三項之茶館）

第十條 各種管理執照每年秋季更換一次

第十一條 各種管理執照除依照規定粘貼印花稅外應照下列標準繳費

甲種每張繳費六元

乙種每張繳費三元

丙種每張繳費一元五角

第十二條 茶館業主如有推盤或牌號變更均須依照第二條所定聲請登記及請領執照

第十三條 各茶館茶棹如有增加或減少應即報告各分局所或轉請更換執照

第十四條 茶館業主或經理人如有左列各項之一者不准開張營業

一 曾受各種刑事處分者

二 無家室親族及確實住址者

三 有不良嗜好者

四 曾密售鴉片毒丸及窩藏聚賭者

五 曾屢犯違警有案可稽者

六 茶棹與執照等級不符者

第十五條 茶館業主不依照左列各項營業者得勒令歇業並吊銷執照

一 已開設之茶館不依照第二條聲請登記者

二 有聚賭及私售鴉片毒丸供人私吸等情事者

三 容留匪人住宿者

四　容留羣衆集會不據實報告各該管公安分局所者
五　容留匪人流氓游民吃講茶者
六　招集無賴演唱淫詞穢曲不服制止者
七　屢犯違警有案可稽者
第十六條　公安局或公安分局所人員赴各茶館有所查勘時各業主不得拒絕
第十七條　各茶館如有違禁事項由該管公安分局辦理或轉解總局核辦如有涉及刑事者解送法院懲辦
第十八條　本規則呈由縣政府核准備案後施行之

無錫縣鄉鎮茶館管理規則

第一條　凡各鄉鎮開設茶館均依本規則管理之
第二條　各鄉鎮已開設之茶館自本規則頒佈日起在一星期內向該管公安分局聲請登記請領管理執照如無公安分局暫向該管區公所聲請登記請領管理執照至設立公安分局後再行移交辦理
第三條　各公安分局或區公所接受各茶館主聲請登記書後應切實勘查與本規則無抵觸時即暫給許可證一面轉請公安總局發給管理執照
第四條　管理執照由縣公安局擬製式樣呈由縣政府核准後印刷核發
第五條　各茶館業主應按照下列各項聲請登記
1.業主姓名　年歲　籍貫　職業　住址
2.牌號
3.開設地點
4.資本數目
5.市房間數
6.保人姓名　年歲　籍貫　職業
第六條　各鄉鎮茶館應依照下列標準開設
1.每商店二十戶准許開設茶館一家
2.商店未滿二十戶之鄉鎮祇准開設茶館一家
3.如無商店之鄉村絕對不能開設
4.各鄉鎮輪埠及汽車站等處附近如無茶館者由輪船公司或汽車公司呈請該管公安分局或區公所請求特許開設惟每輪埠或汽車站附近不准開設二家
5.臨時茶蓬一概不准搭設
第七條　經公安分局或區公所審查合格之茶館應覓具本鎮殷實妥慎商保二家連同聲請書呈由該管公安分局或區公所轉請縣公安局核發管理執照
第八條　各茶館應將管理執照配具鏡框懸掛於茶堂之內
第九條　茶館管理執照分下列二種
甲種　特許管理執照(即第六條第四項之茶館)
乙種　額給管理執照(即第六條第一二兩項之茶館)
第十條　各種管理執照每年秋季更換一次
第十一條　各種管理執照除依照規定粘貼印花稅外應照下列標準繳費
甲種　每張徵費洋一元五角
乙種　每張徵費洋一元
第十二條　茶館業主如有變更或更換牌號均須依照第二條聲請登記及更換執照
第十三條　各鄉鎮已開設之茶館如有逾出第六條第一二兩款之

定數者應由各公安分局或區公所勒令停歇一家以示限制

第十四條　凡已逾出第六條第一二兩款者其勒令停歇標準應詳察其過去該茶館主之行爲有無違犯本規則爲斷如均合格本規則者即執行抽籤定奪

第十五條　茶館主或經理人如有左列各項之一者不准開設營業

1，曾受各種刑事處分者
2，無家室親族及確實住址者
3，有不良嗜好者
4，曾密售鴉片毒丸及窩藏聚賭者
5，曾屢犯違警有案可稽者

第十六條　茶館主不依照左列各項營業者得勒令停業並吊銷其執照

1，已開設之茶館不依照第二條聲請登記者
2，有聚賭及私售鴉片毒丸供人私吸等情事者
3，容留匪人住宿者
4，容留羣衆集會不據實報告該管公安分局所或區公所及令其解散抗不遵行者
5，容留匪人流氓痞棍吃講茶者
6，招集無賴演唱淫詞穢曲不服制止者
7，屢犯違警有案可稽者

第十七條　公安分局所或區公所人員赴各茶館有所查勘時業主不得拒絕

第十八條　各茶館如有違警事項由該管公安分局辦理或轉解總局核辦如有涉及刑事者解送法院懲辦

第十九條　本規則呈由縣政府核准備案後施行之

無錫縣公安局管理及取締人力車暫行規則

第一條　凡在本邑內營業或自用之人力車（以下稱包車）均須遵照本規則辦理

第二條　無論營業人力車或包車均應呈報縣政府檢驗登記發給磁牌及繳納捐費領取捐牌方准通行

第三條　自用車照須釘於車身後顯明之處以便崗警易於稽查如已領照而不釘者應處以一個月月捐之罰金

第四條　營業車磁牌須釘於車身左葉子板上月捐牌應釘於車身後顯明處

第五條　自用車除車主因事暫停須就近守候外概不准任意停於街頭巷口

第六條　車體及附屬品之限制如左

一、車體須製造堅固
二、尺度式樣須依照印發照樣製造之
三、凡營業車祇准施以油漆不得繪畫
四、車中須備有白色布製坐褥並油布所製之車蓬及車簾
五、車身後須備鐵撐
六、車身須備置前白後紅之玻璃燈一盞
七、車夫須隨帶響鈴暑天須穿短衫

第七條　凡營業車有左列各款情形之一者即須修理完整方准行駛

一、車輪外胎有條補至三處以上者
二、輪邊與鋼絲已銹爛或損壞者

三、左右鋼板高低不平或已銹損者
四、車身及葉子板已朽爛或損壞者
五、油蓬車帘破壞漏水篷撑破壞不完全者
六、車墊已經破壞或車後無鐵撑者
七、無車燈車鈴者

第八條　無論包車營業車有左列各欵情形之一者隨時停止其行駛如不聽禁止得由崗警帶局核辦
一、車夫年在五十歲以上或未滿十六歲以及體弱不勝奔馳者
二、除携帶未滿十二歲之孩童外一車同坐兩人者
三、車墊及靠背等處污穢不潔或裝載腥氣腐臭及油漬物品者
四、夜間行駛不燃車燈者
五、不帶車鈴者
六、空車未至交班時間徘徊於路中或任意停留非停車場所者
七、駛行車輛不依照左走路牌魚貫而行或參差亂碰者
八、乘載瘋狂及泥醉而無人扶持者
九、載運逾量物件者

第九條　後車如欲超過前車時須先知照前車然後從右邊疾駛而過

第十條　如遇救火車或病院車經過時須讓其前行

第十一條　凡遇轉角交义口及繁盛區域不准快行及並行

第十二條　乘客如有遺留物件應即送交崗警轉呈該管局所保存待領不得私自藏沒

第十三條　乘客如有形跡可疑或携帶違禁物品者應隨時報告崗警

第十四條　車行貸車於車夫不得故意抬高租價

第十五條　乘車價額應由人力車行協議分别造列以里計算及以時計算之車價表呈由本局核准公佈之

第十六條　車夫不得於定價外故意需索

第十七條　本規則自呈請縣政府核准後施行如有未盡事宜得隨時聲請修正之

無錫縣公安局街道取締規則

第一條　凡在市區所屬道路一律適用本規則之規定

第二條　凡街道上之電桿樹木及建築標誌等物不准拴繫牲畜並不准當街繫竿晒衣及懸掛一切物件

第三條　不准在道路上隨處便溺

第四條　道路上所有浮攤行販及一切私有器物一概不准擺設或長時間之寄頓

第五條　車馬往來均須靠左行走在衝繁轉角等處後車之速度不准超越前車其在僻曠之處後車欲越過前車時亦須察看前方有無他車碰撞之虞先鳴警號揚聲後方得超過

第六條　車輛馬匹在道路暫欲停頓時須遵照規定停置地點暫時停頓但時間不得過久以免逐增擁擠其停車場所由主管機關規劃釘立標識牌以資遵守

第七條　道路兩旁商鋪懸掛招牌距離地面至少須八市尺以上挑出店門不得過人行道側石以外其過街旗幟招牌須離地十公尺至店外之鋪設一概不准設置

第八條　凡商舖欲搭蓋涼棚或支撑布遮陽等須於交通無礙方可

設置

第九條　凡招貼廣告等須遵照指定場所不准隨處亂貼

第十條　凡修路及掘路時在日出後樹立紅旗日沒後須懸掛紅燈

第十一條　凡在衝繁熱鬧地點不准在道路溜飲車馬致妨行人

第十二條　路旁居戶或商店不得將垃圾物屑及污水等任意傾倒路中

第十三條　凡居戶商店及糞夫不得以糞汁傾入溝渠

第十四條　路旁所植樹木及各項標誌等不准無故毀損

第十五條　凡在夏秋兩季不准在道路或人行道上納涼及露宿

第十六條　違反第二、三、四、五、六、十一、十二、十三、十四各條所列者依違警罰法專條處罰之

第十七條　違反第七，八，九，十，十五所列各條者處一角以上五元以下之罰金

第十八條　本規則自呈奉縣政府核准公佈施行如有未盡事宜得隨時呈請修正之

無錫縣公安局暫行清潔道路規則

第一條　本局為清潔道路保持公衆健康起見特訂定本規則凡屬本邑居民等均須一律遵守

第二條　本規則內所稱之道路係包括公衆通行街道橋樑菜場明暗溝渠及河道而言

第三條　本局暨各分局所逐日督飭衛生警察及清道清河伕役分區掃除公共道路撤運道旁垃圾箱垃圾並打撈河面污物

第四條　每日上午自黎明起至十時止下午自二時起至日落止為清潔道路時間

第五條　凡路旁公地及屋角墻隅等處堆積之污物應由土地房屋之所有者或占有者負掃除污物保持清潔之義務

第六條　凡沿街道之商店住戶不得任意在窗口舖面晒台等處拋擲污物或傾倒水液

第七條　經掃除後之垃圾應倒於垃圾箱內非經本局指定之地點不得隨地棄置

第八條　便所以外不准隨地便溺

第九條　凡挑運糞便及一切污穢之物必須在夜間十二時以後早晨七時以前糞桶均須加蓋勿使穢氣洩漏並不得沿途傾泄任意停留

第十條　糞船於早晨七時以前須一律出城並不得裝載過量任意延留

第十一條　公衆通行道路禁止左列各款

一、不准拋棄貓鼠及各種畜類屍體

二、不准拋棄菜菓瓜皮菓殼等類

三、不准拋棄破布破衣塵芥及一切污物

四、不准拋棄禽畜羽毛皮骨及水族鱗殼內臟

五、不准傾潑洗滌便溺及一切混濁臭味污水

六、不准傾倒藥渣及各種渣滓

七、不准堆積瓦礫柴炭

八、不准屠宰或放縱豬羊雞鴨

九、不准橫晒衣物

十、不准羈絆騾馬

第十二條　供飲料用之河池井水須遵守左列各款

一、不准投棄芥塵瓦礫布片紙屑及一切污物

二、不准投棄各種水族動物等鱗殼內臟及其他貓鼠雞

犬等各種禽獸屍體

三、不准傾棄菓皮菜葉及一切廢棄或腐敗物

四、不准傾倒一切用過之水

五、不准洗刷便溺器具抹布痰盂等穢物凡商舖住戶洗滌應用之水須先由河中或井中取汲後就他處洗滌洗餘污水須傾入坑厠

六、不准吐痰揮涕或便溺

七、不准傾棄色水或漂洗物品

八、染色工場肥絲及漂頭廠等應開設郊外其既已開設市內一時不及遷移者應在工場或廠內自置水池漂洗物品並應自備水船將無用色水及漂餘污水等裝運郊外

九、不准傾棄毒質藥品及其他有礙衛生之物質

十、關於其他一切有害飲料水之清潔及阻礙河流之物品均不准侵入水內

第十三條　凡魚肉菓菜各舖及飯館茶坊酒肆等之廢棄物污水等類均須另貯一器納入垃圾箱內或運送適當處所不得任意傾入河流散棄道旁

第十四條　凡飲食物店舖必須於相當地點開濬溝渠放洩污水並須於污水溝渠內時時洒潑臭藥水或撒佈生石灰免致發生臭氣妨礙衛生

第十五條　公衆通行道路不准陳列魚肉菜菓各種小攤及柴担並不准放置桁櫈臥具妨礙交通

第十六條　當陰雨時如溝渠堵塞除隨時由各路清道夫查察疏通外業主或佔用者亦應設法隨時疏通

第十七條　凡河道停泊船只所有垃圾菓皮等類亦應傾倒岸上垃圾箱中不得隨便棄置河中或堆積沿河

第十八條　違反上列各條者得依照違警罰法處罰之

第十九條　本規則自呈奉縣政府核准公佈後施行如有未盡事宜得隨時呈請修正之

無錫縣公安局管理菜市場暫行規則

第一條　凡在市區內菜市場設攤營業之戶主及其雇用之夥役應一律遵守本規則

第二條　凡在市區內販賣魚肉蝦蟹雞鴨等及菜蔬類食物之攤担應一律移設市內規定之各菜市場營業

第三條　凡攤戶担戶在菜市場營業者須呈經市欵產管理委員會給發營業執照方得擺設

第四條　有左列各欵之一者不准入菜市場營業

一、無營業執照者

二、頂冒他人之營業執照者

三、身患皮膚病及其他傳染病者

第五條　菜市場設攤設担之位置應依照各該管公安分局所規定之類別號數擺設不得混雜僭佔

第六條　菜市場買賣時間無論冬夏陰晴概以天明開市上午十二時閉市

第七條　菜市場內出售之魚肉蝦蟹雞鴨菜蔬等類食品如含有毒質或係隔宿霉爛腐臭者不得入場售賣

第八條　菜市場內各攤担用水務宜清潔油污血腥不潔之水均須傾入指定之水溝內不得任意潑灑妨害清潔

第九條　菜市場內各攤担一律用新制秤公平交易如有使用舊秤

者除沒收外並依部頒修正度量衡器具檢查執行規則第十四條之規定處罰

第十條　凡在菜市場營業者不准有爭毆喧吵及強硬買賣等情事

第十一條　凡在菜市場營業者於其租定之地位及其附近地面應隨時洒掃潔淨其陳設食品之檯面每日應用清水洗刷閉市後所有用具桌櫈須各自整理保存不得任意縱橫堆置

第十二條　凡在菜市場設攤担營業者每日須受各該管公安分局所衛生警檢驗指導

第十三條　菜市場閉市後由各該管公安分局派清道夫掃除清潔

第十四條　本規則自呈奉縣政府核准後施行如有未盡事宜得隨時呈請修正之

無錫縣公安局管理理髮店規則

第一條　本邑理髮店應先向本局聲請登記經審查合格後給予許可證方得營業

第二條　理髮店應受本局及該管分局所之指導隨時遵照改良

第三條　理髮應用之器具如刀剪梳篦器物等件須隨時擦拭乾淨並應用酒精消毒

第四條　圍布頸巾務求淨白至少每日洗換一次

第五條　手巾須常以沸水泡洗面盆每用一次即用鹼皂或沸水洗淨之

第六條　店內牆壁地板宜常時拭掃清潔並須多備痰盂不得隨地涕吐

第七條　理髮匠操作時須穿戴白色衣帽

第八條　理髮匠不得替人放血挑痧並禁止打眼括鼻

第九條　理髮店務須光線充足空氣流通夏季並宜裝飾紗窗

第十條　凡在本規則公佈前已開設之理髮店統限於一月內來局補請登記

第十一條　違犯本規則者應處以一元至五元之罰金屢犯不聽指導者得停止其營業

第十二條　本規則自呈奉縣政府核准公佈後施行如有未盡事宜得隨時呈請修正之

無錫縣公安局管理澡堂浴室規則

第一條　凡在本邑開設澡堂浴室應先向本局聲請登記經審查核准發給許可證方得營業

第二條　澡堂浴室應受本局及該管分局所之指導隨時遵照改良

第三條　浴缸周圍地板於每日開始營業以前冲洗一次浴室全部須保持清潔

第四條　浴盆面盆用過一次後即須用沸水皂鹼洗刷潔淨

第五條　面巾絲瓜絡每次用過後應沸煮五分鐘方可再用

第六條　浴巾浴衣每次用過後即須洗淨方准再用

第七條　澡堂浴室不得雇用有皮膚病花柳病及其他傳染病者充任夥友

第八條　浴室如有皮膚病花柳病嫌疑者應拒絕入浴

第九條　澡堂浴室設有大湯者應將池水每日交換兩次

第十條　浴水應用自流井水如未浴自流井者應將水濾清或用明礬打清然後煮用

第十一條　應用沸水泡茶其以公用茶杯經一次用過後應用開水冲洗

第十二條　廁所及小便處應日洒消毒藥水並時時冲洗

第十三條　凡在本規則公佈前已開設之澡堂浴室統限於一月內

來局補請發記

第十四條　違犯本規則者處十元以下罰金累犯者得停止營業

第十五條　本規則自呈奉縣政府核准公佈後施行如有未盡事宜得隨時呈請增修之

無錫縣公安局發給運柩護照規則草案

第一條　本規則凡請領運柩護照者適用之

第二條　前項護照應呈由停柩地址該管公安分局所轉請本局核發

第三條　凡請領護照者應呈明左列各欵

一、請照人姓名年歲籍貫職業住址

二、運柩人姓名年歲籍貫職業住址（如請照運柩係一人祇須聲明不必重列）

三、死者姓名年歲籍貫職業

四、致死病症或他種原因

五、死亡年月日

六、死亡時所呈報官署及日期

七、停柩處所（即起運地點）

八、起運日期

九、運柩經過地名

十、運到地點

第四條　請照者須於呈報時取具當地舖戶保結同時送請查核但在各官署現任職務者得由各該官署用公文保証

第五條　各公安分局所收受呈報時應先將第三條各欵及具保舖戶切實查明後再爲轉報本局核發

第六條　運柩時應將所領護照隨身携帶以備沿途軍警查驗放行

第七條　運柩到原籍後須將護照由所在地方公安局或該管公安分局所加蓋印記或註明某處局所驗訖字樣交由承領護照人自行繳回原發護照之局註銷

第八條　發給護照時准酌量路程遠近於護照內標明繳銷限期逾期無效

第九條　前條限期已過承領護照人仍未將護照繳回者應由原請發護照之局所向承領人或保人限期追繳

第十條　追繳期限由本局酌定若逾出繳期限仍不繳回或發生特別事故者保人及保證機關亦應負完全責任

第十一條　運柩人如有借照影射夾帶違禁物品或偷漏稅捐者除依法處辦外保人及保證機關亦應負責

第十二條　請領護照應照印花稅暫行條例實粘印花一元並繳費一角

第十三條　本規則呈奉縣政府核准後公佈施行如有未盡事宜得呈請修正之

無錫縣公安局取締公共娛樂場所規則草案

第一條　本規則所稱公共娛樂場如左

一、遊戲場

二、影戲院

三、戲園

四、其他以營業爲目的之公共娛樂場所

第二條　凡欲開設公共娛樂場所者須備具二家以上殷實商舖保結聲請該管公安分局所查明呈由本局查明轉呈縣政府核准給發營業執照方准營業但不得用外國人資本

第三條　聲請書內應開明左列各欵

一、名稱及營業種類

二、地點及門牌號數
三、股東及經理人姓名年齡籍貫住址略歷
四、資本總額
五、獨資或合資
六、房屋建築或修造之期間及圖樣如係租賃並須註明房東姓名住址
七、街巷出入及四鄰之平面略圖
八、建修人有無承包年限
九、觀客之坐位等次及其定額
十、技藝之種類及演員之性別（如電影院須將機器牌子架數及發電方法載明）
十一、開業日期

第四條 關於房屋建築或修造須將其圖樣呈送縣政府核給建築或修理執照方得開工建造或修理完竣後再報請縣政府勘驗後方得開業其房屋如係租賃者亦應將圖樣呈送縣政府核准後方得開業

第五條 凡關於第三條第一款如有變更時應呈報本局備案同條第三第四兩款如有變更須聲請本局轉呈縣政府核准換給營業執照同條第二款第五款至第十一款如有變更時除第二第六兩款仍照第四條規定辦理外餘須呈請本局查明轉呈縣政府備案

第六條 公共娛樂場所應具左列之設備
一、須於適當地方分設男女廁所每日至少洗除一次並隨時噴洒避疫藥水
二、須開鑿水井或多設大水缸滿儲備用但地近河池者不在此例
三、須備具各種簡便救火器具
四、燈火與易燃之物接近處須用鐵片遮隔
五、爐灶及易引火之處須爲適當之防備

第七條 如因事故停業者須報由本局轉呈縣政府備案

第八條 公共娛樂場所應隨時受軍警機關及縣政府技術人員之檢查

第九條 公共娛樂場所無論開演任何戲劇應將劇本名稱內容先期送請公共娛樂審查委員會審查核准方得開演

第十條 公共娛樂場所應遵左列限制
一、每晚營業時間不得過午夜十二時如認爲於地方公安秩序有妨礙時得令其提前停止夜戲或全日停止
二、門票戲券及各種游藝之價額須明白揭示不得額外多取
三、在營業時間大門側門太平門均不得加鎖或於門旁堆積什物
四、場內不得容留外人歇宿
五、未經本局允許不得私自借與他人在場內集會或演講
六、影戲底片須嚴密收藏
七、門券戲券不得附有彩票性質之獎品

第十一條 公共娛樂場所遇有左列事項即須報告該管公安分局所
一、場內有口角爭鬥或酗酒滋事者
二、場內有患急病者或有精神病人妨害秩序者

三、場內有觀客遺留物件當日未經領取者

四、場內有形跡可疑者

第十二條　公共娛樂場所之茶工或案目人等須着一定服裝以資識別

第十三條　違背本規則第二第三第六各條者處一百元以下之罰金並得勒令停業違背第五第七第九第十各條者處六十元以下之罰金如六個月內違背三次以上者除罰金外並得勒令歇業

第十四條　本規則如有未盡事宜得隨時呈請修正之

第十五條　本規則呈請縣政府轉呈民政廳核准備案後公佈施行之

無錫縣公安局管理旅店招待員規則草案

第一條　凡在本縣城鄉之旅館或棧房如僱用招待員在輪埠車站招攬旅客均應遵守本規則

第二條　僱用招待員之旅館或棧房應備具正式呈請書開明下列各欵呈請本局核准之

一、旅館或棧房之牌號地址及開設年月日

二、招待員之姓名年歲籍貫住址

三、招待員最近二寸半身照片二紙

四、招待員之本邑殷實商店保證書

第三條　聲請人奉到本局核准之批示後得令該招待員携帶批示親向本局領取執照並附繳照費伍角

第四條　招待員歇業或告退時須將執照繳銷但執照費概不退回

第五條　招待員服務時須隨身携帶招待員執照並懸掛該旅店自備銅牌於左襟隨時受警察之檢查

第六條　招待員服務時如有強搬旅客行李情事得處以五元以下之罰金如犯五次以上得註銷其執照

第七條　招待員執照遺失時除照章呈報本局補領外並須登本邑新聞紙之廣告三天聲請遺失作廢

第八條　招待員如有冒名頂替等情除註銷其執照外並處該旅館或棧房以十元以下之罰金

第九條　招待員除招待旅客外不得代客媒合及慫恿其他違犯禁令事項如經查出其情節輕者得依違警罰法處罰重者解送法院辦理並繳銷其執照

第十條　招待員歇業或告退而須補用時應由原呈請人遵照第二條之規定呈報本局核准備案並將執照繳換如有隱匿不報希圖朦混移用情事一經查出得處該旅館或棧房以十五元以下之罰金

第十一條　旅館或棧房未經呈准而逕行僱用招待員者處以三十元以下之罰金

第十二條　本規則公佈前已經僱用招待員之旅館或棧房應於一個月內依本規則第二三兩條規定辦理否則照第十一條處罰

第十三條　本規則所規定之罰則由本局執行

第十四條　本規則如有未盡事宜得隨時呈請修正之

第十五條　本規則自呈奉縣政府核准公佈施行之

無錫縣公安局取締反動刊物辦法草案

甲　關於取締銷售反動刊物各書店之辦法

一、呈請縣政府函縣黨部轉知本縣黨員應隨時隨地留心各書店所銷售之書籍

二、由本局飭屬隨時查察各書店有無反動刊物出售

三、將奉令查禁之反動刊物目錄彙發所屬每月同時檢查一次

四、各書店如發現售賣反動刊物由本局呈請縣政府嚴厲處分之

五、郵政檢查員隨時注意郵遞反動刊物如有發現應呈報派員查明收件人是否反動份子並寄發地點是否反動機關轉咨查明辦理

乙 關於取締印刷反動刊物之印刷所及工人辦法

一、呈請縣政府轉飭印刷業同業公會及工會轉告印刷所及印刷所工人令其不得代印共產書籍及反動印刷品並由本局飭屬隨時注意各印刷所之印刷

二、各印刷所及印刷工人如私印共產書籍及宣傳品即予以嚴厲之處分

無錫縣公安局取締婚喪儀仗規則草案

第一條 凡本縣人民舉行婚喪禮節有整隊之儀式及儀仗遊行道路者須先期將路由報告該管公安局所之許可發給許可證

第二條 凡未經許可給證擅用婚喪儀仗遊行者得由本局制止不准通行

第三條 左列儀仗冠服不得使用違者由本局派警分別扣留或沒收並得酌量處罰

一、具有官銜之燈扇執事

二、含有封建色彩之旗傘亭鑾等

三、前清冠服及皂隸紅黑衣帽等

四、黃道鑾駕儀仗等

第四條 本規則自呈准 縣政府公佈後施行之

無錫縣公安局取締淫猥藥物宣傳品暫行規則草案

第一條 本局爲保護人民健康維持善良風化起見訂定本暫行規則取締淫猥醫藥及猥褻器物宣傳品之發行

第二條 凡有左列情形之廣告等項刊物均在取締之列

甲、宣傳藥物有避孕打胎壯陽等之效驗者

乙、宣傳醫治生殖器病之功能者

丙、其他醫藥器物經命令指明禁止者

第三條 違背前條之規定而代爲刊登之報紙雜誌由本局酌量情節依照左列各款分別處分之

甲、誥誡停止刊登

乙、依照刑法第二百五十一條之規定移送法院懲治

第四條 違背本暫行規則第二條之規定不論個人店舖或醫院由本局酌量情節依照左列各款處分之

甲、誥誡停止刊登或散布

乙、處以十元以上一百元以下之罰金並將宣傳品及宣傳之藥物沒收銷燬

丙、過有情節重大者除照前款規定處分外得依第三條乙項之規定移送法院懲治

第五條 本縣各機關及人民見有淫猥醫藥器物等宣傳品均可隨時通知或報告本局以憑查辦

第六條 本規則如有未盡事宜得隨時呈請修正之

第七條 本規則自呈奉縣政府核准後施行之

無錫縣公安局取締舊貨業規則草案

第一條　凡在本邑城鄉區城內以收買舊棉花破布屑廢銅鐵並一切利用廢物改造其他品類及買賣舊貨爲營業者統稱爲舊貨業均應遵照本規則辦理

第二條　收買舊貨營業者須備具聲請書呈請本局核准登記後方得營業

第三條　收買舊貨業須自備登記簿將收買貨物年月日及物主姓名住址件數價目逐日詳登以備該管分局所調查

第四條　各舊貨業不得收買軍用及一切違禁物品如有持此類貨物求售者須立報該管公安分局所或就近崗警

第五條　各舊貨業於收買時須確實偵知賣主有處分此物之權方可接買如認爲來路不明或其形跡可疑者須立報該管分局所或就近崗警

第六條　各舊貨業收買貨物時如遇該貨物之種類式樣與本管分局所抄送之盜竊或遺失物件表單相符須立將人物扣留報警拘辦

第七條　各舊貨業應遵守下列各款隨時整理以重衛生

一、所有用具及墻壁地板均須保持清潔

二、堆置物件須綑紮整齊其敗腐發臭之物品不得在店內存貯

三、貨物之攤晒或檢理不得在門外行之以重公衆衛生

四、不得兼營飲食物業

第八條　違犯本規則第二條至第七條者應照違警罰法第三十三條第一款處罰其因收買貨物發生刑事問題者仍依法辦理

第九條　本規則如有未盡事宜得隨時呈請修正之

第十條　本規則自呈奉縣政府核准後公布施行之

無錫縣公安局取締花炮業規則草案

第一條　凡在本邑市區鄉鎮內以製造花炮爲營業者應一律遵守本規則呈由本局核准後方許開業

第二條　呈請本局核准時應依照左列各款填具聲請書其已經開業者亦須一律照填呈核

一、舖號名稱

二、開設地點暨左右毗鄰是何商店

三、舖主姓名年籍

四、舖夥若干人

五、資本若干

六、曾否保險及保險金額

第三條　製造花炮場內應設地窖處存放製成之貨藉免危險

第四條　前項地窖須用水泥四面塘刷上口並須留有洩氣窗蓋不得以引火物接近窖邊

第五條　製造花炮場內應一律燃用電燈不准在場內吸食紙烟及携置燈火

第六條　製貨以適應售賣之需要爲度不准多製多貯以防爆裂

第七條　關於鉅大雙響炮竹及起火流星金錢擂炮一概不准製賣

第八條　花炮店應用原料如火藥硝磺等類其存儲數目應按季列表呈報該管分局所以便隨時檢查

第九條　各店於購備原料時應將購買之地點及數量呈報該管分局所備查

第十條　各花炮店應一律備具相當救火器具並備製大水缸五只以上滿貯清水

第十一條　違犯本規則第一二兩條者依照違警罰法第三十三條第一款處罰

第十二條　違犯本規則第三四五六各條者處十元以下之罰金

第十三條　違犯本規則第七條至第十條各條者處五元以下之罰金

第十四條　本規則如有未盡事宜得隨時呈請修正之

第十五條　本規則自呈奉縣政府核准後公布施行之

無錫縣公安局管理煤油營業規則草案

第一條　凡售賣煤油各鋪無論專業兼業零售躉售均須呈報本局核准發給售賣煤油許可證後方得開設

第二條　凡專業煤油各鋪應另行設立存貨堆房凡運到煤油超過第五條限定之數者均須於堆房存儲並有購買大宗煤油者均令於白晝赴堆房運取

第三條　存煤油堆房須遵照左列規定

一、堆房地點不准在街市繁盛地方設立

二、堆房內須有存貨地窖

三、堆房內須有側門後門

四、堆房內須置備水桶及輕便水龍大水缸及青灰沙土等物

五、堆房內須照第九條規定各項隨時注意檢查

第四條　凡專賣煤油各鋪有資本輕微不能另行堆房者得聯合數家公立堆房但須遵照第三條規定辦理

第五條　凡專業煤油各鋪存貨不得逾四十箱兼業煤油各鋪躉售

者不得過二十四箱零售者不得過十二箱逾此數目則須於堆房內存儲

第六條　售賣煤油各鋪存貨過十二箱以上者鋪內須有存貨地窖不得任意存放室內致生危險

第七條　售賣煤油各鋪須置備水桶水缸青灰沙土等具以防不虞

第八條　售賣煤油各鋪不准啟桶添水希圖換油漁利

第九條　凡存放煤油處所須隨時檢查其應行注意之事項如左

一、不得於煤油附近堆放火柴紙張等易於引火之物

二、夜間不得一人持燈火取油

三、不得於煤油附近處吸烟

第十條　售賣煤油各鋪須出具不違犯本規則甘結呈送本局備案

第十一條　自本規則實行之日起凡從前售賣煤油各鋪未經呈報者統限一個月內准由各該管分局所彙報本局復查與規則相符發給售賣煤油許可證如查有違犯規則之處依違警律分別辦理

第十二條　本規則如有未盡事宜得隨時呈請修正之

第十三條　本規則自呈奉縣政府核准後公布施行之

無錫縣公安局汽車行管理規則草案

第一條　凡在本縣境內以出租汽車或另訂路線以汽車為營業之公司在本規則通稱汽車行

第二條　汽車行對下列各項應切實辦理

一、汽車行除將股東經理姓名住址資本數額及組織大綱等填表聲請縣政府登記領取執照營業外應將車輛執照號數呈本局備案

二、汽車行除將房屋構造報請縣政府核定外應將佈置

詳細情形呈候本局備核

三、汽車行遷移地址應先報告本局並同時報告縣政府

四、汽車行領取執照營業之後應將執照牌號懸掛行內顯明地位

第三條　汽車行對下列各項應切實置備

一、應置太平門及太平龍頭滅火機器沙箱等各種消防設備

二、應裝置油汁分離器以防油汁及易於發揮引火之液體流入陰溝

三、除消防沙箱外應另備散沙隨時吸收地上廢油

第四條　汽車行對於下列各項應切實遵守

一、非經政府登記而無執照者不得行駛

二、汽車機械破舊不堪行駛者不得開行

三、汽車行有儲藏裝聽汽油同時不得過一百加侖其儲藏之地點應由本局指定

四、易於揮發引火之液體須設法不令流洩地上

五、除辦事室外不得吸烟但辦事室亦不得放置易於揮發引火之液體

六、易於揮發引火之液體不得貯於無蓋或開蓋之箱桶

七、遇電器製化橡皮器煆煉爐以及其他同種器具不得裝於儲有易於揮發引火之液體室內

八、停放汽車前後左右至少相距半公尺

九、汽車不得停在行人道及馬路之兩旁應停設在空闊馬路之適中點

第五條　汽車行聲請縣政府登記領到行駛執照後應將行駛執照呈本局審驗方得通行

第六條　汽車行出租或營業之汽車如有不依照汽車管理規則實行者本局得吊銷其執照或執行處罰之

第七條　本規則如有未盡事宜得隨時修正之

第八條　本規則自呈請縣政府核准施行之

無錫縣公安局新聞紙雜誌及其他刊物審查規則草案

第一條　凡在本縣內發行之新聞紙雜誌應先填表呈請本局審核轉請登記

第二條　凡新聞紙雜誌轉請登記時須詳開報館地址及發行人編輯人姓名年齡籍貫履歷及住址創刊伊始者附呈創刊一期發行已久者應附呈最近出版之報紙三期以便審核

第三條　凡經審查之新聞紙雜誌本局認爲合於左列各款之一者准予轉請登記

一、宣傳中國國民黨黨義導引民衆努力革命者

二、研究生活問題及風俗習慣而有領導民衆除舊革新之旨趣者

三、傳佈知識或學術有益於社會者

第四條　凡新聞紙雜誌之發行人或編輯人有左列各款之一者不得爲該新聞紙雜誌呈請審查之負責人

一、在國內無住所者

二、禁治產者

三、被處徒刑或拘役在執行中者

四、褫奪公權尚未復權者

第五條　凡經審查合格之新聞紙雜誌由本局准予轉請登記外暫准其試辦惟按日須將新聞紙雜誌送由本局審核

第六條　業經准予轉請登記之新聞紙雜誌如有變更或因事休刊停版應由該報發行人呈報本局備案

第七條　審查結果認爲大體尚佳而稍有失當者得由本局通函警告勸其切實改良

第八條　審查結果認爲有左列各項之一者應令停刊

一、違反三民主義者

二、煽惑輿論有妨害治安者

三、辭涉淫褻足以誘惑青年者

四、捏造是非意在敲詐者

五、摘人隱私毀人名譽者

第九條　凡未經呈請登記之新聞雜紙誌而擅自發行銷售者應令該報限期停刊禁止發行或銷售其情節較重者並得依據出版法第六章第二十七條處理之

第十條　本局對於審查合格准予轉請登記之新聞紙雜誌如在按期審查時認爲辦理不善得予以警告或呈請撤銷其登記

第十一條　本規則如有未盡事宜得隨時修正之

第十二條　本規則自呈請縣政府核准後施行之

無錫縣公安局取締菜館規則草案

第一條　本規則凡在無錫市開設菜館者均應遵守之

第二條　凡開設菜館者須於開業十日前聲請該管分局所轉呈本局查明核准登記方得營業其聲請書内應開明左列各款

一、館主或經理人姓名年齡籍貫

二、牌號

三、開設地點

四、開始營業年月日

五、種類（如番菜京菜徽菜等）

六、專售或兼售

七、店夥姓名年齡籍貫

八、二家以上股東鋪保

第三條　凡營業中如前條第五至第七各款有變更者應呈報本局備案如第一至第三各款有變更者須於十日内開明應列各款聲請查明核准後方得開業

第四條　凡開設菜館業者不得容許或代客招致娼妓陪座其有詞彈唱及扮演花鼓淫戲等人亦不許混入

第五條　凡菜館不得招客抽頭聚賭並不准容留類似賭博之營業

第六條　座客如有攜帶危險品及違禁物品或有可疑之形狀時館主或經理人等應立即報告就近分局所核辦

第七條　凡有素不熟識或形跡可疑之人寄存物件時不得輕易允許代爲收存如違一經查覺係危險物或違禁物等即以知情論

第八條　凡菜館不准留客住宿其兼營旅館業者不在此限但於開業前須一併報明並參照旅館營業取締規則辦理

第九條　座客有爭鬧或暴行時應由店主或經理人等妥爲勸解如有不服得報告就近警察如座客有損壞店中物件時應照價請求賠償不得有非禮之對待

第十條　座客如有遺落物件應即查詢明確代爲收存以俟原主取還如不明原主爲誰或無人領取者應於三日内交就近局所收存招領但座客物件亦應各自留心若遺失時並無確

實證據不得強行索取

第十一條　凡患瘋癲或惡瘡及各種皮膚病與認爲有傳染病性之人均不得容留入座

第十二條　凡菜館於每日開業之前須將房屋客座門窗板壁頂塵扶梯地板厨灶竈壁等處一律洗掃清潔不得稍積灰塵並須時常灑以避疫藥水如有卑溼之處尤宜散佈石灰掃除之垃圾等污物須即時傾入就近垃圾桶或自備之容器以內不得隨意棄置屋中或就近傾潑於道路與河井

第十三條　凡菜館之檯凳椅凳等件不得擺設戶限以外並須時常洗拭潔淨不得稍有垢膩

第十四條　凡供客用之酒壺酒杯瓢箸碗碟等一切飲食器皿並厨房爐灶所用各種器具均須時常用清潔沸水洗濯潔淨不得稍積垢膩或發生穢氣其已經供客用過之器皿並須用清潔沸水洗濯清潔後方准再供他客之用

第十五條　凡供客用之面巾等物須隨時漂洗清潔不得稍有積污或發生穢氣其已經供客用之面巾等並須清潔肥皂鹹水沸煮二十分鐘漂洗清潔後方准再供他客之用但座客亦須各自愛惜不得將面巾等故意揩拭污穢之物

第十六條　凡菜館應置備濾水器具一切飲料水及使用水均須在清潔地方汲取再用濾水器濾過潔淨後方准供客應用不得貪便挑取不潔之水或隨挑隨用

第十七條　凡菜館所備飲食物品均須選擇清潔如有越宿腐敗及妨礙衛生等物均不得貪利混售並須加以清潔之紗罩俾不得用鉛質物有毒性器具煮燒食品

第十八條　凡菜館爲預防飲食物品腐敗起見須用相當方法如置備冰箱等不得用穢水及含有毒性之防腐品

第十九條　凡菜館預備烹飪所用之油醬鹽醋酥酪等及其他一切物品均須盛以清潔之容器並加以完密之覆蓋務使塵灰或蚊蠅等類不致侵入

第二十條　凡供客用之杯盤瓢箸並各種飲食器皿須用清潔抹盤送置客前不得將杯箸筷壺盃等含入口內或插入頸項腰際致妨清潔

第二十一條　凡在營業時間無論座客館主夥役厨夫等雖在盛暑均不准赤身露體

第二十二條　館主夥厨役人等衣履均須時常洗濯清潔不得稍有垢膩穢積其在營業及烹調操作時間並須着以白色或青色之長外衣若患有毒及皮膚病或留養指甲長辮髮者均不准僱用

第二十三條　座內應各備痰盂並用清水每日注換清潔無論何人均不得隨意涕唾

第二十四條　廁所須依法建築不得接近厨房爐灶及客座並須每日掃除沖洗潔淨並用臭藥水或石灰水時時灑之不得任其污穢或臭氣外溢如原有廁所係接近厨房爐灶客座等處或建築不合法者須即日遷移或依式改築之務使穢氣不外洩爲度

第二十五條　菜館之厨房內不得用鬆泥或板隨便填鋪須用三和土或水門汀建築堅結並時常用水沖洒潔淨收拾乾燥不得污穢致生微菌其原有厨房向用地板或鬆泥者須照前項規定即日改築之

第二十六條　凡菜館烟囱依法建築不得草率以防火患

第二十七條 凡廢棄之皮毛翅骨腸雜及殘羹剩水並一切汚穢之物須設備容器（木桶或缸甏）以容置之並運送適當地方處置不得隨意傾潑道路及河井或屋内

第二十八條 菜館内如發現蚊蠅須立即設法撲滅並置備捕蠅器（如蠅拍蠅罩等）不得任其滋生

第二十九條 凡菜館須於適當地方開辦溝渠所有汚穢之水須由溝渠以疏通之不得隨意亂潑或任其停積及流溢地面

前項溝渠不得通入河流井泉及供人飲水之溪澗内並須溝渠時常疏浚不得淤塞並投以避疫藥水或生石灰末以免發生臭氣

第三十條 菜館營業時間至遲以下午十一時爲限但在必要時以命令縮短之

第三十一條 凡菜館於規定營業時間外不得徇情濫賣如有客逗留應由館主或經理人等勸令退出如不聽者得報告就近警察

第三十二條 凡菜館應受警察檢查有詢問時應據實陳述不得隱諱或拒絶

第三十三條 凡菜館應將所有各種飲食品製定價格表懸貼店中以備各客瀏覽

第三十四條 凡銀錢出入須一律按照市價計算不得隨意升縮

第三十五條 本規則由各菜館自置木牌懸掛店堂以供衆覽並須加以保存不得有塗毁情事

第三十六條 本規則未施行前所有境内開設之菜館統限一月内依照第二條規定聲請登記

第三十七條 違犯本規則各條或抗不遵行者按照違警罰法分別處罰屢犯不悛得勒令停業或歇業其涉及刑事範圍者移送法院辦理

第三十八條 本規則如有未盡事宜得隨時呈請修正之

第三十九條 本規則自呈奉縣政府核准後公佈施行

無錫縣公安局取締火險保戶規則草案

第一條 凡本邑城鄉商舖住戶之投保火險或退保者均適用本規則之規定

第二條 凡保有火險者應將保險公司發給之牌號懸訂門首倘分保數公司者均應一律訂齊

第三條 凡保險者保戶應檢同保險單（如分保數公司者應將各公司保險單一併檢呈）並繳登記費五角申請該管公安分局所查核俟查驗其申請書式另定之申請人呈驗保險單時該管分局所應即付與收據並於收據内載明申請人姓名及保險公司名稱保險銀數保險單號數收受日期等交由申請人收執俟手續終了該申請人應將收據繳還該管分局所

第四條 該管分局所接受前項聲請書後應即報局派員詳細査驗如果逐一相符即予發給登記證

第五條 凡保戶有串同保險公司舞弊情事經本局查明確實者得酌量情節輕重分別處理或勒令退保不予登記

第六條 凡保戶如因其他事故退保火險或因退保一部份之火險時應於五日前由保戶呈請該管分局所查明報局備案

第七條 保戶於保險期滿後如再繼續保險或變更銀兩數目時仍應遵照本規則第四條之規定辦理

第八條 凡保戶未經聲請本局登記者日後發生火患除依法辦理

外本局得酌量情形追繳其保險應得賠款之一部份分給被累延燒各戶

前項火患如係故意縱火希圖賠償經查明確實者應追繳其保險應得賠款之全部分給被累延燒各戶給撥充地方公益之用並依法移送法院辦理

第九條　凡經本局登記之保戶發生火患時經該管分局查明該保戶有縱火圖賠實據者仍應按照前條分別辦理

第十條　本規則呈奉縣政府核准施行如有未盡事宜得隨時呈請修正之

無錫縣公安局取締印刷業規則草案

第一條　本規則凡以機械或印板及其他化學材料印刷中外文書圖畫爲營業者均適用之

第二條　凡有前條營業者無論專業或兼業均應取具舖保呈報該管分局所轉呈本局核准給予許可證方得營業

第三條　請領前項許可證須詳載左列事項

一、印刷者牌號及所在地

二、店主及經理人姓名籍貫住址（如係合股者應將股東籍貫住址一併註明）

三、資本總額

四、夥友及傭工之人數

第四條　請領前項許可證者應繳納費銀一元

第五條　凡經呈准本局給證開張之印刷店有變更前條所載營業狀況時須將原證繳由該管分局所轉呈本局核發新證

第六條　凡營印刷業者於承受委託印刷物時應注意左列各種事項如有各款情事之一者不得印刷

一、違背黨義者

二、妨碍治安風俗者

三、抵觸政令及揭載軍事外交未經公佈之秘密者

四、由庇犯罪人刑事被告人或陷害刑事被告人者

五、輕罪重罪之預審案未經公判者

六、無端攻訐他人損害名譽者

第七條　凡印刷出版物者應遵照關於出版條例辦理

第八條　凡營印刷業者對於承受印刷之刊物如果認爲無第六條規定各款情形時得先行印刷惟印刷後須將印件加蓋本舖戳記呈由該管分局所轉呈本局審核並將委託印刷人之姓名住址登記備查

第九條　凡營印刷業者如經本局調取原稿時不得故意遲延焚毀隱匿或抽換消滅之

第十條　如承印族譜詩義契券憑照號單賬片以及請帖訃聞哀啟名片等物不適用前條之規定

第十一條　違反本規則第一第四第五各條之規定者除責令補正外並科以相當處罰其呈報不實者亦同

第十二條　違反本規則第六條第九條之規定者按其情事輕重得依據違警罰法處罰或送法院分別辦理

第十三條　凡營印刷業者如因歇業時應將歇業事由呈報該管分局所轉呈本局備核並將原許可證報請註銷

第十四條　本規則呈請縣政府核准施行如有未盡事宜得呈請修正之

無錫縣公安局取締傭工介紹所規則草案

第一條　傭工介紹所（俗稱薦頭店）係指引薦男女傭工及乳媼有

一定營業處所者而言

第二條　凡在本縣境內開設傭工介紹所者應遵照本規則辦理

第三條　凡開設傭工介紹所者應將左列各項陳報該管公安分局或分駐所呈報本局核准後方准營業

一、牌號

二、姓名（如店主係婦女須開列姓名並註明其夫或其子之姓名職業）

三、年歲

四、籍貫

五、營業所在地及門牌號數其另有住所者並須註明住址及門牌號數

六、三家以上之妥實鋪保

鋪保之責任如左

甲、須担保其素行端正

乙、須担保其不容留匪類及引誘婦女犯姦代人媒合或買賣典押人口等情事

丙、須担保其不逃亡走失如有該項情事應負追尋之責

第四條　經本局核准後即予註册給照隨收執照費銀一元並照章貼用印花

第五條　該店如欲遷移須先報告該管分局所呈局註册其歇業盤替或店主死亡而繼續營業者須遵照第三條第四條之規定換領執照其有隱情不報一經查出勒令其歇業

第六條　該店歇業時應將執照繳銷

第七條　每滿一年度應換領新照一次其過期不繳費領照者得停止其營業

第八條　所領執照不得私自借給或贈與他人違者勒令歇業

第九條　凡引荐成就雙方同意後商定工資及期限時須由店主繕立同樣約據二份一交僱主收執一交傭工人收執但口頭契約不生效力

第十條　凡願為傭工人者須遵照左列各項開交店主存記

一、姓名或姓氏

二、年歲籍貫住址

三、親屬及保證人

四、愿為傭工人如係婦女須有親屬作證到店不得以有通常保證人即予引荐

第十一條　凡有左列情形之一者店主不得引荐

一、曾犯刑法上重大嫌疑者

二、素有隱疾者

三、素行不端者

四、曾有劣跡因而退工者

五、來歷不明者

六、無確實妥保者

七、年齡在十四歲以內五十歲以外者

第十二條　傭工人乳媼於定約後因服務上有不稱僱主之意或因疾病僱主自行告退者須於三日前向僱主及店主聲明將應還工資按日算訖始得退工

第十三條　店主不得有容留匪類引誘婦女犯姦或代人媒合或買賣典押人口等情事

第十四條　傭工人於試工期間不滿一日而聲明作罷或雖滿一日並不向店主聲明而一去不返者該店主於繼續引荐時不

得再向傭主索取送人錢

第十五條　送人錢應聽傭主酌給無論天氣陰晴路途遠近不得婪索合意者應由傭主按照日期酌給工資其不滿一日者免給引荐成就時應得酬金按照習慣由傭主傭工人雙方各半分担不得額外需索

第十六條　店主所引荐之傭工人等倘有不法行爲應由傭主通知店主如因此而逃走者該店主應負追尋及賠償之責

第十七條　傭工人等辭退時携出衣物有受傭主檢查之義務

第十八條　引荐有期乳媼之約據雙方須詳細訂明利益義務該乳媼於限期内非得傭主之許可不得半途告退如敢故違准由傭主提起賠償之責

第十九條　傭工人先投甲店後投乙店甲乙兩店均不得橫加干涉

第二十條　店主應將每日引荐退傭人等詳細塡註傭工乳媼登記册上按月送各該管分局所列表呈送本局核查

第二十一條　如違背本局所定規則應按照違警罰法處罰停止或取消其營業其情節重大涉及刑事嫌疑者送司法機關訊究

第二十二條　本規則如有未盡事宜得隨時呈請　縣政府修正之

第二十三條　本規則於呈奉縣政府核准後公布施行

無錫縣公安局第三科承審案件規則草案

第一條　本規則於本局第三科承審案件適用之

第二條　第三科承審案件之種類如左

一、關於違警案件

二、關於行政上特別規定之懲戒處分事件

三、關於各分局所處隊呈解之偵查時期各種刑事案件

四、關於其他案件

第三條　前條第一項第二項案件得逕由第三科判決經局長核准執行

第四條　關於各種刑事案件應於偵查預訊後由局長依法轉送各主管機關審理

第五條　承審各種刑事案件時得禁止旁聽

第六條　轉送之各種刑事案件未經各主管機關宣判以前不得將偵查所得之案情向人洩漏

第七條　各種刑事案件之供詞審畢時應由錄供人朗誦一遍由被訊人簽字或捺指模如被訊人因言語不通要求自行寫供者亦得酌量許可

第八條　關於勞資糾紛及非正式之刑事民事各案件得酌量情形勸導和解

第九條　承審案件遇有無業遊民得送平民習藝所管束孤兒迷兒及被壓迫之婦女得送縣救濟院留養

第十條　承審案件遇見有自殺人及心神喪失人應依法救濟

第十一條　第三科承審各種案件於每月終將違警案件及刑事案件分別彙報核轉

第十二條　本規則呈奉無錫縣政府核准施行如有未盡事宜得呈請修正之

無錫縣公安局第三科拘留所被拘留人接見規則草案

第一條　本規則凡被拘留人接見親友適用之

第二條　請接見者須書明姓名年籍職業住址及事由請求第三科

科長核准方許接見

第三條　接見談話不得逾三十分鐘應由看守者監視交談

第四條　接見時間每日上午九時起十二時止午後一時起四時止但有特別情事者得請求第三科科長臨時酌定

第五條　請接見者如有左列情形得拒絕之

一、形跡可疑者

二、同時有三人以上接見同一被拘留人者

三、案情重大依法應禁止接見者

第六條　本規則呈奉縣政府核准施行如有未盡事宜得呈請修正之

無錫縣公安局第三科拘留所管理規則草案

第一條　本規則關於管理拘留所一切事適宜用之

第二條　拘留所隸屬於本局第三科由該所管理員秉承科長依照規則處理本所事宜

第三條　本所除執行違警拘留外得看管左列人犯

一、犯各種刑事由本局拘致或經人控告獲案在偵查中者

二、犯行政上特別規定之懲戒處分事件經檢舉或告發在處理中者

第四條　拘留所非奉正式公文或命令不得將人犯收入或釋放

第五條　拘留所應遵部頒拘留所規則第十三條規則設置各種簿册逐日報由科長分別轉呈局長查核

第六條　關於拘留之人犯須另置橫關黑板一塊上懸被拘留人名牌人犯收押懸牌版上出所時則去之

第七條　各犯人所先由看守者檢查衣物有無違禁物品由外送入之物品亦須經檢查

第八條　非負看管之職責者無論何人不得進入女拘留所

第九條　本所看管人員對於被拘留人不得虐待

第十條　拘留所人犯有疾病時應報知第三科酌量輕重分別醫治保釋

第十一條　所內宜時常洒掃廁溺便器亦須按時清滌

第十二條　被拘留人之飲食由本所備給能自備者聽之但須經過檢查

第十三條　被拘留人來往書信須呈經第三科檢查無弊始准發閱

第十四條　被拘留人不得有左列之行為

一、吸烟

二、飲酒

三、類似賭博

四、大聲疾呼及高唱戲曲

五、口角爭鬥

六、毀損公物

七、其他妨害秩序之一切舉動

第十五條　被拘留人有犯前條規定者應予以左列之處分

一、訓斥

二、獨居暗室一日至二日

第十六條　被拘留人如有逃走或暴行及有自殺之虞時得施以戒具

第十七條　本所拘留人犯如有不遵取締或煽惑同室各犯滋事情事當即報請科長核辦情節較重者報請局長核示

第十八條　看守者宜禁止被拘留人與在所人或外人接近及交通

聲氣

第十九條　有請接見拘留所人犯者依照被拘留人接見規則行之

第二十條　本規則呈奉　縣政府核准施行如有未盡事宜得呈請修改之

無錫縣公安局偵緝隊服務規則草案

第一條　偵緝隊隊長秉承局長命令受第三科科長之指揮監督督率全隊人員執行偵緝事宜

第二條　探長承隊長之命領導探士執行職務

第三條　探士遵照長官命令受隊長探長之指揮辦理偵查逮捕看管迎提遞解人犯暨值庭各事務書記辦理本隊稿件繕寫事務

第四條　凡遇有案件發生由隊長指派專員負責辦理

第五條　凡查覺綁刼案犯贓物及軍火危險違禁物品藏匿處所應一面設法監視一面飛報隊長或探長轉報局長核辦同時報告第三科長查核如有特殊情形不及報告時應即持驗證照報請就近分局所長警協助不得私擅檢查逮捕仍於事後迅速照章報告以資察核

第六條　普通刑事案件探士等非承長官命令不得率行搜查逮捕違者以私擅論

第七條　奉令限期緝獲案件應由隊長督率所屬探士依限破獲

第八條　承辦案件如能遵期緝獲者得視案情輕重呈請獎勵其未能依限緝獲者酌予處罰

第九條　執行職務時必須携帶本局所發證照以資證驗如當事人索看應即交閱

第十條　各偵緝人員破獲案件在未經本局許可以前務須嚴守秘密不得向人洩漏違者重究

第十一條　各偵緝人員如有在外招搖納賄徇情庇縱及栽贓吞沒挾嫌誣陷等弊一經察覺或被告發立按所犯情節依法重究

第十二條　每屆月終應將各探士工作之成績列表呈報局長查核

第十三條　各偵緝人員除出外辦案外均應輪流值日以重緝務

第十四條　各偵緝人員因病或因事請假者應按照本局請假規則辦理

第十五條　本規則呈奉　縣政府核准施行如有未盡事宜得呈請修正之

會議紀録

會議紀錄

無錫縣公安局第二十一次局務會議紀錄

日期 二十一年七月七日上午九時

出席者 華璞 沈濟舟 胡彬 張新 脫穎 顧頌勛
胡守貞 許建烈 高濂 朱念生 郁葆瑩 王協中
彭希文 殷起山 惠志勛 劉上德 劉春蘭 黃仁
李右堅 錢彦明 韓維安 朱綬 陳司宇 談蔚南
虞樹銘

主席 華璞 紀錄 顧頌勛

行禮如儀

甲、報告事項

略

乙、討論事項

一、(密)近日風聞東北鄉各處共匪絡繹潛回秘密開會圖謀活動本局應如何防範以期撲滅案

(決)由十分局十六分局切實注意嚴密防範

二、馬路兩旁沿店街邊係規定人行道路現查大都為店肆担販互相僭佔既碍交通又妨觀瞻應如何整頓案

(決)由各該分局派警切實取締並依檻沿為界不准越出屢違拘懲

三、後太平巷馬路一帶時有糞夫不遵規定白晝收糞污穢狼藉應如何取締案

(決)1.糞夫收糞仍以原定午夜十二時後至黎明為止

2.洗刷馬桶等以上午六時前為限由該分局派警轉知令其遵守違即拘儆

四、本局所屬官警及轄境勞工蓬戶應否注射防疫針並派員接洽訂期實施注射案

(決)1.蓬戶勞工等由各分局蓬戶警衛生警前往勸導按時至崇安寺民衆教育館等請求免費注射

2.本局及各分局所員警派胡彬前往接洽訂期輪流注射

五、當街晒衣阻碍交通應如何取締案

(決)由各分局所派警切實取締如無空隙園地者不准跨街晒晾

六、錫市人力車夫擬令各車行製發背心並經公司名稱車輛號碼以整市容案

(決)夏令以青夏布為料冬令以藍布為料並繪具式樣函請車業同業公會轉飭各車行於本月底前一律製備齊全

七、查市區人力車輛大都破舊而有危險之虞者甚多應如何設法辦理案

(決)函請建設局派員檢查取締

八、近屆炎暑城鄉河道時有不諳游泳之兒童徜徉河岸學習泅水偶不一慎易遭滅頂應如何預為防止案

(決)由各分局所併合夏令應行勸導禁止者揭示嗚鑼勸禁牌示如下

1.河道不可洗滌溺器穢物2.河道不可隨意傾倒垃圾

3.河道不可抛棄瓜皮菓壳4.孩童不可冒險學習游泳

九、市上飲食物品尚未普遍加蓋紗罩應如何切實整頓案

(決)即日由各該分局所衛生警及本局衛生專員查明拘懲

十、時疫週報表應切實按週填報案

(決)自本星期起作第一週查明填報

十一、奉縣令轉發戰區募捐冊應如何捐認案

(決)外區分局長各一元局員巡官各半元於七月份餉項下照扣

十二、各分局長臨時會提目下生活維艱警餉微薄對於官員長警折扣可否請總局轉請縣政府自二十一年度起始免予折扣案

(決)呈請縣長核奪

十三、督察處提近日時有冒充本局名義假名查緝烟賭實施詐財目的應如何澈究案

(決)1.嚴密澈查

2.請縣府佈告嗣後來歷不明及無搜查證者准予扭解或告發

3.如無搜查證者或有符號證章而無搜查證者各分局員警隨時查明扭解總局究辦或指名告發查辦

十四、警區劃分擬先將各分局所區域繪送統核劃分案

(決)由第一科將規定圖紙分發繪就並限二星期繪送核辦

十五、鄉區第一期房租急須啟征以便彙解案

(決)由各鄉分局切實勸導征收並限二星期結束彙解

十六、本月十日甘露故警追悼會應如何參加案

(決)1.本局每科處酌派一二員更巡隊長一名長警補習所十六名

2.各局所各派官警各一名除第十十一十二十六四分局屆期直接參加外其餘統於十日晨五時在工運橋集會趁輪前往

3.花圈及輓聯由各分局所自行置備先二日送局彙送

丙、散會

無錫縣公安局第二十二次局務會議紀錄

日期 二十一年八月七日上午九時 地點 本局會議室

出席者 高濂 朱念生 郁葆鎏 王協中 彭希文 段起山
惠志勳 劉士德 劉春蘭 黃仁 李有堅 錢夢明
韓維安 朱綬 陳司宇 談蔚南 虞樹銘 脫穎
沈濟舟 胡彬 顧頌勳 胡守真 華璞

主席 華璞 紀錄 顧頌勳

行禮如儀

(甲)報告事項

一、報告上次議決案已辦各項

二、十三、十四、十五、十六、各分局長相繼報告與鄰縣各警團訂期時常會哨經過並請轉函聯防處發給會哨證以利遞轉

(1)錫澄間堰橋與塘頭橋每月五日二十五日會哨顧山陳墅轉函警察隊就近防地會哨

(2)錫虞間王莊與羊尖已通函訂期會哨

(3)錫武間雪堰橋已派局員前往該處與保衛團接洽俟該團接奉令知即開始會哨

(4)錫武澄三縣交界芙蓉圩已通函訂期會哨

三、滅蠅運動已由縣黨部函知飭遵並發辦法所定本月十日每居戶舖店收取蒼蠅三十個否則繳滅蠅捐大洋一角應先期協助轉知各居戶舖至滅蠅捐收條已由本局印備

(乙)討論事項

一、預備警服務站崗對於勤務規則均未明瞭況流弊滋多應如何改進案

決、預備警名義取消一律改名存記警由各該分局所保送來局考驗合格再予存記遇缺錄用設未經總局存記者不准替班並定一分局六名二分局五名三分局二名四分局四名五分局六名六分局四名直轄分駐所二名至鄉區不設存記警一律用學習警

二、各分局警士因病因事請假例由替班站崗惟替班費漫無標準應如何劃一規定案

決 事假每班兩角病假每班一角准假與否由各該主管查酌情形核奪

三、近查警察時有潛逃情事發生一經查究及舖保均無切實負責應如何整頓案

決 所有警察服務志願書及保結由各主管負責查實並於保結上黏貼該警照片免滋流弊至保結式樣由總局規定格式發交文苑閣印刷購用以示一律

四、為鼓勵長警決務起見擬於三年以上服務成績優良者給發精勤證以示優異案

決 由各分局所主管嚴查考核具報核發嗣後該長警等如有特別事故者准給長假以後如仍回局服務可以直接補用不必再補學習警等手續

五、崗位勤惰應定賞罰表切實履行案

決 由督察處切實辦理

六、落班長警無故不得外出現查時有擅自行動應如何整頓

三

案

決　如有不得已必須外出者應請假核准給發外出臂章方准離局否則從嚴懲

七、上次議決第六項人力車夫穿着背心夏令以青夏布春秋冬三季以藍青布繪具式樣函送車業同業公會轉飭遵辦旋准該會函復以年歲荒歉收入支絀函請緩辦惟市容警理不可忽視究應如何促辦案

決　製辦背心所費無幾於市容精神觀瞻繫維仍函車業公會轉飭於九月一日前完全遵辦完竣如至月九一日仍無穿着規定背心行駛市內者一律不准行駛

八、市區各要道墻壁各校招生廣告及夾雜各種廣告戲園戲目等隨意黏貼縱橫錯列殊損市容應如何整理並飭遵規定張貼案

九、擬定期抽調各長警衛生警清道伕役舉行清潔運動案

十、市區各要道牆壁前製廣告欄標語欄佈告欄均經損壞應否限期重行修理規定案

以上三案合併討論

決　提請縣政會議公決

十一、醫師包車可以通過閘市前經規定須穿號衣現查醫師大都將號衣棄置殊與普通包車無從辨識有碍警察執行制止標準應如何辦理案

決　函請醫師公會及國醫學會轉飭各中西醫師遵辦以免通行發生阻碍同受取締

十二、熱水店出售飲料來源大都即就城河之水既無沙濾之設備又多未用明礬以澄清且出售不沸之水內所含細菌均未經完全死滅應如何切實督促辦理案

決　由衛生專員督同各衛生警切實隨時查察勸導如屢違予以嚴懲

十三、市區各箭河瓜皮浮爛有妨飲料應積極辦清河運動案

決　本月十日召集清道清河夫役由衛生專員衛生警督同辦理並隨時勸導民衆毋再拋棄汚穢飲料

十四、繼續切實勸禁露宿案

決　由各該分局所派警切實勸導曉以利害

丙　散會

無錫縣公安局第二十三次局務會議紀錄

日　期　二十一年十月七日上午九時

出席者　吳德馨　沈濟舟　胡　彬　吳兆莘　金式祁　薛福瑞
高　濂　朱念生　郁葆瑩　王協中　彭希文　段起山
惠志勛　劉士德　劉春蘭　黃　仁　錢夢明　張　新
朱　綬　陳司宇　缺薛南　虞樹銘

缺席者　李君堅

主　席　吳德馨

行禮如儀

討論事項

一、擬請抽調各分局巡長來局補習案

（議決）通過第三期長警補習所專訓練巡長所有訓練科目辦法由第一科擬定

二、擬請調集各分局雇員訓練案

（議決）通過所有辦法由第一科擬定訓練期間定一星期

三、擬請禁止幼童拉車案
(議決)幼童及年老體力不勝者均一律禁止拉車
四、規定長警服務賞罰規則案
(議決)照擬定規則通過並報縣政府備案(規則詳載法規欄)
五、擬請准許直轄第一分駐所處理違警案件並發罰金聯單案
(議決)呈請縣府核示
六、擬請規定長警服務年限案
(議決)長警服務期限定為三年期限未滿不得無故請求銷差或請長假並於報効時填具志願書警長須存餉十二元警士存餉六元警長每月扣存二元警士扣存一元存足為止是項存餉逐月彙存銀行以資生息於十月份起實行
七、擬實施警察常識訓練案
(議決)由各分局長切實隨時訓練
八、密
九、錫地新穀將屆登場江北客民即將絡續來錫作工所有艒船隻均為若輩來往運輸之要具難免匪類利用盜刦應如何設法防止案
(議決)由各分局長隨時嚴密檢查
十、建設討論會函請詳查城區戶口廁所之需要送建設局規劃建造公廁應如何辦理案
(議決)由城區各分局長於一星期內查明列表呈報
十一、雙十節即屆難免有反動份子乘機妨碍治安應如何設法防範案
(辦法)1,雙十節左右隨時檢查蓬戶艒船
2,各分局所抽派長警組織巡邏隊隨時梭巡
3,十日上午六時起至翌日黎明六時止要道一律雙崗
4,請當地駐軍機關頒發口令
5,如有警報應互相立刻呼應共同防止
6,派員輪流檢查車站輪埠及交通要道
(議決)照辦法通過
十二、劃一辦案手續案
(辦法)1,辦理盜案
甲、接受報告或聞信後出發履勘及呈報發出時間不得超過二十四小時如通電話局所應先電報督察處
乙、履勘盜案及拘捕現行人犯應由分局長或局員巡官率警往勘及執行雇員巡長不得單獨辦理
丙、盜案發生該管分局所應負履勘及督緝賍盜全責不得推諉
丁、奉文限緝案件應依限呈報倘匿而不報應嚴予懲戒
2,解送案件人犯
甲、以後遇有重傷案件由分局直接將人犯解送法院訊辦一面將經過情形呈報本局備查
乙、解送烟案副呈不得遺漏附送報告表應由本局加蓋鈐記
丙、普通案件解送應在辦公時間(上午八時至下午五時)

會議紀錄

丁、各分局所解送案件應將本案發生緣始詳細查明聲叙

3，各分局所應備違警案件登記簿

4，案件判決報單呈送後不得更易以多減少

5，造送表册如有不明瞭之處屆員應逕向主管科接洽辦理俾免舛錯

6，張貼罰金榜示應遵照前令辦理

7，違警案件日報表無論有無案件均應逐日填送不得間漏

8，各項司法表單如處理違警案件月報表移解刑事案件表盜竊案件表罰金數目表罰金呈報單罰金榜示等均應於次月三日前同文呈送不得遲延

(議決)照辦法通過

無錫縣公安局第二十四次局務會議紀錄

日　期　二十一年十一月七日上午九時

出席者　吳德馨　沈濟舟　胡　彬　吳兆莘　金式祁　高　濂　朱念生　郁葆瑩　王協中　彭希文　段起山　惠志勛　劉士德(孫鍾傑代)　劉春蘭　朱文英　黃　仁　李君堅　錢夢明　張　新　朱　綬　陳司宇　談蔚南　虞樹銘

主　席　吳德馨

行禮如儀

討論事項

一、擬請劃一長警名稱案

六

(決議)遵照內政部通令巡長改稱警長巡士改稱警士

二、擬請在冬防期內於鄉區分局添設臨時警額以厚實力案

(議決)通過其名額及經費由各分局長向當地籌商辦理具報核奪

三、擬請取締設備不全之人力車以免危險案

(議決)由本局函知建設局及車業公會查照辦理

四、擬請添修市區水泥質垃圾箱以重衛生案

(議決)由城區各分局於七日內查明列表呈報轉函市款產會照辦

五、擬請繼續禁止墻壁上任意張貼廣告以整市容案

(議決)一面函市款產會照辦一面通令各分局所轉飭各崗警切實遵照取締

六、奉　縣政府訓令以奉令發武進無錫兩縣境內長途電話銅線被竊時日地點表仰飭屬嚴行追緝務獲解究並將以後保護情形妥擬辦法具報以憑核轉等因此案究應如何防緝請公同討論決定辦法案

(議決)由第三、四、五、六、十二、十三、十五、等有關係各分局長妥擬辦法會報察轉

七、近來沙辣油煉油廠風起雲湧南門外亦有二處昨據第五段救火會及錫鏑中學胡校長等均以危險關係先後呈請取締惟是項油廠規模不小關係地方安寧究應如何取締及妥籌辦法請案公決

(議決)由各分局於五日內查明轄境內沙辣油煉油廠究有多少及設置地點列表呈報再行核辦

八、擬定無錫縣公安局長警存餉向中國銀行提存辦法請公

決案(附辦法)

無錫縣公安局長警存餉向中國銀行提存辦法

(一)此項存餉以無錫縣公安局長警名義由現任局長負責存入本邑中國銀行言明年息七厘

(二)提取此項存餉須由局長加蓋官章並私章為憑

(三)提取此項存餉時不得超過存餉金額總數十分之二但仍須將本月份之存餉存入

(四)此項存餉已提取至總數十分之二時就不得再提

(五)此項存餉如須全部提取時須由現任局長與在職全體長警在本邑報上用二號字登載啟事七日證明後再報由現任局長加蓋官章並私章負責提取發還各長警

(六)如未備具前項手續中國銀行不得付款

(議決)照辦法通過但須扣滿後六個月起息發還時利息照算其辦法由局函送中國銀行存查並呈報縣府備案(辦法另令通知)

九、禁止跨街晒衣整飭馬路交通案

(議決)通令飭遵

十、以後人民團體集會未經呈報該管分局轉呈本局核准後應予以禁止案

(議決)通令遵辦

十一、擬請援照往年成案發給冬防費案

(議決)呈請縣府查案發給後再行飭知具領

十二、現查各處請願警服色不一精神萎靡應責令各分局所嚴加整飭案

(議決)請願警應一律由各分局指揮管理並常時訓練並交第一科擬定請願警辦法通令飭遵以後警長查崗請願警亦應同時查察

十三、嗣後各分局警士不得冒名頂替案

(議決)通令飭遵

無錫縣公安局第二十五次局務會議紀錄

日期 二十一年十二月七日上午九時

出席者 吳德馨 沈濟舟 胡彬 吳兆莘 金式祁 高濂 朱念生 郁葆登 王協中 彭希文 殷起山 奚志勛 劉士德 劉春蘭 黃仁 李君堅 錢夢明 張新 朱般 陳司宇 談蔚甫 虞樹銘

主席 吳德馨

行禮如儀

討論事項

一、擬請組織無錫縣公安局警政研究會以圖改進警務案(附

(議決)通過並推定沈濟舟胡彬吳兆莘顧頌勛陳浩張新李君堅錢夢明孫鍾傑等九員負責籌備

二、擬請規定長警病故賻金數額案

(議決)嗣後警長病故照員長警賻原薪百分之一警士伙夫病故賻百分之零五

三、擬請購買基地建築警察公坟案

(議決)通過其經費向各慈善家勸募捐册由局印就呈請縣府印發

七

會議紀錄

四、鄉區警力單薄崗位稀少際此冬防重嚴時期站崗制不若更爲流動巡邏制爲愈應否更改案

（議決）鄉區原有崗位改爲日間游動夜間巡邏

五、市區廣告標語佈告欄已分別由市管委會修理嗣後應如何切實保護並不使零亂張貼案

（議決）責令各崗警及督崗警長切實負責保護此後若再有廣告亂貼情事惟崗警與督崗警長是問

六、擬請劃一各分局所簿册圖表以歸齊一案

（議決）通過其簿册圖表由各主管科規定式樣通令遵行

七、各科每日應報各項表册名稱日期擬請通飭遵行案

（議決）通令遵行

八、長警服務賞罰規則頒發已久擬請切實實行並由各分局長轉令長警熟讀隨時考驗所有賞罰應於月底列表呈報案

（議決）通令所屬各分局所切實遵行並將長警服務賞罰表於月底報局查核表式由第一科規定分發

無錫縣公安局第二十六次務局會議紀錄

時間　二十二年一月七日上午九時

地點　公安局會議室

出席者　沈濟舟　彭希文　朱念生　黄　仁　錢夢明　陳司宇

談蔚南　李君堅　虞樹銘　馬良勳　朱　綬　劉士德

郁葆鎣　王協中　高　濂　金式祁　張　新　劉春蘭

吳光華

主　席　吳德馨

行禮如儀

討論事項

1，現值冬防期內各分局所長警退勤後應在局內休息不得隨意外出案

（議決）由局通令所屬各分局所遵行

2，近查城區各崗警所穿服裝參差不齊或穿棉衣袴而不穿大衣或穿大衣而不扣鈕子不束皮帶者應如何劃一案

（議決）由各分局長負責自即日起將各分局各長警服裝整齊劃一一面由督察處隨時查察如再有上項情事一經查出各長官均應連帶懲處

3，各分局長警在休息時間每有頭戴便帽身穿制服或雜色大衣沿街亂走有關紀律應如何整飭案

（議決）1，以後長警外出必須請假2，請假外出如穿制服者必須服裝整齊並責令門崗檢查3，休息警士不得集東門口曬晒太陽

4，各崗警在查崗表上所蓋警士本人名戳大小不一兼有印色不備如二三五等分局均未備齊應如何劃一案

（議決）各警士名戳大小均應一律並須自備印色

5，擬就警政研究會組織簡章請討論案

（議決）修正通過（附通過簡章）

無錫縣公安局警政研究會組織簡章

第一條　本會定名爲無錫縣公安局警政研究會

第二條　本會以研究警察學術並建議一切興革事宜爲宗旨

八

第三條 凡本局所屬之警官均得爲本會當然會員

第四條 本會設幹事七人至九人由會員大會推選之並於幹事中推定主任幹事一人執行本會主管事務

第五條 幹事任期定爲六個月連選得連任

第六條 本會每月舉行會員大會一次規定每月開常會二次由主任幹事召集之

第七條 本會內分徵集編輯二部每部設幹事若干人由主任幹事酌量分配之

第八條 本會會費由各會員負担之

第九條 本會地址設於本局內

第十條 本簡章呈請縣政府核准施行之

第十一條 本簡章如有未盡事宜得由大會隨時修正呈請備案

6、近來本邑盜竊案迭出應如何設法防緝案

議決 1.四鄉設偵探網其偵探人數及分駐地點由偵緝隊長分配之，2.各分局所應認眞巡邏並多與各地武裝團體聯絡偵緝，3.過去各竊盜案應責令偵緝隊上緊設法破案

無錫縣公安局第二十七次局務會議紀錄

時間 二月七日上午九時

出席者 沈濟舟 陳司宇 惠志勳 劉春蘭 劉士德 黃仁 李君堅 彭希文 虞樹銘 談蔚南 馬良勳 郁葆鑾 王協中 朱綬 高濂 金式鄘 朱念生 張新 胡彬 薛福瑞 錢夢明 吳兆莘

主席 吳德馨

會議紀錄

行禮如儀

討論事項

1,現在冬防已過擬請將各分局所未受訓練之警長於本月十五日起一律調局繼續訓練案

議決 通過

2,擬請每逢總理紀念週召集本局全體職員及城區各分局所分局長局員巡官長警等在本局舉行案

議決 通過定於下星期一起實行時間定於每逢星期一上午七時至九時第一二三四五六及第九等分局自轄一分駐所均須參加長警至少須有三分之一出席

3,長警請假外出或公出均應攜帶外出證案

議決 通過自下星期一起實行證由總局製發並規定數目如左

請假證

直一分所兩塊第一分局七塊第二分局四塊第三分局四塊第四分局五塊第五分局六塊第六分局六塊第七分局四塊第八分局六塊第九分局六塊第十分局二塊第十一分局二塊第十二分局三塊第十三分局二塊第十四分局二塊第十五分局二塊第十六分局二塊本局守衛隊四塊

公出證

直一分所二塊第一分局二塊第二分局二塊第三分局二塊第四分局二塊第五分局二塊第六分局兩塊第七分局二塊第八分局兩塊第九分局二塊第十分局二塊第十一分局二塊第十二分局二塊第十三分局二塊第十四分局二塊第十五分局二塊第十六分局二塊本局守衛隊二塊

九

4，各分局所對於長警教育應特別注意每天上下午應按學術科各一小時於本月十日起實施其教育經過情形記入訓育日記簿案

議決　由局通令切實遵行

無錫縣公安局第二十八次局務會議紀錄

時間　三月七日上午九時

出席者　沈濟舟　胡　彬　吳兆莘　金式祁　高　濂　朱念生

郁葆瑩　王協中　彭希文　朱　綬　惠志勳　劉上德

劉春闓　黃　仁　李君堅　錢夢明　張　新　馬長勳

陳司宇　談蔚南　虞樹銘　薛福瑞

主　席　吳德馨

行禮如儀

討論事項

1，各分局長警遇有特別事故必須開革時擬請先由分局開革一面呈報核補案

議決　由局令飭各分局遵照辦理

2，舉辦偵緝人員訓練班案

議決　由科擬具訓練辦法呈　局長核定後再行舉辦

3，本局守衛隊車巡隊為全縣警察模範應嚴加訓練切實整頓並派員負責案

議決　由第一科會同督察處議定辦法提交下次會議討論決定實施

4，長警領章擬改訂字碼所有號數並一律用阿拉伯字案

議決　照原通過字碼號數由局製發

5，本局守衛隊車巡隊長警領章應用縣字樣

議決　通過並由本局會計處製發

6，嗣後長警無論在崗或休息遇見長官均應敬禮案

議決　嗣後各分局所長警無論在崗或休息遇見本局官長均應一律敬禮

7，人力車在街上常有爭先競馳並兩人共坐一車危險實甚擬請嚴加取締案

議決　由局通令各分局所轉飭崗警嚴加取締

8，擬定緝捕盜案辦法案（附辦法）

辦　法

一、辦理盜案

1，辦理盜案應遵照第二十三次局務會議議決案辦理須於接受報告或聞信後立時出發追緝或履勘出發履勘及呈報發出時間不得超過二十四小時

2，履勘時應由分局長局員或巡官負責辦理雇員巡長不得單獨辦理

3，奉文限緝案件應依限呈報倘隱而不報應予懲處

4，由本局製發緝盜詳細單表（另附）凡遇盜案發生應由該管分局所或偵緝隊派員立時照單詳細填註以最迅速方法呈送到局漏夜印發各分局所各軍警機關及鄰縣各軍警機關暨偵緝機關一體協緝並將本辦法呈請縣政府轉報民政廳通令各縣遵照辦理

5，凡未破獲各盜案各分局所及偵緝隊不得擅將履勘及追緝情形向外發表

二、訊問呈解案件應行傳案人證均宜傳集訊解并將案情詳實呈報不得漏傳或敷衍塞責致本局查仙發生困難

三、不應受理案件應慎重辦理

四、飭查飭辦應行呈復案件不得延宕不復如有限期者應遵限具復

五、處分違警案件日報表應逐日填送各項月報表均應於次月三日內填報各分局應在照第一六八號及法字第二()四八號訓令辦理不得遲延

六、偵緝隊值班人員未經請假不得擅離如因事請假應依請假規則辦理

七、勒令偵緝隊於一個月內破獲盜案三起或五起如辦理不力應予懲處

八、上列各項辦理情形應列入考績

議決　照辦法通過

無錫縣公安局第二十九次局務會議紀錄

日期　四月七日上午九時

出議者　吳德馨　沈濟芳　胡彬　吳兆莘　朱念生　彭希文
惠志勳　劉春蘭　虞樹銘　劉伯英　黄仁　王協中
陳司宇　馬良勛　談蔚南　劉士德　朱稷　李君堅
高濂　郁葆瑩

主席　吳德馨

行禮如儀

討論事項

1，擬請將城區各分局所內外勤長警人數重行支配尅日通令實行以資刷新警務案　附表

無錫縣公安局城區各分局所內外勤長警人數支配表

局所別	警長	警士	內勤	崗位	伙夫	附記
直一分所	2	21	4	5	2	
第一分局	8	101	6	30	9	
第二分局	4	37	6	11	4	
第三分局	5	45	6	12	5	
第四分局	5	58	6	13	4	
第五分局	6	75	6	22	7	
第六分局	6	53	6	13	7	內東巡隊警長一名警士十名

照案通過於本月十日起實行新編制

2，擬請定期調集城區各分局所休息長警會操藉以統一訓練案

照案通過並定每星期六下午一時會操一次會操地點在公共體育場

3，現在各崗警精神仍多萎靡不振應如何整飭案

議決1，令督察處認真考勤如有不守紀律之長警隨時拘案嚴辦

2，由各分局長局員嚴加督束

3，切實依照長警服務賞罰規則辦理

4，現値春和各地人士來錫遊覽者日多擬請通令各分局所加意保護以安行旅案
通過令知本局督察處偵緝隊及各分局所切實注意保護

5，現查一二六各分局各交通要口崗亭均已破舊殊不雅觀擬請由各該分局估價開單呈請縣府在長警補習所經費餘款項下撥給修理並在鐵路飯店門口設一新式崗亭以壯觀瞻案
通過令該分局於五日內估價開單呈局轉縣撥款修理建設

6，各分局所長警志願書頗多漏送擬請通令從速補齊嗣後開補長警應附送志願書案
通過令各分局所遵辦

無錫縣公安局第三十次局務會議紀錄

日期　五月七日上午九時

出席者　彭希文　陳司宇　談蔚南　錢夢明　虞樹銘　李君堅

朱　綬　黃　仁　劉士德　劉春蘭　吳兆莘　高　濂

王協中　金式郁　沈濟舟　胡　彬　吳德馨　薛福瑞

缺席者　第七分局

（巡長代）

主　席　吳德馨　　　紀　錄　顧頌勛

行禮如儀

甲　報告事項

略

乙　討論事項：

一、本局繼續辦理長警補習所城鄉各分局應查明未受訓練警士送局補習案

決　通過並擬定第一分局抽調五名至七名二分局二名至三名三分局二名四分局二名五分局五名六分局二名直轄第一分駐所一名七分局五名八分局三名九分局三名十分局二名十一分局二名十二分局三名十三分局至十六分局各二名共四十五名至四十八名本局警衛隊再另行抽調

二、天氣漸熱城廂內外清潔事宜尤爲重要應如何進行案

決　由第二科擬製預算函請市款委會依照往年成案增撥衛生臨時經費添僱伕役協力清除

三、勞工醫院停閉後本局所屬長警醫藥困難應如何設法案

決　呈請縣政府擬在罰金項下按月下酌提若干指定醫院辦理

四、查各處牆壁近又滿貼廣告傳單有碍市容應限期一律清除案

決　與清潔運動同日舉行並函知各機關嚴飭公役切實遵辦規定格欄分別張貼

五、城內外各河道或因濬河之故將挖出污泥隨意堆置沿途且有延不搬運阻礙交通應如何取締案

決　由各該分局向發動工段限期肅清（不另行文）

六、玆以編輯年鑑爲求充實內容起見各分局所前塡各項調查表應限期另行列表送局以便彙列付印案

決　調查表即日補送其餘關於統計表限六月底塡報

（不另行文）

七、長警隔年舊服裝應檢集送局案

決　即日檢送

八、各分局所所有各種槍械自有者與借諸地方者經歷次移交每有混合呈報應切實整理案

決　查明於一科槍械總表分別填註清楚

九、長警服務有志願書填繳並經規定服務年限不能呈請長假即予照准且以混通致語任意開革案

決　長警請假與開革嗣後須按照服務獎懲規則敘明事由呈報核辦

十、各分局所長警志願書仍未呈報齊全應即日趕辦呈送案

決　通過

十一請願警應重行整飭案

決　由各分局所先將請願警機關及薪餉情形限一星期內報候核辦

十二各分局所傳票保切各結式樣尺寸均不一律應如何規定案

決　由第三科規定格式尺寸一律遵辦

第三十一次局務會議紀錄

日　期　六月七日上午九時

地　點　本局會議室

出席者　劉士德　黃　仁　陳司字　郁葆瑩　沈濟卅　惠志勤

彭希文　馬良勳　談蔚南　虞樹銘　范　縝　黃昌森

季念如　顧頌勛　高　濂　朱　綬　王協中　李君堅

金式祁　吳兆苹　吳德譽　劉春蘭(嚴森代)　薛福瑞

(沈氏華代)

主　席　吳局長　　紀　錄　顧頌勛

行禮如儀

甲　報告事項

略

乙　討論事項

一、第一科提議改善長警假補意見附具意見辦法祈　公決案(附辦法)

提議改善長警假補之意見

一、凡警長警士有不得已事故呈請長假各分局長巡官應將確實情形備文轉報並將呈文暨存餉單以及應繳符號飭交該請長假警長警士齎赴本局投遞經本局詢明實情應予照准者即將應繳符號核銷並將前扣存餉發還該請長假之警長警士遺缺如係警長准由分局長巡官先派暫代仰候本局通令各分局所將一級警擇尤送局考選分別依次升降遞遺三級警缺以投効人考補

二、凡投効人應考警士各分局長巡官應取具投効人志願書發交負責員警查明店保後備文轉報並將呈文暨志願書以及功過升降調補假革表等飭交該投効人齎赴本局投遞聽候考驗如果考驗合格即由督察處通知第一科填就應發符號送交督察處轉發考驗合格之投効人佩帶一面指令分局長巡官知照

決　一、照原辦法通過並於月終將長警功過升補假革事項列表報候彙核表式隨發

二、簿冊取銷

三、每月二十五日後送餉册五日前送花名册

一三

二、高橋第二科會提爲蓬戶蓋築冷炭瓦屋朦領建築執照規避調查登記手續對於治安方面影響重大應予嚴行規定並附具理由辦法祈　公決案

決　照原辦法修正通過並呈縣轉飭市政工程處會同審愼辦理（附修正辦法）

修正辦法

一，建築之地基應查明自產或租借如租借者須由地主備具保結塡送各該管分局所存核

二，嗣後如有類似蓬戶之建築請領執照須會同各該管分局所詳細調查其應行手續完備後方可發給執照否則均應接受本局調查登記

三，對於現在之變相蓬戶已經領有執照完成建築者仍照一二兩條辦理

四，如有違背本辦法者得勒令出境

三，第二科提議助產士應依照助產士條例第九十兩條備接生簿每月列表報候彙轉並先調查境內助產士人數俾城區出生嬰兒有所統計案

錄助產士條例

第九條　助產士應備接生簿載明產婦姓名年齡住址生產次數生兒性別等並保存五年以備查攷

第十條　助產士應於每月十日前將前月份助產人數列表報告該管地方官署經民政廳或特別市政府彙轉衛生部備案

前項報告表另定之（與現行接生簿接生表均同）

決　查明助產士人數自七月一日起實行

四，第二科提議城鄉傾圮房屋所在均有應查明轉呈　縣政府飭交市政工程處查勘限期拆卸翻造以防危害案

決　通過並由各該分局所查明呈局彙轉

五，第二科提議炎夏已屆市上飲食物店攤担應一律加蓋紗罩並隨時檢查腐爛食物以重衛生案

決　即日實行（不另行文）

六，第二科提議清道清河伕役擬製發雨衣以便陰雨照常工作案

決　轉函市款產委員會製發

七，吳科長提議本局編印二十二年度年鑑已與錫豐印刷公司訂定合同請予追認案

決應予追認並決定刊印一千册

丙，散會

附本局一年來出列席各種會議及各種紀念會彙錄

本局一年來出列席各種會議及各種紀念

會彙錄　二十一年七月起至二十二年六月止

例會　縣政會議每逢星期一下午十時在縣政府舉行由局長親自出席

局務會議每月七日上午九時在本局舉行由局長主席各科長督察長各分局長隊長偵緝分駐所巡官出席科員督察員

會議紀錄

局員遇宜列席

其他各種會議及各種紀念會

七月八日　縣執行委員會舉行國民革命誓師北代紀念會　胡彬代表參加
二十一日　第四次監所協進會　局長出席
二十二日　縣政府預算會議　局長出席
二十六日　縣執行委員會滅蠅會議　胡彬代表出席
八月八日　縣執行委員會各區分部執行委員舉行就宣誓典禮　胡彬代表參加
十五日　各界夏令衛生運動委員會　胡彬代表出席
十六日　縣政府召開第三十一次區長會議　局長列席
二十日　縣執委會廖仲凱先生殉國七週紀念　沈濟舟　胡彬出席
二十五日　軍警團聯合辦事處開第十六次常會　局長出席
二十七日　四縣聯防辦事處在無錫縣政府開第九次常會　局長列席
二十八日　縣執委會討論除蠅辦法會議　胡彬代表出席
九月一日　錫光中學舉行秋季始業式　沈濟舟代表參加
五日　取締仇貨委員會在火車站焚燬劣紗　段起山代表參加
縣政府擴大紀念週　除值日外全體參加
六日　縣政府開清鄉會議　局長出席
八日　縣商會邀集各業報告營業稅意見會議高濂代表出席
十三日　縣執委會籌備「九一八」國難週年紀念會　胡彬代表出席
十四日　錫印花稅分局開審理委員會派張平出席
十五日　軍警聯合辦事處開第十七次常會　胡彬代表出席
十六日　縣政府召開第卅二次區長會議　局長列席
縣保衛委員會召開第七次委員會議　金式祁代表出席
十八日　縣執委會開「九一八」國難週年紀念會　胡彬代表參加
二十一日　縣執委會開先烈朱執信先生殉國紀念會　胡彬代表出席
二十三日　縣執委會開「九一八」紀念會結束會議　胡彬代表出席
二十七日　建設局召開成立拓寬三下塘街道委員會　胡彬代表出席
十月三日　縣執委會擴大紀念週　胡彬代表參加
五日　縣執委會舉行國慶紀念籌備會　胡彬代表出席
十日　縣執委會舉行國慶紀念　胡彬代表參加
十一日　縣政府召開討論實施新制度量衡會議　胡彬代表出席
縣執委會舉行　總理倫敦蒙難第卅六週紀念會　胡彬代表出席
十六日　縣保衛委員會召開第八次委員會議　高濂代表列席
二十一日　縣政府召開第一次推行新制度量衡委員會議　胡彬代表出席
二十四日　縣保衛委員會舉行宣傳籌備會議　高濂代表出

會議紀錄

席

二十六日　救火聯合會舉行秋季大會演　顧頌勛鹿嵩生代表參加

十一月十二日　縣執委會舉行　總理第六十七週誕辰紀念　胡彬代表參加

十六日　縣保衛委員會開第九次委員會議　局長列席

縣政府召開第卅四次區長會議　局長列席

縣執委會舉行第三次黨政談話會　胡彬代表出席

二十四日　縣政府舉行全縣冬防會議　局長出席

縣法院舉行焚燬沒收違禁品烟土等　金式祁參加

二十六日　四縣聯防辦事處在無錫縣政府召開第十二次聯防會議　局長列席

二十九日　本局召開第一二兩區成立第一區聯防會議

十二月五日　縣執委會舉行肇和軍艦起義第十七週紀念會　胡彬代表參加

十四日　縣政府舉行第四次黨政談話會　局長出席

十六日　縣保衛委員會召開第十次委員會議　局長列席

縣政府召開第卅五次區長會議　局長列席

本局召開第一區第二次聯防會議

十七日　四縣聯防辦事處在無錫縣政府召開第十三次聯防會議　局長列席

二十五日　縣執委會舉行雲南起義第十七週紀念會　胡彬　陳勉代表參加

二十二年一月一日　縣執委會舉行民國二十二年元旦紀念　胡彬代表參加

七日　反日救國會各集團聯席會議　胡彬代表出席

十六日　縣保衛委員會召開第十一次會議　局長列席

本局召開第一區第三次聯防會議

十七日　錫陰印花稅分局開審理委員會派張平出席

二十一日　縣政府召開第卅六次區長會議　局長列席

縣執委會召開臨時會議　胡彬代表出列

廿八日　四縣聯防辦事處召開第十四次聯防會議　局長列席

二月十六日　縣執委會舉行淞滬抗日週年紀念會　局長參加

縣保衛委員會召開第十二次委員會議　局長列席

縣政府召開第卅七次區長會議　局長列席

本局召開第一區第四次聯防會議

二十五日　四縣聯防辦事處召開第十五次聯防會議　局長列席

三月一日　縣執委會舉行第五次黨政談話會　局長出席

駐錫陸軍第八十八師舉行第二次全師代表大會　沈濟舟代表出席

十二日　縣保衛委員舉行考課籌備會議　局長出席

縣執委會舉行　總理逝世第八週紀念會　高濂　胡彬代表參加

十五日　財政局組織二十二年度縣地方費預算委員會談話會　局長出席

十六日　縣保衛委員會召開第十三次委員會議　局長列席

二十日　本局召開第一聯防區第五次聯防會議

縣監委會舉行各區分部執委總宣誓典禮　胡彬代表參加

二十九日　縣執委會舉行黃花岡七十二烈士殉國紀念日祭典及紀念會　沈濟舟 胡彬 代表參加

四月一日　縣教育局召開兒童節籌備會交際股第一次股務會議　胡彬代表出席

九日　縣教育局在縣政府大禮堂舉行本縣改良私塾宣傳週開幕典禮　吳兆莘參加

十二日　縣執委會舉行清黨紀念會　沈濟舟 胡彬 代表參加

十六日　縣保衛委員會召開第十四次委員會議　局長列席

縣政府召開第卅九次區長會議　局長列席

十七日　縣執委會舉行擴大紀念週　胡彬代表出席

十九日　縣執委會討論童子軍第三次大檢閱第二次大露營進行事宜　王協中代表出席

五月五日　縣執委會舉行國民政府成立紀念會　胡彬代表參加

九日　縣執委會召開國恥紀念會　胡彬 馬德山 代表參加

十一日　縣政府召開衛生運動籌備會議　局長出席

十五日　衛生運動大會各科處除值日外均參加各分局所抽派長警列隊參加

十八日　縣執委會舉行先烈陳英士先生殉國紀念　顧頌勛代表參加

六月三日　縣政府舉行禁烟紀念會　局長暨各科處及分局長參加

八日　縣監所協進委員會開第六次會議　局長出席

十日　縣法院焚燬沒收烟土　金式鄗代表參加

十六日　縣執委會召開總理廣州蒙難十一週紀念會　顧頌勛代表參加

縣保衛委員會召開第十五次委員會議　局長列席

會議紀錄

無錫鐵路飯店之優點

地址適中　交通便利
茶房侍役　招待週到
空氣充足　草地曠場　中西大菜
任意點吃　火爐風扇　設備完善
房價便宜　全錫獨一　起碼五角
最大二元　優待貴客　照碼七折

■地址○火車站南通惠路口
■電話○五百八十三四號

烟中鐵軍

翁昭垣將軍

抗日名將與烟中鐵軍

翁昭垣將軍　是最先抵抗暴日的名將　他這種大無畏大勇敢的精神　是值得崇拜的　**金字塔香烟**　是爲國貨爭氣到底的名烟　到處受同胞們的擁護軍士們的愛吸　是值得稱許的　外侮緊張　長城惡戰　我們要認定對日作戰的英雄　是值得崇拜的　吸國貨香烟的同胞是值得敬愛的

上海中國福新烟公司出品
無錫總經理福泰源　地址交際路口

公園飯店

地點適中
交通便利
面臨公園
空氣新鮮
幽雅潔淨
旅居養病
寒暖咸宜
富麗廳堂
喜慶宴會
不另取資
中餐各點
名師烹調
飲水沙濾
極宜衛生
侍者殷勤
各界稱贊
是無錫獨一
安適的飯店

地址城中公園對面　電話三〇八

公園飯店

一八

業務報告

業務報告

本局一年來辦理警政經過之狀況與今後改進之意見（葉）

警察行政之職責，非僅維持秩序，安定社會而已；乃實爲國家一切行政之總機杼，並爲凡百政事之權輿，推行治權之嚆矢也。故一國文明程度之奚若，恆視警察行政之辦理完善與否以爲斷。西哲有言：「無警察，無政治。」即此之謂。矧值此訓政時期，舉凡滌蕩秕政，推行地方自治，胥賴於是。然則如何而使警察行政之辦理完善，是則不得不有賴於組織，訓練，考核，調查，統計等工作之嚴格實施，毋容忽延也。

本邑地據京滬中樞，尤爲中國之一大產業區域，人文薈萃，工商繁盛，向有小上海之稱。警政之重要，可想見矣。惟本局長警總計七百四十九名，而全縣面積占三千六百五十方里，人口共計九十四萬一千三百七十五人，自治區計有十七區，分配調遣，每感困難。重以經費艱窘，每擬舉辦一事，輒因經費無着而終止。是以本局在過去一年中，預定各項計劃，十之七八，均無由完成。至於理想上所欲設施之事業，更無遑論。緣之去年適在淞滬戰爭之後，民生凋敝，人心惶恐，匪共時有蠢動之虞，社會常呈不安之象，本局處此環境之下，預防維護，不敢稍懈。所幸內外員警，僉能一心一德，忠勤職守。一年以來，雖曰成績無多；而地方尚稱安謐，警政亦得循序而進，漸上正軌。惟來日正長，警政之進化，正未有艾；欲求進展，先須反省過去之程度，前事不忘，後事之師，溯往而知來，措施自有所本矣。茲將辦理經過，縷陳如下：

一、規定用人標準：

1. 官員任用

本局任用官員，純取人材主義，學識經驗品格三者並重。故平日各種職員及分局長局員等，苟能勤勉稱職者，必予保障，不稍輕易更動。若有違法瀆職者，亦必依法懲辦，不稍寬假。至於用人員，則均遴選合格者任之，以重職守。

2. 長警開補

甲、警長

警長爲警察幹部人員，有指揮領導警士之責，其地位與職務異常重要。倘警長不良，則一切警察事業，無由推進。從前各分局遇有警長缺出，向由本局派人補充，而不由各分局警士中選拔；致各警士無升遷之望，而乏進取之心，警察事業，遂呈不景氣。自去年九月起，即由本局頒令規定，警長不得無故去職；遇有缺出，必須

業務報告

由本局於各分局一級警中考選升充，以示鼓勵。

乙、警士

本局警士，向由各分局自由開補，致警士品類複雜，程度不齊；且每以主管官之去留爲去留，每視公安局爲傳舍。如是，而欲警察事業之進步，爲乎可得。本局爰於去年九月規定，如有投効警士者，必須服務三年，並須塡具志願保證書，由各分局送由本局督察處考驗合格後，方得補充，以免濫竽。補充之後，各分局不得無故開除；遇有過犯，亦必須呈報本局核准。如此，則各警士既無倖進之心，亦不致常存五日京兆之念，警察生活，似較安定。而服務精神，亦較往昔爲佳。

二、視察城鄉警務：

本局局長於去年八月接事後，始則銳意於局務之整頓；繼則親赴城鄉各分局所視察警務之施設，與地方防務之佈置，及察訪民情風俗，以爲改革張本。

三、重行酌置各分局內外勤務：

1.規定各分局內勤人數並統一名稱

查各分局內勤人數及名稱，向不劃一。本局乃於本年二月，通令將舊有週番，貼寫等名目，一律取銷；改設辦公警兩名，一名專司繕寫，一名專掌收發。並設遂戶警，衛生警各一名，看管拘留警一名，勤務兩名，共爲七名。復設值日處，每日派警長一名，輪流值日，管理局中內外勤務支配事宜。

2.重行支配各分局長警及崗位

甲、支配長警人數

查各分局管轄區域之大小，與事務之繁簡，各有不同；而地理環境亦各異。故長警人數之支配，須適應環境地理之需要，由視事務之繁簡而定。現查各分局長警人數，支配殊有未妥。如各分駐所僅有長警五六人者，派出所僅有四五人者。且本局長警並無一人，所有守衛警士，皆係各分局抽調而來，此種不健全之組織，實有改正之必要。爰於編造二十二年度預算時，已將各分局長警人數重新配置——本局成立守衛隊，車巡隊；分駐所每處規定長警十名；派出所八名。並將各分局長警編定十人爲一排，每排設一警長，三崗位，每日九人服務，一人休息。並將各分局所原有之學習警，作記警，一律取銷，以資整飭。

乙、改正崗位地點：

查警察站崗，其作用在爲維持社會交通秩序。故崗位必須設在適中地點，且須疏密合度。現在各分局崗位，實有移動之必要。本局前派督察長金式郁，第一科長沈濟川會同前往城區各分局，實地查察，分別改正；並將崗位名稱統一，以便查考。

四、訂定長警服務賞罰規則；

查長警服務之勤惰，首在賞罰之嚴明；而賞罰之嚴明，又必須有妥善之規則。本局爰於去年十月，訂定長警賞罰規則，印成小册，分發全縣各長警，每人一册，令其熟讀。並令督察處及各分局長依照規則，切實奉行；於每月終，將各長警賞罰事實，列表呈報，以資查考。

五、規定考核長警勤務辦法：

警察勤務，固在配置之完善，然無適當嚴密之考核，則勤務廢弛，仍恐不免。且考核不第稽查長警服務之勤惰而已；并負有督促與指導之任務。本局於去年十月，製定崗位抽查表、守望備查表，令發各分局所遵行，除督察處每日派員分赴各分局所稽查外；並令各分局長每日須考勤一次，局員兩次。警長則須輪流督崗，並負責在各崗線上巡迴查察指導。

六、劃一各分局所簿册表格：

警察管理社會，必須明瞭社會一切情形，方能提綱挈領，因應咸宜。故警察對於社會各項事業之登記與統計，異常重要。現查各分局對於是項表册，頗多疏忽，且參差不齊。本局爰於去年十一月，將各分局所應備各種統計表及登記簿册，一律規定，分發備用，以歸一律。計收文簿，發文簿，長警賞罰登記簿，長警開補升降登記簿，發放薪餉簿，槍械月報表，彈藥月報表，裝具月報表，槍械號碼月報表，彈藥消耗月報表，設施概況表，餉册，存餉清册，武裝自衛團體調查表，武裝自衛團體實力調查表，旅館調查表，茶館調查表，學校調查表，工廠調查表，中西醫生調查表，汽車人力車車輛調查表，公共娛樂場所調查表，寺廟調查表，理髮店調查表，浴室調查表，駐軍調查表，菜館飯店調查表，街巷里街村鎮名稱表，外人居留內地營業調查表，水陸交通調查表，火警登記簿，外人過境及華僑出入境登記簿，遷戶異動登記簿，船舶異動登記簿，商舖保險登記簿，軍隊調防過境登記簿，遷戶異動統計表，船舶異動統計表，火災及火災原因統計表，救護事項統計表，被殺害者原因類別統計表，自殺者原因別類統計表，災害及其他事故上死傷人員統計表，傳染病統計表，處理違警案件統計表，移解刑事案件統計表，違警人犯年齡統計表，違警人犯職業統計表，緝獲烟案及麻醉毒品件數人犯統計表，竊案登記簿，盜案登記簿，贓物登記簿、遺失物登記簿，違警案件登記簿、罰金登記簿，拘留人犯登記簿。都凡六十餘種。今年六月六日又令發值日警長室日記簿，收案報告簿，案件備查簿，繳納罰金簿，發放薪餉簿。領發獎金簿。計六種。先後釐訂呈報日期。填載辦法。俾稽核統計。均可按步就班，不致紊亂。而考核各分局辦理案件之是否得當，及審核違警罰命之多寡，與夫審察各分局處置各項事務之是否適宜，種種考績方面，悉有所本矣。

七、辦理長警存餉：

長警月餉，本極微薄，僅足以維持生活而已。乃有許多警士，尚不知撙節，一旦銷差或開除，則川資無着，流落異鄉，情殊可憫。本局有鑑於此，乃於去年十月份起，規定警長須存餉十二元，警士存餉六元，分六個月存足；並訂提存辦法，代予存入中國銀行，年息八厘，其性質等於儲蓄。俟各長警銷差時，本息發還，俾作盤費，而免流落。

八、積極辦理長警教育：

我國警察，因待遇太低、各長警學識大都淺薄，若不嚴加訓育，以提高其學識技能，則難以應付社會環境，而盡警察職責。故本局過去一年中，對於辦理警察教育，特別認真。蓋非如此，不能刷新警務也。茲將辦理情形，分述於左：

1.訓育警長

警長為警士之表率，其地位重要可知。故本局於去年十月起，先將全縣警長計七十餘名，分兩期調局訓練，以三個月為一期，業於本年四月訓練完畢。現在全縣警長，均已受過訓練矣。

2.訓練警士

本局警士，大半未曾受過相當教育。去年已將不識字及年齡老大者，陸續淘汰。並規定不識字者，絕對不准補充。一面將各分局警士，抽調來局輪流補習，以四個月為一期；一面由各分局長每天授以學術科兩小時，藉以補充智識。

3.定期會操及精神講話

本局為謀各長警精神意志之一貫起見，每逢星期一，調集各分局所全體休息長警，到局精神講話一次。又為統一指揮訓練起見，每逢星期六，調集各分局所全體休息長警，至體育場會操一次。一年以來，並未間斷。

4.印發講義十六種

本局編印警察法令，警察要旨，警察勤務，交通警察，外事警察，戶籍警察，司法警察，衛生警察，違警罰法，刑法大意，偵探學摘要，自治法摘要，市政概論，黨義，無錫地理，約法等講義共十六種，各一千份，計印刷費一千三百餘元。除分發現在所補習警士各一份外，餘發各分局所員警各一份，俾可隨時作為訓練長警課本。蓋全體長警計七百四十九名，每期入所補習警士以五十名計，為期四個月，欲全體警士輪流入所補習，非五年莫辦。是以印發是種講義，庶各分局所警士皆可隨時受訓練也。

九、整飭紀律：

警察之生命，繫於警察之紀律。故本局對於長警平時行動風紀，深切注意。各長警無事不准外出，出外必須請假，並須攜帶外出證，不准穿着便服，以杜流弊。

十、添購槍械，以厚實力：

本縣濱湖帶河，匪共充斥，防區遼闊，地位重要。若無精銳之槍械，實不足以維持地方治安。錫邑警力表面上似尚充實，然一究其實在，則槍械既屬缺乏，且損壞不堪用者復居多數，故實力殊覺單薄。現已呈准添購手槍六十枝，子彈三千發，業經領到；將城鄉各分局槍械重行支配，以期適於實用。

十一、組織警政研究會：

世界日益文明，社會日漸發達，警察學術，亦必隨之而俱進，則研究尚矣。矧本縣地近首都，工商繁盛，中外觀瞻所繫，警政改善，急不容緩。故本局於本年一月間，特組織警政研究會，集合全縣警察人員，從事研究，以期改善。

十二、訂定各種章則：

警察管理社會，約束人民，必須有所依據，方能行使權能，而達目的。査本局對於管理取締之各種法規，闕漏尚多；或用時已久，已不適用。故於本年一月，分飭各科會同擬定，已成四十餘種，陸續呈請核准施行；其成案有不適用者，亦經分別修正呈請核准施行矣。

十三、組織聯防區；

去年冬防，適在滬戰之後，匪共蠢動，防務吃緊異常。若非各警團切實聯絡，守望相助，則不足以弭隱患，而保治安。本局爰特向縣府建議，劃分全縣爲六聯防區，由區內武裝警團組織聯防委員會；互推主任，設辦事處，分段巡守，切實聯防。故地方尚稱安謐。

十四、訓練衛生警清道夫：

1.各分局衛生警士，每月由局長召集訓話一次，指導清潔街道河流及取締各種飲食店攤担等飲食物，以重公共衛生。

2.令各衛生警，隨時認眞訓練清道夫，灌輸衛生常識，俾得克盡厥職。

3.勸導人民，注意公共衛生。蓋居民積習，常有不顧公共衛生，到處便溺，亂傾垃圾者。本局爲喚起民衆鄭重注意起見，特印發刊物，切實勸導，並令飭崗警隨時勸禁，以重衛生。

4.張貼廣告，本有規定。乃人民往往於各處牆壁，隨意亂貼，觸目皆是，殊不雅觀。本局除飭各崗警隨時注意禁止外，並每月召集清道夫洗刷一次，以整市容。又查城廂各河道流水，居民每多取爲飲料。乃有無智人民，不顧公共衛生，常將垃圾污物，拋棄河中，以致河流污濁，易滋疾病。本局特添設清河夫，從事清河工作，以重衛生。

十五、擬訂管理蓬戶，工房，艒艒船規則，並切實辦理登記：查蓬戶，工房，艒艒船等三者，均爲匪類匿跡之所：亦爲烟賭姦拐案件發生之大本營。若不切實清查，認眞管理，殊不足以弭隱患，而保治安。本局有鑒於此，特飭科擬訂管理蓬戶，工房，艒艒船等項規則，並設工房蓬戶警察，嚴密管理，以專責成。案經呈請縣府，待核准後，切實辦理登記，事在必行也。

十六、劃一各分局所呈報文件形式：

查閱各分局所呈報文件形式，頗皆參差紛歧，既鮮統一，又與規定格式不符。爰於去年十一月間特召集各分局所雇員，來局授以劃一之程式，及塡表等應切實注意事項，一體遵照辦理。

十七、嚴禁烟賭娼：

烟賭娼爲造成病態社會之總因，墮落青年之淵藪，爲害之烈，人所共知。本局對此三害，素主嚴禁，雖有阻力，所不顧也。

十八、改良拘留所及候質室：

本局拘留所及候質室房屋，向頗簡陋。業經從事修理，并加擴充，開窗鋪板。俾合衛生。

十九、整飭辦案手續：

查各分局所以前辦理案件，每多滯延，當事人受累匪淺。本局爲解除民衆痛苦起見，特由科擬訂整飭辦案手續，舉凡盜案，以及一切移解案件，均須立到立辦，不得稍有稽延。遇有重大傷害案件，並得逕解法院辦理，一面呈局備查，以資迅速，而免延誤。其他文件上應行注意各點，亦均指示周詳，各分局所遵行無替。

二十、整頓偵緝隊並另組特務班：

偵緝隊本係專爲偵查盜匪，緝拿奸宄而設。但本局偵緝隊向來對於查拿烟賭娼及收押解送案件等事，亦歸彙管，因之責任不專，經務疏懈，而流弊以生。茲已於本年二月間，將臨時探警四十餘名，一律裁撤。現在並將職務劃分清楚，偵緝隊則專司偵緝事宜，並訂定偵緝員警服務規則，切實進行。所有收押解送案件及值庭事宜，則另組特務班管理，以專責成，而杜流弊。

十一、嚴拿盜匪共黨，以維秩序治安：

本縣地居京滬中心，濱河帶河，交通便利，工業發達。每有匪共潛伏，煽惑工人，鼓動學生，思圖搗亂。本局因此對於上項防範，特別加嚴。一年以來，計破獲共黨及盜匪案件，不下四十起，均各依法懲治。匪風於是稍戢，地方得以無事。

以上所述，不過本局一年來實施之概況而已。至於此後改進事宜，雖值經費奇窘，又在奉令緊縮之秋，但仍當視環境需要，能力所及，設法改進。藉使公安事業，日見發揚光大；社會人民，得以安居樂業。茲就管見所及，認為應行舉辦，及應行改進者，臚列於左。惟於經濟上及事實上或難實行者，均不敘述。

一、舉辦調查戶口

調查戶口，為警察事業最重要工作。各國警察，對於轄境內之戶籍，無不瞭如指掌。良以清查戶口，為清除盜匪奸宄之基本工作。我國除都會各地調查外，其他鄉治，多半延未舉行。故民權之未實現，教育之不普及，公安之不易維持，以及私法上，私權之得失變更，亦無所保證。因循泄沓，至為可慨。是以欲辦理警察行政有成效，非積極調查戶口不可。亟宜訓練戶籍警察，於各分局所添設戶籍警，專司其事。及調查完竣，即辦理人事登記。然須注重實際，不尚敷衍，則警政之賴以推行者，地方之賴以安靖者，功效實甚大也。

二、裁撤鄉區分局局員

鄉區分局本為鄉鎮之點綴品；而局員則為鄉區各分局之點綴品。以處理案件言，鄉區各分局違警案件及移解案件，月計少則十餘，多亦不過二三十件。分局長日理一案，當無不逮。以外勤言，二三崗警，近在百步。若交通，若衛生，若風俗，若安寧，俱談不到。局員之上者，得閒讀書；其次則日飯三餐，黃粱一夢。故局員之在鄉區各分局，不啻贅物。除七八兩分局分駐所在二處以上者，容有接洽考查事情外，餘則俱可取消。假如以取消八員論，年省二千八百八十元，可添警額，添槍械，添腳踏車。裁撤冗員而可添增實力，寧非得計。並可以取消人員，文調科員，武調督察員巡官；優秀者仍以分局長記名，平庸者給資遣散。

三、增加雇員薪水

各分局雇員擬撰稿件，繕寫公文，編製表冊，核算餉項，職務綦繁。而其待遇，以城區較，等於一級警長；以鄉區比，則等於二級警長。在安分者，窮極無聊，黯然無色；狡黠者，生財有道，競尚趨贓。是以雇員薪水至少須一律增為二十四元，藉可養其清廉。

四、增加鄉區分局公費

公費之支出者：曰紙張筆墨，城鄉各分局初無二致。而各種紙張，若日報表，若月結紙，若點名單，若各項簿冊皆爲紙舖專利，價値奇昂。乙、電話凡裝在分局者，月須四五元。即裝在區公所商舖，亦須每月津貼二三元不等。丙、燈火用電燈者，至少須八九元。如用火油，夏季亦需兩聽餘，冬日則需三聽餘。以上兩項，較城區節省者祇十之二三。而鄉區解案飯食，當日不及送案之拘留飯食，郵遞公文，進城領餉，一切費用，則爲城區分局所無；而公費之比較，相差幾及三倍。是以鄉區各分局公費至少須增至三十元。

五、警長改由分局選擇呈候考驗

邇來擢升警長，規定由各分局所一級警士甄試拔取，不得踰等，使無倖進，而警士亦按級升遷，得有保障，固屬大公。然公務人員才具爲先，學問次之。警長辦理案件，調查案件，調解糾紛，以及協助各種稅收（計營業稅經懺捐等共十種）職務紛繁；而管理暨訓練警士，追捕盜匪，尙未與焉。其人選務以品行端正，頭腦清楚爲先決問題，俾可盡職無替。聚試各分局一級警而甄拔之，確係公開取士。但各分局過去之一級警，是否皆量材錄用，尙一疑問。且一級警爲收發警，值崗警，辦公警、衛生警所占。故一級警未必盡人材，而二三級警未必無人材。若僅憑片時之考試，必致僥倖濫竽，爲患甚大；而鄉區分局祇有警長一名，尤爲重要。故不若改由分局選擇，呈候考驗，初不必僅限以一級警也。

六、劃分偵緝權

過去偵緝隊之權限，不無混淆未清，歷任積習相沿，實有乖夫組織原則。近有特務班之組織，始漸上正軌。此後偵緝隊應專辦緝捕盜匪竊賊，不兼司其他職務。而特務班則應改爲司法警察，管理接收案件暨值庭查保等事。庶可一事權，而合乎組織正軌矣。

七、整頓罰金

查香沒罰金，每爲腐敗警員之常有事實。而本局罰金，爲本局及警察隊全體警士服裝與夫各項臨時經費所取資，年需二萬元以上，故不能不加意整頓。現擬辦法如下：

一、請縣政府佈告，被罰不取收據，以共同舞弊論；被罰而不給收據，得報告上峯，追還其罰金。

二、月終除佈告外，由分局印成油印，分送各區鄉鎭公所。

三、查覺香沒罰金在五元以下者以十倍罰之；十元以下撤職；十元以上者以侵佔論罪。

四、局員雇員警長知而不舉者連坐；檢舉者重賞（並保守秘密）。

如此則於澄清吏治，不無稗益。

八、城區一帶應採取巡邏與守望兩制並用

勤務原採站三息六之守望制。一人而站三小時之時間，未免有倦厭狀態，或擅離崗位，弊端不一而足。且固定一處，於荒巷僻靜地方，發生事故，每難顧及，遺漏綦多，似欠完善。擬採巡邏與守望兩制並用。其法將各崗位併爲若干區；每區段共計三崗，每段派警四人。以三個警士分任三崗，另一警担任巡邏。如甲乙丙担任崗位，丁警担任巡邏：丁赴至甲崗，甲即改任巡邏；丁任甲立崗位。甲巡至乙崗，乙則改任巡邏；甲改任乙崗。如斯反覆推行，則三點鐘內，轄境內防範既可嚴密，警士精神亦可舒適，儼

業務報告

惰懈怠之態，可以免除。

上述意見，戶口調查須籌劃經費始得實行外，餘均僅就切合實際而施行較易者而言。謂為完善，尚未及什一。要之警察所以維持社會秩序，保障民衆安寧，其重要關係，厥在樹立己身之威信，使民衆仰而愛戴；一方表現己身精神與權智，使宵小寒膽知所警惕，以弭危害於無形。斯則警政人員之人格與才力，亦亟應加以養成與努力，不容懈忽者也。

工作報告

二十一年七月份

關於總務方面

本月份關於警員進退事項計呈文三件指令一件關於升降長警調補假革事項計函一件指令四十三件訓令四件關於請假銷假事項計呈文二件指令八件訓令一件關於換發證章符號事項計指令四件關於薪餉事項計指令二件關於撫卹事項計訓令二件指令一件關於警務整頓事項計指令二件訓令二件呈文一件關於控告查辦事項計訓令三件批一件關於協助保護事項計訓令一件關於槍彈增耗事項計指令一件關於統計表册事項計呈文二件關於其他事項計呈文四件訓令三件指令一件

關於行政方面

計治安類治安月報呈一件指令十一件密令嚴密查防及查緝者九件辦理會哨訓令一件調查訓令一件指令三件保護及救護類訓令三件指令八件取締類訓令二件協助訓令一件查禁類訓令七件指令兩件檢查類訓令三件警務統計類呈三件公函二件指令册七件邊戶統計呈一件指令十件其他類公函二件訓令八件

關於衛生方面

計取締訓令二件批一件指令一件查禁訓令二件預防訓令二件公函一件疫病統計代電三件呈四件指令卅六件其他公函二件

關於司法方面

一，刑事案件　本月份預審刑事案件共八十六起內呈解縣政府者七起函送七十八師第一五六旅第六團團部者一起縣法院者七十八起案犯一百六十七名口

一，違警案件　本月份本局處理違警案件共五十三起案犯一百十二名口內拘留者二十九名口罰金者四十七名口訓誡結釋者三十二名口飭回者四名

一，通緝案件　本月份通緝案件共十八起指名人犯六十六名口內有要犯三十名

一，其他案件　本月份本局處理其他案件共九起案內關係人計十二名口內具結開釋者七名口飭回者二名函送者二名驅逐出境者一名

二十一年八月份

關於總務方面

本月份關於警員進退事項計委令五件訓令一件關於長警升降調補假革事項計指令四十三件訓令一件關於請假銷假事項計呈文二件指令八件訓令二件關於換發證章符號事項計指令四件關於撫卹事項計呈文三件訓令一件關於請願警事項計訓令一件關於訓練事項計呈文二件函一件訓令二件關於整頓事項計指令一件訓令一件關於控告查辦事項計訓令一件指令一件呈文二件關於協助保護事項計訓令一件關於統計表册事項計呈文一件指令二件訓令二件關於移交接收事項計咨三件呈文一件訓令一件函一件關於其他事項計函三件呈文四件訓令七件指令四件

關於行政方面

計治安類治安月報呈一件訓令一件指令十二件密令嚴密防緝及防範者訓令十一件指令四件會啣呈一件訓令一件指令一件取締類訓令六件指令四件保護及救護類訓令三件指令五件協助類訓令一件查禁類訓令四件指令二件檢查類訓令五件飭查類代電一件指令一件交通類訓令八件又水陸取締訓令五件指令三件公函一件戶籍類呈一件訓令一件指令四件警政統計類呈三件公函一件訓令一件指令四十一件其他類呈一件提案一件訓令四件通告一件批示二件

關於衛生方面

計取締類公函一件訓令四件呈一件指令二件飭查案一件預防類公函二件訓令二件指令七件批示一件統計類代電四件呈五件指令六十四件

關於司法方面

一、刑事案件　本月份預審刑事案件共一百零八起內呈解縣府者七起函送法院者一百零一起案犯二百零三名口

一、違警案件　本月份本局處理違警案件共五十三起案犯一百三十五名口內拘留者二十七名口罰金者七十七名口訓誡結釋者二十一名飭回者十名口

一、通緝案件　本月份通緝案件共十四起指名人犯十名內有要犯六名

一、其他案件　本月份本局辦理其他案件共十八起案內關係人計三十九名口內具結開釋者二十九名口飭回者六名口准函迎提者二名驅逐出境者二名

二十一年九月份

關於總務方面

本月份關於警員進退事項計呈文九件訓令三件委令二件批一件關於長警升降調補假革事項計指令四十二件訓令五件關於請假銷假事項計呈文四件指令六件訓令一件關於換發證章符號事項計指令二十三件訓令二件關於經費事項計指令一件呈文二件關於薪餉事項計訓令一件關於撫卹事項計訓令一件呈文一件

指令二件關於請願警事項計指令二件關於訓練事項計呈文一件關於整頓事項計訓令八件指令二十件關於控告查辦事項計呈文五件指令三件訓令三件關於協助保護事項計訓令二件關於統計表册事項計呈文二件指令二件關於移交接收事項計呈文二件指令一件關於其他事項計指令一件呈文四件批一件訓令二件函一件

關於行政方面

計治安類治安月報呈一件訓令一件指令十二件密代電嚴密防範三件密令二十七件指令十三件會啣指令二件保護及救護類訓令三件佈告一件指令三件批示一件取締類訓令十一件公函一件指令四件協助類訓令四件公函一件指令一件交通類公函一件取締訓令一件查禁類訓令十二件呈二件代電一件指令四件檢查類訓令四件飭查類訓令六件代電一件呈三件公函一件指令二十三件戶籍類呈一件訓令一件指令七件警政統計呈三件公函一件指令四十件其他類訓令五件指令十件傳知一件

關於衛生方面

計取締類訓令一件指令三件統計類代電五件呈六件指令五十二件其他類呈一件訓令二件指令十一件

關於司法方法

一、刑事案件　本月份預審刑事案件共一百一十起內呈解縣府者四起函送法院者一百零五起憲兵第五團團部者一起案犯二百三十七名口

一、違警案件　本月份本局處理違警案件共四十六起案犯一百三十四名口內拘留者三十一名口罰金者六十六名口訓誡結釋者二十四名口飭回者十三名

一、通緝案件　本月通份緝案件共三十二起指名人犯五百零九名口內有要犯一百六十九名口

一、其他案件　本月份本局處理其他案件共十三起案內關係人計二十六名口內具結開釋者十一名口飭回者二名准函帶解者一名函送者二名驅逐出境者十名口

二十一年十月份

關於總務方面

本月份關於警員進退事項計指令四件委令三件呈文三件訓令二件函一件關於長警升降調補假革事項計指令五十一件訓令四件關於請假銷假事項計指令十八件關於換發證章符號事項計指令九件關於經費事項計函一件指令三件呈文三件關於薪餉服裝事項計訓令一件關於請願警事項計指令一件訓令一件函一件關於訓練事項計呈文一件委令二件訓令一件指令一件關於整頓事項計訓令三件指令一件關於控告查辦事項計指令一件呈文四件批一件訓令一件函二件關於協助保護事項計函一件訓令二件關於檢彈搶械事項計呈文一件關於統計表册事項計呈文一件關于移交接收事項計呈文二件訓令一件關於其他事項計函一件指令四件呈文五件訓令六件

關於行政方面

計治安類治安月報呈一件指令十六件密令嚴密防範十六件代電一件呈四件訓令五件指令十七件會啣呈三件訓令二件指令

三件保護及救護類訓令七件指令四件查禁類訓令十二件指令一件協助類訓令二件取締類訓令六件呈二件公函四件指令五件指示二件又交通類取締訓令二件檢查類訓令四件指令五件飭查類呈五件訓令四件指令十九件戶籍類呈一件訓令一件指令十五件警政統計類呈三件公函二件指令五十件其他類訓令七件指令二件批示二件

關於衛生方面

計取締類訓令一件指令七件統計類代電一件呈三件訓令一件指令十七件其他類呈二件訓令一件批示一件

關於司法方面

一、刑事案件　本月份預審刑事案件共九十七起解送縣府者二起法院者九十五起案犯二百零九名口

一、違警案件　本月份本局處理違警案件共六十一起案犯二百四十七名口內拘留者六十名口罰金者一百六十五名口訓誡結釋者十三名口飭回者九名口

一、通緝案件　本月份通緝案件共五十起指名人犯三十五名內有要犯二十四名

一、其他案件　本月份本局處理其他案件共九起案內關係人十二名口內具結開釋者七名口飭回者二名口函送者二名驅逐出境者一名

二十一年十一月份

關於總務方面

本月份關於警員進退事項計委令二件呈文四件訓令一件關於長警升降調補假革事項計指令五十五件訓令四件關於請假銷假事項計指令九件呈文二件關於換發證章符號事項計指令八件關於經費事項計呈文二件指令二件關於薪餉服裝事項計訓令五件指令十四件呈文二件函一件關於撫卹事項計指令一件關於請願警事項計指令六件函一件關於訓練事項計呈文二件關於驗卹事項計指令十五件訓令三件呈文一件關於控告查辦事項計函一件指令一件關於協助保護事項計呈文一件訓令二件函一件關於槍彈增耗事項計訓令三件指令一件關於統計表册事項計指令一件呈文一件訓令一件關於其他事項計指令十一件呈文五件訓令二件函一件

關於行政方面

計治安類呈二件訓令二件指令十二件嚴密防範密令十五件公函一件訓令七件指令二十五件會哨呈三件訓令二件指令七件保護類訓令二件布告一件批示一件查禁類呈一件訓令四件取締類呈一件公函一件訓令九件指令四件批示三件協助類訓令四件檢查類訓令三件交通類訓令四件批示一件飭查類呈四件訓令十件指令二十四件批示二件戶口類呈一件指令九件警政統計類呈三件公函一件指令卅七件其他類呈一件公函一件訓令二件通告一件

關於衛生方面

計取締類訓令一件統計類呈一件指令七件其他類訓令一件指令二件

關於司法方面

一、刑事案件　本月份刑事案件共一百十三起內解縣府者四起送法院者一百零九起案犯一百八十名口

一、違警案件　本月份違警案件共六十三起案犯二百十一名口內拘留者四十二名口罰金者五十七名口訓誡者二十一名口具結開釋者五十五名口飭回者三十六名口

一、通緝案件　本月份通緝案件共十八起指名案犯六十四名口內有要犯四十二名口

一、其他案件　本月份其他案件共五起案內關係人計十八名口內具結開釋者十五名口准函迎提者二名函送者一名

二十一年十二月份

關於總務方面

本月份關于警員進退事項計委令四件呈文二件訓令二件關于長警升降調補假革事項計指令四十四件訓令四件關于請假銷假事項計呈文一件指令九件關于換發證章符號事項計指令八件關于經費事項計訓令二件關于薪餉服裝事項計指令四件訓令一件關于撫卹事項計指令三件關于請願警事項計訓令一件指令四件關于訓練事項計訓令一件關于整頓事項計訓令二件指令三件關于控告查辦事項計訓令三件指令一件呈文一件關于協助保護事項計訓令四件函一件批一件關于槍彈增耗事項計指令三件呈文一件關于統計表冊事項計指令四十九件呈文一件訓令一件關于移交接收事項計指令一件關于其他事項計訓令十件呈文三件指令二十件

關於行政方面

計治安類呈一件訓令二件指令十六件嚴密防範密令十二件訓令四件指令十二件會哨呈三件訓令一件指令六件保護類訓令三件批示一件指令一件查禁類訓令二件檢查類訓令五件交通類訓令二件指令一件協助類訓令四件取締類呈二件公函二件訓令六件指令三件批示七件飭查類呈六件訓令十一件指令十四件戶籍類呈一件訓令一件指令七件統計類呈四件公函一件指令四十四件其他類呈一件公函三件訓令五件通告一件

關於衛生方面

計取締類訓令一件統計類呈一件指令六件其他類呈二件公函一件訓令一件

關於司法方面

一、刑事案件　本月份刑事案件共六十六起內解縣府者五起法院者六十一起案犯一百十八名口

一、違警案件　本月份違警案件共六十五起案犯二百零九名內拘留者七十一名罰金者一百二十八名口結釋者十名

一、通緝案件　本月份通緝案件共二十八起指名案犯十名內有要犯六名

一、其他案件　本月份其他案件共三起案內關係人四名口均具結釋放

二十二年一月份

關於總務方面

本月份關于長警升降調補假革事項計指令二十一件訓令六件關于請假銷假事項計指令十件關于換發證章符號事項計指令

十二件關於經費事項計指令三件呈文二件關於術槍服裝事項計指令二件關於撫卹事項計訓令二件呈文一件指令一件關於請願警事項計指令二件訓令一件關於整頓事項計指令十三件關於控告查辦事項計函一件訓令一件呈一件關於協助事項計訓令一件關於槍彈增耗事項計指令一件關於統計表冊事項計指令三十六件關於移交接收事項計指令一件關於其他事項計指令二十一件訓令二件呈文二件

關於行政方面

計治安類呈四件公函二件代電一件指令三十六件嚴密防範密令十四件訓令一件指令二十件會啣指令十件保護類訓令六件布告一件批示二件查禁類訓令七件檢查類訓令二件指令一件飭查類呈四件訓令七件指令八件取締類呈一件公函一件訓令六件指令一件協助類訓令二件指令一件交通類訓令三件戶籍類呈一件指令十件警政統計類呈六件公函二件指令四十一件其他類呈三件訓令六件指令一件

關於衛生方面

計取締類訓令一件預防類訓令一件清潔類訓令一件統計類呈一件指令四件

關於司法方面

一、刑事案件　本月份刑事案件共四十起內呈解縣府者六起函送法院者三十四起案犯計八十三名口

一、違警案件　本月份違警案件共四十二起案犯一百二十九名內拘留者十二名罰金者九十八名口訓誡結釋者十七名口飭回者二名

一、通緝案件　本月份通緝案件共十九起指名案犯二十一名口內有要犯三名

一、其他案件　本月份其他案件共五起案內關係人十三名口內其訊開釋者六名口飭回者二名准函轉解迎提者三名函送者二名口

二十二年二月份

關於總務方面

本月份關於警員進退事項計委令一件呈文四件訓令四件指令二件關於長警升降調補假革事項計指令四十六件訓令三件關於請假銷假事項計指令十件關於換發證章符號事項計指令八件關於經費事項計呈文一件關於術備服裝事項計指令五件訓令一件呈文一件關於撫卹事項計指令一件呈文一件關於訓練事項計訓令二件委令一件指令二十件呈文一件關於整頓事項計訓令十二件指令十四件呈文一件關於控告查辦事項計指令五件訓令二件呈文一件關於槍彈增耗事項計函一件指令一件關於統計表冊事項計呈文二件指令三十六件關於移交接收事項計指令四件關於其他事項計呈文三件指令二件函一件訓令二件

關於行政方面

計治安類呈五件指令五十五件嚴密防範密呈密函各一件密令二十四件公函一件訓令四件指令三十七件會啣指令十一件保護類訓令三件指令二件檢查類訓令四件飭查類呈四件公函一件訓令五件指令十二件批示一件查禁類訓令四件指令一件協助類訓令三件取締類公函三件訓令十二件指令六件交通類公函五件

訓令二件戶籍類呈一件指令十件警政統計類呈四件公函一件指令二十九件其他類呈二件公函二件訓令六件指令二件

關於衛生方面

計清潔類呈一件指令三件預防類訓令一件指令九件統計類呈一件指令五件

關於司法方面

一、刑事案件　本月份刑事案件共計五十九起內呈解縣府者一起函送法院者五十八起案犯一百零八名口

一、違警案件　本月份違警案件共計三十六起案犯二百七十七名口內拘留者五十二名口罰金者二百零六名口訓誡結釋者十六名飭回者三名

一、通緝案件　本月份通緝案件共計二十一起指名案犯二十八名內有要犯四名

一、其他案件　本月份其他案件共計四起案內關係人計六名口內具結開釋者四名口飭回者一名函送者一名

二十二年三月份

關於總務方面

本月份關於警員進退事項計訓令三件呈文四件指令一件委令一件關於長警升降調補假革事項計指令四十七件訓令二件關於請假銷假事項計指令十一件呈文三件訓令一件關於換發證章符號事項計指令三件關於經費事項計指令一件呈文三件關於薪餉服裝事項計指令二件關於撫卹事項計指令一件關於請願警事項計函一件訓令一件指令二件關於訓練事項計訓令一件呈文二件指令四十二件關於整頓事項計訓令四件指令十二件關於控告查辦事項計指令一件呈文一件函一件關於協助保護事項計訓令二件關於槍彈增耗事項計函一件指令一件關於統計表冊事項計呈文四件指令三十五件關於移交接收事項計指令二件關於其他事項計呈文七件訓令四件指令一件函一件

關於行政方面

計治安類呈七件訓令四件指令四十九件嚴密防範類密代電一件密呈二件密函二件密令二十四件指令五十二件會哨呈一件訓令一件指令七件保護類訓令一件批示二件查禁類呈二件訓令五件指令二件取締類公函二件訓令十件指令五件檢查類訓令五件批示三件飭查類呈四件訓令三件公函一件指令七件協助類訓令三件交通類公函三件訓令二件戶籍類呈一件指令九件其他類呈三件公函一件訓令五件指令七件統計類呈三件公函一件指令三十九件

關於衛生方面

計清潔類公函一件訓令一件指令八件取締類訓令一件預防類訓令一件其他類呈二件訓令二件批示二件

關於司法方面

一、刑事案件　本月份刑事案件計七十三起內除呈解縣府四起外餘函送法院案犯一百三十八名口

一、違警案件　本月份違警案件計五十二起案犯二百六十一名口內判處拘留者五十七名口罰金者一百七十一名口訓誡結釋者十七名口飭回者十六名口

一、通緝案件　本月份通緝案件共計十一起指名案犯十二名

一、其他案件　本月份其他案件共計六起案內關係人計二十一名口內具結開釋者十四名口飭回者五名口函送者二名

二十二年四月份

關於總務方面

本月份關於警員進退事項計委令一件訓令二件呈文二件批一件指令一件關於長警升降調補假革事項計訓令四件指令三十六件關於請假銷假事項計指令十一件訓令二件關於換發證章符號事項計指令四件訓令一件關於經費事項計訓令一件呈文四件指令五件關於薪餉服裝事項計指令二件訓令一件關於撫卹事項計指令一件關於請願警事項計指令二件關於訓練事項計指令三十四件訓令一件呈文一件關於整頓事項計指令二十六件訓令五件關於控告查辦事項計呈文一件關於統計表册事項計呈文一件訓令一件指令三十四件關於移交接收事項計指令六件關於其他事項計訓令四件

關於行政方面

計治安類呈五件指令四十三件嚴密防範類密令十二件密函三件訓令四件指令二十二件命喻指令四件救護及保護類訓令十件批示四件查禁類呈二件訓令一件指令二件取締類訓令七件公函四件指令五件檢查類呈一件訓令二件指令七件飭查類呈一件訓令五件協助類訓令一件交通類公函二件訓令二件戶籍類呈一件指令九件統計類呈四件公函二件指令三十五件其他類呈一件公函二件訓令五件通告一件指令二件批示一件

關於衛生方面

計取締類公函一件訓令三件呈一件指令二件清潔類公函一件統計類呈一件指令五件其他類呈二件指令一件

關於司法方面

一、刑事案件　本月份刑事案件計六十九起均函送法院案犯一百十一名口

一、違警案件　本月份違警案件計六十起案犯二百二十八名口內判處拘留者五十五名口罰金者一百十七名口訓誡結釋者四十六名口飭回者十名

一、通緝案件　本月份通緝案件計十一起指名案犯九名內獲犯三名

一、其他案件　本月份其他案件計七起案內關係人計三十三名口具結開釋者二十一名口飭回者八名口函送者一名驅逐出境者三名

二十二年五月份

關於總務方面

本月份關於警員進退事項計訓令七件呈文三件委令一件指令一件關於長警升降調補假革事項計指令四十六件訓令五件關於請假銷假事項計訓令一件指令十件關於換發證章符號事項計指令二十二件關於經費事項計指令十二件呈文四件函二件關於薪餉服裝事項計訓令二件指令七件關於撫卹事項計指令一件關於請願警事項計指令七件關於訓練事項計呈文一件訓令一件關於整頓事項計指令一件關於控告查辦事項計指令三件訓令三件呈文一件關於槍彈增耗事項指令四件關於統計表册事項計指令一件呈文一件訓令二件關於移交接收事項計指令十件呈文二件關於其他事項計指令九件訓令三件呈文二件函一件

關於行政方面

計治安類呈三件指令四十二件嚴密防範類密令五件訓令二件指令二件食禁類呈一件公函一件訓令七件指令二件取締類公函三件訓令六件指令三件保護類呈一件訓令五件批示二件檢查類呈二件訓令三件批示八件飭查類呈二件訓令一件指令二十七件協助類訓令四件交通類呈一件訓令四件公函一件指令一件戶籍類呈二件指令九件警政統計類呈三件公函一件指令三十六件其他類呈一件公函一件訓令七件通告三件指令四件

關於衛生方面

計清潔類呈一件公函三件訓令三件指令五件預防類呈一件統計類呈一件指令七件其他類呈六件訓令一件批示五件

關於司法方面

一、刑事案件　本月份刑事案件計一百十六起內除呈解縣府七起外餘均送法院案犯人數二百十九名口

一、違警案件　本月份違警案件計五十五起案犯人數一百九十七名口內拘留者六十一名口罰金者一百十七名口訓誡結釋者十五名飭回者四名

一、通緝案件　本月份通緝案件計八起指名人犯八名內計要犯七名

一、其他案件　本月份其他案件計十四起案內關係人二十八名口內其結釋放者十二名口飭回者十四名口函送者一名准函轉解者一名

二十二年六月份

關於總務方面

本月份關於警員進退事項計訓令九件委令一件指令五件呈文二件關於長警調補升降假革事項計指令四十四件訓令三件關於請假銷假事項計指令八件關於換發證章符號事項計指令二十件關於經費事項計訓令二件指令一件函一件關於薪餉服裝事項計指令十一件關於撫卹事項計呈文一件指令二件訓令一件關於請願警事項計指令十四件呈文一件關於訓練事項計指令一件關於整頓事項計訓令一件關於控告查辦事項計指令五件批一件呈文一件關於槍彈增耗事項計指令一件關於統計表册事項計呈文一件指令一件關於移交接收事項計指令八件訓令一件呈文一件關於其他事項計呈文九件指令四件函一件訓令一件

關於行政方面

計治安類呈六件訓令一件指令四十二件嚴密防範類密令二件訓令二件指令一件保護類訓令二件指示三件取締類訓令四件指令二件公函二件食禁類訓令四件檢查類呈一件訓令二件指令十件飭查類呈二件訓令五件指令十六件交通類呈一件訓令四件指令一件戶籍類呈二件公函二件訓令六件指令十二件統計類呈三件公函一件指令四十二件其他類呈二件訓令七件通告一件指令一件批示一件

關於衛生方面

計清潔類公函一件訓令二件指令九件保護類訓令一件批示一件取締類訓令二件統計類呈一件訓令二件指令十二件其他類呈二件公函一件批示二件通告二件

關於司法方面

一、刑事案件　本月份預審刑事案件計七十九起除六起呈解縣政府外餘均函送縣法院案犯人數計一百四十九名口

一、違警案件　本月份本局處理違警案件計五十九起案犯一百八十八名口內拘留者六十八名口罰金者一百十八名口具結開釋者二名

一、通緝案件　本月份通緝案件計二十四起指名人犯三十二名口內要犯十九名口

一、其他案件　本月份其他案件計廿二起案內關係人計四十三名內飭回者十四名口具結開釋者二十四名口准函轉解及逃提者二名函送憲兵營者三名

二十一年本局鄉區邊壤分局舉行會哨一覽

查本邑素稱京滬衝繁之區，居民龐雜，治安時增隱憂。頻年以農村經濟衰落，商市蕭條不振，城鄉盜刼，嘗有報聞。考其究竟，恆以兩縣交界荒僻處所，爲其淵藪。以是錫澄武宜四縣聯防辦事處，及吳崑青江松金錫武宜九縣聯防辦事處成立以後，即議辦定期及不定期會哨，俾得雙方常通治安情況，而達肅清盜匪之目的，並製發會哨證，頒給各聯防會哨機關，持證交換，憑轉各主管機關備核。本邑東毘蘇虞，南濱太湖，西界武宜，北壤江陰，對於各縣邊境，過去遵辦會哨情形，除一部份往返距離不便，呈由縣政府令行警察隊，轉飭就近所駐部隊辦理外，餘均由本局所屬邊壤分局，與鄰縣就近警團，定期或不定期舉行。所幸辦理經過，毘連區域，尚稱安謐，未始非舉辦會哨之成效也。茲特分別列表如下。

月日	會哨分局	對方會哨機關	會哨地點	會哨情形
九月五日	第十五分局	江陰第二分局	青暘鎮	互報最近雙方治安情況
	第十六分局	常熟第三分局	羊尖鎮	仝上
十二月一日	第十五分局	武進橫山橋商團	楊田壩	
三日	第十五分局	江陰第二分局	界溪橋	
五日	第十六分局	常熟第三分局	羊尖鎮	
十八日	第十五分局	武進第六分局	余巷	
二十一日	第十三分局	江陰第二分局	塘頭橋	
二十二日	第十五分局	武進第十分局	新造橋	
二十五日	第十三分局	江陰第二分局	塘頭橋	
二十八日	第十五分局	武進第六分局	余巷	
三十日	第十五分局	武進橫山橋商團	楊田壩	
二十二年一月一日	第十五分局	江陰第二分局	界溪橋	
三日	第十六分局	常熟第三分局	羊尖鎮	
三日	第十三分局	江陰第二分局	塘頭橋	
十五日	第十五分局	武進第六分局	余巷	
十五日	第十三分局	江陰第二分局	塘頭橋	
二十日	第十五分局	武進第十分局	新造橋	
二十五日	第十三分局	江陰第二分局	塘頭橋	
二十九日	第十五分局	武進第六分局	余巷	
三十日	第十五分局	武進橫山橋商團	楊田壩	
二月一日	第十五分局	江陰第二分局	界溪橋	

三日	第十六分局	常熟警察隊	羊尖鎮
五日	第十三分局	江陰第二分局	塘頭橋
六日	第十五分局	武進第十分局	新造橋
十五日	第十三分局	江陰第二分局	塘頭橋
十五日	第十五分局	武進第六分局	余　巷
二十日	第十五分局	武進第十分局	新造橋
二十八日	第十五分局	武進第六分局	余　巷
三月一日	第十五分局	江陰第二分局	界溪橋
二　日	第十五分局	武進橫山橋商團	楊田壩
三　日	第十六分局	常熟警察隊	羊尖鎮
五　日	第十三分局	江陰第二分局	塘頭橋
六　日	第十五分局	武進第十分局	新造橋
十五日	第十三分局	江陰第二分局	塘頭橋
十五日	第十五分局	武進第六分局	余　巷
二十日	第十五分局	武進第十分局	新造橋
二十一日	第十一分局	吳縣保衛團第四區團	望　亭
二十五日	第十三分局	江陰第二分局	塘頭橋
二十六日	第十五分局	武進第十分局	新造橋
二十九日	第十五分局	武進第六分局	余　巷
三十日	第十五分局	武進橫山橋商團	楊田壩
四月十四日	第十五分局	武進第十分局	新造橋
十四日	第七分局	吳縣保衛團第九區團	北橋鎮

◇備　註◇

一、每次會哨由各分局局長或局員率領長警一班前往舉行

二、每次會哨後即將會哨證交換並呈報總局憑轉縣政府彙核

三、會哨後除遵照九縣聯防辦事處按期舉行同時總搜剿外並隨時互約搜檢邊境船只以及寄居客戶

四、本屆冬防自二十一年十一月起至二十二年三月底止

附本局辦理推行新制度量衡經過

竊本邑自劃一新制度量衡推行以來，瞬歷三載。惟商民狃於積習，驟改舊制，每多陽奉陰違，雖層令勸導，乃言者諄諄而聽者藐藐，推行改革，成效殊鮮。自去歲建廳特派檢定員來錫後，切實進行，並由本局暨所屬各分局所協力推行。先由城市，後及鄉鎮。再於肩挑走卒城鄉住戶等，定期分別執行檢查。遇有未備新器，或已備新器，而以舊器兼用者，初則沒收舊器，繼則按章處罰。計自四月十一日奉令，執行檢查後，沒收舊器，均逐月統計報解縣政府備核銷燬。嗣後仍當督屬繼續切實檢查，俾得百業通商交易，均有一致之準則。茲將修正規則暨統計表，分列如下。

五月十七日

無錫縣已改新制度量衡器具各業一覽表

使用種類	各業名稱	備攷
度器	綢布業　成衣業　花邊業　布廠業　西裝業　帽鞋業	一、無論竹木市尺及不合規定竹尺未蓋有圖印者得沒收之

量器	醬酒業　酒醬業	量器除升斗斛尚未改用外其餘液量量器（如油提酒醬行號）均己改用新制凡未蓋圖印者均係舊器得一律沒收之
衡器	南貨業　山貨業　酒醬業　醬酒業　茶食業　油廠業　油行業　藥業　菸業　蘇業　漆業　肉業　茶葉業　桕燭業　油麵筋業　柴草行業　水麵業　魚行業　銅錫業　火腿業　煤鐵業　煤炭業　石灰行業　麵飯館業	本縣使用衡器各業之舊秤除山貨業之批發秤藥業門面用之戥秤及肉業之進貨大秤其餘凡未蓋圖印之秤桿秤錘得一概沒收之

修正度量衡器具檢查執行規則

二十一年十二月卅一日部令公佈

第一條　凡各公務機關及民間營業用度量衡器具之檢查除度量衡法施行細則第三章己有規定外依本規則行之

第二條　定期檢查每年一次其區域及日期由檢定所或分所定之除會同公安機關先期布告外並通知各同業公會及應受檢定之公務機關

第三條　己經檢查之區域有新設或遷入之機關或行號應將使用之度量衡器具送檢定所或分所補行檢查其己領有憑證者附送憑證

第四條　施行檢查時由檢查人員會同警士于每日業務時間前往

第五條　檢查人員應携帶奉派檢查之證明書

前項證明書須粘貼該檢查人員之二寸半身像片

第六條　度潮衡器具之檢查概不收費

第七條　凡經檢查合格之度量衡器具應加蓋圖印或給予憑證

第八條　己受檢查之度量衡器具應由地方檢定所或分所詳細登記

第九條　各地方檢定所或分所應將每屆檢查情形及其結果呈報全國度量衡局

第十條　施行檢查後各行號不得使用未經檢查鏨印或未給予憑證之度量衡器具

第十一條　己經檢定或檢查鏨有圖印或給予憑證之度量衡器具如發現增損不合之情形時得施行臨時檢查

第十二條　僞造或冒用檢查圖印或憑証者移送法院依法處斷

第十三條　檢查人員有違法舞弊情事經揭發查實後除免職外並送法院依法懲辦

第十四條　違反本規則第十條之規定者處五元以下之罰金由公安機關執行

第十五條　本規則自公布之日施行

無錫縣公安局沒收舊制度量衡器統計表

自二十二年四月十一日定期檢查起至四月三十日止

局所別	局長或巡官	檢查情形（度器量器衡器）	沒收概數 度器	沒收概數 量器	沒收概數 衡器	沒收總計 度器	沒收總計 衡器
第二分局	朱念生	仍隨時檢查沒收復加勸導			68		68
第三分局	沈濟舟	檢獲後仍加告誡	30		78	30	78
第四分局	王協中	未經改用者仍予沒收並切實勸導			73		73
第五分局	彭希文	仍繼續檢查勸導			160		160
直轄第一分駐所	虞樹銘	隨時仍事檢查	4		18	4	18
第八分局	劉士德	目下仍分別勸導如強制執行恐生劇變					
第十二分局	錢夢明	各業均已遵照改用			13		13
第十三分局	李君堅	來城購置新器者甚少由該分局代向城區製造所領購					
第十五分局	陳司宇	尚未完全使用仍予愷切勸導					
附註	檢查情形關於度量衡改用至如何程度已否完全劃一再俟續報分別填明度器沒收三十四桿衡器沒收四百十桿錘三百八十個						

無錫縣公安局沒收舊制度量衡器五月份統計表

圖一

局所別	局長或巡官	檢查情形			沒收概數			沒收總計		
		度器	量器	衡器	度器	量器	衡器	度器	量器	衡器
第一分局	高濂	已完全改用仍予檢查		仍隨時檢查			31			31
第二分局	王協中	仝上		仝上						
第三分局	沈濟舟	仝上		仝上						
第四分局	范纕	仝上		仝上						
第五分局	彭希文	仝上		仝上						
第六分局	朱綬	仝上		仝上	25		38	25		38
直轄第一分駐所	虞樹銘	仝上		仝上	1		12	1		12
第七分局	惠志勳									
第八分局	劉士德	仍在推行檢查中		隨時派警檢查	2		28	2		28
第九分局	劉春蘭	仝上		仝上			59			59
第十分局	黃仁									
第十一分局	郁葆瑩	已大都改用仍予檢查		仍予隨時檢查	6		16	6		16
第十二分局	錢夢明	仝上		仝上						
第十三分局	李君堅	仝上		仝上	5		33	5		33

無錫縣公安局沒收舊制度量衡器六月份統計表

局所別	局長或巡官	檢查情形			沒收情形			沒收總計		
		度器	量器	衡器	度器	量器	衡器	度器	量器	衡器
第一分局	高濂	已完全改用	規定更改者已一律改用仍予檢查	小販居戶仍隨時檢查。			15			15
第二分局	王協中	仝上	仝上	仝上			34			34
第三分局	沈濟舟	仝上	仝上	仝上				0	0	0
第四分局	范熲	仝上	仝上	仝上			41			41
第五分局	彭希文	仝上	仝上	仝上			31			31
第六分局	段起山	仝上	仝上	仝上	14		25	14		25
直轄第一分駐所	虞樹銘	仝上	仝上	仝上			4			4
第七分局	惠志勳	仝上	仝上	仝上	9		20	9		20
第十四分局	馬良勳代行	仝上		仝上			2			2
第十五分局	陳司宇	仝上		仝上	14			14		
第十六分局	談蔚南	仝上		仝上	5			5		
附註	除第七第十兩分局迄未呈報業已嚴催在案外城區各分局所度器已完全改用衡器表面則已完全改用惟居戶扭攤仍難免使用舊器仍予嚴厲檢查勸導改用鄉區大都改用一部分仍在積極檢查中 度器沒收計五十八桿 衡器沒收計二百十九桿　附錘一百八十五個									

第八分局	劉士德	仝上	仝上	仝上			13			13
第九分局	劉春蘭	仝上	仝上	仝上				0	0	0
第十分局	黃仁	仝上	仝上	仝上	2	3	12	2	3	12
第十一分局	郁寶鑾	仝上	仝上	仝上			5			5
第十二分局	黃昌森	仝上	仝上	仝上	3		5	3		5
第十三分局	李君堅	仝上	仝上	仝上			11			11
第十四分局	童中獄	仝上	仝上	仝上			2			2
第十五分局	陳司宇	仝上	仝上	仝上	2			2		
第十六分局	談蔚南	仝上	仝上	仝上	3			3		
附註	一、六月份計檢查沒收舊度器三十三枝舊量器三只舊衡器二百十八桿錘一百六十五個									

警察之目的最要者爲維持公共安甯除去公共障害警之於先察之於後謂之警察

警察者爲防止天然及人爲之危害直接限制個人之自由以維持公共之安甯秩序爲目的依據國家法令而活動爲內務行政之一部也

我國警察制度發源最早周官之司虣司稽漢之執金吾宋清之保甲就是當時之警察制度

聯防分區經過

本局辦理聯防分區經過情形

二十一年十一月間，冬防將屆，無錫縣政府召開冬防會議於開喜堂，蓋每屆冬令，應有之籌謀也。惟本屆冬防，處於淞滬戰役之後，絲市衰敗，百業凋敝，農村經濟，瀕於破產，社會生活，困憊益甚。歲將云暮，挺而走險者，當不乏人，治安前途，至足隱憂。未雨綢繆，不容或緩。而聯防辦法，亦須有異。最關重要而異於往年者，厥爲劃分聯防分區負責辦理區內治安事宜。案由九縣聯防辦事處函縣組織，並由本局吳局長歸三同時提議。其辦法擬將本縣劃分爲六聯防分區，以原有自治組織區爲標準，計第一第二兩區爲第一聯防分區，第三第十三第十四三區爲第二聯防分區，第四第十七兩區爲第三聯防分區，第五第十五第十六三區爲第四聯防分區，第九第十第十一第十二四區爲第六聯防分區。當經議決劃分通過，並指定本局局長，及各區團長何逸民朱伯麟蔣嘉猷顧蔚鈞華垂宇等，迅速負責召集各該聯防分區之區公所，公安局所，水陸警隊，及商團保衛團等代表一人，開會決定各聯防分區辦公地點，暨分區主任，呈報備查。查本局位於第一自治區，爲百業交通薈集之區，尤當嚴密偵查，防患未然。即經依照議案辦理第一二兩區聯防分區，爰於是月終召集一二兩區武裝機關，成立第一聯防分區籌商聯防辦法。計爲期四月，所幸經過：尚屬安謐。除分別呈報在案外，特將分區聯防組織，並各次會議錄，摘實本刊。

十一月二十六日奉　縣政府令發冬防會議紀錄，並飭轉知各分局所，茲將無錫縣政府冬防會議紀錄列後

日期　十一月二十四日下午三時

地點　無錫縣政府會議室

出席者　商團公會

吳德澤（公安局）　鄧厥勳（警察隊）　宋鎮濤

錢天雄（水巡中隊）　顧翰屏第一區　朱鑑珊第二區

何逸民第三區　朱伯麟第四區　蔣嘉猷第五區

顧蔚鈞第七區　蔣執中第九區　強學什第十區

錢起霞第十一區　陸閑臣第十三區　陸滌凡第十四區

虞達源第十七區

主席　陳傳德　紀錄　林斌

行禮如儀

討論事項

一件　主席提議准九縣聯防辦事處函各縣應劃分聯防分區以資聯絡本縣應如何劃分請討論案

一件　吳公安局長提議，請組織聯防區案

聯防分區經過

以上兩條合併討論　決議將本縣劃分爲六聯防分區

第一第二兩區爲第一聯防分區

第三第十三第十四區爲第二聯防分區

第四第十七區爲第三聯防分區

第五第十五第十六區爲第四聯防分區

第六第七第八區爲第五聯防分區

第九第十第十一第十二區爲第六聯防分區

並指定吳公安局長及各區團長何逸民朱伯麟蔣嘉猷顧蔚鈞華垂宇於本月內負責召集各該聯防分區之區公所公安局所水陸警隊及商團保衛團等代表一人開會決定各聯防分區辦公地點暨分區主任呈報備查

一件　主席提議檢査工房住戶及旅館客人案

一件　吳公安局長提議清査戶口案

以上兩條合併討論　決議冬防期內對於工房住戶旅館客人及船艄船蓬戶等須由公安局負責特別注意並隨時嚴密檢査

一件　吳公安局長提議冬防期內夜間燃放爆竹最易引起誤會規定於日落後至日出止一律禁止燃放案

議決　由縣政府佈告勸導

一件　主席提議各聯防分區燈號口令如何規定案

議決　普通者仍用九縣聯防辦事處所發之燈號口令爲準特別者由縣政府每半月編發一次

主席　陳傳德

十一月二十六日又奉　縣政府令發組織本縣境內聯防分區之標準列後

一、聯防分區辦事處應附設於適中地點之公共處所（如區公所鄉鎮公所公安局所分駐警隊及商團支會區保衛團等）不必另設機關以期撙節

一、聯防分區應由所在地之有關係各機關團體各推代表一人組織之

一、聯防分區得設主任一人由各代表公推實力充厚者担任之

十一月二十七日本局抄發聯防分區標準分令各分局所遵照縣令辦理並將辦理情形具報核轉同日分函警察大隊商團公會第二區保衛團縣水巡中隊水上公安第二區部及城區各分局所於十一月三十日下午二時在本局召開第一分區聯防會議籌商一切計劃第一聯防區警衛機關調査表列後

第一聯防區警衛機關調査表

名稱	主管官長	所在地	電話號數	備考
縣公安局	吳德馨	三皇街	局長室一三號 督察處一一九號	
第一分局	高濂	崇安寺	五〇八	
第二分局	朱念生	光復門外	二一二	
第三分局	郁葆瑩	日暉橋	一二二	
第四分局	王協中	西門外	四四	
第五分局	彭希文	江陰巷	一二五	
第六分局	段起山	周山浜	四〇六	

直轄第一分駐所	廣樹銘	東門外	五八七	
警察大隊	王偉	東門外延壽司殿	八一二	
第一中隊	馮子謙	同上	八一二	
第三中隊第一分隊	李激敷	縣政府		
第三中隊第二分隊	王傑	監獄署	八一三	
第一中隊第一分隊	李華林	水仙廟		
車巡組	張光濆	中醫院		
水巡中隊	錢天雄	南倉門旅棧公所		第一組一號三號第三組九號亭泊公所沿河
水警二區	沈高庠	駐驄橋	三〇四	
商團公會	楊壽楣 顧翰屏	竹場巷	四三九	
第一支會	江煥卿 馬浩生	同上		
第二支會	趙子新 東顯青	小泗房街		
第三支會	錢基厚 吳仲炳	南陽里	八二三	
第四支會	沈煥章 謝叔永	長康里		
第五支會	錢鳳皋 東九田	棉花巷	七五七	
第六支會	龔耀良 陸寶演	西門直街		
第七支會		東門外		停辦
第八支會	田中玉	廣勤路	四〇六	
第九支會	繆棟臣	布行街	五五九	
第十支會	蔡煌 鄭粟良	後蔡家街	二六六	
第二區保衛團	朱鑑珊	江陂橋		通訊處商團公會

中華民國二十一年十二月　日無錫聯防第一區調查

無錫縣聯防第一區聯防會議紀錄

日期　十一月三十日下午二時

地點　縣公安局會議室

出席者

段起山　彭希文　廣樹銘　朱念生　錢天雄　顧翰屏

王協中　沈濟舟　鄧厥勳　郁葆瑩　秦鈞

主席　吳德馨　金式祁代

行禮如儀　紀錄　顧頌勛

甲　報告事項

略

乙　討論事項

一、本聯防區應如何組織案

決、委員人數額定五人以公安局警察隊水巡隊商團公會第二區保衛團等五機關組織之

二、推定本聯防區主任案

決、推定吳局長担任
三、本聯防區地址應如何擇定案
決、附設縣公安局內
四、本區聯防辦法應如何擬定實施案
決、推定公安局商團公會會同擬定提交委員會通過施行
五、防區劃分應如何規定案
決甲、中區　第一分局與第三支隊
乙、東區　直轄分駐所與第七支隊
丙、南區　第三分局與第五支隊及駐防第一中隊第三分隊
丁、西區　第四分局與第二第六第十支隊
戊、老北區　第五分局與第一第二第九第十支隊
巳、新北區　第二分局與第四支隊
庚、廣勤區　第六分局與第八支隊
以上劃分地區內其聯防辦法由各該機關會同規定並呈報各該上級主管機關備查
辛、警察大隊水巡中隊担任本防區內日夜水陸流動梭巡事宜其梭巡辦法各自規定之
六、口令應如何規定案
決、平時依照九縣聯防規定口令燈號施行之如遇特別時期由本區臨時製發之
七、規定城關啟閉時間案
決、規定午夜十二時關閉遇特別事故須有出入證方得出入其出入證呈請　縣政府頒發之
八、水關啟閉時間應如何規定案
決、規定下午十時關翌晨五時啓
九、在聯防期間遇有水陸機關梭巡時拿獲案件應如何解送案
決、送本區核辦
十、規定聯防實施日期案
決、自十二月十日起實行
十一、防區內如有臨時發生警報應立即電話報告本區主任案
決、通過
十二、冬防期內城鄉電話夜間時有不通應如何辦理案
決、函電話公司請設夜班接線生並請轉飭如遇機關電話應迅速接話
十三、規定本區常會日期案
決、每月一日十六日下午二時仍在公安局舉行如有緊急事項由主任隨時召集之
丙　散會

十二月一日呈報遵令召集第一二兩區聯防機關代表開會決定聯防分區辦公地點暨分區主任情形並附送會議紀錄

聯防第一區第二次聯防會議

日期　十二月十六日下午二時
地點　縣公安局會議室
出席者
彭希文　虞樹銘　沈濟舟　王協中　王偉　沈惟映（曹雲龍代）　朱念生　郁葆璧　錢天雄　胡彬　段起山　金

式郝　朱鑑珊　高濂　錢鍾亮（錢燮增代）　吳德霈（金式郝代）

主席　吳德霈（金式郝代）　紀錄　顧頌勛

甲、報告事項

一、報告上次議案已辦各案

二、城關出入證應調查後再行呈請發給

三、警察大隊函送巡邏辦法俟彙齊列表備查

乙、討論事項

一、各聯防機關上次已分別劃分防區應將實施日期及左訂聯防辦法報送彙列備查案

決、通過

丙、散會

無錫縣第一聯防區各機關巡邏表

聯防機關	所在地	巡邏區域
水警二區	駐驄橋	本區水上梭巡
縣公安局	三皇街	車巡隊偵緝隊隨時日夜輪流梭巡本區城廂內外
第一分局	崇安寺	會同第三支隊日夜輪流梭巡城內各街里巷
第二分局	吉祥橋	會同第四支隊日夜輪流梭巡光復區域內各路
第三分局	日暉橋	會同第五支隊暨第一中隊一分隊日夜輪流梭巡南門外所轄地段
第四分局	西門外	會同第六支隊日夜輪流梭巡西門外所轄街巷村里
第五分局	江陰巷	會同第一二九十支隊日夜輪流梭巡北門外大街北塘通惠路各處所轄區域
第六分局	廣勤路	會同第八支隊日夜輪流梭巡廣勤區街市里街村落
直轄第一分駐所	東門外	會同警察大隊及第一中隊第二區珠璣鄉保衛團梭巡東門外至東亭街巷村鎮並每夜在鐵路東首會哨一次
縣警察隊	延壽司殿	督飭梭巡本區區域外由偵探組隨時梭巡密察
第一中隊	延壽司殿	甲組—輪流梭巡北區馬路工運橋周山浜惠農橋泗堡橋竹場巷通惠橋一帶 乙組—輪流梭巡外黃泥橋笆斗街大橋街北門塘三里橋一帶
第三中隊	縣政府	輪流日夜梭巡城內街巷里衖
車巡組	中隱院	輪流日夜梭巡東南門外一帶區域
水巡中隊	南倉門旅棧公所門首河埠	水面巡邏方向 東　由亭子橋至沿運河至南門吊橋 南　由東門沿城腳至跨塘橋至清名橋至南水仙廟 西　由光復門至吉祥橋至黃泥橋至北大橋至西門橋至西新橋 北　由工運橋至惠農橋至鐵路橋至北新橋至長廣橋
商團公會	竹場巷	督飭所屬支隊會同輪流梭巡本區境內各該轄區
第一支隊	竹場巷	會同第五分局日夜輪流梭巡所轄街巷里衖
第二支隊	小泗房街	
第九支隊	布巷街	
第十支隊	後燕家街	

聯防分區經過

五

第三支隊	南陽里	會同第一分局日夜輪流梭巡城內街巷里街
第四支隊	長康里	會同第二分局日夜輪流梭巡光復區街市里街
第五支隊	棉花巷	會同第三分局暨第一中隊一分隊日夜輪流梭巡轄區
第六支隊	西門酉街	會同第四分局日夜輪流梭巡所轄地段
第八支隊	廣勤路	會同第六分局日夜輪流梭巡廣勤路街市里街村落
第二區保衛團	江陂橋	會同第一分駐所警察大隊逐日輪流梭巡並每晚於鐵路東首會哨一次
備考	一、表內所載地名係巡邏經過之道路 二、巡邏及放哨會哨地點時間均由各聯防機關自行酌定 三、水巡中隊担任水上巡邏船只抽集三艘逐日輪流梭巡 四、口令依照議決案辦理	

無錫縣第一聯防區彙製

聯防第一區第三次常會紀錄

日期　二十二年元月十六日下午二時

地點　公安局會議室

出席者

沈濟舟　虞樹銘　王協中　彭希文　朱念生　鄧厥勳　蔡鈞　郁葆瑩　顧頌勛　錢鍾亮（錢燮堉代）　沈維映（王榮凌代）　顧翰屏

主席　吳德馨（沈濟舟代）　紀錄　顧頌勛

甲、報告事項

略

乙、討論事項

一、廢歷年關在邇水陸方面應如何嚴密維護案

決、水道由水警二區水巡中隊加緊梭巡陸道仍照前訂會同辦法切實加緊辦理

二、本區聯防機關所用口令在此廢歷年關時期應否另行請發案

決、另行請發推公安局督察長向駐軍接洽請領轉發

三、商家總結束期間各聯防機關應如何切實梭巡案

決、由各主管長官負責督率徹夜加班梭巡

丙、散會

聯防第一區第四次常會

日期　二月十六日下午二時

地點　公安局會議室

出席者

王協中　沈濟舟　虞樹銘　高濂　彭希文　郁葆瑩　錢鍾亮　朱綬　朱念生　王偉　金式郁　顧頌勛

主席　吳德馨（金式郁代）　紀錄　顧頌勛

甲、報告事項

一、報告上次議決已辦各項

二、略

乙、討論事項

一、防區經過尚稱安謐擬定於下月十六日宣告結束案

決、應照冬防期滿日爲止

丙、散會

聯防第一區第五次常會

日期　三月十六日下午二時

地點　公安局會議室

出席者

朱念生　虞樹銘　朱綬（張濂代）　彭希文　高濂　王協中　錢天雄　王榮淩　鄒厥勛　郁葆瑩　錢燮增　沈濟舟

主席　吳德馨　　紀錄　顧頌勛

行禮如儀

報告事項

一、略

討論事項

一、規定本聯防區結束日期案

決、於本月底結束並呈報縣府備查暨分函各聯防機關知照

二、冬防過後口令應否應用案

決、口令分發至月底爲止以後即照平時辦法

三、散會

以上會議紀錄除印發外均分別函令辦理及呈報各在案再其餘各聯防分區均由各區公所各保衛團商團暨本局所屬各鄉分局會同並遵辦在城鄉冬防聯防期內自二十一年十一月份至二十二年三月份止除四鄉或有迫於饑寒之散匪挺而走險糾衆搶刼情事發生並有即時互通警報兜捕破案外至大股匪徒尚無發現

聯防分區經過　七

交通銀行

國民政府特定爲發展全國實業銀行

主旨

服務社會
扶助工商

業務

存款
放款
國內外匯兑
貼現
押匯
儲蓄
經付債券本息

地址

無錫北塘大街五十一號

（電話三二七）

無錫飯店

工運橋堍地點適中輪埠車站近在咫尺
房間清潔設備精雅茶房招待侍候周到
冬備火爐夏裝電扇綠紗門窗蚊蟲不入
自布梯套臭蟲絕跡廳堂寬敞花草芬芳
宴會喜慶富麗堂皇京蘇菜肴飲食衛生
整桌零吃花樣新穎倘蒙光顧無任歡迎

節約與抵抗

要長期抵抗須全國民衆節省金錢以作抵抗的後盾

衣服着舊了請勿拋棄向老正和覆染包可返舊如新節省了做新衣服的金錢捐助抗日經費亦救國之道也

洗燙西裝　精染衣着　織補無痕　化學褪跡

老正和永記機器洗染廠

無錫老北門外露華街第一家（電話八百十八號）

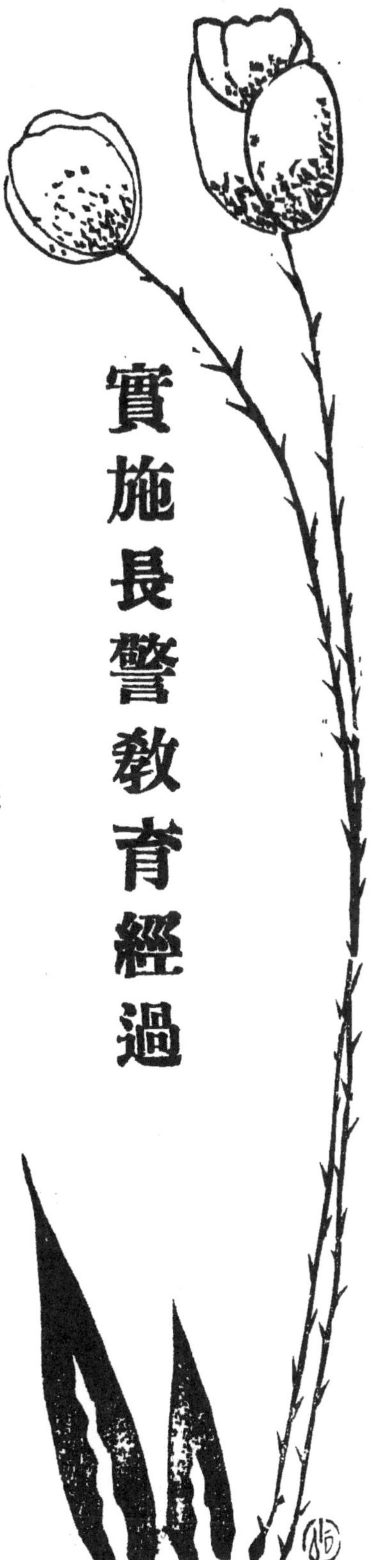

實施長警教育經過

本局二十一年度實施長警教育經過情形

沈濟舟

在現在政治經濟情形與社會環境之下的中國警察，能夠使人完全滿意的委實很少、這是無可諱言的。我們無錫的警察，當然也不能例外。

警察本來是要萬能的，各種學識技能都要具備，才能管理社會，指導人民。但是現在一般警察，誰不都是在鬧着知識饑荒呢？所以本局認爲警察教育，是改進警務的根本要着。

是以去年六月一日，本局長警補習所，抽調各分局所優秀長警，到局補習，授以各種必需科目。計自六月一日開校，於八月二十四日補習期滿，爲期約三個月，仍遣回原局所服務。茲將本所各項規則，各教官姓名，長警姓名分列於下：

（一）長警補習所各項規則

無錫縣公安局長警補習所辦事細則

第一條　本細則遵照長警補習所章程第二十一條之規定擬定之

第二條　本所所長由公安局長兼任總理訓練長警及所中一切事宜

第三條　本所設教務主任一人兼學科教員秉承所長之命總理所中一切教務事宜

第四條　本所設教員十六人分別教授所授學術科

第五條　本所管理學警事務由教務主任兼理

第六條　本所設書記二人秉承所長及教務主任辦理謄寫講義及公文等事宜

第七條　本所會計庶務由公安局會計庶務兼辦

第八條　本所學警遵照長警補習所章程第二條之規定額定六〇名由公安局及各分局就現役長警中考驗合格者抽調訓練

第九條　本所每日訓練時間及訓練課程遵照長警補習所章程第二條第六條之規定辦理惟每小時教授五十分休息十分

第十條　學警補習時間以兩個月爲修業期滿酌分學期考試與修業完畢考試學期考試於第一個月之終行之修業考試於第二個月修業終了行之

第十一條　學警修業考試及格者發給修業証書仍發回原局服務成績優良者酌予提升以資獎勵不及格者得繼續訓練不堪造就者得開除學籍

第十二條　學警畢業考試成績呈報　縣政府轉呈　民政廳備查

第十三條　所長因事公出時由教務主任負責代理教務主任請假時由所長指定教員中一人代理

第十四條　教職員如因事缺席須推代理人於事前通知教務主任

第十五條　本所每星期六下午開會議一次以謀教務上之進展

第十六條　本所各項管理規則另訂之

第十七條　本細則如有未盡事宜得隨時呈准修改之

第十八條　本細則呈報　縣政府轉呈　民政廳核定施行

無錫縣公安局長警補習所各項管理規則

第一項　要則

第一條　學警應一律穿着制服尤須整潔

第二條　學警須絕對服從長官命令並注意禮節

第三條　學警非經請假不准外出

第四條　學警無故不得缺課

第五條　學警不准吸烟飲酒

第六條　學警不准高聲唱戲及口出惡言

第七條　學警對同儕宜互相親愛勸勉不得有爭鬧情事

第八條　學警如有違犯本規則者輕則記過重則開除

第九條　本規則如有未盡事宜得隨時修正之

二

第二項　教室規則

第一條　上課前學警聞鈴聲速至指定處集合排隊由班長領導魚貫入教室挨次就坐

第二條　凡規定各人坐位不准更易紊亂

第三條　教官點名時學警須起立應到如有請假由班長代答缺席

第四條　每課教官就席與離席時由值日班長呼口令起立行敬禮

第五條　上課時學警不得遲到並不准無故缺席

第六條　課業用品不要忘帶書籍紙筆應加愛惜

第七條　教員講授時須靜心聽講不准交頭接耳左顧右盼

第八條　在教室內不准隨地咳嗽吐痰及散棄字紙

第九條　學警如有發問或應對時必須起立

第十條　學警非退課時不准出教室如有飲茶小便等事亦須得教員之許可方准離席

第十一條　下課時須魚貫整隊出教室至指定處依班長口令散會

第十二條　本規則如有未盡事宜得隨時修正之

第三項　操塲規則

第一條　每日上操二次依照本所規定課程時間表行之

第二條　上操前學警聞鈴聲速至指定地點集合排隊依班長口令整理隊伍由術科教官率至操場

第三條　術科教官入集合場時值日班長呼口令行立正禮在點名時學警當按名應到

第四條　上課時不准談話及左顧右盼

第五條　非確有疾病不准率請操假

第六條　上操時所用槍械不得損壞

第七條　本規則如有未盡事宜得隨時修正之

第四項　宿舍規則

第一條　起居須依規定時間不得差遲

第二條　每人鋪位由管理員指定不得更易

第三條　起居均以搖鈴爲號聞起身鈴應即起床盥漱聞熄燈鈴應即熄燈安睡早晚管理員點名時聞鈴聲後應立即排隊不得遲逾三分鐘

第四條　起床後各人鋪位被褥均須隨時摺疊完整蚊帳掛起衣服置於一處不得散亂

第五條　晨起各班宿舍內學警須輪流值日洒掃清潔流通空氣以重衛生

第六條　遇有患病之人應由班長告知管理員移居別室

第七條　宿舍內不准喧嘩

第八條　熄燈後一律安睡不准談話及燃點洋燭

第九條　宿舍勤務除依定時預備茶水外如學警差遣出外購物送信等情事當按照規定時間辦理

第十條　宿舍內不得留客住宿

第十一條　本規則如有未盡事宜得隨時修正之

第五項　膳食規則

第一條　會食必在膳堂須依規定時間不得遲早

第二條　聞鈴聲後各學警由值日班長帶領齊赴膳堂不得爭先恐後

第三條　學警坐齊後挨次盛飯盛齊舉箸通棹食畢然後退散

第四條　湯饌米粒不得狼藉桌上

第五條　會食時不得喧嘩

第六條　伙夫有過失時須報告官長懲罰不得肆口辱罵

第七條　本規則如有未盡事宜得隨時修改之

第六項　自修規則

第一條　自修須依規定時間均在講堂

第二條　自修時不得遲到早退

第三條　自修時應將按日聽講各學課悉心研究

第四條　自修時不得託故不到

第五條　自修時不得塗抹粉版及牆壁桌櫈

第六條　自修時應靜坐潛修不得喧嘩

第七條　自修時不得故意怠惰如果違背一經教務主任察出時應行懲處

第八條　自修時如有不守規則之舉動由班長報告教務主任懲處之

第九條　本規則如有未盡事宜得隨時修正之

第七項　請假規則

第一條　學警因病不得已缺課時無論在所出所養病均須請假

第二條　學警如遇要事必須請假外出時於課畢後得以請假外出務於是日下午八時以前回所

第三條　學警請假不滿一日者須經報告值日班長塡具請假單轉呈教務主任核准如逾一日以上者則由教務主任轉呈所長核示

第四條　學警課畢後請假外出每日不得逾三人回所時須向教務主任銷假

第五條　本規則如有未盡事宜得隨時修正之

第八項　獎懲規則

第一條　學警之獎懲應照本規則行之

實施長警敎育經過

第二條 獎懲標準分下列各種

甲、獎懲

一、嘉勉

二、記功

三、物質獎

四、通知公安局存記提升

乙、懲戒

一、申誡

二、禁足

三、記過

四、除名

第三條 學警有左列情事之一者除名其涉及刑事者送司法機關依法辦理

一、有反革命行爲者

二、有不良嗜好者

三、其他關於刑事者

四、違反規則屢戒不悛不服違抗者

第四條 本規則有未盡事宜得隨時修正之

(二)長警補習所教官姓名表

職別	姓名	所授科目
所長	華璞	精神講話
教務主任	張誠安	戶口調查 警察要旨
管理員	李樹人	
會計庶務	胡守真	

四

職別	姓名	所授科目
教官	是雨蒼	刑法大意
同上	沈濟舟	勤務要則
同上	胡彬	無錫地理
同上	張新	違警罰法
同上	脫穎	軍事摘要
同上	郁榮瑩	警察法令
同上	顧頌勛	衛生警察
同上	張濟倫	偵探須知
同上	劉春蘭	國術
同上	華嘯琴	音樂
同上	謝幹臣	兵操
同上	張子靜	兵操

(三)長警補習所學警姓名表

局別	等級	姓名	年歲	籍貫	備考
第二分局	二級警士	趙匡濱	三〇	浙江縉雲	
第十三分局	二級警士	繆禮成	一九	江蘇武進	
第六分局	三級警士	尹錫文	二三	湖南衡縣	
第八分局	三級警士	姜長安	二三	江蘇睢寧	
第十分局	三級警士	唐永年	二三	浙江杭縣	
第十一分局	三級警士	嵇樹青	二四	江蘇漣水	
第二分局	三級警士	王柯孝	二五	江蘇銅山	
第十五分局	三級警士	徐雨順	二二	江蘇泗陽	
第八分局	三級警士	喻亮	二七	湖南寧鄉	
第四分局	二級警士	丁少堂	二三	安徽合肥	

第一分局	三級警士	張步昇	二三	安徽潁縣
第九分局	三級警士	王壽人	二一	江蘇江寧
第三分局	三級警士	裴得貴	二八	浙江金華
第三分局	二級警士	陳繩武	二一	浙江杭縣
第六分局	三級警士	顧斌林	二七	江蘇武進
第五分局	三級警士	田德玉	二六	江蘇江寧
第五分局	三級警士	賈書林	二三	江蘇宿遷
第六分局	三級警士	朱振	二七	江蘇武進
第十二分局	三級警士	羊建民	二二	河北靜海
第四分局	三級警士	朱尚武	二六	江蘇宿遷
第一分局	三級警士	韓壽周	二九	江蘇淮陰
第一分局	三級警士	婁意海	二九	江蘇江寧
第四分局	三級警士	邵得標	二六	河南柘縣
第三分局	三級警士	王鶴	二六	江蘇無錫
第二分局	三級警士	王裕德	二二	安徽鳳陽
第六分局	三級警士	毛厚光	二二	江蘇靖江
第三分局	三級警士	蕭廉	三七	江蘇淮安
第十六分局	三級警士	董運升	二七	河北通縣
第一分局	三級警士	唐兆鼎	二五	江蘇鎮江
第一分局	三級警士	余光祖	二〇	安徽婺源
第五分局	三級警士	朱全富	二〇	江蘇江寧
直轄第一分駐所	三級警士	楊玉堂	三五	山東偲縣
直轄第一分駐所	三級警士	張遂清	三五	江蘇鹽城
第六分局	三級警士	張耀坤	二八	江蘇江都
第二分局	二級警士	吳廷庆	二九	江蘇高郵
第二分局	三級警士	潘復昌	二八	安徽懷遠
第七分局	三級警士	周根卿	二二	江蘇無錫
直轄第一分駐所	三級警士	湯幼坤	三四	江蘇無錫
第五分局	三級警士	李錦明	二八	江蘇江寧
第五分局	三級警士	葉耀章	二〇	江西南昌
第四分局	三級警士	張慶雲	二二	山東臨縣
第五分局	三級警士	龔人傑	二三	江蘇江寧
第四分局	三級警士	郭金富	二一	江蘇銅山
第十四分局	三級警士	周至剛	二一	江蘇吳縣
第五分局	三級警士	周修純	二二	江蘇宿遷
第五分局	三級警士	周富保	二四	河南永城
第十三分局	三級警士	陳壽岫	一七	江蘇阜寧
第三分局	三級警士	費文祥	二四	江蘇阜寧
第九分局	三級警士	劉德全	三一	安徽宿縣

本局鑒於所屬長警共有七百餘名之多，因限於警力與經費，每期至多僅能抽調六十名，即以兩個月爲一期，也須在二年以上方能訓練完畢。時間既長，收效殊鮮，重以人事變遷，要想各個長警都在短時間下受到訓練，爲事實上所不可能。乃決定先行訓練警長，緣警長是警察幹部的重要人員，負有督率和教練警士的責任，警長訓練好，就可以隨時去訓練警士。所以抽調進來補習的全是警長，計共二十八名，於去年十月十日開學，十二月二十八日期滿。於本年二月十五日起，又抽調警長三十一名進所補習，至四月三十日期滿。兩期成績均頗佳，由

五

本局發給訓練期滿證書。於是本局所屬的警長，都已受過相當的訓練了。茲將這期警長班程課表，警長生活時刻表，教官姓名，警長姓名，分列於下：

(一)長警補習所警長第一班學術科預定時間表

二十一年十月十七日

科別	課目	教授時數	教官姓名
學科	精神講話	九小時	吳局長
	黨義	十六小時	胡彬
	警察要旨	二十小時	張濟倫
	警察法令	二十六小時	沈濟舟
	勤務要則	二十八小時	沈濟舟
	違警罰法	二十六小時	吳兆莘
	戶口調查	二十小時	顧頌勛
	衛生警察	二十小時	顧頌勛
	刑法摘要	十八小時	吳兆莘
	偵探須知	十八小時	張兆逸
	軍事摘要	十八小時	金式祁
	無錫地理	十六小時	胡彬
	注音字母	九小時	華猷琴
	音樂	八小時	華猷琴
術科	(另表)	一百另八小時	金式祁 溫占魁 謝幹臣 陳勉

一、本期定二個月為滿

一、自十月十七日起開始教育至十二月十七日

一、教育日數除星期外共計五十四天每天授科七小時

一、每星期六第六、七兩節戶外運動不計外共計授學科二百五十二小時術科一百〇八小時

六

(二)長警補習所警長第一班術科預定計劃回數表

二十一年十月十七日

課目	回數	進度
徒手各個教練	12	立正稍息停止間轉法(半面)步法行進間各種轉法(半面)斜行進
徒手班教練	10	正齊法立正稍息轉法變換方向及隊形行進間轉法及隊形方向之變換斜行進
持槍各個教練	10	立正稍息轉法槍法裝退子彈各種預備放瞄準步法行進間各種轉法(半面)(注意槍之位置及姿勢)
持槍班教練	10	正齊法立正稍息轉法槍法裝退子彈各種預備放瞄準隊形方向之變換前行進斜行進及行進間各種轉法隊形方向之變換散兵及衝鋒
排教練	8	正齊法(用向導)其餘動作與班教練同散兵及衝鋒
陸軍禮節	2	室內外之敬禮及持槍敬禮隊伍進行時遇見長官及隊伍遇着隊伍之敬禮(注意注目)
瞄準	2	架上瞄準
附記		一、本期定二個月為滿 一、自十月十七日起始教育至十二月十七日 一、教育日數除星期外共計五十四天每天一回每回二小時一百另八小時

（三）長警補習所警長第一班作息時間表

二十一年十月十七日

上午	下午
起床五點三十分	第五節一點至一點五十分
點名五點四十分	第六節二點至二點五十分
呼吸運動五點五十分至六點四十分	第七節三點至三點五十分
早膳七點	晚膳五點三十分
第一節七點四十分至八點三十分	自習六點三十分至八點
第二節八點四十分至九點三十分	點名八點十分
第三節九點四十分至十點三十分	就寢八點二十分
第四節十點四十分至十一點三十分	熄燈八點三十分
午膳十二點	

（四）警長訓練班第一班警長姓名表

局所別	姓名	局所別	姓名
第十五分局	錢士雄	第一分局	劉摯玉
第三分局	徐之安	第八分局	朱棨
第五分局	汪惠政	第九分局	劉培森
第十四分局	張子同	第六分局	梁濟民
第九分局	馮根林	直一分駐所	韓李誠
第九分局	康永忠	第二分局	張熊
第四分局	張進朋	第四分局	朱步餘
第一分局	楊雲卿	第六分局	張桂棠
第十二分局	李俊卿	第一分局	張壽三
第五分局	鄧茂良	第五分局	楊桂芳
第七分局	翁俊才	第三分局	劉得勝
第二分局	王樹棠	第七分局	許錫寶
第六分局	劉士奎	第十六分局	殷鴻生
第四分局	楊棟	第二分局	張士芳

（五）長警補習所警長第一班學術科預定時間表

科別	課目	教授時數	教官姓名
學科	精神講話	十小時	吳局長
	黨義	十八小時	胡彬
	警察法令	二十小時	湯名川
	警察要旨	十七小時	陳浩
	勤務要則	念五小時	沈濟舟
	違警罰法	十七小時	吳兆莘
	戶籍	十五小時	張濟倫
	衛生警察	十六小時	顧頌勛
	刑法摘要	十五小時	吳兆莘
	無錫地理	十小時	胡彬
	偵探須知	十五小時	張逸
	軍事摘要	十四小時	金式郝
	音樂	八小時	華歡琴
術科	（另表）	一百七十四小時	謝幹臣 陳勉 胡柏亭

七

實施長警教育經過

實施長警教育經過

附記

一、本期定二個月爲滿
一、自二月二十日起開始教育至四月二十日
一、教育日數除星期外共計五十二天
一、每星期一上午做紀念週星期六下午抽習各科不計外共計學科二百〇八小時術科二百七十四小時

(六)長警補習所警長第二班術科預定計劃回數表

二十二年二月二十日

課目	回數	進度
徒手各個教練	20	立正稍息停止間轉法(半面)步法行進間各種轉法(半面)斜進行
徒手班教練	12	正齊法立正稍息轉法變換方向及隊形行進間轉法及隊形方向之變換餘行進
持槍各個教練	12	立正稍息轉法槍法裝退子彈各種預備放瞄準步法行進間各轉法(半面)(注意槍之位置及姿勢)
持槍班教練	13	正齊法立正稍息轉法槍法裝退子彈各種預備放瞄準隊形方向之變換直行進斜行進及行進間各種轉法隊形之變換散兵及衝鋒
排教練	10	正齊法(用向導)其餘動作與班教練同散兵及衝鋒
器械體操	16	鐵杠曲肘懸垂舉腿上單掛肘上掛腿上臂力上(注意姿勢)
陸軍禮節	2	室內外之敬禮及持槍敬禮隊伍行進時遇見長官及隊伍遇着隊伍之敬禮(注意注目)
瞄準	2	架上瞄準

附一、本期定二個月爲滿

八

附記

一、自二月二十日起開始教育至四月二十日
一、教育日數除星期外共計五十二天每天兩回
一、每星期一上午做總理紀念週星期六下午抽習各科不計外共計八十七回每回二小時一百七十四小時

(七)長警補習所警長第二班作息時間表

上午	下午
起床五點四十分	第五節一點至一點五十分
點名五點五十分	第六節二點至二點五十分
呼吸運動六點至七點	第七節三點至四點五十分
早膳七點十分	晚膳五點三十分
第一節八點至八點五十分	自習六點三十分至八點三十分
第二節九點至九點五十分	點名八點四十分
第三節十點至十點五十分	就寢八點五十分
第四節十一點至十一點五十分	息燈九點
午膳十二點	

(八)警長訓練班第二班警長姓名表

局所別	姓名	局所別	姓名
第三分局	龔賓達	第五分局	許傳鼎
第六分局	潘信慶	第十分局	姜長安
第一分局	奚遠亮	第十三分局	余清揚
第三分局	荀賓庭	第二分局	鄭耀卿
第九分局	陶鑄九	第八分局	彭希年
第二分局	顧烈武	第一分局	徐棨生

第一分局	吳 權	第七分局	錢 選
第四分局	朱起寶	第四分局	陶子江
第十二分局	趙匡漢	第十一分局	虞無畏
第三分局	袁桂芳	第九分局	張起勇
第六分局	劉振標	第九分局	黃燊貴
第六分局	王寶齋	第四分局	王振斌
第二分局	蕭同生	第五分局	陳人麟
第七分局	華炳卿	第一分局	吳新柯
第一分局	金啟南	第一分局	胡文秀
直一分駐所	吳聲梅		

本年五月五日，仍繼續抽調各分局所警士計四十一名到局訓練；並延長訓練時間，每期定爲四個月，以期各學警訓練後能夠實際担當警察所應盡的事業。本期課程已有更改，茲將課程表，時刻表，教官姓名表，學警姓名表等分列於下：

(一)長警補習所學術科預定時間表

科別	課目	教授時間	教官姓名
學科	黨義	二十二小時	孫 灝
	約法	十一小時	季念如
	警察要旨	二十七小時	陳 浩
	警察法令	四十四小時	湯名川
	警察勤務	三十一小時	沈濟舟
	違警罰法	四十小時	吳兆莘
	交通警察	二十三小時	湯名川
	衛生警察	二十四小時	顧頌勛
	戶籍警察	二十二小時	張濟倫
	外事警察	十八小時	張 逸
	司法警察	十八小時	張 逸
	偵探學摘要	二十二小時	張 逸
	刑法大意	四十四小時	吳兆莘
	自治法摘要	二十小時	程 序
	市政概論	十八小時	唐石禹
	無錫地理	二十小時	范 灝
	步兵操典	二十小時	金式郁
術科	術科（另表）	一百九十五小時	謝幹臣
附記	一、本期定四個月爲滿 一、自五月十七日起開始教育至九月十六日 一、教育日數除星期外共計一百〇六日 一、每星期一授學科四小時術科一小時餘均日授學科四小時術科二小時共計學科四百二十四小時術科一百九十五小時		

(二)長警補習所術科預定計劃回數表

二十二年五月十七日

科目	回數	進度
徒手各個教練	22	立正稍息停止間轉法(半面)步法行進各種轉法(半面)斜行進
徒手班教練	14	正齊法立正稍息轉法變換方向及隊形行進間轉法及隊形方向之變換斜行進

持槍各個教練	14.5	立正稍息轉法槍法裝退子彈各種預備放瞄準步法行進間各轉法（半面）（注意槍之位置及姿勢）
持槍班教練	15	正齊法立正稍息轉法槍法裝退子彈各種預備放瞄準隊形方向之變換直行進斜行進及行進時間各種轉法隊形方向之變換散兵及衝鋒
排教練	12	正齊法（用向導）其餘動作與班教練同散兵及衝鋒
器械體操	16	鐵杠曲臂懸垂舉腿上單掛肘上單掛腿上臂力上（注意姿勢）
陸軍禮節	2	室內外之敬禮及持槍敬禮隊伍行進時遇見長官及隊伍遇着隊伍之敬禮（注意注目）
瞄準	2	架上瞄準

附記

一、本學期定四個月爲滿

一、自五月十七日起開始教育至九月十六日

一、教育日數除星期外共計一百〇六天

一、每星期一一回每回一小時餘均每回二小時共計九七，五百回一百九十五小時

（三）長警補習所作息時間表

二十二年五月十七日

上午	下午
起床四點三十分	第四節二點至二點五十分
點名四點五十分	第五節三點至三點五十分
第一節五點至七點	自習四點至四點五十分
早膳七點三十分	晚膳五點
第二節八點至八點五十分	戶外運動五點三十分至七點
第三節九點至九點五十分	點名七點三十分
自習十點至十一點	就寢七點四十分
午膳十一點三十分	熄燈八點

一〇

（四）學警姓名表

局所別	姓名	局所別	姓名
第十一分局	杜培鈺	第九分局	湯惠忠
第十四分局	王希聖	第十六分局	胡春生
第十三分局	吳其安	第十二分局	張開業
第八分局	陳斌	第五分局	李粹如
第一分局	程遠明	第一分局	費志金
第十六分局	郭世藻	第八分局	周榮宗
第六分局	徐彪	第二分局	徐文安
第五分局	郭有喜	第三分局	卜贊潤
第七分局	朱金晉	第七分局	王克臣
第一分局	張時達	第三分局	彭椿
第十二分局	趙逸仙	第四分局	苗玉璣
第一分局	吳錫芝	第七分局	朱翼心
直一分所	朱鏞英	第十三分局	薛桂生
第十五分局	陳鳳林	第八分局	張國威
第五分局	祁鵬程	第十四分局	李澤深
第一分局	張樹森	第十分局	陳思漢
第十五分局	趙錫光	第九分局	楊春和
第二分局	李茂生	第七分局	周金壽
第十一分局	袁光明	第四分局	張福華

第九分局　趙雨霖　　第五分局　賈景周
第七分局　馬巧根

所有警長訓練班，及本期學警訓練班，均由教務主任張逸主其事；其餘負責訓練的教官，都是由本局的職員兼任，完全義務的，訓練方面注重精神教育，俾各長警明瞭警察的人生觀，注重自身人格與道德的培養；同時並注重各個長警內外勤務的實習，以增加各長警服務的經驗。故每星期必由教官分組帶出實習一次，以便將來服務時，能夠克盡厥職。

在過去的一年中長警補習所辦理經過情形，已如上述。本局又以單靠長警補習所教育，效力尚不能普及，所以一面服務，一面還是需要訓練。故於本年二月份起，通令各分局所每天應由分局長局員對於全體休息長警，授以學術課一小時。並規定的週訓練科目表，週呈報，其表式如下：

無錫縣公安局第一分局第七週長警教育實施預定科目表

月日	星期	上午 學科	下午 術科	備考
4/24	一	黨義	伍教練裝退子彈	
4/25	二	勤務要則	伍教練主射預備放	
4/26	三	違警罰法	小排教練	
4/27	四	警察要旨	伍教練裝退子彈	
4/28	五	衛生警察	伍教練主射預備放	
4/29	六	警察法令	小排教練	
4/30	日	精神講話	複習	
附記				

中華民國二十二年四月二十四日

本邑警察係取散在制，分駐城鄉各處，所以各分局所長警很少集中的機會。本局爲求指揮及訓練統一起見，於本年四月七日起復通令城區各分局所每星期調集全體退勤長警在公共體育塲會操一次並趁這個機會，和他們講講話，要他們養成精神革命化，行動紀律化。

一年以來，本局對於設施長警教育不遺餘力，但功效仍未能十分顯著。這是因爲受過訓練的警士還是少數，一方面於現在一般警士，多數是半路出家，根本沒有什麼警察學識，補進來的時候，又沒有受個相當的訓練，當然是不免品類不齊，意志不一的。本局有鑒於此，認爲警士必須招考，經過考試及格後，還須受過相當時間的訓練，然後派出去服務，這就好得多了。所以去年曾擬設立募警教練所後呈請縣府核示，亂以限於經費，未能實現。但是本局認爲募警教練所是有設立之必要，所以在二十二年度的本局預算裏，頓把他列入，俟預算核准，就可設立。有了這個初步警察教育機關，倘能認眞辦下去，未來的無錫警察，當可漸趨進步，整頓無錫警察，胥在於是。

現在把本局去年爲擬設立募警教練所呈縣府的原文，附錄在此，作個結束。

「呈爲擬設募警教練所附呈章程預算仰祈鑒賜核准事竊以警察爲訓政之工具舉凡國家大小之政務與夫社會各種之事業無不息息相關賴其推進苟警察不良則凡百事業無從進展此總理所以規定訓政時期警衛首宜辦理妥善者也本邑地居京滬中心爲全省之樞扭車馬輻輳人物薈萃觀瞻所繫警察改善尤刻不容緩查過去警察之以萎靡不振之原因良由於知識之淺薄與夫缺少相當之訓練所致茲擬倣效北平上海南京杭州各處之辦法設立募警教練所按期招募新警施以教育暫定兩個月爲一期期滿考試合格者然後派往各分局服務各分局不得濫行開補如是則用人訓練均歸統一警士卽無倖進之心而青年有志之士亦有應募投効之機會實爲改善警察之根本要圖所需經費擬請卽由本局臨時費項下支撥是否有當理合擬具章程預算備文呈請仰祈鈞長鑒賜核准俾便早日實施並轉報民政廳備案實爲公便謹呈」（章程預算略）

衛生行政

本局辦理衛生行政之概況

顧頌勛

吾錫地處京滬中樞，人口號稱百萬，然而考察過去衛生行政，較之國內各大城市，瞠乎其後。考其原因，當局之因循，固屬一因，而經費之支絀，人民之缺乏公共衛生常識，與夫街道建設之落伍，皆為最大原因。在民國十六年前，警察所對於衛生工作，罕有注意。城廂內外市街垃圾污穢，祇由無錫市公所設有清道夫數名，以負清掃之責，收效亦僅。以是街頭巷尾，穢物層積，而人民隨地小便，孩童臨街大解，亦屬司空見慣，熟睹無異。馴至熱鬧市街，廁所林立，糞便狼藉，雖臭氣薰天，而人民且視為獲利最厚之生產品焉。衛生之宜否，一般居民，固未嘗講求及此也。迨夫北伐完成，無錫設市政廳，警察所改為公安局，設有衛生一科，專注力於衛生事業。鑒於錫邑之私廁林立，足為傳播疫癘病菌之媒介，力求改善。其時市政廳長孫新吾亦鑒及此，爰本建設先須破壞之旨，將市內私廁之位於交通要道，以及廁址較大者，僱工打毀，雷厲風行，取締頗嚴。惟是時公廁未有相當籌建，而公安局亦以經費無着，相繼改組，雖抱改進之心，未獲悉如所懷也。而私廁之主，大都豐衣足食，有潛勢力，故不久其打毀者，仍復舊觀，人民怙其私利薰心，有習其術為糞閥者。是為過去無錫辦理衛生行政，對於私廁一部分第一期之工作也。民國十七年，縣公安局長包明芳，奉令來錫，對於警政方面，力圖革新，而於衛生工作，尤多擘劃。如私廁之據人民告發，及查覺過分污穢者，切實取締，或加改良，或令填塞。責令飲食物店，置備紗罩，以防蠅蚋飛集，並隨時檢視。復鑒於錫市街頭巷尾之垃圾污穢，層層相積，無適當之容器，乃擬具計劃，於街巷里衖相當地點，建築水泥質垃圾箱。惟經費闕如，爰商請紳商，慨予捐助。其時邑中紳商領袖，略無吝色，未閱月，已捐千數百元。即僱工建築水泥質鐵門垃圾箱，凡一百七十九只。費時半載，相繼建竣，次第編號，用戶稱便。復與市救產委員會籌商添增清道清河

衛生行政

伕役，及撤運垃圾船只，督促辦理，藉爲防止疫癘之初步工作。此爲錫市辦理衛生工作之第二時期，雖無卓著之成效，而於街巷之清潔，已迥異往昔矣。

迨十八年夏，蘇民廳以無錫市方面人口，幾及二十萬，合於普通市組織範圍，令縣長孫祖基，兼任無錫市政籌備處主任。至是舉凡地方各項行政，盡力銳進，而於衛生行政，亦努力進展。如擴充清道清河夫役，增設垃圾船。又劃分無錫市衛生爲五區，以城中爲第一區，北門外爲第二區，東南兩門外爲第三區，西門外爲第四區，周山浜爲第五區。並設衛生指導員五人，攷試去取之，由籌備處直接指揮，轉飭指導員分區負責，督率辦理。又訂服務獎懲規則，加以考成。舉凡對於各種衛生制遏預防等各種手段，悉依法規辦理。夏令虎列拉猖獗，則注射霍亂預防液。舉辦免費普遍之接生婆訓練班，灌輸接生婆以接生新學識。調查中西醫院及西藥房，籌辦各項登記。復謀私廁改良之方，將應行改良處所，張貼警告條，並將改良各點，分別註明，限期改建。他如人民店肆有關於衛生違警行爲，予以通知單。倘或通知無效，再予警告。警告無效，傳案處罰。良以一般人民對於衛生常識異常薄弱，不得不循序漸進，徐圖普及，是爲無錫辦理衛生工作之第三時期。

十九年六月，蘇民廳將普通市一律撤消。無錫市政籌備處，亦同告結束。各部事務移交各主管機關分辦，其於衛生行政一項，即於七月間，歸併本局辦理。所有衛生指導員，及清河清道伕役船只文件卷宗，悉由本局接收。所有工作，蕭規曹隨，繼續奮進，對於私廁仍從嚴警告，責令改建。熱鬧地點之露天糞缸，則勸導填塞，不聽者予以搗毀。其於荒僻處所，須令合法建築，並加覆蓋。是露天糞缸，已不復觸於眼簾，而市容觀瞻，亦形稍佳。惟於搗毀露天糞缸之初，南里某戶，乃以糞缸搗毀，竟將糞便，傾入河中。事後雖加以懲處，然民衆之缺乏公共衛生觀念於可見矣。越三月，市款產管理委員會以衛生經費，與收入項下，相差殊鉅，以前按月九百餘元者，遞減至五百元。不得已，將衛生指導員一律裁撤，並將清道清河伕役，汰弱留強，以符五百元支出原案。如是經費固不虞有虧耗，然錫市轄境廣闊，街巷里衖，所在皆是，欲藉此四十餘名之清道伕以清除街道之汚穢垃圾，更欲恃此不滿十名之清河伕以負清潔河道及撤運垃圾之責，顧此失彼，役力難繼。當是時，局長徐問粹，有鑒於是，爰經商於市款委會，每於夏令則增加衛生經費四百元，以備僱用臨時清道清河伕役，期限四月，藉於酷暑期間，協力清除，以免汚穢之堆積，病菌之滋生，所以重市民之健康，而防疫癘於未萌也。復於原有衛生經費項下，裁縮清道伕役，委任衛生專員一名，督察清道清河暨市區一切衛生工作。分局所則酌設衛生警察一名至二名，按日督率伕役，專事辦理市區清潔工作。更因衛生指導員，由五人而改縮爲衛生專員一人，清道清河伕役由六十餘人而改縮至卅餘人，恐各分局所主管，對於各該轄境以役力不足，而因循懈忽，特訂各分局所辦理衛生考成規則，以定獎懲。更訂衛生專員衛生警察清道清河伕役等各種服務獎懲規則，專案呈縣備案，公佈施行。迄至今日，瞬已二載餘，人數經費一仍其舊，而衛生行政事項，雖歷任更替，仍未或懈。去歲酷暑，更因市款委會經費支紺，臨時費又從四百元縮減爲三百元，時期又從四月而縮減爲三月。衛生經費之短縮，視前益甚矣。

近邑人亦有鑒於衛生清潔事宜之衰落，有議創設清潔事務所者，擬以城廂內外，爲試辦區。其實施步驟，將以市內所有垃圾糞便，由清潔事務所僱用清潔夫，每日收取，即以此項收入，作爲清潔事務所之經費。並於市內每戶月繳清潔捐二角，所有私廁，一律塡塞，另建相當公廁。此議倡後，毀譽參半，計劃固未始不週。惟以錫市民衆對於公共衛生觀念大都薄弱，轉足發生重大之反響，欲求衛生工作之進展，戛乎其難。然年來本局衛生行政之設施，仍積極進行，未嘗稍懈，水泥留垃圾箱之年加修理，木質垃圾箱之年有增添，城內更添置垃圾車，以便撤運。其他如對於飲食物店之檢查，私廁之取締，注射霍亂預防液，流行性腦脊髓膜炎預防液，宣傳預防白喉，撲滅蚊蠅運動，努力奉行。收效頗大。並置備藥囊，分發各衛生警，以爲臨時救護之用。又召集衛生清道清河夫役，時加訓話，邇來衛生事業之粗具規模，固莫一非由上下一心，努力服務，有以致此也。本年一月，局座以清潔伕役，人數太少，掃除撤運一，殊感不週，特呈縣擬請將無錫市區內所有垃圾糞便，招商投標承包舉辦，即以投標所得金額，擴充編練清潔隊，專辦市區街道里巷橋樑河流溝渠清潔事宜。祇以陳前縣長格於錫市積習，恐難實現，致未成議。然目下衛生經費如是，衛生工作如是，日後果如何以永保邑人康健，其惟有本努力之精神，切實做去。一般民衆私利雖重，而好生惡死，亦屬常情。以不講求衛生而漸沾染成病，而傳疫癘，漸至糜其費，而促其壽，孰輕孰重，愚頑均解。自當先從普遍宣傳衛生清潔如何之必要，與夫公共衛生之宜如何注意，務使一切陋習，革除盡淨，俾衛生清潔之計劃得以實現。進而對於衛生行政方面，舉凡各種制遏手段，預防手段，人物的預防設施，逐步推進。同時希望建設當局，拓寬市內緊要幹道，庶市容整肅，而衛生事業亦得推行無阻。由城及鄉，遍於全邑，足爲鄰縣之楷模，願與邑人樂觀厥成。

無錫縣公安局第二科衛生專員工作日報表

巡視路線地段　　檢查事項
街道河流溝渠清潔狀況　　報告衛生違警案件
菜場垃圾清潔情形　　指導改進及宣傳事項
居戶商店及公共場所清潔狀況　　清道清河夫役告假者
清道夫清河夫工作情形　　賞罰事項
奉查案件　　復查案事
中華民國二十一年　月　日　衛生專員　印

無錫縣公安局市區清道伕清河伕人數統計表

職別＼人數＼局別	第一分局	第二分局	第三分局	第四分局	第五分局	第六分局	直轄第一分駐所	合計
清道夫	一四	五	四	五	六	四	二	四〇
清河夫	六	二	〇	二	二	〇	〇	一二
總計	二〇	七	四	七	八	四	二	五二

衛生行政

四

無錫縣公安局市區垃圾箱統計表

局別　口數　質料	第一分局	第二分局	第三分局	第四分局	第五分局	第六分局	直轄第一分駐所	合計
水泥	57	23	15	12	39	27	12	185
木質	54	2	2	14	4	1	5	82
總計	111	25	17	26	43	28	17	267

無錫縣公安局市區私有坑廁統計表

區別　只數　名目	第一分局	第二分局	第三分局	第四分局	第五分局	第六分局	直轄第一分駐所	總計
坑廁	274	50	176	152	54	62	16	784
備註	露天糞缸尿桶業已一律取締不准設立							

無錫縣公安局市區垃圾車船數統計表

局別　數　名目	第一分局	第二分局	第三分局	第四分局	第五分局	第六分局	直轄第一分駐所	合計
垃圾車	一	〇	〇	〇	〇	〇	〇	一
垃圾船	三	一	〇	一	一	〇	〇	六
備註	每船有清河夫二人上下午撤潑垃圾兩次至夏令時河面瓜皮穢物增多另僱臨時船只協同清河垃圾車則仍由清河夫兼事拖運							

無錫縣公安局區域各分局所夏令添雇清道清河伕暨船隻支配一覽表

局別　類別	添雇清道伕人數	每月餉銀	添僱清河伕人數	每月餉銀	添僱船只	每月租金	說明
第一分局	七名	五八 一〇〇	六名	四九 八〇〇	三只	一五〇〇	清道清河夫每月餉洋八元三角敞船每月租金洋五元
第二分局	四名	三三 二〇〇			—		
第三分局	四名	三三 二〇〇			—		
第四分局	三名	二四 九〇〇			—		

第五分局	三名	二四九〇〇	二名	一六六〇〇	二只	五〇〇〇
第六分局	二名	一六六〇〇				
直轄第一分駐所	二名	一六六〇〇				
合計	二十五名	二〇七五〇〇	八名	六六四〇〇	五只	二〇〇〇〇
備註	添雇清道夫二十五名共計月餉洋二百〇七元五角清河夫八名月餉洋六十六元四角添敞船四只月租洋二十元餘洋六元一角作爲衛生項下支撥雜費之用以上合計三百元					

無錫縣公安局市區清道伕花名暨清潔地段表

局別	清道伕姓名	舊有或臨時	清潔地段	備考
第一分局	王懷香	舊有	由新西門直至新市橋止	
	劉金生	舊有	崇安寺第一小菜場全部	
	徐桂香	舊有	由北盛巷經過中南戲院門前至光復門止	
	徐登山	舊有	由寺巷口起經過觀前街殿岸上熙春街至東門口止	
	張阿二	舊有	由寺後經過崇安寺圖書館週圍南盛巷含秀橋止	
	奚達根	舊有	由大市橋東堍向北經過施炭街寺巷橋縣下塘天王廟弄止	
	潘九珍	舊有	由老北門口起經過書院弄倉橋盛巷橋止	
	張福香	舊有	由大市橋西經過迎迓亭大成巷連元街至北水關止	
	金阿大	舊有	由橋斜南堍向南至小南海止	

衛生行政　五

衛生行政

陶漢珍　舊有　由水獺橋經過中市橋南市橋南門口止
成玉同　舊有　由鳳光橋南起直達小南海止
滕阿二　舊有　由水獺橋經過公安局新街巷西水關止
吳萬生　舊有　由青果巷經過東大街西大街日暉巷老西門口止
李興和　舊有　由鳳光橋經過大婁巷八兒巷含秀橋斜橋大河上止
張朝貴　臨時　由沈果巷經過石皮巷法院週圍營橋巷止
陳　朋　臨時　由小婁巷經過將軍橋新廟前神仙橋福田巷小河上止
李福堂　臨時　由中市橋至新橋巷水獺橋止彙專掃公安局
周忠信　臨時　由新西門經過水定橋西河頭電話公司太平巷止
周文義　臨時　由老西門日暉橋迎溪橋毛枠橋周巷老縣前止
周有餘　臨時　由錫成公司經過書院弄劉撫院黃泥橋止
蔡俊德　臨時　由打鐵橋經過沙坟端城腳根頭弄止

第二分局

鄧銀光　舊有　由東新路口起至光復橋前太平巷吉祥橋通運路萬前路漢昌路工運橋止
談阿二　舊有　平巷吉祥橋通運路萬前路
顧德章　舊有　漢昌路工運橋止
傅阿俊　舊有　由光復路齊華街老戲館黃泥橋止
張阿二　舊有　由慶陞戲園門前起至東新路中正路後太平巷止
石字典　臨時　由交際路起至通匯橋樂泉門前萬巷上止
朱念文　臨時　由有惠里起至南長康里後中正路

六

楊明山	臨時	乾德里孟淵街梁溪路前中正路挑水街止	
陳鴻聲	臨時	専挑垃圾	

第三分局

張阿二	舊有	由棉花巷起至水仙廟止	臨時由日暉橋起
楊福田	舊有	由棉花巷起至羊腰灣止	臨時由大公橋下塘起
姚阿五	舊有	由帶鈎橋起至談渡橋止	臨時由黃泥垺起
姚長樓	舊有	由興隆橋起至羊腰灣止	臨時由下塘起
葛阿二	臨時	由日暉橋起至黃泥渡止	
嚴啟照	臨時	由黃泥橋起至黃泥垺南門灣轉薛家灣止	
王阿四	臨時	専運垃圾及掃除各巷弄	
陳阿大	臨時	専司挑運垃圾	

第四分局

顏　大	舊有	由上碼頭劉源聚魚行門首直至水關橋第四局在內	以上歸入第一段
陳玉珍	舊有	由西城門口起經過吊橋到德心橋魚行街至倉橋止	以上歸入第二段
蔣阿大	舊有	由倉橋起直至新新旅社門首向西進街由油車街路錦記廠河沿至龍宮門前止	以上歸入第三段
李　鑫	舊有	由新新旅社南首起直向顯應橋西新橋迎龍橋下馬路直向小木橋止	以上歸入第四段
荀珠江	舊有	由鴻茂盛肉店前直向西直街壩橋棉花巷張桐大律師門首止(附陳打鼓街小倉街河下等處)	以上歸入第五段
孟慶貴	臨時	由錦記工房路向倉浜德心橋取締所小菜場體育場馬路直至張桐大律師處轉灣向興隆橋陸右豐側門首止	以上歸入第六段
陳阿傑	臨時	由陸右豐側門直向五里街至惠山全鎮各街道一應在內	以上歸入第七八段

衛生行政 七

衛生行政

	管大	臨時	仝上
第五分局	陳鳳懷	舊有	由江陰巷口起至老天保棧止
	沈鏞	舊有	由天保棧起至三里橋止
	潘阿大	舊有	由黃泥橋起至笆斗街壇頭街布行街止
	王桂林	舊有	由通濉橋起至小菜場小泗房弄積餘街止
	徐秀文	舊有	由顧橋起至本分局門口止
	王寶林	舊有	由吊橋起至大橋止
	莊阿大	臨時	由蓮華弄起城門口吊橋芋頭沿河蔴餅沿河止
	鮑玉賢	臨時	由積餘街起至蔡家弄張成弄接口亭止
	沈玉書	臨時	由分局門口至灣巷江陰南口止
第六分局	吳崇喜	舊有	工運橋起惠農橋止
	陸作林	舊的	惠農橋市場至錫澄路口
	陸少昭	舊有	華盛頓北新橋至小菜場
	魏阿三	舊有	長寧橋至長源鎮止
	劉國正	臨時	鐵路飯店起華盛頓止
	陸少玉	臨時	小塲菜起至長寧鎮止
直一分駐所	周德義	舊有	夘子橋東堍起至小枋橋向南至隆昌絲廠向東至通隆橋止
	周阿大	舊有	楊李巷口至小菜場向西至東吊橋止
八	仝上		

	施惠祥	臨時	廷壽司殿起至張福興門前止	
	姚成勝	臨時	盛康米店門口起至亭子橋西堍止	

無錫縣公安局清河伕姓名暨清潔地段表

局別	清河伕姓名	舊有或臨時	清潔地段	備考
第一分局	顧鴻枝	舊有	崇安寺及小菜場全部	
	陳萬春	舊有	由安寺向北門沙坟端光復門等處	
	顧阿大	舊有	仝上	
	陳阿二	舊有	仝上	
	秦阿大	舊有	由大市橋經三下塘至東門口止	
	秦阿五	舊有	仝上	
	顧阿二	臨時	由大市橋向南至小南海南門止	
	顧阿三	臨時	仝上	
	吳阿二	臨時	由大市橋向西經第二派出所至西門止	
	吳阿三	臨時	仝上	
	蘇阿大	臨時	遊行	
	蘇阿毛	臨時	仝上	
第二分局	沈阿大	舊有	城外沿河一帶	
	王阿三	舊有	仝上	

衛生行政

九

第四分局	顏禮壽	舊有	境內垃圾箱暨河道清潔
	薛筱嵐	舊有	仝上
第五分局	朱在保	舊有	船一隻由江陰巷口河邊至顧橋止
	朱在卷	舊有	仝上
	王阿大	臨時	船一隻由江陰巷口河邊至三里橋止
	王留成	臨時	仝上

一〇

以上歸入第九段

無錫縣公安局所屬各分局所辦理衛生考成規則

第一條　本局所屬各分局所辦理衛生事項悉依本規則考核之

第二條　應受考成之人員如左

一、分局長

二、直轄分駐所巡官

三、分駐所巡官

第三條　考成之方法如左

一、獎勵

二、懲戒

第四條　獎勵分為四種

一、升用

二、進級

三、記功

四、嘉獎

第五條　懲戒分為四種

一、撤職

二、降級

三、記過

四、申誡

第六條　應行獎勵之事項如左

一、該管區內對於街道河流橋樑溝渠水井菜場廁所等永久保持清潔斐然可觀督促衛生警察克盡厥責者

二、管城內垃圾箱按日撤除無有堆積者

三、關於區內公共衛生時加勸導宣傳均無違犯者

四、辦理其他衛生事項處置適當成效卓著者

第七條　應行懲戒事項如左

一、該管區內對於街道河流橋樑溝渠水井菜場廁所等常任污穢惡濁凌亂無序放縱衛生警察廢弛職責者

二、管城內垃圾箱堆積垢墩數撤不飭撤除者

三、關於區內公共衛生不加勸導宣傳大都違犯者

四、辦理其他衛生事項處置失當聲譽惡劣者

第八條 獎懲之規定由本局長或令第二科隨時查察各該區內辦理衛生之成績若何予以考核而定獎懲

第九條 獎懲之程序依左列各款行之

一、本局長或令第二科隨時查得應獎應懲事項時得呈請縣政府酌量獎懲但不適用於第四條第三四兩款及第五條第三四兩款

二、各分局長各巡官具有應獎應懲事項得由本局長酌量獎懲分別傳令遵照並飭第一科登記但不適用於第四條第一二兩款及第五條第一二兩款

第十條 第四條第二款及第五條第二款之進級或降級得依其現任之俸給進支或降支一級

第十一條 第四條第三四兩款之記功獎勵與第五條三四兩款之記過申誡之處分得以互相抵銷

第十二條 本規則所定之懲戒事項其涉及刑事範圍者得依刑事法規之規定

第十三條 本局長或令第二科將隨時查察所得之獎勵除第四條第一二兩款第五條一二兩款另文呈請核奪外按月月終分別具報 縣政府備查

第十四條 本規則自呈奉 縣政府核准後施行之

無錫縣公安局衛生專員服務獎懲規則

第一條 本局為市區公共衛生及督飭清道夫清河夫清除街道河流起見除各分局所設置衛生警察二名至四名外特設衛生專員二人至三人

第二條 衛生專員由本局第二科分派視察各分局所區內辦理衛生事務並遵照本規則之規定勤慎服務

第三條 衛生專員秉承第二科科長暨各分局所主管之命辦理各分局所區內勸導檢查取締及處理一切衛生事項其服務之勤惰悉依本規則獎懲之

第四條 衛生專員之職務規定如下

一、訓練各分局所清道夫清河夫清潔道路橋梁河流溝渠水井菜場廁所等及指導其應守之規則

二、稽巡考核各分局所區內清道夫清河夫工作之勤惰

三、檢查各分局所區內清道夫清河夫所用之工具及制服

四、分配各分局所區內清道夫清河夫工作之路線造册分送第二科暨各該管分局所備查

五、訓練督飭及考核衛生警察工作

六、規定撤除垃圾箱堆積垃圾時間及搬運查察事項

七、取締小販攤担違犯清潔道路事項

八、取締糞夫糞船不遵規定時間工作

九、取締有碍衛生之營業

十、取締出售不潔或陳腐之飲食物

十一、取締滯頭廠染坊臨河漂洗傾洩色水

十二、取締封漆不嚴及質料單薄之棺柩露天浮厝

十三、取締未訓練畢業之接生婆及未領執照暨已吊銷營業執照之接生婆私行代人辦理接生業務

十四、檢查理髮店澡堂浴室飲食物店公共娛樂場所房宇墻

等違犯本局頒發之衛生暫行規則事項
十五、注意撲殺瘋犬及貓狗死屍之掩埋
十六、勸導市民按期佈種牛痘夏令注射防疫
十七、急救行人猝病中暑
十八、調査及宣傳預防各種傳染疾病
十九、調査區內市民生死及死亡原因
二十、勸誡市民商鋪不得隨意拋棄拉圾瓜皮菓殼及一切不潔物品
二十一、督率衛生警察辦理其他有關公共衛生事項
二十二、每日應將衛生警察及清道夫清河夫工作情形清潔狀況及其他辦理衛生事項塡入第二科工作日報表清潔狀況欄內以憑審核

第五條　衛生專員於出勤時遇有緊急事項應隨時以電話報告本局第二科並該管各分局所

第六條　衛生專員遇例假休息等日亦應親往各該分局所區段內梭巡視察

第七條　衛生專員於每星期一上午應與衛生警察召集全區清道夫逐段舉行大掃除下午召集全區清河夫逐段舉行淸河運動

第八條　衛生專員於每星期內應召集全區淸道夫清河夫於空曠場所訓話一次

第九條　各區清道夫清河夫遇有革退添補應審察其工作能力報告該管各分局所並本局第二科備查

第十條　各分局所衛生警察遇有革退添補除由該管長官呈送本局考驗核准外亦應報告本局第二科備查

第十一條　衛生專員應一律寄宿本局宿舍

第十二條　衛生專員如遇疾病或重大事故請假時須備具證明書報告第二科科長轉呈局長核准後方得離開職守其職務由局長派員代理

第十三條　衛生專員須一律穿着本局規定式樣之制服

第十四條　衛生專員具有左列各項者得給予獎勵
一、操守廉潔訓練有方遇事勤奮著有勞績者
二、預防疾疫救護病人不避艱險著有實效者
三、取締檢査辦理適當輿情翕服者
四、街道河流溝渠橋樑垃圾箱永久保持清潔者
五、辦理其他一切衛生事項聲效卓著者

第十五條　奬勵分左列四種
一、升用
二、進級
三、記功
四、嘉奬

第十六條　應受奬勵者由本局長交第二科科長核其勞績之大小分別依照前項各款行之並飭第一科登記傳令遵照

第十七條　衛生專員其有左列各項者得予以懲戒
一、工作不力品行不端有受賄行爲徇情袒庇毫無成績者
二、預防疾疫救護病人臨難退縮致釀事端者
三、取締檢査辦理失當輿情惡劣者
四、街道河流溝渠橋樑垃圾箱汚穢充斥廢弛職責者
五、辦理其他一切衛生事項均不適合者

第十八條　懲戒分左列四種
一、撤職
二、降級
三、記過
四、申誡
第十九條　應受懲戒者由本局交第二科科長核其情節之大小分別依照前條各款行之並飭第一科登記傳令遵照
第二十條　第十五條第二款進級及第十八條第二款降級得依照現任之俸給進支或降支一級
第二十一條　第十五條第三四兩款記功嘉獎與第十八條第三四兩款記過申誡之處分得以互相抵銷
第二十二條　本規則所定懲戒事項其涉及刑事範圍者除依照第十八條第一款辦理外得另送司法究辦
第二十三條　衛生專員平日工作應由本局長或令第二科科長隨時查察以資考核而憑獎懲
第二十四條　衛生專員凡在職因公致傷殘廢或死亡得酌量情形由第二科呈請局長轉呈　縣政府分別撫卹之
第二十五條　本規則自呈奉　縣政府核准後施行之

無錫縣公安局城區各分局所衛生警察服務獎懲規則

第一條　本局為市區公共衛生及監督清道夫清河夫清除街道河流起見各分局所設置衛生警察二名至四名
第二條　各分局所選派之衛生警察其服務之勤惰均依照本規則獎懲之
第三條　衛生警察秉承該管長官及衛生專員之命於各區內辦理一切衛生事務
第四條　衛生警察之職務規定如下
一、督率本區清道夫清河夫清潔街道橋樑河道溝渠水井菜場廁所等項
二、規定撤除垃圾箱堆積垃圾時間及搬運查察事項
三、按時監督本區清道夫清河夫工作之勤惰
四、檢視本區清道夫清河夫所用之工具及制服
五、勸誡市民商舖隨意拋棄垃圾瓜皮果殼及一切不潔物品
六、取締小販攤担違犯清潔道路事項
七、取締糞夫糞船不遵規定時間工作
八、隨同協助衛生專員取締有碍衛生之營業
九、隨同協助衛生專員取締不潔或陳腐之飲食物品
十、勸導市民按期佈種牛痘夏令注射防疫針
十一、調查及宣傳預防各種傳染疾病
十二、急救行人猝病中暑
十三、調查本區市民生死及死亡原因
十四、取締未經訓練畢業之接生婆及未領執照暨已吊銷營業執照之接生婆私行代人辦理接生業務
十五、注意撲殺瘋犬及貓狗死屍之掩埋
十六、取締封漆不嚴及質料單薄之棺柩露天浮厝
十七、隨同協助衛生專員檢查理髮店澡堂浴室飲食物店公共娛樂場所屠宰場衛生事項

十八、取締滯頭廠在公共緊要河道漂洗滯頭及染坊擅將色水傾洩河內臨河漂洗

十九、辦理其他有關公共衛生事項

二十、每日應將清道夫清河夫工作勤惰情形區內清潔狀況及其他辦理關於衛生事項報告該管主管審核

第五條　衛生警察出勤時遇有緊急事項應隨時以電話報告各分局所並公安局第二科

第六條　衛生警察於每星期一上午督視清道夫逐段集合舉行大掃除下午督飭清河夫逐段集合舉行清河運動

第七條　衛生警察如因重大事故或疾病請假時須備具證明書呈請該管各分局所主管核准報告衛生專員後方得離職所有職務由該分局所另派代理

第八條　衛生警察須一律穿着制服並將符號標記等類分別依序備掛以資識別

第九條　衛生警察具有左列各項者得給予獎勵

一、辦事勤奮著有勞績者

二、預防危險著有實效者

三、救護病人不避艱險者

四、取締檢查辦理適當者

五、街道河流溝渠橋樑垃圾永久保持清潔者

第十條　獎勵分左列三種

一、升用

二、進級存記

三、記功或嘉獎

第十一條　應受獎勵者由各該管主管核其勞績之大小依前條各款行之

第十二條　衛生警察具有左列各項者得予以懲戒

一、畏難退縮秉性怠惰者

二、臨危不救致肇禍端者

三、救護病人不盡職責者

四、取締檢查存心偏袒者

五、街道河流溝渠橋樑垃圾積污穢充斥廢弛工作者

第十三條　懲戒分左列三種

一、撤職

二、降級

三、記過

第十四條　應受懲戒者由各該管主管核其情節之大小依前條各款分別呈請核准之

第十五條　衛生警察平日工作應由該管主管按旬查察加具考語月終彙報總局以資考成而憑獎懲

第十六條　衛生警察凡在職因公傷亡得酌量情形由各該區主管暨衛生專員呈請總局轉呈縣政府分別撫卹之並遵照本局第六次局務會議第四項辦理之

第十七條　本規則自呈請　縣政府核准後施行之

無錫縣公安局清道夫清河夫服務細則

第一條　本局雇用之清道夫及清河夫均應遵守本細則之規定服務

第二條　分派各分局所之清道夫清河夫須受各該分局所主管及衛生專員暨衛生警察之訓練監督指揮

第三條　清道夫清河夫之工作範圍如左

甲　清道夫

一、凡境內道路橋樑溝渠水弄菜場廁所等處均應按時掃除沖洗挑運或疏通之

二、清道夫工作之分配由衛生專員及衛生警察劃分清潔地段路線指定負責清掃撤運不得推諉怠惰

三、清道夫每日上午應掃除街道二次不得偏重老頂替

四、掃積垃圾污物應逐日挑運淨盡

五、當陰雨時須掃除積水疏通溝渠冬日下雪時須於上午八時前掃除道路積雪

乙　清河夫

一、清河夫以一船兩人爲一組每組工作之路線由衛生專員及衛生警察分配指定不得推諉怠惰

二、清河夫應每日按時打撈河內浮起菜葉瓜皮柴草及一切穢物並裝運垃圾箱內及指定堆積之垃圾

三、清河夫每日應裝運垃圾二次不得雇童老頂替

四、清河夫對於河旁岸灘上隨意堆積之垃圾應掃除裝運淨盡並將地點轉告衛生警察或衛生專員隨時禁止或取締

五、清河夫應按時將船只停歇在指定之處不得擅自移作他用

第四條　清道夫清河夫之工作時間規定如下

一、工作時間自黎明起至十時下午自二時起至日落止但於必要時得加班工作

二、在工作時間內不得擅離他去

第五條　清道夫清河伕工作時不得違犯左列各款情事

一、不着制服

二、工作懈怠

三、向行人及行船爭道肆意詈罵

四、聚談或高歌

五、以污物水土潑濺道路行人及河道兩旁碼頭居民

第六條　清道夫清河夫如有要事或疾病時須向各該分局所主管告假准許後方得停止工作

第七條　請假過二日以上者應另覓年富力強之人代替工作但不得過一月逾期即除名雇補

第八條　凡已准假之清道夫清河夫應將所用之工具及制服移交替人不得隨便攜去

第九條　清道夫清河夫所用各項工具及船只制服等須加意愛護每日工作後並應洗刷整潔不得損壞或拋棄

第十條　清道夫清河夫如工作勤奮者經本局衛生專員查明後得請第二科獎賞之

第十一條　清道夫清河夫如因公致傷或殘廢死亡者得由本局酌量撫卹之

第十二條　清道夫清河夫如有違犯本細則者一經查明後得由第二科或該管分局所分別處罰或開除之

第十三條　本細則自呈縣核准後施行如有未盡事宜得隨時修正之

管理接生婆規則

第一條　凡中華民國女子非醫學校或助產學校畢業以接生為業務者統稱之為接生婆

第二條　接生婆須向營業地該管官署請領接生婆執照未領執照前不得開始營業

在本規則施行前開業者限于六個月內補領執照

第三條　接生婆須年三十歲以上六十歲以下耳目肢體及精神狀態均健全並無傳染病者始得請領執照

第四條　請領執照時應開具姓名年齡籍貫及接生年限營業地點連同半身四寸相片一張請呈核發但在無照相館地方得免繳相片領得之執照如有遺失毀損等情得呈請補發

第五條　地方官署得設臨時助產講習所令核准註册之接生婆分班入所練習教以左列接生必要之知識

一　清潔消毒法　二　接生法

三　臍帶紮切法　四　假死初生兒蘇生法

五　產褥婦看護法

前項傳習所委託醫院或醫學校助產學校辦理經費由地方稅項下撥給之

第六條　接生婆練習期定為兩個月授課時對於不識文字者應注重口頭講授

第七條　練習期滿成績優良者由該管地方官署核給證明書毫無成績者撤銷其營業執照

第八條　接生婆開業歇業復業及遷移死亡等事應於十日內由本人或其他關係人向該管地方官署報告

第九條　接生婆應於門首懸牌標明接生婆某氏字樣不得稱醫生或其他名目

第十條　接生婆對於姙婦產婦或胎兒生兒不得施行外科產科手術但施行消毒及剪臍帶之類不在此限

第十一條　接生婆應備接生簿載明產婦姓名年齡住址生產次數生兒性別等並保存五年以備查攷

第十二條　接生婆應於每月十日前依部定格式將前月份接生次數列表報告地方官署經民政廳或特別市政府彙轉內政部備案

第十三條　接生婆如違背本規則或於業務上有不正當之行為及重大過失除觸犯刑法者應受刑事處分外由該管地方官署予以撤銷執照或停止營業處分

第十四條　接生婆依本規則第七條第十三條受撤銷執照處分者應於三日內將執照向該管地方官署繳銷受停止營業處分者應將執照送由該管官署將停止理由及期限註明於該執照之背面仍交本人收執期滿後方准復業

第十五條　凡未領執照以接生為業及受撤銷執照或停止營業之處分仍執行接生業務者由該地方官署處以二十元以下之罰金

其以接生執照借予他人營業除撤銷其執照外並處以二十元以下之罰金借照營業者亦同

第十六查　各地方官署核發接生婆執照限於中華民國二十年十二月三十一日為止

第十七條　本規則自公佈日施行如有未盡事宜得隨時修正之

調查統計

調查統計

各分局所轄境街巷里街村莊名稱調查表（民國二十二年六月份調查）

第一分局

北門上塘街　堵家街　寺後門大市橋街　施墻門街
盛巷橋街　寺後門街　寺巷　清寧巷
崇安寺　北水關橋　永定橋　柳浪橋街
北門裏城脚　興隆橋　北門下塘街　道場巷
裏巷高墩　倉橋下　虹橋　黃石街
西河頭　天芝街　太定橋街　姚寶巷
大成巷　長大弄　迎元街　眞應道巷
永錫橋　蕪橋街　天太街　新市橋
迎迓亭　仲興里　前青院街　搖車灣
迎迓里　北門沙玟井　後青院街　所弄
錦樹里　縣前街　裏黃坭橋　縣下塘
興隆橋　槽坊街　白水蕩　大王廟弄
長大下　光復門裏城脚　後城頭弄　圓通路
虹橋下　新民路　前城頭弄　前盛巷
安仁巷　南陽里　化仁巷　許家街

映山河　花園街　硝皮巷　公園路
陽巷　遊師街　觀前街　東門裏城脚
後盛巷　圖書館路　東門裏城頭弄　熙春街
顧家弄　箬葉巷　惠巷　蘇家街
熙春街橫街　駁岸上　含秀橋　八兒巷
福田巷　田基浜　小婁巷　大婁巷
神仙橋　新廟前　斜橋橫街　小河上
大河上　師古河上　小木橋下　會龍橋下
鳳光橋下　西門裏城脚　太平巷　西鼓樓
廟巷　東鼓樓　石皮橋下　駐驄橋下
營橋巷　石皮橋　官街街　沈萸巷
遊泗街　西門西橫街　東大街　西大街
南門內上塘街　水曲巷　繡座司巷即育才街　南市橋巷底花園街
城頭街　南市橋巷　時郎中巷　佛學路
昇平巷　魚腥巷　學前街　學橋
虹橋　虹橋灣　中市橋上塘街　中市橋

北禪寺巷　南水關橋　致和橋　希道院巷
便民橋　小南海　二下塘街　南市橋
永興巷　沙巷　稅務前街　岸橋街
承賢橋　新開河　歡喜橋　歡喜巷
中市橋巷　鎮巷　三下塘街　花紮街
洞霓橋　念二房小石橋　罟煤浜　百歲坊巷
冉涇橋　槐樹巷　進士坊巷　小石橋
留芳聲巷　天官街　東河頭巷　小河上下岸
小紅橋　後西溪　皂筴街　宿家街
周巷　魚腥巷　靈官廟巷　毛道巷
萬福街　吳興巷　三鳳橋　水獺橋
藥王廟街　三皇街　青果巷　西水關街
黃石橋下　黃石橋街　塔坊橋下　貫橋街
堰橋下　湯巷　四郎君巷　七尺場
毛栫橋街　西溪下　日暉巷　老縣前
鑄冶巷　迎溪橋下　周橋　新街巷
學街　楊巷　錢家街　大虹霓橋
大虹霓橋直街　小虹霓橋　小虹霓橋街　荷花堂

第二分局

東城脚　北城脚　清眞寺路　挑水街
前中正路　東新路　永興里　平安里
東新街　惇裕里　知樂里　後中正路
仁安里　東治興里　魁如里　北長康里
南倉門　壽星里　醉德里　懋德里
同安里　北倉門　瑞陽里　見德里
乾德里　恆德路　東梁溪路　西村里
吉慶里　壽康里　南長康里　光復路
漢昌路　民生里　九餘里　九成里
張巷上　祥安里　萬前路　交際路
通運路　高陽里　有恩里　孟淵街
德裕里　北治興里　萬巷上　和樂里
敦仁里　九龍里　西梁溪路　冶坊場
壽星里　通淮路　王道人街　通淮橋東街
通匯橋西街　黃埿橋北街　新街街　喜春街
河埒里　河埒里街　香街　前太平巷
後太平巷　倉廳街　露華街　中和里
敬業里　南陽里

第三分局

日暉橋上段　灘頭上　陽川巷　老窰頭上段
日暉橋下段　南星路　牛街　老窰頭中段
奚家街里　黃埿港街　菴橋　老窰頭下段
南長街　小猪巷　定勝橋　邱家街
棉花巷　北長街　紅橋下　半邊街
談渡橋　小南門巷　鴨子攤　沙巷里
上崗上　薛家街　金鈎橋　山羊街
南上塘　帶狗橋　知足橋　高田下
大有街　塔橋下　四倉廳街　混堂街
南下塘　塔㳂下　寺前街　長街街

泊瀆港街
會巷上
羊腰灣
馬場街
花園弄
廟場上
石浦頭
槐古橋
九思街
南張街
裹堂街
獅圖渚
賀街
耕瀆橋
泥水巷上
當街
淘沙巷
船廠里
大碼頭街
夾城里
南河浜
船舫頭
蜻蜓浜
界涇橋街
小橋頭街
曹家街
工房街
花園里

第四分局

北外城脚
西外城脚
下碼頭
小木橋
迎龍橋
水仙廟
棚下
棚下後街
水溝頭
振溪廟街
唐牌頭街
油車街
西倉橋
棉店街
野園街
魚行頭街
西吊橋
新馬路
倉浜裏
錦記廠沿河
西直街
陳打鼓街
西塘沿河
小倉街
大倉街
梓樹巷
灞橋下
棉花巷
澄清巷
鄭巷
李巷
棉花巷後街
板壁街
外吊橋
五里街
大德橋
惠山直街
施閘街
廟巷
天王殿前
觀泉街
聽松街
橫街
秦園門口
龍頭口
寶善橋
錫山路
新馬路
通惠路
吳橋下
青蓮巷
李巷上
蓉湖莊
丁埭裏

第五分局

北城門口
露華街(西中段)
北大街
布行街
同泉街
塘頭街
游山船浜
游街
芽頭沿河
外黃泥橋街
蔴餅沿河
小郝街
桃漿沿河
橫街
長安橋北尖
茅蓬沿河
長安橋南尖
宜家街
船廠裏
三茅殿
石舖頭
茅涇浜
花園裏
薛園浜
橫浜裏
前江尖
後江尖
前竹場巷
後竹場巷
笆斗街
孫茅柴街
樹巷裏
平安浜
泗堡橋
泗堡街
泗堡西街
泗堡東街
前貝巷
後貝巷
北塘東街
北塘東沿河
江陰巷
石灰街
石灰場
香街
北柵口街
牛師街
師橋港
北柵口後
後祁街
後祁後街
馬街
壩基上
青石橋
蔡墅巷
李巷
灣巷
周師街
大河池沿
周師街橫街
財神街
祝棧街
錢家街
耕棧街
小泗房街
秦棧街
王耀堂街
碼頭街
泥堂街
煤場街
北塘西街
北塘西沿河
張成街
接官亭街
積餘街
前蔡家街
後蔡家街
陶沙巷
灰埠頭
通濟路
北泗路
荳腐浜
大田岸
三里橋
塘岸下
黃埠墩
通惠路(中段)
麗新路
有成里
普濟橋
天主堂西首
天主橋
小三里橋
前張巷
後張巷
梅巷

三

調查統計

調查統計　四

謝巷　前社橋　後社橋　黃巷
南徐巷　庵頭巷　張家橋　莊里毛巷
澗巷　蔡巷　沈巷　堵巷
高田上

第六分局

廣勤路　廣勤第一支路　廣勤第二支路　廣勤第三支路
廣勤第四支路　廣勤第五支路　廣勤第六支路　廣勤第七支路
廣勤第八支路　廣勤第九支路　廣勤第十支路　永慶里
開成里　永久里　廣安里　廣惠里
錦豐里　錦豐路　永慶里　丁巷上
周巷上　琴安里　翔鸞橋　竹園弄
安逸里　俞巷上　石人橋　通豫路
豫康里　梨花莊　張巷　盧巷
姚巷　惠巷　后巷　通錫路
德興里　朱巷上　長源鎮　永安街
西黃泥頭　東黃泥頭　任巷上　丁巷上
施巷上　費巷上　楊陸巷　馮巾巷
長源橋　馬家巷　榮上　通管橋
管巷上　張巷上　胡巷上　陳蔣巷
謝灣里　謝巷上　蔣巷上　前胡村
吳巷上　丁巷　南巷上　泗堡橋
徐巷上　周堂裏　壩下　小徐巷
通運路　朱家浜　亮壩　通惠路
仁壽里　北柵口　通勤路　王巷上

陳白頭巷　新市塲　華家里　鍾紀浜
唐巷上　范家橋　南方巷　南巴斗巷
孟家里　巴斗巷　柏木橋　東河里
依仁里　蘭芳里　茂盛里　祝家浜
華盛街　裕鏞里　怡新里　勤福街

第七分局

東毛莊　翁家里　顧家里　西毛莊
金家里　毛家巷　錢家巷　旺家里
陸家巷　朱家巷　章家街　殷家里
黃家巷　蔡家巷　潘家街　彩橋街
北市街　中市大街　南市街　西街
柳家巷　心河巷　薛家巷　田頭巷
趙家巷　居家巷　角里　燕水莊
計范巷　馬家巷　楊家里　蔡灣里
金家里　周家巷　顧家巷　包家巷
楊家街　雙麻街　駱家里　徐家巷
陸家巷　東莊　黃石街　西北街
桃園里　孫家巷　花園街　狹街
牛屎街　鄒家巷　宗家里　謝家巷
王家里　陳家里　倪家街　安家巷
打鳥巷　南街　南甸街　吳家巷
錢家里　郭家里　花園里　蔡家里
沈家巷　談家巷　華家里　高家里
夏家巷　邵家里　嚴家里　方家里

茅家衖 七房巷 唐家里 馬家巷 繆家街 五房巷
黃家巷 張塘巷 翁家里 繆家巷 俞家巷 王匠人里
馮家里 范家里 黃家街 李家里 王明珠巷 唐家里
鴻聲里 朱家里 呂家里 蔡家里 潘家里
邵巷 曹溝里 王草鞋巷 溝裏 沈巷 塔水橋 倪橋頭 于溝里
京東溝 馬巷 浜岸上 周里基 顧巷 橋衖裏 翠鈎房 過巷
潘巷 小朱巷 吳家裏 張龍壩 楊巷 陸巷 朱郎巷 蔣巷
周巷 盛新橋 小橋頭 朱巷 祝巷 泰安橋 張巷 小王巷

第八分局

周新鎮街 中橋街 廟橋下 吳塘鎮街 板橋西街 南[illegible]泉街 雪石橋 朱[illegible]塘浜 陶巷 蔡巷 張巷 竹園里 大帝菴巷 網巾巷 大松坟 趙巷
南橋東街 北橋街 迎塘鎮街 石塘鎮街 板橋東街 汪巷 官家巷 王溝里 後鮑巷 楊巷 裘巷 曹婆橋 徐冲橋 白水蕩 前楊上橋 支巷
南橋西街 揚名路街 新安鎮街 方橋南街 葛埭橋街 鮑巷 松坟頭 毛巷 張家巷 楊木橋 曹巷 許巷 大莊橋 傅家壩上 北莊橋 南莊橋
夏家邊街 華大房莊街 周潭橋街 方橋北街 許舍鎮街 小園里 江巷 孫巷 如來廟 紀溝里 後楊上橋 高場上 耕讀橋 蔣油池浜 余巷 杜巷
荷葉橋 小橋頭 陸翔巷 鱔尾壩 上莊巷 上姚巷 謝巷 廟橋頭 姚巷 牛角頭 朱寬橋 錢家街 楚家里 東廟橋 善念橋 白巷
大橋街 太平橋 吳子岸巷 丁巷 曹巷 許巷 鮑家街 朱家埣 黃巷 李巷 楊河里 黃巷 東莊巷 惠溝里 馬溝里 杜巷
渡口 張巷 林巷 王氏坊 管巷 吳溝里 陳巷 許溝 張婆橋 蕭巷上 倪巷 南[illegible]巷 西莊巷 小陳巷 潘婆橋 劉巷
陸巷 徐家橋 周湾里 汪家巷 芮巷 黃巷 唐村橋 楊巷橋 高山巷 朝東巷 周牌巷 丁巷上 施溝里 惠家橋 于田里 鮑巷

調查統計

吳巷　錢巷上　王巷上　中涇橋　張巷橋　朱巷　西埝　北祁頭　陳司人衖里　葛巷　東張　北華巷　陳巷　丁昌橋巷　小潘巷　小橋頭　中蔣巷　胡家橋　徐祥巷　陳天生巷　西王家　曾界灣　小陳巷　陸店橋　黄家逿

張村里　張泗涇上　鄒家衖　華灣里　囊裏　顧道里　白水塘　金巷　尤巷　魏巷　顧家里　陸皮匠巷　西塘巷　郁巷　大潘巷　連大橋　下蔣巷　蠡園　北陸巷　老張巷　青祁巷　犢山村　陳大巷　落霞橋　槐樹下

瓦屑埸　戴家埸　蔣浜頭上　北謝　謝家衖　談席里　黄家巷　河北巷　唐木橋　張巷　南華巷　巷上　東塘巷　東顧巷　樓巷　灣里　王巷　談大橋　東許巷　西許巷　高巷　任家巷　尤家橋　高浮橋　楊園里

張灣里　楊宋橋　劉灣里　巷頭　北蔣巷　小當巷　金城灣里　河南巷　小天竺　魚池頭　小華巷　朝前巷　小園里　楊巷浜上　楊樹下　上蔣巷　小岸頭　朱通逿　沈九皋巷　虎柏里　冲山灣　中鮑巷　唐蔬菜浜　高車渡　東管社村

馮湯管橋巷　車碼頭　大塘北　小渲　廟東巷　龔巷　蔣轉灣　鴨使莊　中明橋　竹埭橋　陳新橋　中巷上　三鄉圖　南場　薛家浜　西曹　埸上　孟巷　壽安橋　朝東巷上　老人橋　韓涇頭　新庫橋　横涇上　白家里

潘家莊里　糜灣里　嚴巷上　日李三房　廟西巷　馬港巷　盧巷　小二房　宅基上　東宋巷　席家莊　邵灣　鄧灣里　袁灣里　南蔣巷　東曹　倪茄科　榮相橋　陸房巷　南張巷上　韓巷上　楊家里　南昌橋　沙墩頭　趙家灣

六

北碼頭　陸莊橋　盛巷　小北莊　錢家橋　壽生巷　左巷　青石橋　吳家灣　西宋巷　衛巷　東塘干　廟橋港　南糜　蔡家橋　陸家灣里　莊前　東浜兜　太平橋　余家里　香花橋　孟家里　西　房　何家浜　吳家莊

張家頭　塘上　西顧巷　大北莊　小溪橋　横浜兜　典基港　馬吊頭　南浜　朱巷　西頭灣　許富橋　周倉橋　北糜　後西曹　華氏莊　住基巷　陸房灣　後灣里　大溪橋　小橋頭　丁家里　塘埂上　陸小房　王家灣里

前沙浜　大沈瀆　皐墩頭　沈巷上　馬東莊　小龍潭橋　新橋　溪西　郁家灣　河南巷　袁家里　莊前巷　北吳巷　闞家里　東横頭　旺安橋　後龍橋　雷港上　蠡河口　薛區橋　六角田頭　竹塊橋　金家浜　塘前河北

後沙浜　沈家灣　後嚴　毛家里　五河井里　馮家里　劉潭橋　唐典橋　浜上　小門龍橋　費家里　鄧孟巷　蔡王村　華家里　孫巷　大謝巷　謝灣里　彭汀橋　丁家橋　唐鐵橋　陶浜兜　田舍裏　梁巷　庚山頭

沿塘　莊牆上　前談家橋　莊里　徐陶潭橋　蔡家里　三房橋　溪東　大門龍橋　殷巷上　耕里橋　西橋灣　麵杖巷　章家橋　羅巷上　浦莊橋　劉灣里　後面曬巷　六區橋　翁莊上　鴨絲橋　上渡河東　方湖頭　白旄

雙白橋　張三房　後談家橋　長浜　唐家里　瘋猪頭上　楊龍橋　小五房　黃板橋　吳三江巷上　前孟橋　東橋頭　南三房橋　大喰橋　焦巷　前龍橋　中潭橋　窠臂橋　高巷　倪安橋　楊木橋　莊口裏　山東下　許畝

山西下　浮沙頭　東西張　糜巷橋　古家灣　榮巷　北房巷　楊灣裏　周蘇唐巷　朱長橋　楊墅園　前章　泥牆浜　仙河頭　黃家街　袁家裏　彝歌裏　宕上　倪橋頭　南唐下　河汫巷　俞巷　小莊裏　西潭頭

顧龍橋　東浜頭　前楊巷　山門口　塔上　何家橋　東店　港西　王祥巷　張西橋　買三房　柏樹下　楊橋　文廟頭　李村灣　南巷　上宋巷　林下　周浜上　謝家橋　東齋　蔡灣　戴巷　李家浜

倉前橋　山莊裏　下甲巷　錫鐵巷　馮家裏　周四橋　中朋亭　周巴斗　元利橋　烈如橋　上頭巷　師匠浜　西棠甘　宮長橋　黃石壩　錢溪橋　下宋巷　許宋巷　浙巷　唐港上　西齋　古傅灣　趙舍　楊干橋

秦七房　蔣家橋　莊河南　曹莊巷　南李巷　小巷上　顧巷　萬史橋　顧碼頭　赤馬嘴　南巷　陶墅　前陶墅　西碼頭　船尖　屈頭巷　庵西　堰頭　王村莊　吊橋頭　壽月灣　濟龍灣　周家灣　趙家灣

螞蟻橋　大薑巷　查家邊　東唐泥浜
石巷　南堍　過家莊　張華橋
北堍　窰灶頭　黃泥田　塘前河南
墊頭上　西壇頭　張橋　秋塘裏
鵓鴣山下　花水裏　葉巷　南周巷
杭巷上　田裏巷　丁官陳巷　攸園裏
蜊崎下　何莊　南楊巷　許陶巷
羊灣　馮灣　羊祁　黃塢裏
上木浜　西楊灣　殷浜頭　楊鐵巷
上風嘴　小吳浜　周大巷　三家村
胡萱巷　黃家莊　東山腳　謝家
南漆塘　北漆塘　李家邊　仙楓
路耿　南橫山　上安堂　北橫山
金灣裏　燒香浜　樓下　金家浜
後洪　南趙　趙巷上　東社巷
上渡上　吳妃墩　青橋頭　前丁石
后巷　西杜巷　趙周浜　浦家浜
樓巷　鮑家莊　後周巷　大浮北周巷
上頭巷

第九分局

榮巷　胡巷　徐巷北街　徐巷南街
洋溪浜　塘絲橋　河莊頭　陣灣
中巷　西瓜巷　胡家莊　徐塘灣
張巷　魚湖頭　朱巷　前後方橋

施李巷　大浜頭　小徐巷　雞塘橋
吳巷　濁巷　田塍裏　東成巷
前朱巷　河西朝東巷　大王基　河西前巷
浜頂頭　胡巷　劉巷　三家村
東周巷　西周巷　老南浜張巷　陸步潭
王家橋　屠巷　李巷　沈巷
小青石橋　雙車溝　螞蟥橋　蔡市頭
謝巷　上倉巷　下余巷　王巷
廟巷　薛一管巷　冰池頭　陳巷
齊巷　大符巷　陳談橋　大蔣巷
河埒口　張作橋　底河下　王巷
謝巷　尤巷　陶巷　長安村
上蔣巷　青山灣　下馬橋　上隅巷
泰來岸　永康橋　薛家坟　大丁巷
上里東　錢巷　小張巷　謝巷
劉巷　王巷　望巷　郁巷
賈灣里　曹巷　大郁巷　梁巷
西裝巷　陸井　孫巷　張巷
大瀆港東　大瀆港西　小瀆　朱莊巷
大瀆　許巷　小丁巷　陳巷
楊木橋　卞家灣　橫山　楊巷
東山莊尾　果園　蟑螂灣　史巷
西山蔡陸巷　鄭家坦　後灣　前灣
姚巷頭　西灣　大鷄山　孫家灣
鷄坑里　石埠　薛巷　秦巷

脊巷 杜巷 對安嘴 蕭家灣 薛巷 南北陳巷 丁巷 黃旂岸
小嶺灣 青龍山下 賈巷 孔山里 上秦巷 金巷 東西浜頭 吳西房莊
張巷 王巷 丁巷 盛家岸 裏園里 毛村 周巷 費巷
強巷 高巷 任巷 李巷 蔣巷 芮巷 田舍裏 龔唐巷
孫巷 三周巷 桃園 薛家坟 施巷 赤墩里 洗馬浜 費巷
趙家巷 方巷 蒲荒岸 雙河尖 盧朱巷 北六巷 漳漕巷 南田漳
雙河村 黃巷 鄒巷 三家村 浜頂頭 南水渠 官瀆橋 東馮巷
少陽莊 大吳巷 東邵巷 龍山灣 八間頭 東西馬山 大小偶巷 西馮巷
莊前巷 方巷 護瀆橋 許巷 浜頂上 新橋浜 官瀆橋 三鄉井
嚴家棚 嚴巷 田巷 季巷 新橋頭 東吳巷 灶巷 荒田溝
盛巷 周巷 向家橋 鄭巷 吳將頭 大小張巷 倪巷 西吳巷
曹巷 埭橋 西邵巷 沈巷 馬巷 李巷 西溝橋 唐巷里
天墩頭 蘇巷 繆巷 大支巷 劉家橋 大場上 陸家廟頭 陸巷
小余巷 杜巷 許巷 孟家橋 西荒岸 後六岸 小王巷 社埭里
李巷 埭上 岸里 火車浜 西漳 張鎮橋 洛社河南 前陶巷
龔巷 陸巷 吳巷 南巷 徐貴橋 薛家衖 香花橋村 北塘裏
夏虞橋 祝家埧 朱家橋 烏纜橋 吳張巷之東 官瀆埭
朱巷 尤巷 張巷 前周巷

第十分局

後周巷 杜巷 前陸巷 後陳巷 厚橋河南 厚橋河北 巷西頭 田裏三房
西田裏 田杜里 楊巷 楊毛岸 徐冲橋 毛家里 蔡家里 張家巷
毛村園 蕭尤巷 金巷 蔵巷 周油打巷 陳大橋 徐家里 圩里周家
單家場 時巷 細巷頭 周紀頭後巷 斬家里 井頭灣 太平莊 周圩巷
周紀頭前巷 下段村 余巷 單巷 孫家巷 東房 管家上 顧家巷
廟前巷 周家衖 蔡家巷 陳家里 底場頭 徐家灣 浦六房 南梅園

調査統計

林家里	唐家灣	東家灣	張家上
東家壩	南大房	西水渠	陳東灣
龔家巷	高家里	錢家里	小安基里
大安基地	大壩頭	戴家里	西蔡家
東蔡家	張家灣	盛家里	竹油里
前村	後村	河北龔家巷	高家里
西家	南水渠	東塘涇	樹家橋
桑園橋巷	馬家里	苧蔴巷	南三家
邱巷	范巷	芦家橋	華家里
鴻山裏浜	翁家里	金家里	虞家
滿三房	蔡家灣	盛家橋	北小橋
朱倉橋	陳糟橋	南園	林家壩
吳家灣	陳四房灣	南碍	王浜沿
打油蘇房	趙家東橋	小西莊	花沿浜
王家里	龍村灣	下壩頭	林家壩
吳家灣	前梅	秦家埠	塘子頭
潭塘橋	門樓下	西虎頭	東石頭
徐家上	老西莊	新宅基	章基上
曹家里	杜家灣	馬橋頭	下逆橋
俞家灣	金家莊	畢家壩	鼓家上
西場上	陸皮橋	晏家灣	鄭家巷
曹姚灣	大莊上	高窯里	壩上陸家
上天廈	堰頭	俞家灣	安樂橋
尤二房	陳南巷	丁家橋	西前頭

一〇

浦家灣	朱家灣	孫家壩	小沿頭
潘家橋	火炙鴨巷	孫北房	陳家灣里
徐沖橋	吳家埸	陳三房	義巷
過讓橋	馬巷	蔣巷	潘巷
浦巷	吳巷	王巷	謝巷
李巷	橋頭馮家	周家角	東浜
錢家壩	張巷上	陸家灣	胡家壩
許家灣	顧家灣	梁家灣	沽酒店
塘上	老五房	華家灣	唐家浜
慶安橋	打家灣	周二房	倉廳上
廟橋頭	芦泥浜	夏家里	陳塘橋
窯灶頭	北山頭	西河頭	倪家灣
周通村	白水車頭	龍虎堰	宅基上
東北前	斯家橋	天岡上	沿河巷
西北前	廟橋	朝東巷	下河灣
謝棣橋	坟老四房	河北後巷	倪家橋
新宅基	曹家里	呂莊上	陳家上
南朱	北滿	北朱	渡船頭
北頭二房	新塘西	竹園里	倪家店
梅園灣	席家灣	[illegible]南華家	蔣巷
章家上	盤龍井	河南竹家	南楊家莊
趙家上	老杜家	古河頭	朝東馬家
北宅	分龍橋	老塘西	北楊家莊
戈家灣	棋杆下	失家浜	許大房橋
浜底頭	方神圍	山東陳巷	韓家橋

墩上張家 呂滿房 嵩山寺 艾家巷 陸家巷 安家里 中澤 杜壩頭 株花蕩 林家巷 高家巷 李家壩 馮家上 河南待招巷 井上 吳家里 唐家里 鄭家里 半塘 袁家橋 楊家上 田里周家 周四房 凌橋頭

嵩山大巷 陸佩橋 嵩祠巷 陳家巷 年餘橋 南巫家村後 張家巷 濱士巷 待招巷 四大莊 大朝東巷 太平橋 對巷橋 西劉巷 盛巷 馬四房 浦南房 鄭家里宕 大曾家上 黃四房 相家上 馬巷上 田里周家 北濱塘

蘇州大巷 吳家里 陳四周巷 園二房 王家巷 巫村 前澤 史家壩 高圩上 朱家山橋 小朝東巷 南錢家巷 南錢頭 北劉巷 吳家橋 楊墅園 楊木橋 小曾家上 中安鄉 唐家里 西安橋 橫塘河北 費巷上 河東沈三房

楊樹灣 北莊 宗壩頭 芙蓉橋 李園口 後澤 沈莊 馬家巷 陸家灣 包家巷 陳家巷 錢家壩 胡家巷 東劉巷 吳家村 王家里 劉家圩 錢家巷 浦家上 周家里 張家壩 南橫塘橋 河口橋巷 夏家橋

沈家橋 殷家壩 李埂上 甖巷南濱塘 坟塘頭

北洋涇橋 呂墩嘴 石家浜 南莊上

南洋涇橋 老三房 華家橋 鞋山村 陳家里

河東巷 老基上 羅家里 周埂上

第十一分局

河北街 月台街 前村 坊巷 時灣里 濱灣里 坟里 桑園里 西房巷 盛灣里 陸家里 李家里 大坟里 張家里 曹家里 前浦巷 朱家里 夏家里

史家里 沈家灣里 滄里莊 小房巷 姚巷 陸家里 龔家里 石家里 張家里 田朶里 陰陽里 李巷 北宅街 尤家里 查家里 高灣里 西馬巷 吳家里

屆家里 向家里 梅家里 里亭里 作基巷 板房巷 西頭朱家里 沈家里 壽山里 沈家里 田肚里 盛大街 田多里 東羅巷 馬家里 後浦巷 華家里 戴家里

楊家里 神□里 姚家浜巷 老居里 陶家里 楊家巷 上仙巷 賀家里 灣里 錢家里 俞家里 錢家里 王家里 夏家里 張家里 杜家里 毛家里 楊家里

浦家里　莊里　薛家里　嚴家里
浦家里　西莊　姚家里　許家里
丁家巷　小許巷　熊巷　姚家巷
南河巷　顧家里　金家灣里　綱船巷
唐家街　油車里　浜口巷　許家里
侯家里　西店街　薺家里　毛家里
侯家里　西沈巷　小園里　畢家里
楊灣里　大廟巷　西頭巷　王道巷
朱家里　小廟巷　潘家巷　陸家里
葉家街　西宅街　浜斗里　花園里
池街　石望里　史家里　田肚里
謝葛西里　南張巷　欽巷　楊家里
壩頭巷　蔣家里　唐家里　曹家里
六角嘴灣里　南蔡巷　袁里巷　王清鶴里
北蔡巷　朱家里　吳家里　欽家里
灣里　黃金倉里　曹家灣里　周家里
園里　張家巷　南尤里　石子街
唐家里　沈家里　鄒家里　馬家灣里
龍潭灣里　余家里　白家里　沈家巷
謝家里　倪巷　余家里　謝巷
毛北莊里　牆里巷　金家里　南莊
楊家里　余巷　小園里　沈家里
查巷　梅巷　夏南頭巷　袁里巷
萬巷　許巷　陳稍頭巷　毛家里

金家里　塘坊里　灣里　周家里

第十二分局

巡橋　楊木橋　鄭巷　唐府巷
蔡巷　南塘頭街　任巷　沈巷
徐巷　前村里　朝西巷　丁道巷
丁巷　吳巷　蘇巷　朱巷
大李巷　謝巷　諸莊巷　浦巷
尤巷　下旺　劉潭橋街　黃岸頭
蕭巷　嚴家街　街後　侯巷
田垛里　高巷　尤巷　下渡
上錢巷　東大岸　莊前巷　陳巷
大麥巷　大埄上　野岸里　毛巷街
鷺巷　林陸華巷　墩上　萬巷
小蔣巷　劉巷　朝東西巷　蘇巷
西大岸　岸底里　西村頭　張巷
毛尾壩　范巷　虞巷　蔣巷
三家村　諸巷　西北塘街　錢巷
後嚴棣　陳巷　孟巷　高巷
殷巷　冷水灣　小橋頭　莊巷
侯巷　鍾巷　小園里　富村里
小李巷　范巷　陸巷　糜巷
橋灣街　南中街　後巷　高田上
沿河巷　下塢劉巷　孫巷　周家
曹家　郁巷　欽家　陸家

陳家	姚家	王家	孫家	何家塘	張家塘	宋巷	旗杆下
楊家	李家	新住基	小住基	陽村上	十房巷	徐家	王巷
北莊	後住基	新住基	華巷上	朱巷	南村頭	唐巷	胡巷
新二房	何家	徐巷	杜家橋	蔣巷	東莊巷	馬巷	孔巷
楊園裏	陸家園	宋家	濶家	賀巷	朱巷	季巷	王七房巷
楊家	西陸家	東陸家	李家	大通橋村	陶巷	張巷	大楊橋
謝家	長安橋街	曹巷	蔣巷	周巷	小楊巷	青店巷	吳巷
大墩頭	濶家巷	莊里	小橋頭	大河頭	西常村	涂巷上	絲唐灣
麻雀園	河東巷	河西巷	壩頭	八士橋街	席巷上	南莊橋	小西園
黃巷	金園里	河西潘巷	田莊上	麥坊里	滸塘橋	孫巷	張巷
大張巷	金大村	施巷	姚熟頭	端家壩	牛尿墩	平家巷	小曹巷
錢家橋	古莊	灣斗里	西大房	姚涇巷	何巷	木仁巷	溪塘下
火燒場	西莊	陳家渠	水渠岸	牛角尖	北七房	顧莊巷	曲尺巷
後謝巷	姚家巷	前辛巷	潘巷	東南頭	東巷	石家浜	顧家巷
張巷	後辛巷	邵家巷	東房橋街	底田下	東田舍	南莊巷	大仁里
王家	三房巷	老南場	謝莊	范巷上	萬巷	明四房巷	樟樹壩
山莊	羅巷	沈巷	新南場	南園街	上台華巷	唐灣	四二房巷
四房橋	竇家村	西宅	松坟頭	二大房巷	玉鎮	三二房	楊樹壩
十房住基	吳巷	榮巷	水渠	小萬巷	張婆橋	大萬巷	北水渠
曹家	堰河里	張巷	浦巷	松坟頭	東北塘街	丁車渡	鄧巷
下塘	朝東巷	楊巷	朱巷	俞闕巷	大小胡巷	羅巷	大馬巷
小河家	諸巷	季家塘	魏家	中顧巷	蔣巷	陸林巷	小毛巷
蔣家	郁家	朱家	孫家	長濟巷	徐支巷	平家渡	許巷
包家河	油車楊家	蔡家	張家	方巷	尤巷	萬巷	屠孟巷
金家	徐家	吳家	唐家	潘巷	喬巷	朱巷	濶巷

灣里 寺莊 石橋頭 網船浜
上巷 下巷 北田頭 張巷
謝巷 丁胡巷 毛梓橋 莊里
坟堂頭 戴巷 尤巷 河西巷
過巷 徐巷 園里 尖上
小橋頭 大河頭 王巷 妙市頭
許巷 小莊里 六房巷 閘巷
方巷 俞杭橋 羅家橋 葉甲里
王巷 浦巷 陳巷 楊巷
老徐巷 朝西巷 周巷 潘巷
南水渠 潘陸謝巷 楊家橋 小巷上
繆巷 丁巷 囊壩頭

第十三分局

村前 大住基 旺房 尤涇頭
橫排圩 倉橋 漳涇上 衛家巷
倪家灣 劉巷 史家巷 周岐
馮巷 田多裏 六堡裏 北山下
沿山巷 徐巷 楊巷 西高裏
下埸 莊前 歪裏 楊四壩頭
徐家巷 東南城頭 包家巷 中街裏
浜頭上 皂莢樹下 胡古瀆 荷花蕩
西宅 新老住基 楊樹園 陳方壩
前後談巷 中談巷 高田上 許巷
張巷 前站頭 徐巷 俞巷
仁村裏 馮巷 周巷 高巷

麻祁 北莊裏 鄒巷上 范家莊
魏巷 陳家灣 石橋頭 萬巷
陸巷 陳巷 葉巷 小橋
大毛巷 小毛巷 後村裏 蔡巷
小張巷 姚墩壩 墅巷 邵巷
胡巷 大李巷 小李巷 黃泥漕
長閘 高巷 西頭 張巷
朱巷灣裏 沈巷 殷巷 吳巷
謝巷 四造頭 南頭 惠巷
大松坟頭 新塘橋 滯西 新塘裏
東莊 西莊 吳北莊 觀前頭
下城塘 濮巷 大利市 河頭上
唐家漕 南房 羅巷 陸巷
陳巷 小高巷 西村頭 小觀音堂
商鎰裏 壤沿頭 澄塘 龍舌尖
邵巷 小下房 小馬房 鄒巷
前朱巷 後朱巷 中朱巷 恩頭
惠巷 華巷 朱巷 劉家宕
陸巷 朱巷 惠巷 東天柱巷
西大柱巷 黃泥埄 前蘇巷 王家宕
張巷 鍾巷 巷腰裏 墩上
樹園裏 林巷 竹園裏 陳巷
大胡巷 小胡巷 小陸巷 潘巷
高巷 松埄裏 屯田裏 張巷
楚巷 陳巷 高巷 楊家巷

李巷　周巷　陸房巷　樹園裏
下鄉　張巷　旺莊　潘巷
葛巷　前陸巷　後陸巷　朝東巷
大潟巷　費巷　吳巷　牌樓下
河西高裏　許巷　陸巷　周巷
邵巷　胡巷灣裏　廟下　余巷
橫街上　朱巷　小園裏　任巷
小浜斗　邵巷　老朱巷　東陳巷
西陳巷　嚴巷　中巷　下塘
小巷　石巷　荷花蕩　西古裏
高涇橋　八卦橋　小毛巷　瓦屑墻
東頭巷　河南村　麵店巷　孫家巷
顧家巷　小時家　大時家　張家巷
界涇圩　河南村　盛巷　薛巷
方巷　蔣巷　丁堵裏　倪家宕
南頭　南山下　堰橋　後湯巷
黨巷　徐巷　花園裏　馬巷
顧巷頭　寺頭　張村　下高
墻頭　小利市　薛外埄　尤家坦
錢石橋　前錢巷　後錢巷　竹園裏
橋西前後巷　前巷　後巷　中巷
五遊頭　徐巷　萬巷　黨巷
蔡巷　堵巷　石仙人巷　木橋頭
大房巷　陳家橋　吳巷　朱巷
夏巷　夏尤巷　上墻巷　鮑家巷

新陸巷　老陸巷　西金巷　大金巷
小金巷　高巷　陳巷　長安橋
東旺巷　田莊巷　宋巷　姑亭廟
大樹下　大陳巷　小陳巷　趙巷
黨巷　小周巷　黃巷　姚巷
潟巷　沿馬宕　陡門橋　周巷
楊巷　小橋頭

第十四分局

張舍鎮　高田塍　堵家岸　前舍里
西漕頭　東賈村　張巷上　小廟頭
小俞巷　張典橋　李巷上　中連杆
後連杆　許家旦　龔巷上　濠橋頭
胡巷上　前連杆　後西連杆　前旦
王家旦　前西連杆　朝東村　菱浜上
南費村　北費村　長草蓬　新莊
吳村里　西田舍　負來橋　夏家旦
邵家旦　蔣巷　吳巷　倪巷
闞埄　田舍　下村　上岸里
南村頭　開元莊　朱巷　徐城豆
浜頭上　潟家岸　塘路上　雙東埰
塘南　北費村　小橋豆　邵巷上
顧巷上　西圩村　新巷上　黃渡岸
老古潭　東埄豆　包家岸　淇渡墻
楊樹浜　棗樹下　後底巷　小廟頭
東家村　木筏頭　陳巷上　中大墻

調查統計

一六

魚池頭 尹城上 西漕前村 中胡莊 廿田上 前宋莊 蘆巷 大長圩 干下 官瀆橋 後黃巷 王家旦 後胡山 黃塘里 烏島嘴 平塔山 蓮西 謝堰河南 前孟村 龍爪橋 大河埄 東沿 田舍里 前後張村 唐家旦

故村里 中巷頭 西滿中村 下胡莊 朝東村 後宋莊 殷家岸 黃家圩 橋頭巷 前圩巷 前黃巷 燒窰巷 前胡山 嚴巷 大墻頭 費巷 河西 墻頭 夏瀆上 馬巷 後徐 袁家旦 汪家旦 八士橋 界溝橋

沈巷上 後巷里 西滿後村 利答滿 大鴻橋 堰頭 後朱村 蔣圻岸 落龍墓 後圩巷 梁巷上 後莊 吊橋 楊巷上 小周家 東蔡村 花村 朱巷上 唐村里 湯巷 祠山堂 翁家橋 是家旦 花滙里 管家旦

大巷上 江西岸 村胡莊 魚池上 前朱村 青龍橋 東沿河 東南頭 官瀆上 官家尖 蕩上 墻頭 張野里 許巷上 小瀆頭 楊樹下 葉家橋 南滿 花堰橋 朱巷 抽樹下 後周司 陳巷 楊家旦 前徐

呂家旦 短瀆 南照天灣 白石山 張典橋 莊喬頭 上俞巷 莊基上 大墻頭 楊樹墻 下莊 黃泥墻 李家灣 殷巷 陸巷 花園里 管家灣 童巷上 廟瀆漕 邵巷上 廟墩 施家村 虎埄頭 北周巷 錢巷上

閭江 前集賢村 中照天灣 楊家渡 船浜頭 大河頭 街里 俞巷 盛店埄 西張巷 章家墻 上舍頭 錢埠墩 田肚里 秦巷 劉塘喬 沿山 盛巷上 前後邊巷 新瀆鎮 東塘橋 後蓬 方西 邵基墻 陳家街

虎街里 中集賢村 北照天灣 裏水渠 蔣巷上 小滿上 礱店橋 吳巷上 莊里 東張巷 黃士塘 廟喬王巷 朱巷 壤山 歐巷 酒店喬 上倉頭 寶巷里 毛巷上 上下安陽 陸區鎮 前喬頭 賈家巷 南周巷 岸里馮家

長瀆 後集賢村 胥山灣 西家村 豫帆基 姚巷上 埰上 張巷上 高家旦 大樹下 西墻頭 廟喬 王巷 石巷 吳巷 大岸里 周家橋 大河埄 大喬龍 十房村 前埄東 高埄頭 田舍頭 念四岸 蔣家旦

上舍 殷埸頭 廟塘喬 高瀉巷 西頭巷 東城 江西里 姚灣
壇樹埄 錢家旦 三埸頭 小莊巷 華藏灣 陽灣 孟灣 邵家橋
荒田里 楊家埸 馬駐溝 小園里 朝東村 埄灣里 西堰 倪家灣
孫巷上 浦巷上 殷西房 馬巷上 庵前 夏瀆上 宋家橋 水車溝
芝蘭樹下 大三房 莊裏 王巷上 西下沿 東下沿 馬匾里 東家溝
浦巷上 逸家旦 蕭徐巷 呂巷上 孟村橋 周巷上 殷巷上 劉瀆埄
邵家橋 夏家橋 溝圈里 大岸喬 方山里 薛巷上 上頭巷 王家灣
楊巷 顧家旦 梅柵下 破簯頭 長漕上 油車巷 錢家巷 烏鵲浜
薛家場 金家喬 前馬畝 後馬畝 後吳巷 許巷上 莊橋頭 前吳巷
河豆上 是前 山南頭 徐舍 洪莊上 前蔡村 大路豆 鄧家旦
高頭上 孟村 浦溝上 新喬塘 管家旦 劉家旦 溝南 賈山橋
陳村 木喬頭 下岸 陳村漕上 丁家旦 後貝 走馬埄 八寶里
壇頭 中巷里 管巷上 河西巷 花園里 匡家岸 石杜岸 小岸里
小方橋 章巷上 岸裏 稍塘橋 大岸里 刁莊村 北岸上 樓下
河西岸 費家衖 新豐里 小馬巷 埒村里 木橋頭 大巷上 湯家巷
長吳巷 周巷上 葉家簯 陳家灣 夏家巷 劉備巷 馬大埧 惠巷
廟溝漕 廟頭 小東店 椿樹巷 漕上 費巷 黃巷 下沿
邵巷上 袁巷上 第四巷 東丁村 布莊前 周巷 徐巷 唐巷
三家村 前頭巷 河西巷 蕭家坍 朱巷 黃連樹下 孫巷 灣里
西村 管家灣 上山 柏樹下岸里 秦巷 葉巷 潭塘頭 梅車溝
西村岸里 胡埭鎮 旗頭浜 北岸上 王巷上 漕上 仁義橋 松坟頭
蔡村 蔣巷 張巷 西溪簯 作基上 響亭橋 尖岸上 唐家岸
唐巷 蔡巷 樓下 馬家旦 前張莊 西莊 後張莊 木橋頭
潘桂莊 巷堵 錢家浜 東巷頭 大沙頭 小沙頭 張大巷 沈家旦
西莊 沙灘 漕上 後吳 胡家旦 戚家旦 塘岸里 時家巷

 一七

張家巷　丁莊上　南漕頭　山下
石溜溝　富岸下　寮亭橋東　楊家村
陽湖頭　惠家巷　三李莊　大岸里
石屑圩　天井岸　西溪村　姚巷上
習巷上　盛巷上　鄧家壩　三家村
朝東村　楊家　藥師菴　大聰上
河西　新巷上　前下塲　石杜頭
後下塲　白水塘　西沿　王典橋
岸前頭　中巷上　福受菴　段莊
孟安墩　占春園　上巷里　郭莊上
下塢村　山灣里　山枝頭　上陽莊
下陽莊　丁巷上　石人埰　張家村
後徐　謝巷里　謝巷橋　丁家旦
臧家旦　臧家橋　漕村　宣漕橋
下沿　圻頭上　慈𡋊渡　西石頭
謝家頭　下莊渡　王家莊　劉莊
前田舍　楊樹頭　大墩蕩　北村頭
後田舍　嚴家旦　趙家頭　老烏嘴
西張　上舍頭　廣巷上　唐村里
殷墅橋　張家村　下沿村　後唐村
楊閭里　薛巷上　姚巷上　張華橋
前頭橋　馮巷上　宋家壩　西上舍
葉巷上　孫巷上　水埰上　橋南村
楊墅園鎮　前章　楊巷上　章四房村
仁里鄉　仁里橋　東秦　河下

姜家灣　戈巷上　唐巷上　前渦
後渦　唐家壩　大楊巷上　小楊巷上
匡橋頭　金巷上　顧巷上　韓家尖
匡村　蔣家渡　徐巷上　邵巷上
匡橋　下泗壩　前潘巷上　章巷上
王巷上　鄧巷上　管巷上

第十五分局

吳墓灣　二閘口　黃泥涇　樓下村
沈家村　顧家村　秦家村　北張巷
孫家村　魏家宕　楊樹園　齊家社
玉祁　東村　莊巷橋　戴巷
新橋　後造　劉巷　禮社
黃泥壩　雙廟　讓村　彭村
朱趙巷　下塢頭　曹巷　北莊
沈巷　北新橋　范巷　西安莊
蘭溪岸　花渡里　田裏徐家　浮舟村
黃天蕩　北七房　高家尖　石幢橋
黃石街　前洲　柘塘浜　郁巷上
姚家宕　朱巷　倉塢上　老戲塲
吳巷上　楊倉渡　俞巷　秦巷
道生浜　樓下　石塘灣　洛社
南劉巷　蔣莊

第十六分局

安鎮　東黃家街　後頭巷　河南小街上
黃家街　清河坊　橋頭巷　善坊街

東揚灣 趙家灣 花家宕 北平巷 沈家巷 陸家巷 小大房巷 盛巷上 獨家橋 上山朱家 許笆斗巷 大許巷 小八房巷 界州 史家橋 朱家塘 焦沿村 王坟頭 西楊木橋 新橋頭 黃家壩 侍旦巷 西前頭 劉東巷 南陸家巷

杜家壩 蔣家巷 姚木街水溝 夏家巷 高家巷 鄒家巷 胡家行 水渠巷 周家巷 錢家巷 方家巷 牌樓巷 嚴家橋 王家壩 周家巷 陳家巷 西河頭 洑家廊下 塘涇郎 徐家廊下 上舍 滿房巷 董家巷 劉中巷 浦巷

石家巷 三家村 角里 蔡家巷 高馬巷 三里莊 趙家灣 石基上 倪家巷 小許家 河南陳巷 東田頭 黃家村 丁家塘 田莊橋 蔣巷上 東楊木橋 塘湖橋 塘河橋 舍河頭 周家巷 朱家橋 俞家巷 劉西巷 祝家巷

快先巷 孟家橋 黃家壩 談家巷 趙家巷 北趙巷 李灣里 姚家巷 萬水渠 田里黃家 後萬莊 大庫頭 湯家巷 李家壩 尹家街 錢家塘 胡家小橋 殷家橋 湯家橋 新老宅基 陸家巷 庫郎 劉家橋 巷門頭 橫涇橋

西村灣 京西巷 周家街 包家塘 草河上 五房莊 計家巷 大孔莊 西陸家巷 陸家莊 王巷上 橋巷 張村 李家巷 鄒家巷 下路潭 參橋頭 周家巷 朝東巷 馬家塘 薛家街 南壟 殷家巷 洋涇岸 北塘岸

坟頭巷 東前後村 倪家巷 張家宅基 姚家行 北莊 北河家巷 三官堂 潘市 方巷上 陸東巷 何家巷 鼎家巷 錢家巷 曹家巷 趙家巷 蠡橋 管家巷 大馬巷 鄒家塘 唐家巷 楊家橋 巷門頭 東界涇橋 謝家塘

祥里 北橋頭 查家巷 談家宅基 楊家行 朱家巷 北小孔莊 西高岸頭 河角落里 周巷上 唐巷上 西河頭 王河 吳家灣 徐家巷 胡仙基 北許巷 新塘巷 史家塘 羊尖 新老華角 汪家墩 北沙 西界涇橋 劉家塘

京東巷 庫河頭 大三房 駱曹頭 三房莊 蔡家巷 北毛家橋 東高岸頭 陸吃素巷 孫巷上 費巷上 金家巷 小孔莊 老三房 西楊樹下 東巷田 東戴巷 老唐巷 鄒家塘 岳家街 北瞿 沙上 東陳 東楊巷 西陳

調查統計 一九．

雙廟
章家灣
北上岸
陸家塘
水車頭
濮家巷
費家宕
馬場浜
廊下
前家灣
盛塘後巷
石坟塘
南毛家橋
周家巷
汙灣里
趙家塘
厙河頭
浦巷
西戴巷
薛家巷
毛家橋
尤家巷
六家崗
曹莊
李灣里

天佑菴
郁家塘
謝家塘
金家塘
前市橋
施家宕
油車巷
計家廊下
施家浜
王家巷
戴家巷
大蠡河
徐江橋
外浜巷
安家小橋
惠巷上
田頭上
翰華里
潘家塘
杜家塘
閘家宕
巫家巷
汪家巷
南底里
西姚家山嘴

楊樹園
馬家塘
張家橋
湖家塘
新造橋
東橋頭
前灣
東浜橋頭
滕家村橋
馬家巷
河東
小蠡河
錢家橋
回坟橋
唐雙巷
北灰州
田莊郎
沈家宕
羊全里
楊樹下
南橋頭
小六墅
大六墅
萬家水渠
倪家巷

前巷
楊家小橋
李家墻
黃指墻
西楊巷
王家宕
後灣
烽上
螞蟻橋
盛塘前巷
徐江橋
旺田鄉
嵩山坟
蕩里
鄒巷
大旺田
蔡家巷
邱巷上
顧旺橋
徐巷上
詳涇上
井上
南莊
周巷上
水渠巷

宅基巷
錢家巷
河南過家
姚家山址
磚場六家
王家大河頭
張維橋
李家橋
重上
毛家灣
東場巷
李家衖
後四房
王墩宇
吳家巷
北虞
畢家墻
鮑家巷
鳳鳴巷
川堵里
華店巷
錢家莊
王沿墻
四房橋
呂家巷

北曹巷
大庫頭
西大房
蘇巷上
顯巷
杜巷上
楊樹園
藏巷上
稍河墩
川橋頭
丁家灣
荷花池
小園里
河莊橋
繆家灣
南虞
吳家橋
山南巷
朱家宕
北頭四房
瑞慶巷
下大河
錢巷
謝巷
談村

二〇

盛家巷
徐俞巷
南房巷
嚴巷
糜家橋
東大河頭
楊家塘
馮家水渠
榮家巷
鄧家巷
龍岩頭
楊家橋
探花墩
楊家灣
朱家巷
顧四房
金家巷
廟涇上
范家宕
周巷
墻頭巷
顧巷
金巷
顧萬巷

小許巷
園村里二
西前巷
蔡巷
馬樹下
西大河頭
周家水渠里
樹脚下
梅里鄉
燕頭王家
河口頭
李村灣
鄧家衖
王家巷
陳家巷
小橋頭
南山頭
夾龍橋
鴨城橋
蔣家莊
多田里
何西高巷
闞家橋
范家壩
西頭周巷

界涇壩 濁巷 大包巷 松坊頭 柴家灣 杜鐵橋 松坟頭 南鄧巷 下陳巷 馬巷上 陳家莊 西石園 西頭巷 東宅園 六房巷 蕭巷 朱象壩 東莊灣 何巷 小上壩 大陳巷 小馬巷 劉川橋 包家巷 梅家巷

東高巷 下岸 周巷 東廳 松涇橋 河西巷 席圻 周巷 柏樹水 許巷上 橫下 朱巷頭 前張巷 松山大房 關經橋 張巷 潘巷 儲巷 後巷里 浩田里 小陳巷 沿埄巷 朱楊巷 南巷上 東湖塘

施家莊 分水墩 夏鏟衣巷 壩頭巷 王巷 東潘巷 鵲架橋 北鄧巷 莊前 錢巷 板橋 河南灣 後巷里 小下大河 新老灣 蔣巷 丁巷 楊樹園 村東 橫涇頭 蕭家橋 王家灣 夏家莊 日暉橋 王家巷

殷巷 小橋頭 鞋渡橋 倉下 南潘巷 尤沈巷 徐巷 上陳巷 莊後 孫巷 蔡家灣 前巷村 潭塘橋 小鄧塘 細頭巷 小張巷 何席巷 楊巷 大上壩 長浜巷 馬家莊 饅頭湖 田家巷 西頭巷 楊家住基

查家住基 孫家塘 井蕩上 黃河頭 楊家裏 東高巷 許家裏 壩裏橋 堰田裏 高坵上 浩田裏 大河巷 棋杆下 南新安兜 南古莊 大南羅莊 官宅堂 小袁家宕 鮑家田莊 呂家宕 須義莊 塘東後巷 油木橋 王家宕 東盛塘

西新宅基 川橋頭 蔣四房巷 路家莊 莊裏 八房巷 牌樓下 陳三房 馮家巷 俞許墅 孟家橋 南周巷 侯家灣 北新安兜 大樹下 蠡湖 陶家壩 老李家宕 孟圩 須家基 塘東巷 廟橋 任巷 郭家巷 西盛塘

陳家河頭 姚巷上 孫家巷 壽同莊 王家小橋 橋頭裏 九房裏 曹家巷 河南南巷 王家塘 許家莊 灣里橋 浦巷 胡家巷 壽同莊 侯莊 魯家宕 唐家宕 趙家宕 周家水渠 廟灣裏 王家宕 天家宅基 郁家基 界涇岸

葉莊村 顧雀莊 後歧村 下莊村 西高巷 路家裏 唐家裏 戴家裏 嚴家裏 顧油車巷 馮家巷 龍底頭 楊家巷 北古莊 王家衖 王宅巷 陳家宕 小李家宕 趙巷 後塘灣 塘東中巷 王莊 錢家宕 賈家莊 西橫巷

調查統計

三一

白羊里　蕭家墻　西莊湯里　西莊　網船橋　諸譚巷　佛堂什基　袁巷　黃交莊　東八士橋　許公橋　葛蕩涇　榮家里　西姚家巷　種田橋　後長沿頭　孫風水巷　後堰頭　西楊樹下　錢家巷　河房巷　西巷　錢家宅基　陳巷　山塘橋

李家水渠　大陳巷　河花池頭　黃土塘　周巷上　後二房　西莊　張巷　下莊　春樹頭　南園里　吳四房巷　老宅基　東洋公橋　春樹頭　樓子下　走馬塘　唐巷上　後楊樹下　錢家莊　夏家水渠　張家河南　吳家宕　蔣家宕　山前巷

善家巷　小陳巷　駱家巷　南三房　顧家巷　白家巷　張巷　史家圩　杜家里　董家里　讓村　巷前　中中村　西洋公橋　張皮匠巷　鵝灣　南莊上　莊上　杜家巷　河南省莊　七房巷、　張家河北　洪家宕　李家宕　周家宅基

小曹墩　盧家　施村　晃山橋　棋杆下　龍尖水渠　羊尖作基　浩田里　居家巷　王四房　石墻頭　陳家里　東姚家巷　東中村　前長沿頭　倪家巷　前堰頭　東楊樹下　王家水渠　九房巷　張橋　楊樹下　濮家宕　中山巷　山莊

油車巷　東楊園　西家巷　前水灣　林金岸　王家老宅基　袁家灣　楊家岩　松井頭　錢家水區　洪家宅基　小橋圩　東錢家宅基　廊下　黃泥墻　前莊　黃村莊　前灣　陸家巷　唐家巷　北窑橋　高巷　西墻頭　南蕩　小橋巷

林家宅基　西楊園　王房莊　後水灣　毛巷　賈家宕　毛井念　邵墅　北莊　李家岩　馮家塘　袁家　石膀橋　柵四巷　新莊　華塘橋　鈕家灣　後灣　俞家岩　彭莊　下田橋　石園里　田地巷　東蕩　樹巷

東邵巷　小陸家宅　須東莊　東趙家宕　張三房巷　新孫家宕　小王家基　楊家宅基　後頭巷　安家岩　須家塘　孟圩　周家莊　高田岸　棺樹頭　小同里　顧巷頭　吳士街　后墅　新涇壩　河西莊　李巷　蔣巷　西蕩　路里

西邵巷　介家宅基　河頭　塘岸上　老朱家宕　李家灣　徐家岩　陸家岩　吳家油車　西趙家岩　山灣　陳墅鎮　孫巷　李家莊　南莊門　吳家莊　東村頭　曹家灣　油車灣　南窑橋　北頭巷　敦化莊　金家巷　後西蕩　萬家巷

東向巷　橋南　范巷里　小石橋頭　五大房　范莊　六禮莊　顧家巷
張公橋　老四房莊　南陽園　新橋頭　盛家水渠　龐路里　元七場　小橋頭
高田上　蒲田圩　吳巷上　街下　倪家巷　陳家里　王家里　瞿家里
思鵲圩　西蔣莊　後灣兜　西湖塘　徐家巷　單河邊　塘東　諸家巷
華家廊下　橫林　後巷里　小宅基　東前頭　陸家街　朝東巷　東下村
周巷　盛頭村　楊家灣　西莊　蔣家村　華岐　關王橋　唐巷
大宅上　席家巷　巷家巷　新宅基　吳家巷　王家巷　角裏　南巷
兜里　河東莊　油車灣　瀾巷　洋河頭　紫燕橋　四堡里　上里逕
蘇家宅基　東頭巷　張巷　唐家岩　橫河上　草河巷　夏虞巷　前樹斗
東巷　小橋頭　田六房　長浜岸　王家里　謝家里　高龍頭　孫家巷
大宅基　陳家宅基　胡家沿頭　河南莊

直轄第一分駐所

京東園　後頭巷　前巷　港下　普地浜　南倉門　陳巷上　熙春街
曹井上　樓下　松蜂里　小河南　羊皮巷　懷古橋　朱巷上　井亭街
小河東　新宅基　三家村　鮭三宅基　華新里　福倫里　永盛里　通街里
大夢家莊　小夢家莊　許巷上　苗上　隆昌里　祝家村　冷獨巷　惠陸巷
楊樹下　大家巷　唐灣里　沈堯莊　黃河灘巷　南石大巷　五房巷　東亭街
槍籬頭　朱春莊　新宅基　周家莊　新塘家　九里莊　柴巷上　尤渡里
曹家岩　唐家莊　老宅基　河西席家巷　上馬墩　三敦凹　棗花巷　湯古橋
三房巷　東藏家巷　徐家巷　石柱頭　廟蜂橋　小粉橋
蔣灣　沙村　姜伴莊　教化莊

無錫縣戶口面積總表

區別	原名	戶數	人數	面積 方里	面積 田畝
第一區	無錫市	三二、八七三	一七一、一二四	九二、三	三二、三七一
調查統計					一三

調查統計

第二區	景雲市	一二、五七三	七〇、二二七	二二一、七	八六、二八三
第三區	揚名鄉	九、八〇七	四八、四四五	一五五、一	五三、一四五
第四區	開原鄉	七、〇四三	三六、五一〇	二〇二、五	五〇、六六四
第五區	天上市	一一、九〇九	五五、四四八	一九八、九	六六、七九八
第六區	天下市	一〇、四六二	五〇、八八四	二二九、一	六五、七一八
第七區	懷上鄉	一三、三一四	五七、五八三	二三〇、〇	一〇四、三三四
第八區	懷下鄉	九、八一一	四二、四三八	二六四、六	七三、七九八
第九區	北上鄉	五、五二六	二四、一〇三	一四五、三	五四、一二九
第十區	北下鄉	六、〇〇一	二七、五五二	一三八、五	四三、五九〇
第十一區	南延市	九、三八八	四二、六二一	二一四、〇	八三、一三六
第十二區	泰伯市	一一、七七八	五四、四〇四	三〇九、四	一一四、九八七
第十三區	新安鄉	七、九〇〇	三八、四二九	一八九、四	七一、七〇〇
第十四區	開化鄉	九、八九二	四四、一五八	二四〇、八	六三、二七九
第十五區	青城市	一三、五二〇	六四、四〇一	二七二、二	八三、九一九
第十六區	萬安市	一四、〇七三	六九、〇八三	二八五、四	九七、九四三
第十七區	富安鄉	八、八一二	四三、九六五	二六〇、八	一一二、四九六
共計	八九市鄉	一九四、六八二	九四一、三七五	三六五〇、〇八	一二五八、二九〇

備註　本表戶口係十八年調查結果尚未續辦人事登記刻正在計劃進行複查中

無錫縣境內輪船航線一覽表　民國二十二年六月份調查

航線名稱及起迄地點	本縣起迄地點及經過各埠地名	行駛公司及輪船名稱	停泊地點	備致
錫溧線起無錫迄溧陽	起無錫迄洛社	永固公司永固汽輪	工運橋	
仝上	仝上	中華恆裕公司恆發汽輪	仝上	
仝上	仝上	中華恆裕公司新裕福汽輪	仝上	
仝上	仝上	招商輪船局建元汽輪	仝上	

錫宜線起無錫迄宜興	仝上	永固公司永興汽輪	仝上
仝上	仝上	中華恆裕公司華新汽輪	仝上
仝上	仝上	陽羨公司銅華汽輪	仝上
錫澄線起無錫迄江陰	起無錫迄石幢	利澄公司飛鯨汽輪	仝上
仝上	仝上	招商輪局泰昌輪船	仝上
仝上	仝上	嚴東公司德和輪船	仝上
錫周線起無錫迄江陰之周莊	起無錫迄晃山橋經過張涇橋陳家橋	利澄公司飛鵬汽輪	仝上
仝上	仝上	東北公司祥裕汽輪	仝上
錫華線起無錫迄江陰之華墅	仝上	利澄公司新飛龍汽輪	仝上
仝上	仝上	東北公司新東北汽輪	仝上
錫東線起無錫迄常熟之東萊鎮	仝上	東北公司學利汽輪	仝上
仝上	仝上	新濟公司新康汽輪	仝上
仝上	仝上	東北公司祥源汽輪	仝上
錫湖線起無錫迄湖州	起無錫迄大錢經過大渲西山	太湖公司新太湖輪	仝上
仝上	仝上	太湖公司飛雲輪船	仝上
錫芳線起無錫迄武進之芳橋	起無錫迄湖㙦經過錢橋藕塘橋稍塘橋張舍	中華恆裕公司華恆汽輪	仝上
仝上雪堰橋	仝上	中華恆裕公司恆順汽輪	仝上
錫漕線起無錫迄宜興之漕橋	起無錫迄大鴻橋經過錢橋藕塘橋陸臣橋新瀆橋	中華恆裕公司華裕汽輪	仝上
錫寨線起無錫迄江陰之寨亭	起無錫迄堰橋經過嚴㙦胡家渡	利澄公司飛龍汽輪	仝上
仝上	仝上	惠商輪局惠源輪船	仝上
錫北線起無錫迄江陰之北漍	起無錫迄晃山橋經過張涇橋陳家橋	利澄公司利澄輪船	仝上
錫河線起無錫迄江陰河塘橋	起無錫迄西暘橋經過八士橋	利澄公司飛鴻汽輪	仝上
錫璜線起無錫迄江陰之璜塘	起無錫迄堰橋經過嚴㙦頭家渡	利澄公司利達輪船	仝上
錫顧線起無錫迄江陰之顧山	起無錫迄晃山橋經過張涇橋陳家橋	新濟公司新濟汽輪	仝上
錫前線起無錫迄前川	起無錫迄前洲經過吳橋秦巷	新濟公司新永利輪	仝上

調查統計

錫尖線起無錫迄羊尖	起無錫迄羊尖經過張涇橋東湖塘北䧟嚴家橋	嚴東公司美利汽輪	仝上	
錫祝線起無錫迄江陰之祝塘	起無錫迄西洋橋經過八士橋方村橋聚橋白塊橋	嚴東公司永利汽輪	仝上	
錫吳線起無錫迄吳塘門	起無錫迄吳塘門經過北橋中橋南橋石塘丁石蕩埭橋南方前	錫南汽船局惠風汽輪	仝上	
錫玉線起無錫迄玉祁	經過洛社五牧對莊禮社	濟商輪局永裕汽輪	仝上	
錫鹿線起無錫迄常熟之鹿菀	起無錫本縣境內並不停泊	大通輪局利源汽輪	仝上	暫停
仝上	仝上	大通輪局利潤汽輪	仝上	暫停
錫甘線起無錫迄甘露	經過江陂橋坊前梅村茅塘長塘橋新造橋蕩口	華新輪局華飛汽輪	仝上	
錫蕩線起無錫迄蕩口	仝上	華新輪局華新汽輪	仝上	
錫安線起無錫迄安鎮	經過新塘橋鴨城橋	源益輪局源益一號汽輪	仝上	
梅蘇線起無錫之梅村訖蘇州	經過處均係吳縣境內	普益輪局長風輪	無錫梅村工運橋	
錫熟線起無錫迄常熟	經過新塘橋鴨城橋安鎮太平橋馬口廊下羊尖	普益輪局永盛輪		
錫胥線起無錫青祁	經過北橋中橋南橋蠡園	開揚商號青綠汽輪	仝上	此輪暫停行駛
錫蠡線起無錫迄蠡瀆	經過新塘橋鴨城橋石埭橋安鎮廊下	惠興輪局德潤汽輪	仝上	此輪暫停行駛
錫后線起無錫迄后宅	大牆門	泰利輪局恆錩汽輪	仝上	此輪暫停行駛
錫南線起無錫迄南方泉	經過北橋中橋南橋石塘𦨭埭橋	通達輪局利民汽輪	仝上	
錫潭線起無錫迄周潭橋	經過北橋中橋南橋東埄長旺橋廟橋巡塘鎮楊橋塘干渡	便民輪局鴻雲汽輪	仝上	
錫溧線	見前	新商輪局新江南汽輪	仝上	
錫楊塘起無錫迄楊墅園	經過洛社高明橋	公商新記汽船局公商輪船	仝上	
錫蘇線起無錫迄蘇州	經過望亭滸墅關	蘇錫輪局福泰輪船	仝上	
錫廟線起無錫迄南雙廟		招商輪局新飛馬輪	仝上	
錫塘線起無錫迄石塘橋	北橋中橋南橋蠡園黿頭渚	鴻勝輪局鴻勝汽輪	仝上	以上均係客班
錫滬線起無錫迄上海	直達上海中途並不停泊	瑞生祥輪運局福星滙利輪	仝上	以下均係貨班
仝止	仝上	泰昌惠記輪運局新大興輪	仝上	
仝上	仝上	泰昌惠記輪運局永元輪	仝止	

二六

仝上	仝上	協興輪局協豐輪船	仝上
仝上	仝上	協興輪局協盛輪船	仝上
仝上	仝上	協興輪局協裕輪船	仝上
仝上	仝上	協興輪局匯茂輪船	仝上
仝上	仝上	公茂輪局新振興輪船	仝上
仝上	仝上	通裕商號大吉輪船	仝上
仝上	仝上	通裕商號大利輪船	仝上
仝上	仝上	通裕商號春申輪船	仝上

附註、尚有利民志新兩輪局擬開錫常線客班起無錫迄常州現正在請證中

書肆調查表　民國二十二年五月調查

書肆名稱	地址	經理 姓名	年齡	籍貫	營業性質	附帶營業
日升山房	北門內大街	王文榮	四九歲	丹陽	木印四書五經及醫書善書	其他書籍文具
新新書局	崇安寺	蔣錫康	三〇歲	無錫	代售學校書籍	彙售文具百貨照相
新聲書局	崇安寺	楊繼盛	四〇歲	無錫	代售商務中華大東世界各書局書籍參考用書	彙售文具百貨
無錫教育書局	城中寺後門	費星堂	二八歲	無錫	代售學校課本及文化參考用書	文具用品等
大同書局	城中寺後門	沈仲安	四〇歲	無錫	代售各種書籍	文具儀器
樂華書局	城中寺巷內	邵華樂	五〇歲	無錫	販賣上海各大書局各種教科參考書籍經史詩文集小說等	文具學校用品
文華書局	城內倉橋	陳菊軒	四六歲	無錫	專售學校應用教科及各種參考書籍	學校文具儀器用品
世界書局無錫特約所	城內書院衖口	周贊臣	三六歲	無錫	經售世界商務中華各書局書籍	學校用品及文具等
鴻文齋書局	城內盛巷橋	殷雲生	五五歲	蘇州	代售新舊小說	
東北圖書流通社	城內寺後門	施子達	三三歲	蘇州	發行新舊書籍	出租小說彙售文具用品
民新書局	喜春街	過煥章	二八歲	無錫	代售石印小說	出租小人書

文化書局	棉花巷	錢品高	十八歲	無錫	中等營業及印刷事項	兼售文具小說小人書
啓新書局	棉花巷	章六山	六〇歲	丹陽	中等營業無分店及印刷等項	兼售文具
學海堂	北大街小郷街口	宋少雲	五六歲	無錫	出售黨化中西書籍學校用品	兼售文具紙張承接民生印書館印刷事宜
經綸堂	北塘張成街口	宋少選	五六歲	無錫	仝上	製造黑石板揩
文化書局	北塘街	劉壽山	四二歲	無錫	代售石印書籍學校用品	兼售文具紙張
大文書局	北塘街	曹錦康	五二歲	無錫	代售石印小說學校文具木板書籍	
日新山房	老北門口	王文榮	四九歲	丹陽	代售洋板書籍學校用品	兼售文具紙張
文範齋	笆斗街	胡肇基	二九歲	無錫	代售石印舊小說	出租小人書
福記書攤	北塘交通銀行門口	丁培福	一四歲	無錫	承接文元大文書局出租小人書	
秦生泰	張舍鎮	秦根泉	三八歲	無錫	代售文元大文書局之舊書	兼售紙紮

說明　一、日新山房係日升山房分店

無錫縣公安局接生婆登記表

姓名	年歲	住址	已執行業務年數	考取領照月日	准業年限	發給執照號數
陳惠氏	五八	三皇街	三十餘年	十八年九月十日	五	一
吳華氏	五八	中市橋	三十餘年	仝上	五	二
鄒華氏	三八	滙龍橋	十九年	十八年九月十一日	二〇	四
蕭朱氏	三二	七尺場	七年	十八年九月十二日	二〇	七
俞王氏	五二	東大街	三十餘年	仝上	一〇	八
徐孫氏	五五	交際路	十八年	十八年九月十四日	一〇	九
萬張氏	四五	東新路長康里	十八年	仝上	一八	一〇
陸潘氏	五五	觀前街	三十餘年	十八年九月十六日	一五	一二
劉李氏	五五	大河池[illegible]	二十七年	十八年九月十八日	五	一四
潘吳氏	四〇	唐棧街底	二十六年	仝上	五	一五

楊范氏	五六	西門外魚行街	三十餘年	仝上	五	一六
楊姚氏	五七	泗堡橋	三十餘年	仝上	五	一七
陸周氏	三〇	観前街	七年	十八年九月十九日	一〇	一八
陳梁氏	五〇	顧橋下五十六號	二十五年	十九年一月十日	一〇	二一
朱鄭氏	四四	惠農橋	二十餘年	十九年四月念一日	一四	二二
華彭氏	五五	東門外永盛里四九號	十九年	十九年四月念二日	五	二三
倪華氏	五五	東門外熙春街	十八年	仝上	五	二四
周呂氏	五五	周山浜安逸里四號	四年	十九年四月念三日	五	二五
俞諸氏	三〇	東大街	四年	十九年四月念八日	二〇	二六

附註 一、本表接生婆係十八年九月奉令考驗經合格後登記並發給執照營業

二、十九年春前市政籌備處舉辦接生婆訓練班加入未考驗登記者俞諸氏等五口經畢業後補發五紙

三、尚有陸石氏高張氏于楚氏過靑蓮諸奚氏陸夏氏鄒徐氏等七口或自行輟業或墮胎觸犯刑章經本局查明解辦

江蘇省無錫縣二十一年度各國僑居商民調查表

姓名	性別	年齡	國籍	經營何種商業及其他任務	僑居年月	發給護照機關	家屬人數	備考
李克樂	男	五二	美國	普仁醫院醫士	在錫二十八年	上海美國領事館	四人	二十二年五月二十五日攜眷回國休息一年
卜華德	男	三八	仝上	仝上	在錫四年	仝上	四人	
薛莉壽	女	三七	仝上	普仁醫院護士	在錫十年	仝上	一人	
史賓考	女	三九	仝上	仝上	在錫二年	仝上	一人	
戴爾	男	五〇	仝上	聖公會傳教	在錫十四年	美國政府	四人	二十二年六月四日攜眷回國休息
任納義	女	四一	仝上	仝上	在錫十二年	仝上	一人	二十二年一月五日回國

調查統計

工廠調查表

二十二年六月調查

第一分局

項目 廠名	地點	廠主或經理	資本若干	工人計數 男	工人計數 女	有無何種組織	備考
麗華布廠	映山河十五號	吳仲炳	四萬元	二五	二三五		
光華布廠	盛巷口四十號	蔣鏡海	一萬元	一二	一二〇		
鴻裕布廠	胡橋一號	杜敬宗	三千元	六	四三		
恆豐布廠	學佛路七號	黃健農	三千五百元	九	三三		
無錫鐵工廠合記	學佛路六號	吳培麟	一千五百元	四八			
黃雲龍機器廠	光復門內十一號	黃廷楨	一千元	一五			
裕豐襪廠	西大街十八號	倪肇安	一千元	九			
明記襪廠	駐驄橋九號	陳仲銘	五百元	八	二		
三元毛巾廠	新廟前二十一號	耿泰華	一千元	七			

三〇

第二分局

項目 廠名	地點	廠主或經理	資本若干	工人計數 男	工人計數 女	有無何種組織	備考
乾甡絲廠	光復門外東梁溪路	程炳若	十萬元	一〇〇	一五〇〇	無	
厚豐絲廠	光復門外南倉門	馮梅生	六千元	二〇	四〇〇	無	
和興絲廠	光復門外東城脚	陳訪周	六千元	二八	二六〇	無	
恆德油廠	光復門外東梁溪路	浦文汀	十萬元	四〇	無	油廠公會	
華豐布廠	光復門外清眞寺路	徐子洲	六千元	四〇	四〇	布廠公會	
保新永襪廠	光復門外通淮橋	袁雲泉	一千元	三	二	襪廠公會	
協成襪機廠	光復門外北城脚	吳潤祖	一千元	九	無	機器公會	

調查統計

營美機廠	光復門外南倉門	王三玉	一千元	五	無	機廠公會
大陸機機廠	光復門外東新路	胡泉榮	五百元	一〇	無	機器公會
合衆鐵廠	光復門外清真寺路	陶志良	五千元	四〇	無	同上
祥興機器廠	同上	朱仲南	四千五百元	二四	無	同上
陳榮昌機器廠	同上	陳泉福	五百元	五	無	同上
娥大機器廠	光復門外北城脚	顧雲倬	八百元	八	無	同上
上泉興機器廠	同上	王泉林	三百元	四	無	同上
公興機器廠	同上	胡榮泉	三百元	三	無	同上
順興機器廠	同上	顧復源	三百元	三	無	同上
爵萬順機器廠	同上	顧阿根	二百元	五	無	同上
順聚興機器廠	同上	顧增祥	五百元	六	無	同上
張茂昌機器廠	同上	王泉林	三百元	六	無	同上
裕興機器廠	同上	劉森和	一千元	八	無	同上
盛興鐵工廠	同上	張榮奎	五百元	五	無	同上
協成機器廠	同上	沈濟寶	五百元	二	無	同上
瑞錩機器廠	同上	徐榮昌	五百元	一六	無	同上
聚興機器廠	同上	謝阿惠	三百元	三	無	同上
錦新機器廠	同上	孫耀華	五百元	六	無	同上
合興機器廠	同上	陳成氏	一千元	八	無	同上
和興機器廠	同上	陳信昌	五百元	五	無	同上
源泰機機廠	同上	朱佐庭	四百元	一〇	無	同上
榮昌機器廠	光復門外東城脚	邱榮湖	八百元	一〇	無	同上
永興翻砂廠	同上	謝仲璋	一千一百元	一二	無	同上
永順翻砂廠	同上	周記壽	三千元	一〇	無	同上
茂新鐵工廠	同上	周福興	二百元	八	無	同上

三一

調查統計　　三二

廠名	地點	廠主或經理	資本若干	工人計數 男	工人計數 女	有無何種組織	備考
永泰抛銅廠	光復門外北城脚上	殷玉隆	六百元	一〇	無	無	
公藝抛銅廠	同上	張啟富	八百元	一四	無	無	
聯合鐵工廠	光復門外東新路	毛祖鈞	二千元	二〇	無	機器公會	
協興機器廠	光復門外前太平巷	孫虎臣	三千七百元	二〇	無	同上	
章大呂五金工廠	同上	章錢長	三百元	四	無	同上	
永興機器廠	同上	謝仲璋	六千六百元	二〇	無	同上	
潤鑫機器廠	光復門外光復路	胡山海	一千元	四	無	同上	
祥泰機器廠	同上	薦鳳瑞	二千元	一五	無	同上	
薦熾昌機器廠	同上	薦雲翔	一千六百元	一一	無	同上	
合興餅子廠	同上	錢阿坤	二百元	二	無	無	
黃永昌鐵工廠	光復門外南倉門	黃仲清	七百元	二一	無	機器工會	
振興機器廠	光復門外北倉門	許阿四	一千元	一四	無	同上	

第三分局

項目／廠名	地點	廠主或經理	資本若干	工人計數 男	工人計數 女	有無何種組織	備考
怡昌二廠	跨塘橋下塘	經理黃福林	一萬八千元	三〇	八〇〇	無	
元記絲廠	羊腰灣	經理袁鈺璋	二萬元	三二	八〇〇	無	
怡昌總廠	塔橋下	經理黃福林	一萬五千元	二五	七〇〇	無	
鼎昌鑫記	通揚橋	經理周肇甫	二萬元	四〇	一五〇〇	無	
復泰絲廠	知足橋	經理孫稈勤	一萬元	二〇	四〇〇	無	
永泰絲廠	知足橋	經理薛潤培	三萬元	六〇	一二〇〇	無	
振藝元記	清明橋	經理鍾志彝	五萬元	六〇	一六〇〇	無	
復昌絲廠	鐵樹橋	經理邱樾人	一萬五千元	四〇	五〇〇	無	
宋錦裕肥絲廠	帶鈎橋	廠主宋錦堯	一千二百元	五	二	無	

廠名	地點	廠主或經理	資本若干	工人計數 男	工人計數 女	有無何種組織	備考
緒綸肥絲廠	耕讀橋	廠主錢占魁	一百元	四		無	
振生肥絲工場	談渡橋	廠主李桂深	一百五十元	四	一	無	
五豐肥絲廠	談渡橋	廠主陳根鑫	一百元	四		無	
三星與記肥絲廠	張家弄	廠主田老三 吳品素	八十元	二	二	無	
泰豐肥絲廠	南城門口	廠主梁大亨	六百元	三		無	
洽記肥絲廠	南城門口	廠主許恆昌	四百元	二		無	
新新毛巾廠	張王廟	經理田幼臣	一千元	二八		無	
恆裕肥絲工場	貨街	廠主孫國明	四百元	六		無	

第四分局

項目／廠名	地點	廠主或經理	資本若干	工人計數 男	工人計數 女	有無何種組織	備考
錦記繅絲廠	倉浜	薛壽萱	十萬元	二四	六八四		
源康繅絲廠	黃埠墩	何夢蓮	一萬元		六四〇		
和豐繅絲廠	龍船浜	袁端甫	二萬元	一八	六五〇		
申新第三紡織廠	五洞橋	榮德生	三百萬元	七九一	三五一五	有工人儲蓄工人補習學校消費合作社	
振新紡織廠	太保墩	蔣哲卿	一百二十五萬兩	三五〇	一六五〇	有義務學堂工人茶室工人圖書室醫藥寄托嬰室遊戲室運動場	
茂新麵粉一廠	太保墩	榮宗敬	六十萬元	二〇〇	無		
茂新麵粉二廠	惠山浜	榮宗敬	附屬一廠	二〇〇	無		
九豐麵粉公司	黃埠墩	唐灃鎮	二十萬兩	一四〇		有丁職同人俱樂部	
廣裕織布廠	迎龍橋	王樂水	十萬元	一五〇	一四〇		

三三

調查統計

中華襪廠	顯應橋	戈子祺	一萬元	二八	九五
湧寶成油廠	外吊橋	尤瑞芳	一萬元	四六	無
鄒成泰石粉廠	丁埄里	鄒炳範	五萬元	三二	無

第五分局

項目 廠名	地點	廠主或經理	資本若干	工人計數 男	女	童	有無何種組織	備考
麗新紡織整理工廠	惠商橋麗新路	唐驤廷 程敬唐	一百萬元	三二八	一六〇〇	三〇	董事十三人 監察三人	設支店一處於通運路股份有限公司
利用造紙廠	惠商橋	陳容軒	十萬元	二四			經理會計庶務監工各一人	股份有限公司
新華布廠	後竹場巷	華逸峯	一萬零五百元	三〇	二〇	三〇	枝師二四人練習生四人	股份公司
大華染織廠	北柵口	嚴作霖	一萬元	七〇	五〇	五	營業會計庶務工務四股	同上
同億布廠	惠商橋	曹子瑜	五萬元	一五	八五		股份公司事務工場二部	同上
潤豐油餅廠	南尖	唐滋鎮 陳作霖	三萬元	七〇			職員十八人共同辦理事務	同上
鄒成茂油餅廠	江尖	鄒復威	六千元	四八	無		職員六人共同辦理事務	獨資開設
三新棉織廠	小三里橋北泗路	方子雄 徐載蒼	三萬元	一〇	一八〇		營業會計庶務工務四股	股份公司
惠生絲廠	惠工橋	謝蓉生	一萬元	八	一八八	一三〇	經理制度職員十五人	資本項下就營業方面而言實業在內
大成絲廠	麗新路原名有成	張仲厚	一萬元	二〇	三〇〇	一三〇	同上職員十六人	同上
普新米廠	茅塍沿河	談文明	一萬元	六〇			同上職員十八人	股份公司

餘新米廠	南尖	同上	一萬二千元	五〇	同上	同上
鄒成泰米廠	江尖	鄒福祺	八千元	三〇	同上（職員八人）	獨資經營
仁昌餘米廠	同上	陳耀祖	六千元	四七	同上	同上
利新米廠	茅涇浜	錢鍾偉	九千元	三八	同上	合資經營
民生米廠	江尖	蘇炳虎	一萬元	五八	同上	同上
福利肥皂廠	硯瓦橋	楊清成	五千元	五	經理制度	

第六分局

項目／廠名	地點	廠主或經理	資本若干	工人計數 男	工人計數 女	有無何種組織	備考
慶豐紡織廠	錫豐路	唐炳源	二百五十萬元	二〇六	二六〇六		
廣勤紡織廠	長源橋	楊壽楣	一百五十萬元	二五〇	一四六〇		
豫康紗廠	通豫路	周繼美	一百二十萬元	一〇三	一四九七		
元餘絲廠	麥巷上	徐君傑	八千元	五〇	二五〇		
瑞昌絲廠	周山浜	鄭炳泉	二萬元	一九	三五〇		
乾泰絲廠	北新橋	程炳若	三萬元	一四	四〇〇		
德昌絲廠	梨花莊	錢晴初	八千元	一四	三〇〇		
萬豐絲廠	惠工橋	嚴文濂	三萬元	一四	三〇〇		
大成絲廠	南巷上	張仲厚	一萬五千元	一六	六〇〇		
盛泰翻砂廠	通惠路	張成德	一千五百元	四			
萬昌翻砂廠	仝	胡茂招	一千元	二			
瑞源機器廠	仝	沈業根	五百元	四			
張源記營造廠	仝	張福山	三百元				工人無定
華興鐵廠	仝	謝霖發	二千元	一八			

調查統計　三五

調查統計

發興鐵廠	仝	過學發	一千元	四
協昌鐵廠	仝	薛仁南	一千元	三
金盛鍋廠	仝	顔金福	六千元	一八
新公記翻砂廠	仝	周聚根	二千四百元	一六
普明機器廠	仝	倪鳴岐	三千元	九
葛俊記機器廠	仝	葛純祖	五百元	四
周順興機器廠	仝	周耀庭	一千元	一〇
三新翻砂廠	仝	侯繼泉	二千三百元	一二
復興盛鐵工廠	仝	馮琴泉	二千元	一五
新中華皮革廠	仝	劉滄朝	八百元	六
振新鐵工廠	仝	王永錩	二千五百元	二〇
陸攸興機器廠	仝	陸聚根	一千八百元	一二
立茂鐵工廠	仝	陸根林	一千五百元	一〇
新順昌機器廠	仝	陸林寶	二百元	三
惠源機廠	仝	臧志順	七百元	一六
成昌機器廠	仝	忻杏生	二千元	一一
森昌泰機器廠	仝	顧金林	一百元	四
華錫機器廠	仝	徐順金	四千五百元	一四
惠興電焊廠	仝	郭祖芳	一百五十元	二
怡生電焊廠	仝	楊怡生	一百五十元	四
華義昌鐵廠	仝	董文義	五百元	三
怡泰機器廠	仝	朱少超	二千元	四
永興翻砂廠	仝	陸憲章	二百元	二
怡興電焊廠	仝	謝宜廷	一百五十元	一
沈興記機器廠	仝	沈予江	一千五百元	四

三六

廠名	地點	廠主或經理	資本若干	工人計數 男	工人計數 女	有無何種組織	備考
章德興機器廠	仝	章觀生	五百元	三			
興東電焊廠	仝	吳和根	二百元				學徒三人
南洋電焊廠	仝	仝	三百元				學徒三人
南陽電焊廠	仝	杜梅芳	二百元	二			
祥生鐵工廠	仝	陳杏生	二千元	六			
豫泰機廠	通豫路	周繼美	一百二十五元	六〇	二五		
恆通電焊廠	陳白頭巷	吳勝山	三百元	一			
城多利糖果廠	廣勤路	梁惠甫	二千元	一〇			
遠鑫機器廠	仝	過景春	一千元	五			
尤振大花線廠	華盛街	尤厚昌	一百元	二	三		
廣勤製造廠	仝	江玉山	六千元	四〇			
震日機器廠	廣勤二支路	薛振祥	一萬元	二〇			
俞寶昌機器廠	仝	俞寶龍	三千元	一二			
華盛翻砂廠	仝	朱湊鈞	九百元	一五			
大中華皂廠	廣勤四支路	張炳衡	三千元	一〇			
慎昌製作所	錦豐路	夏藝人	五百元	六			
競華染織廠	惠農橋西首	沈嘉樂	一萬元	一〇	八〇		

第七分局

廠名	地點	廠主或經理	資本若干	工人計數 男	工人計數 女	有無何種組織	備考
蘇州蕩口電氣分廠	蕩口新橋	華子儀	二萬元	一〇	六	無	

第八分局

調查統計　　三八

廠名／項目	地點	廠主或經理	資本若干	工人計數 男	工人計數 女	有無何種組織	備考
民豐模範絲廠	南門姚莊浜	傅培德	二萬四千元	三十五人	六百九十二人	無	
華新製絲養成所	南門河旺橋	薛壽萱	五萬元	五十人	七百人	無	
美恆紡織公司	南門高三巷	朱公權	三萬元	三十人	六百五十人	無	
允利石灰廠	南門大帝巷	薛明劍	四千五百元			無	工人無定額
鼎昌第二廠	周新鎮	周鞏甫		二十三人	八百人	無	附屬第一廠
人餘第一分廠	陳大巷	陳仲言	歸總廠	無	無	無	由廠發機紗各女工回家織就送廠以 無工人僅職員八名而已
豐年蠶種製造場	高車渡	胡治卿	三萬元	十人	一人	無	畫期工人最多百餘人

第九分局

廠名／項目	地點	廠主或經理	資本若干	工人計數 男	工人計數 女	有無何種組織	備考
德豐盛絲廠	陸井	湯柏森	一萬元	三十一名	二百八十名	除依時上工休息外並無他種組織	
中國藥棉紗布製造廠	仝上	沈文德	七千元	十名	十八名	同上	
公益鐵工廠	榮巷	榮宗銓	一萬元	七十八名	無	同上	
人餘第一電機織廠	冰池頭	陳仲言	二萬元	一百五十七名	二百四十六名	同上	
裕康機廠	盛岸浜	朱福明	二萬元	一百三十五名	二百十六名	同上	
同潤絲廠	鏈河尖	趙敬珊	一萬元	四十四名	五百二十四名	同上	
一新棉織毛巾工廠	丁巷	韋聘卿	六百元	五名	十二名	同上	

第十三分局

廠名／項目	地點	廠主或經理	資本若干	工人計數 男	工人計數 女	有無何種組織	備考
振華染織工廠	陳家橋	毛永康	五千元	二十人	五十人	無	
競華染織工廠	新塘裏	沈家樂	一萬元	二十人	二百人	無	
王源吉造鍋廠	堰橋倪家宕	俞倍青	五萬元	九十人	無	無	

第十五分局

廠名/項目	地點	廠主或經理	資本若干	工人計數 男	工人計數 女	有無何種組織備考
瑞綸絲廠	玉祁鎮	吳中伯 嵇秋成	二萬元	五十餘人	六百餘人	有工女訓練所職員技術研究會圖書館工女膳堂及哺乳室等之組織

直轄第一分駐所

廠名/項目	地點	廠主或經理	資本若干	工人計數 男	工人計數 女	有無何種組織備考
嘉泰絲廠	東門外綠蓰南首	袁鉦璋	一萬元	四十人	五百人	無
泰隆麵粉廠	東門外菩提浜	徐聖禪	十萬元	一百二十人	無	無
永盛絲廠	東門外小粉橋	薛壽萱	二萬元	二十人	四百十八	無
永吉絲廠	東門外小粉橋	薛壽萱	一萬五千元	二十人	三百五十八	無
隆昌絲廠	東門外亭子橋南首	薛壽萱	一萬五千元	二十人	三百五十人	無
復興紗廠	東門外興隆橋	楊達士	二十一萬元	二百餘人	九百餘人	設有消防及衛生等部
工藝秤器廠	東門外廟塗橋□首	陳子寬	二萬元	五十餘人	無	無
治昌絲廠	東門外小粉橋北首	殷卓君	一萬五千元	二十人	三百餘人	無
餘記絲廠	東門外小粉橋北首	孫振球	二萬元	五十人	六百人	無

無錫縣地方自衛武裝團體調查表

二十二年五月調查

局	轄地點	名稱	主管人及教練姓名	別號	團員總數	槍械總數	槍械類別	子彈存儲實數	備考
第一分局	公園路	商團公會	會長 楊壽楣 隊長教練 顧廷藩	翰西 翰屏	十五人	三十枝	小徑口	二〇〇〇	
	南陽里	商團第三支會	支會長 錢基厚 支隊長 吳炳仲 教練 趙月樓	孫卿	五十人	五十枝	小徑口套筒	一〇〇〇〇	

調查統計 三九

調查統計 四〇

第二分局	長康里	商團第四支隊	支隊長沈煥章 教練謝叔永	五十人	五十五枝	毛瑟槍四十四支 八寸盒子炮五支 勃郎林五支 蓮蓬槍一支	三八〇〇
第三分局	南門外棉花巷	商團第五支會	團長錢翼振鳳高 教練陳範九田	四十四人	四十六枝	漢陽二十二支 村田二十支 林明敦四支 盒子炮二支	二〇〇〇 三〇〇〇 無 八〇
第四分局	西直門外	商團第六支隊	支隊長龔耀良 教練陸廣漢	四十人	四十枝	三〇年式步槍三十五支 勃郎林五支	一七〇〇
第五分局	大橋下竹塲巷	商團第一支會	會長江煥卿 隊長馬浩生	四十二人	四十四枝	七米哩徑口三十六支 盒子炮六支 手槍二支	二四五〇
	小泗巷街	商團第二支會	會長趙燮子 隊長陳顯新	四十二人	四十三枝	七米哩徑口三十五支 盒子炮六支 手槍二支	二五二〇
	布行街	商團第九支會	會長繆棟臣	三十人	三十二枝	七米哩徑口二十二支 盒子炮六支 馬槍四支	一五〇〇
	後蔡家街	商團第十支會	會長蔡煌青 隊長鄭粟民暉	四十二人	四十六枝	七米哩徑口三十七支 盒子炮七支 手槍二支	
第六分局	廣勤路	商團第八支隊	隊長段起山松亭	四十二人	四十二枝	馬槍一支 套筒槍四十支 勃郎林一支	五〇 二〇〇〇 二〇〇
		商團第八遊巡隊	教練田中仁明玉	十二人	十二枝	意國造十二支	七二〇

附設遊巡隊十八人

尚有第二區江溪橋新組保衛團已立案正籌備中團長朱鑑珊團員槍枝未定

第十分局	蕩口鎮	商團第十一支隊	隊長張金聲 斌	四十二人	二十八枝	緊口毛瑟 俄造 盒子炮		六〇〇
	甘露鎮	商團第十三支隊	隊長顧實毅 君實 教練章懷敏 子瞻	四十二人	二十五枝	村田 俄造 緊口毛瑟 三一年式		八〇〇
	鴻聲里鎮	臨時保衛團	團長錢憩南 教練錢起霞	二十人	四枝	毛瑟槍 俄造 林明敦		一〇〇
第八分局	南方泉	南方泉保衛團	團長王明卿 教練王守中	四十人	十一枝	七九步槍 毛瑟槍	十支 一支	七五〇〇
	漳渚港	漳渚港保衛團	團長王任泉 教練石淵如	二十人	五枝	七九步槍 毛瑟槍	二支 三支	三一〇
	吳塘門	吳塘門保衛團	團長教練周文都	十四人	十四枝	毛瑟槍	十四支	七〇〇
	新安鎮	新安鎮保衛團	團長陸潤臣 教練惠思九	十五人	七枝	七九步槍 馬槍 下槍 盒子炮	一支 三支 二支 一支	四二〇
	南橋鎮	商團第十八支隊	隊長嚴肅 蓉生 教練章煥珍 府元	二十人	二十二枝	手槍 毛瑟槍 俄式槍 七九步槍 馬槍	三支 八支 二支 八支 一支	一一〇〇
第九分局	藕塘橋鎮	藕塘橋保衛團	團長朱伯麟 綬章 教練吳志雲 烈 胡友松 管長林	三十九人	二十八枝	林明敦步槍 三〇年式步槍 俄式步槍 九響步槍 木殼槍 七響手槍 九響手槍	二十支 一支 一支 一支 二支 一支 二支	四〇〇

調查統計 圖二

調查統計

分局	地點	團隊	隊長·教練	字	人數	槍枝數	槍種	各種數	子彈數	備註
第十一分局	大橋門鎮	商第十三支隊	隊長楊[illegible]榮 教練吳慎思	戢臣 敬之	二十八人	二十一枝	六五步槍 盒子炮		一五〇〇	
	坊橋鎮	自衛團	團長陳敏中 教練吳國良	匡甫	十四人	三枝	套筒		二〇〇	
	薛店	保衛團	團長翁景輿 教練仲海欽		三人	三枝	馬槍 盒子炮 林明敦		六〇 五〇 二〇	
第十二分局	八士橋	商八士橋團	團長過覲先 教練過學綸		二十八人	二十五枝	步槍 手槍	二十二槍 三支	八〇〇	借與公安第十八分局二枝
	長安橋	商長安橋團	團長楊懋章 教練楊啟燊		十六人	十七枝	「毛瑟」步槍 勃郎林手槍	十六枝 一支	六〇〇 一〇	
	張涇橋	保衛團第七區團第一甲團	團長華硯芬 教練鼂鳳輝		四十二人	四十枝	步槍 自來得槍 手槍	二十五支 二支 三支	三〇〇〇 五〇 三〇	
	寨門	第二甲團	團長嚴[illegible]倫 教練嚴定弗		二十六人	十枝	自來得 手槍	六支 四支	一〇〇〇 四〇	
	東湖塘	第三甲團	團長吳壽煊 教練劉天佑		四十四人	三十四枝	步槍 手槍	二十六支 八支	二〇〇〇 二〇〇	
	黃土塘	第四甲團	團長教練蔣良生		二十七人	三十一枝	步槍 自來得槍 手槍	二十五支 三支 三支	三〇〇〇 二〇〇 三〇	
	陳墅	第五甲團	團長周子翺 教練夏錦春		三十三人	五十三枝	手提機關槍 自來得槍 步槍 手槍	二支 十三支 三十四支 四支	四〇〇 六〇〇 二〇〇〇 四〇	
	雙涇橋	第六甲團	團長教練周寶銓		三十八人	八枝	步槍	八枝	五〇〇	
第十四分局	楊墅園	商第三十六支隊	隊長錢君石 教練何守義	校忠	三十五人	三十枝	盒子炮 手槍 機造步槍 套筒步槍	十三支 六支 十一支 八支	一五〇〇 六〇〇 六〇〇 一四〇〇	

四二

胡埭	商團第三十三支隊	隊長陳冕周 冠英 教練莊振英	三十八人	三十三枝	盒子炮 手槍 七九步槍 六五步槍	十一支 七支 十一支 四支	一四五〇 五〇〇 一九〇〇 七〇〇	
新瀆橋	商團第三十五支隊	隊長錢國華 教練錢錄耕	三十二人	二十六枝	盒子炮 手槍 村田 七九步槍	七支 九支 六支 四支	一二〇〇 七〇〇 八〇〇 五〇〇	
陸區橋	商團第三十支隊	隊長袁錫坤 禮茂 教練沙建文 浩洲	二十四人	十七枝	盒子炮 手槍 小緊門 馬槍 毛瑟槍	三支 二支 二支 二支 八支	一二〇 八〇 一六〇 五〇 三三〇	
禮社鎮	商團第二十五支隊	分會長薛伯謙 家鳳 支隊長薛降吉 國棟 教練薛屏南 凌泰	二十一人	十七枝	村田 毛瑟 三十年式 單馬 套筒 六寸手槍	六支 三支 三支 一支 一支 三支	五四〇	
蔣莊鎮	商團	團長楊元宇 汝林	十六人	二十一枝	七九步槍 雙筒 單筒 馬槍 盒子炮 手槍	三支 八支 五支 一支 二支 二支	一五〇〇	敎練現已缺，內有單筒一支已壞
蓮蓉鎮	保衛團	團長華吉人	四人	十一枝	毛瑟槍		五〇〇	冬防時團員加八人
前洲鎮	商團第十五支隊	隊長[illegible]	四十四人	四十四枝	七九步槍 盒子炮 六寸手槍 馬槍	三十二支 二支 二支 一支	一七〇〇 一〇〇 一二〇 五〇	
調查統計						四三		

調查統計							四四	
石塘灣	商團第三十四支隊	團長張其銘	二十四人	二十四枝	七九步槍 三號盒子炮 六寸手槍 八寸手槍 老毛瑟 俄式 三十年式 老九響 嗎喇呀	十三支 二支 二支 一支 二支 一支 一支 一支 一支		九〇〇 一〇〇 五〇〇 二〇〇 二〇〇 五〇〇 二〇〇 四〇〇 五〇〇
第十六分局 安鎮	商團第二十四支隊	隊長張乃照 教練李玉樓 漱石	二十四人	三十八枝	自來得 手槍 步槍	七支 六支 二十五支		三二〇〇
羊尖	商團第二十八支隊	隊長陳泰寰 教練蔣振鐸 次瀛	五十二人	五十二枝	手機關槍 步槍 自來得 手槍	二支 三十五支 七支 八支		八六〇〇
嚴家橋	商團第十四支隊	團長唐屏周 教練何有志	四十二人	四十八枝	自來得 手槍 步槍	十四支 七支 二十七支		六五〇〇
上山	商團第二十四支隊分隊	隊長朱湘平 教練	十六人	二十一枝	自來得 手槍 步槍	八支 二支 十一支		五〇〇〇
南橋頭	商團第二十八支隊遊巡分隊	隊長周鼎甫 教練	五人	七枝	步槍 手槍	六支 一支		一二〇〇
蠡橋	商團第二十八支隊遊巡分隊	教練戴翔九 一鵬	六人	九枝	自來得 步槍 手槍	一支 七支 一支		二二〇〇
喬巷	商團第二十八支隊遊巡分隊	教練喬厚坤	四人	五枝	步槍 自來得 手槍	三支 一支 一支		八〇〇

直轄第一分駐所	東亭鎮	保衛團	教練長孟廣友	雙喜	十八	七枝	小徑口步槍 二支 湖北小徑口步槍 一支 手槍 一支 俄式步槍 一支 林明敦 一支 北洋馬粒下 二支

菜館飯店調查表

廿二年六月調查

第一分局

牌號名稱	開設地點	館店主或經理姓名	年歲	籍貫	資本數	開設年月	備考
迎賓樓	寺巷內	李文毓	四〇	無錫	五千元	十九年三月	
聚樂園	寺巷內	周仲卿	四一	仝上	一千二百元	二十餘年	
榮和園	寺巷內	朱榮記	一〇	仝上	三百五十元	十五年	
劉振興	崇安寺	劉鳳山	三六	仝上	二百元	六年	
馬聚興	倉橋下	馬鳳和	四七	仝上	一百四十元	三年半	
李連豐	東大街	李喜福	五八	仝上	一百元	二十一年	
高錫記	寺巷內	高錫奎	四五	仝上	一百元	五年	
張元震	寺巷口	張邇陸	四〇	仝上	一百元	六十年	
朱錦記	迎迓亭	朱錦寶	三五	仝上	一百元	四十年	
廣順興	寺巷內	廣阿大	三二	仝上	一百元	一年	
張順興	迎迓亭	張阿大	四五	仝上	五十元	半年	
奚根記	新縣前	奚根記	五六	仝上	二十元	十年	
闞盤金	寺巷內	闞盤金	六五	仝上	十五元	三年	
榮根香	崇安寺	劉溪州	四五	江陰	二百元	本年三月	

第二分局

調查統計

四六

牌號名稱	開設地點	館店主或經理姓名	年歲	籍貫	資本數	開設年月	備攷
添興飯店	通運路	楊子明	五八	無錫	八十元	二十年八月	
順興飯店	同上	楊耀甫	四二	同上	八十元	二十年五月	
近興飯店	同上	陶和生	四〇	同上	六十元	十八年五月	
新興飯店	同上	湯志勤	二五	同上	六十元	十一年四月	
梁溪飯店	同上	計毓成	一八	同上	二百元	十一年八月	
大興館飯店	同上	殷三寶	三四	同上	二百元	十六年五月	
元興順飯店	同上	陳少溪	四〇	常州	三百元	二十一年七月	
聚興飯店	同上	華壽春	一五	無錫	三百元	同上	
正興飯店	同上	朱阿菊	六三	同上	四百元	六年八月	
順興飯店	同上	謝杏生	五八	同上	三百元	二十一年十一月	
王鑫記飯店	太平巷	王鏡臣	四七	清江	一百元	二十一年九月	
鳳記飯店	交際路	袁源興	三八	同上	六十元	二十年七月	
彬興飯店	通滙橋	龐彬興	五六	同上	三十元	十五年六月	
裕興飯店	同上	錢阿福	四七	同上	二十元	七年一月	
順興飯店	同上	楊耀根	二八	同上	七十元	二十一年八月	
和記飯店	太平巷	陸阿娥	四二	同上	三十元	二十一年十月	
鎮江菜館	通運路	高連生	三八	鎮江	八十元	二十一年四月	
大華樓菜館	同上	孫錫九	三五	無錫	三千元	二十一年九月	
聚商菜館	同上	袁明善	三五	同上	一千元	十六年十一月	
大新館菜館	漢昌路	沈春喜	四七	同上	八百元	二十二年五月	
馬復興菜館	萬前路	馬忠順	三〇	安徽壽縣	五百元	十七年五月	
大中華菜館	萬前路	高子雲	三六	安徽積溪	四千元	二十年四月	

太和園菜館	交際路	汪永福	四一	同上	三千元	十八年五月	

第三分局

牌號名稱	開設地點	館店主或經理姓名	年歲	籍貫	資本數	開設年月	備考
周順茂	跨塘橋堍	周基逵	二五	無錫	三十元	十二年一月	
聚鑫園	南長街	華釆華	四一	無錫	二百元	五年二月	
尤萬興	灣頭上	尤漢文	三一	無錫	三十元	三年一月	
福紀常	吊橋	王阿福	三五	無錫	三十元	九年二月	
義賢館	南興橋	單阿二	三五	無錫	五十元	十五年六月	
許叙興	大賢長	許挺生	四〇	無錫	三十元	元年一月	
葉悅來	吳涇橋	葉忠龍	五八	湖北	一百元	十七年三月	
龔飯店	界涇橋	龔讓耕	四二	無錫	二百元	二年四月	
新發元	界涇橋	楊仁壽	五三	無錫	三十元	十九年七月	
潘和樓	下塘	邵梅官	三二	無錫	二百元	十七年三月	
鴻合興	下塘	鳳新異	二五	無錫	三十元	五年二月	

第四分局

牌號名稱	開設地點	館店主或經理姓名	年歲	籍貫	資本數	開設年月	備考
聚豐園菜館	北城脚	胡伯蔭	三八	吳縣	三千元	清光緒卅四年三月	
新聚豐園菜館	北城脚	華仲馨	四二	無錫	五千元	民國十七年二月	
蔣雲記飯店	棚下	蔣張氏	三五	無錫	八十元	民國十六年五月	
興樂園飯店	棚下	張浩根	二八	無錫	一百五十元	民國二十年正月	
聚興園飯店	西直街	宣鳳山	五二	無錫	五十元	民國二十年六月	
吳福記飯店	西直街	吳阿壽	三〇	無錫	三百元	民國元年三月	
惠泉飯店	横街	孫阿富	六二	無錫	六十元	民國十八年二月	

第五分局

牌號名稱	開設地點	館主或經理人姓名	年歲	籍貫	資本數	開設年月	備攷
新福怡菜館	北塘東街	吳椿山	四三	無錫	五百元	光緒念七年六月	
聚鑫園菜館	北塘泥堂弄口	劉阿菊	四一	仝上	二百元	民國十一年二月	
王桂記	北塘接官亭	王阿桂	三三	仝上	一百元	民國十二年三月	
周德興	仝上	周錦文	四一	仝上	一百元	民國十七年一月	
正興館	仝上	胡蘭寶	四八	仝上	一百元	民國二十年四月	
仁和園	北塘三里橋	俞竹賓	二三	仝上	三十元	光緒三十年三月	
聚鑫館	仝上	邵阿根	五六	仝上	一百元	民國十八年九月	
趙錦記	仝上	趙錦記	七〇	仝上	十元	民國二年八月	
順豐館	吳橋	彭阿榮	五五	仝上	二十元	民國念一年二月	
楊德記	大河池	楊阿二	四三	仝上	十元	民國十九年三月	
王怡和	秦棧弄口	干阿根	六一	仝上	十元	民國二年五月	
朱順興	長安橋	朱順祖	四七	仝上	五十元	光緒三十年六月	
李錫記	壇頭弄	李錫榮	四五	仝上	一百元	民國二年二月	
杏花邨	仝上	計根泉	五〇	仝上	二百元	光緒二十年二月	
三怡樓	吊橋	馮炳記	六〇	仝上	四百元	仝上	
錢順興	笆斗衖	錢三觀	四五	仝上	二百元	光緒十年十月	
愼昌	仝上	沈泉寶	三六	仝上	七十元	民國念一年二月	
治興館	仝上	華氏	五五	仝上	一百元	民國十二年五月	
復新園	瀞巷	虞振揚	三二	仝上	一百元	民國十三年一月	
孫復興	仝上	孫定海	三八	仝上	一百元	民國五年五月	
宿順興	江陰巷	宿阿泉	四三	仝上	二十元	光緒三十年一月	
過義興	北柵口	過三保	四三	仝上	四十元	民國十四年二月	

牌號	開設地點	姓名	年歲	籍貫	資本	開設年月	備考
張榮記	仝上	張榮根	四〇	仝上	一百五十元	光緒十年八月	
莊恆興	顧橋	莊任春	二六	仝上	二百元	民國十五年六月	
無號小飯鋪	笆斗弄	項壽根	四二	仝上	三十元		
仝上	灣巷	陳仁寶	三〇	仝上	三十元		
仝上	北柵口	趙龍保	七〇	仝上	二十元		
仝上	笆斗弄	許二官	二五	仝上	五十元		
仝上	灣巷	李紀生	四二	仝上	三十元		
仝上	三里橋	陳阿錫	三七	仝上	十元		
仝上	小三里橋	王德記	三三	仝上	十五元		

第六分局

牌號	開設地點	飯店主或經理姓名	年歲	籍貫	資本數	開設年月	備考
王復泰	通惠路	王阿四	三八	無錫	一百元	二十年四月	
徐德興	仝上	徐耀亭	五八	仝上	三百元	十四年三月	
盛義興	仝上	盛龍官	三〇	仝上	二百元	十九年十月	
任順興	工運橋	任阿根	六一	仝上	二百元	十八年九月	
來豐	仝上	袁若卿	四〇	仝上	一百五十元	二十一年二月	
復林春	火車站	俞進華	三四	仝上	五十元	二十一年十月	
和興	火車站	陳雪春	一九	仝上	七十元	二十一年十月	

第七分局

牌號	地點	姓名	年歲	籍貫	資本	開設年月	備考
協興園	花園街	張金根	三二	無錫	五十元	十八年十月	
太昌館	仝上	華煜之	三六	仝上	二十元	二十二年五月	
叙興園	楊樹埭	周金虎	五〇	仝上	五十元	十二年十一月	

章合興	廿露鎮	章順保	三九	仝上	五十元	十年二月	
陳茂興	仝上	陳祝氏	六〇	仝上	三十元	八年二月	
同興館	仝上	章炳耀	三八	仝上	六十元	十五年三月	
無	仝上	詹悟生	三二	仝上	二十元	元年三月	
無	仝上	詹順富	三九	仝上	二十元	元年四月	
無	鴻聲里	周叙芳	四六	仝上	六元	五年一月	
無	仝上	王秀文	四五	仝上	六元	二十二年二月	

第八分局

牌號名稱	開設地點	館店主或經理姓名	年歲	籍貫	資本數	開設年月	備考
無	方橋	王周氏	六〇	無錫	二十元	十二年	
蔣仁記	石塘	蔣仁桂	四八	仝上	一百元	十五年	
無	石塘	王伯根	三九	仝上	八十元	六年	
馮仁記	板橋	馮仁根	四七	仝上	五十元	十年	
無	扳橋	何培壽	三九	仝上	六十元	十年	
裕興	葛埭橋	張和尚	四五	仝上	四十元	二年	
周正興	葛埭橋	周老五	五三	仝上	十五元	五年	
無	葛埭橋	董朝根	三二	仝上	二十元	三年	
無	南方泉	金三寶	四五	仝上	五十元	十二年	
無	南方泉	薛桂初	三四	仝上	四十元	三年	
無	南方泉	薛桂全	二五	仝上	四十元	十年	
聚興	南方泉	許聚興	二九	仝上	二十元	三年	
無	南方泉	陸正林	三〇	仝上	五十元	三年	
順興館	馬新鎮	周阿根	六四	常熟	二百元	十年	
長興館	馬新鎮	李阿世	五〇	無錫	八十元	三年	

天津飯店	南橋	朱光宗	五一	宿遷	一百元	十一年五月	
張源興	南橋	張永昌	四三	鎮江	五十元	十四年四月	
徐仙樓	南橋	徐源生	五七	常州	二百元	清光緒二十八年	
一興園	南橋	徐茂生	三五	無錫	五十元	二十一年五月	
無	夏家邊	華阿大	四二	仝上	五十元	二十年六月	
聚興	夏家邊	陸阿樂	四二	仝上	五十元	二十年七月	
高萬興	華大房莊	高阿金	四四	仝上	三十元	十七年二月	
劉順和	華大房莊	劉裕義	二九	湖北	十三元	四年五月	
華莊飯店	華大房莊	吳巧官	二九	無錫	三十元	二十二年一月	
胡亭記	華大房莊	胡萬榮	四四	仝上	三十元	十七年二月	
無	新安	陸佩玉	四八	仝上	十五元	十八年一月	
無	新安	邵杏泉	三九	仝上	三十元	二十二年	
無	新安	鄒正芳	一六	仝上	十五元	十八年四月	
王天興	新安	王桂生	四七	仝上	十五元	二十二年一月	
聚湧興	新安	陸云顯	二七	仝上	二十元	十九年三月	
無	新安	張仲友	四〇	仝上	二十元	十二年五月	
鮑裕興	周姚橋	鮑泉根	三〇	仝上	二十元	五年五月	
許聚興	周潭橋	許阿二	四四	仝上	二十元	九年四月	
錢義昌	巡塘鎮	錢阿根	五九	仝上	十元	二十一年四月	
唐裕興	巡塘鎮	唐林海	三一	靖江	二十元	二十二年三月	

第九分局

牌號名稱	開設地點	館店主或經理姓名	年歲	籍貫	資本數	開設年月	備考
合興	徐巷鎮	徐廷良	四六	無錫	十元	民國八年一月	
無	徐巷鎮	任洪山	四七	仝上	三元	十六年一月	

調查統計 五七

牌號名稱	開設地點	館店主或經理姓名	年歲	籍貫	資本數	開設年月	備考
太湖飯店	梅園	賈茂青	六二	仝上	一百二十元		
順昌	榮巷鎮	榮阿大	二〇	仝上	十五元	民國元年一月	
榮巷商店	榮巷鎮	楊士培	三一	仝上	二十元	二十一年十二月	

第十分局

牌號名稱	開設地點	館店主或經理姓名	年歲	籍貫	資本數	開設年月	備考
兆記飯店	后橋鎮	浦兆榮	五七	無錫	五元	清光緒二十九年	

第十二分局

牌號名稱	開設地點	館店主或經理姓名	年歲	籍貫	資本數	開設年月	備考
寶記	長安橋	楊寶和	五四	無錫	二十元	二十二年二月	
壽記	長安橋	陸壽根	四九	仝上	二十元	二十二年五月	
正記	東北塘	張正根	二六	仝上	十五元	二十二年三月	
林記	東北塘	徐清林	七〇	仝上	二十元	清光緒二十四年三月	
周正昌	八士橋	周士寶	四九	仝上	十五元	民國五年正月	
陸永興	八士橋	陸氏	五九	仝上	十元	民國五年二月	
褚合興	張涇橋	褚順金	二六	仝上	十元	民國元年十月	
恆記	張涇橋	顧恆泰	五〇	仝上	十元	民國元年一月	
高立興	張涇橋	高錢林	三〇	仝上	二十元	民國十七年九月	
杜協興	張涇橋	杜錫祺	二〇	仝上	五元	民國十九年一月	
浦仁記	塘頭鎮	浦榮發	三三	仝上	三十元	民國十九年一月	
中記	塘頭鎮	楊中金	四一	仝上	二十元	民國十六年十二月	

第十三分局

牌號名稱	開設地點	館店主或經理姓名	年歲	籍貫	資本數	開設年月	備考
仁錫園	壩橋中街	黃阿寶	四六	無錫	五十元	十二年	

范正和	壩橋中街	范廸敖	五八	仝上	七十元	五十五年	
范同豐	壩橋大橋下	范邱氏	五〇	江陰	二十元	二十三年	
李坤記	壩橋西街	李阿坤	五〇	無錫	二十元	五年	
胡順興	壩橋西街	胡勝泉	三八	仝上	三十元	二年	
章福記	壩橋西街	章阿福	四四	仝上	三十元	一年	
過金記	張村中街	過阿金	三七	仝上	二十元	二年	
敘寶館	寺頭中街	過貴寶	三六	仝上	三十元	二年	
錢興記	寺頭南街	錢阿毛	一九	仝上	二十元	三年	

第十四分局

牌號名稱	開設地點	館主或經理姓名	年歲	籍貫	資本數	開設年月	備攷
聚仙館	張舍鎮	許仲生	二一	無錫	五十元	十九年四月	
	仝上	趙玉桂	四八	仝上	三十元	二十二年正月	
章益興	仝上	章阿福	五三	仝上	六十元	十四年七月	
石義興	仝上	石天基	五八	湖北	三十元	十八年十月	
張聚興	仝上	張阿三	三〇	無錫	四十元	七年十月	
	稍塘橋	陳沈氏	五九	仝上	三十元	十一年四月	
楊合興	胡埭鎮	楊阿仁	四五	仝上	六十元	十一年正月	
楊振興	仝上	楊阿來	五三	仝上	五十元	十二年三月	
石福和	仝上	石荷清	一四	湖北	二十元	十一年正月	
吳順興	仝上	吳根生	二五	無錫	四十元	二十一年七月	
	仝上	孫桂榮	五五	江陰	二十元	十三年三月	
	仝上	程炳生	五四	無錫	二十元	光緒三十四年正月	
正興館	陸區橋	郭永昌	一七	仝上	六十元	二十年正月	
呂阮泰	新瀆橋	呂炳生	三〇	仝上	六十元	二十一年十月	

	仝上	邵泉根	五八	仝上	五十元	十九年七月	
	仝上	盛金大	四七	仝上	五十元	二十年九月	
強永盛	楊墅園	強永盛	三〇	仝上	八十元	五年三月	
戈菊記	仝上	戈阿菊	三〇	仝上	五十元	二十二年四月	

第十五局分

牌號名稱	開設地點	館店主或經理姓名	年歲	籍貫	資本數	開設年月	備考
振興飯店	北七房	顧得瑩	四二	無錫	二十元	九年七月	
仝興館	秦巷鎮	吳紀泉	四八	仝上	十元	十七年二月	
周根記	仝上	周阿根	五〇	仝上	十元	十五年四月	
義興館	仝上	奚金和	三一	仝上	十元	十五年一月	
叙豐館	仝上	秦堯生	四二	仝上	十元	十年八月	
德興館	洛社	龐朝泉	四四	仝上	十元	十二年二月	
正元館	仝上	魏秦氏	四三	仝上	十元	十七年三月	
聚興館	南雙廟	徐淦煥	三七	仝上	三十元	十五年一月	
業永興	仝上	業錫萬	三五	仝上	二十元	十八年十月	
仁源館	禮社	蔣老三	四九	仝上	三十元	十年六月	
史仝記	仝上	史仝根	五一	仝上	二十元	二年三月	
順興館	玉祁	沈順喜	六〇	仝上	二十元	二年四月	
正源館	仝上	陳阿兆	四〇	仝上	五十元	十年三月	
復興館	仝上	沈阿仁	三八	仝上	十元	十五年一月	
長興館	仝上	秦進生	五〇	仝上	二十元	十七年一月	
東興館	仝上	公記	六〇	仝上	十元	二十一年八月	

第十六分局

牌號名稱	開設地點	館店主或經理姓名	年歲	籍貫	資本數	開設年月	備考

朱合興	安鎮	倪根興	六三	無錫	十二元	十八年四月	
王興記	仝上	王心記	五〇	仝上	十五元	二十年二月	
永盛	羊尖鎮	瞿春壽	五四	仝上	一百元	二年一月	
四時春	仝上	高炳元	四二	仝上	三百元	二十年十一月	

直轄第一分駐所

牌號名稱	開設地點	館店主或經理姓名	年歲	籍貫	資本數	開設年月	備考
裕興飯店	亭子橋	侯阿玉	二二	無錫	一百元	十二年五月	

公私立中小學校調查表 二十二年六月調查

第一分局

學校名稱	地點	校長姓名	公立或私立	教職員及學生人數：教職員	教職員及學生人數：學生	學生年齡：最大	學生年齡：最小	校內編制	備考
中心小學區三皇街初級小學	三皇街	顧堅	區立	八	一八三			八級四教室	
私立榮氏女學	北下塘	江孟華	私立	一一	二三〇			六級	
私立培新小學	崇安寺	曹銓	私立	七	三三〇			四級五教室	
私立唐氏小學	大婁巷	秦權	私立	八	一七二			六級	
私立秦氏小學	大河上	秦振鍔	私立	五	一八三			四級	
私立楊氏小學	永定橋	謝澤人	私立	六	二〇九			六級	
城區小學	三皇街	秦翔高	私立	八	二六四			六級	
崇文小學	三皇街	姚詢錫	私立	六	一三〇			六級	
私立美術專門學校	西水關	吳稚暉	私立	二一	八四			中西畫科各三級分五教室	
私立工織女學	岸橋街	顧景昭	私立	五	三四			初級小學	
私立陳氏小學	東河頭巷	陳暫如	私立	二	三二			初級小學	
私立勉強小學	小河下	孫春圃	私立	三	六〇			初級小學	

調查統計

五六

私立三育小學	南門三下塘	沈靜安	私立	三	九六			六級	
私立學藝女學	映山河	王傳律	私立	一七	一八六			刺繡科完全小學	
繡工會第一傳習所	三皇街	華藝珊	私立	六	七〇			刺繡專科	
聖瑪珂中學	稅務前	戴爾	私立	二	一〇四			初中	屬於聖公會
無錫縣立第一小學	連元街	程恩九	縣立	一八	三七二	一六	一〇		
無錫縣立第二小學	東門蘇家街	嚴少陵	縣立	一七	三七四	一六	一一		
縣女中	小婁巷	顧穀嘉	縣立	二二	二八〇	一八	一二		
縣女中附小	小婁巷	顧穀嘉	縣立	二四	二〇〇	一三	九		
私立競志女學	北禪寺巷	候鴻鑑	私立	二九	三四〇	二三	一三		
私立無錫國學專修學校	學前	唐蔚之	仝上	一一	一六七	二五	一八		
江南中學男校	南市橋	錢殷之	仝上	二〇	三三〇	二一	一三		
江南中學女校	西水關	錢殷之	仝上	九	五五	二一	一四		
省立無錫中學	學前	陳綸	省立	五三	四八九	二四	一二		
縣立初級中學	學前	秦毓鈞	縣立	二八	四九三	一九	一一		
輔仁中學	將軍橋	楊四箴	私立	二三	四〇四	二〇	一二		
蘇錫女子中學	映山河	過庭觀		一五	一五〇	二一	一四		
滌新女子中學	營橋巷	華士鼎		一七	八三	二三	一四		
實驗小學	學前	潘仁	省立	三二	六一〇			十四級	
中心小學區冉涇橋初級小學	南門三下塘	葉潤	縣立	三	一〇七			四級	
中心小學區中心小學校	崇安寺	顧涇村	縣立	二九	九〇五			十九級	
錫光中學男校	熙春街	蔡培	私立	一二	一六〇	二三	一一	初中三級一年級內分甲乙丙班	
錫光中學女校	駁岸上	蔡培	仝上	三	四〇	二〇	一四	初中一二年級	另有男校教員二八人兼任教授

第二分局

學校名稱	地點	校長姓名	公立或私立	教職員	學生	學生年齡最大	學生年齡最小	校內編制	備考
甯紹小學	東新路	陳寶時	私立	六	一一八	一六	六	複式教室	
雅言小學	仝上	翟星若	私立	四	三三〇	一六	六	仝上	
冶坊場小學	通滙橋	蘇渭賓	縣立	六	一九三	一四	六	仝上	
利民小學	南倉門	楊念農	私立	一	七〇	一四	六	單級教授	
宏達中學	仝上	吳卓蓀	私立	八	五〇	一九	一二	仝上	

第三分局

學校名稱	地點	校長姓名	公立或私立	教職員	學生	學生年齡最大	學生年齡最小	校內編制	備考
正業小學	花園弄	劉彥威	私立	一二	一九六	一七	六	五教室	
峻德小學	振藝工房	過鳳樓	仝上	三	四〇	一四	八	一教室	
大椿小學	興隆橋	郁仲聲	仝上	三	七〇	一七	六	仝右	
邱氏小學	仝上	龔礪菴	仝上	三	四五	一四	五	仝右	
培南中小學	水仙廟	張增祥	仝上	二〇	三〇〇	二〇	六	六教室	
縣立清明橋小學	清明橋	高一生	公立	三	一〇三	一五	六	二教室	
望湖小學	張元庵	王獨醒	私立	四	九六	一六	五	仝右	
德毅女學	虹橋	李葆真	仝上	七	二〇〇	一七	六	六教室	
玉帶橋小學	虹橋	丁子玉	公立	四	一一六	一五	一二	三教室	
錫鏞中學	通揚橋	胡正儀	私立	一六	一〇三	二三	一四	仝右	
錫鏞附小學	南新路	曹朗西	仝上	八	七〇	一五	七	二教室	
培德商校	上塘上	朱伯賢	仝上	四	七〇	一七	五	一教室	
明德小學	棉花巷	岳錫光	仝上	一二	三九五	一七	五	七教室	
志成女學	定勝橋	王獨醒	仝上	八	一一九	一八	六	四教室	

學校名稱	地點	校長姓名	公立或私立	教職員	學生	學生年齡最大	最小	校內編制	備考
私錫中	羊腰灣	朱文沅	仝上	二四	四一五	二三	一一	十二教室	
育南小學	羊腰灣	袁榮軒	仝上	四	七〇	一五	六	六教室	
正南小學	小南門巷	鄧勝民	仝上	三	六〇	一七	四	一教	

第四分局

學校名稱	地點	校長姓名	公立或私立	教職員	學生	學生年齡最大	最小	校內編制	備考
培西小學	太保墩	秦權	私立	五	二一〇	一五	五	完全小學	
振新紡織廠工友補習學校	太保墩	范渠成	仝上	二	四〇	二四	十		每日授國語一小時
申新紡織廠工友子弟學校	太保墩	蔡子玉	仝上	二	五七	一五	五		
幼慈小學	棉花巷	朱德振	仝上	一	六〇	一三	五	初級小學	
棉花巷小學	棉花巷	孫婉	區立	五	一七〇	一六	五	完全小學	
菁莪小學	滄浜	蔡耀	私立	四	一三〇	一六	六	完全小學	
競成小學	體育場路	汪軼千	私立	六	一八〇	一七	五	完全小學	
惠山小學	惠山鎮	王勉英	區立	三	一〇九	十五	六	完全小學	
蘇業西區小學	西北城腳	姚詢芻	私立	一	二〇	十二	六	初級小學	

第五分局

學校名稱	地點	校長姓名	公立或私立	教職員	學生	學生年齡最大	最小	校內編制	備考
陶氏績成學校	貝巷上	林叔顯	私立	一〇	二一二	一四	六	複式編制	
通滙橋小學	通滙橋	裔敬亭	公立	一一	二一三	一六	五	單複式編制	
南尖小學	南尖横街	高子傳	仝上	四	一二〇	一六	五	複式編制	
積餘學校	積餘街	龔笠如	私立	一八	六三〇	一五	七	單式編制	
江蘇省立教育學院	社橋	高陽	省立	一〇八	三〇〇	三〇	二〇	大學四級專修科兩級	

黃巷小學	黃巷	茅仲英	公立	三〇	八五	一七	七	複式分兩教室	
崇正小學	後郝路	徐文表	私立	三	八二	一四	六	複式分兩教室	
業勤小學	祝桟弄	楊鼎炎	仝上	三	六〇	一四	六	單式編制	
振秀女學	貝巷上	吳秦英	仝上	一〇	二〇〇	一九	六	複式編制	
蔡氏小學	陶沙巷	張爾嘉	仝上	一〇	五〇二	一六	五	單式編制	
精思學校	天主橋	沈神父	仝上	六	八〇	一八	八	複式編制	
惠風小學校	江陰巷	周珩	仝上	一	五〇	一五	七	複式編制	

第六分局

學校名稱	地點	校長姓名	公立或私立	教職員及學生人數 教職員	教職員及學生人數 學生	學生年齡 最大	學生年齡 最小	校內編制	備考
廣勤小學	廣勤路	唐泳	私立	六	三六七	一七	五	一二三四五六級	
惠丁小學	周山浜	朱鑑珊	仝上	二	六七	一六	五	一二三級	
惠梨小學	梨花莊	顧召棠	公立	三	九六	一五	五	一二三四五六級	
民衆學校	王巷上	史如珍	仝上	四	三〇	三〇	八	成人和婦女班	
崇實小學	仝上	方興	私立	四	一八三	一六	七	一二三四五級	

第七分局

學校名稱	地點	校長姓名	公立或私立	教職員及學生人數 教職員	教職員及學生人數 學生	學生年齡 最大	學生年齡 最小	校內編制	備考
蕩口小學	西北街	須頌周	公立	八	二三二	一九	六	完全小學	附補習班
湖橋小學	老湖橋	徐致効	仝上	一	四〇	一五	六	初級四級	附補習班
婷初小學	南府街	華學益	私立	二	一〇七	一六	七	初級四級	附補習班
懷芷女校	後倉浜	華庚閎權	仝上	七	一九〇	二四	五	完全小學	附幼稚班
甘露小學	甘露鎮	黃夢鵬	公立	八	二一一	一三	六	初四級高二級	
南前小學	南前	王唯曾	仝上	三	七四	一五	六	複級	
又新小學	七房橋	錢猷祖	私立	四	一三四	一五	六	複級	

學校名稱	地點	校長姓名	公立或私立	教職員	學生	最大	最小	校內編制備考
荷村小學	荷村	王藤華	公立	二	四六	一六	五	複級
廟巷小學	廟巷	薛炳生	仝上	二	五七	一六	六	單級
馬橋小學	小馬橋	薛偉	仝上	二	六四	一六	六	單級
鴻聲小學	鴻聲里	王恩治	仝上	三	一二二	一七	六	複級
茅塘橋小學	茅塘橋	黃一新	仝上	二	六九	一五	七	單級
王宅街小學	王宅街	王鼎暐	仝上	二	四一	一四	六	複級
新浦巷小學	新浦巷	穆鳳珍	仝上	二	四一	一三	六	複級
繆家街小學	繆家街	陳興邦	仝上	二	四三	一四	六	單級
張塘巷小學	張塘巷	吳熙棠	私立	一	三〇	一三	六	單級
雙板橋小學	雙板橋	殷維新	公立	二	七〇	一六	六	單級

第八分局

學校名稱	地點	校長姓名	公立或私立	教職員及學生人數 教職員	學生	學生年齡 最大	最小	校內編制備考
縣立第三小學	周新鎮	吳伯明	公立	八	一六〇	一八	七	六年級二教室 五年級一教室 三四合級 一二合級
振新小學	王祥巷	陳炳文	私立	一	四〇	一五	七	單級
方橋小學	方橋	龐仲清	公立	三	八〇	一五	七	單級
志仁小學	錫鐵巷	朱漢霞	私立	一	七三	一五	七	單級
石塘小學	石塘	浦作人	縣立	三	八〇	一五	七	二教室四級
七塘小學	七塘	宿文浩	縣立	一	三六	一六	六	單級
路耿小學	路耿下	仝勤	私立	一	三四	一四	六	單級
尚志小學	楊巷上	陳曉峰	私立	二	三六	一四	七	單級
廷弼學校	周新鎮	倪鐵如	私立	九	二六一	一八	七	四教室
及時小學	中時亭	周仲江	私立	二	六〇	一六	七	單級
前章小學	前章	秦承模	縣立	五	二三〇	一六	七	有單級 複級

調查統計

許舍小學	許舍	沈子儀	縣立	五	一七〇	一五	六	三教室
堯歌小學	堯歌里	楊中甫	縣立	二	六七	一五	六	單級
嵋嶂小學	山裏張巷	蔣增	縣立	二	九〇	一六	六	單級
西林小學	西林村	諸穎楞	縣立	二	六四	一六	七	單級
吳塘小學	吳塘門	陳嘉謨	縣立	三	一二〇	一六	六	二教室
私立惠南小學	浮沙頭	錢昌棣	私立	一	六〇	一五	六	一教室
黃泥田小學	黃泥田	朱永昌	縣立	二	九〇	一六	七	一教室
敦睦高級小學	燒香浜	朱宗祁	私立	六	四五	一八	一二	五六合級
燒香浜初小	仝上	朱宗祁	縣立	六	一八二	一四	七	一年ヶ二年級 三四年級
石巷小學	石巷上	匡笑逸	縣立	二	六〇	一五	六	一二三 四年級
王村莊小學	王村莊	周尚義	縣立	三	八〇	一五	七	一二三 四年級
南方泉小學	南方泉	陸克昌	縣立	六	二〇五	一七	七	一二三單式 四五複式
鮑家莊小學	鮑家莊	陸菊如	縣立	二	六八	一六	七	單級
北橋小學	北橋	許瑞若	公立	一	三四	一五	七	初班五級一教室
倚德小學	大潘巷	張正行	私立	七	二〇四	一七	五	高二級初四級六教室
西邵巷小學	邵巷上	沈寄凡	公立	二	四二	一五	八	初級四班一教室
廸智學校	鐵定鄉	蔣一平	私立	一	五〇	一五	六	初級四班一教室
培本學校	青祁村	華藝蘇	私立	五	一三二	一七	七	複式
務本小學	寶界山	朱璞	私立	一	三〇	一六	七	複式
錫鈴中學	通揚橋	胡正霞	私立	一二	一一〇	二三	一四	高中一年級 初中一二年級
南橋小學	南橋	章維康	縣立	五	一七〇	一六	六	四年級
嘉光小學	于澌里	周景賢	私立	一	六八	一四	六	單級
徐來小學	徐來橋	周冠莘	縣立	二	五一	一六	九	四年級

調查統計

盛新小學	盛新橋	沈承家	公立	二	一三六	一七	六	複式
慈南小學	曹婆橋	丁驥良	私立	一	七四	一五	七	四年級
利民第二小學	網巾巷	石清能	私立	二	七二	一五	七	四年級
華莊小學	華大房鎮	倪復初	縣立	三	九五	一八	六	六級
小溪鄉小學	小溪鄉	陸鍾麟	公立	二	五五	一五	七	五級
新安小學	新安鎮	黄南俊	縣立	三	八五	一四	七	五級
陸莊小學	莊橋鄉	周篤士	縣立	四	一一五	一六	八	四級
東上橋小學	太平鄉	蜚亮吉	縣立	二	四〇	一五	七	四級
西橋灣小學	延齡鄉	周綺霞	縣立	三	一一三	一五	七	四級
張巷小學	張巷鄉	陸鋭	縣立	二	一〇一	一四	六	四級
嘉禾小學	嘉禾鄉	嬰濤、	縣立	三	八〇	一八	六	四級
廟橋小學	南廓鄉	[illegible]	縣立	三	九二	一四	七	四級
毛文橋小學	千文鄉	[illegible]企之	縣立	二	四四	一五	七	四級
石基小學	石基鄉	錢鳳章	縣立	三	一一四	一四	六	四級
惠中里小學	南倉鄉	許仲文	縣立	二	四四	一五	八	四級
郁田里小學	蠡西鄉	陳少康	縣立	二	四一	一四	七	四級
西杜巷小學	西杜巷	奚叔成	縣立	一	六五	一八	七	單級
裕村巷小學	裕村巷	董正明	縣立	二	七五	一七	七	單級
私立思敬小學	何巷	張慕俠	私立	二	五八	一九	七	一二三四單級
積善小學	華師橋	奚文明	私立	一	七〇	一五	七	單級
方湖寺小學	方湖寺	楊古虞	縣立	三	八一	一五	七	二教室
周潭橋小學	周潭橋	陳立章	縣立	四	一五	一五	七	三教室
陶巷小學	陶巷	朱堯人	縣立	三	一〇五	一六	五	複式
蕭家街小學	蕭家街	高國衡	縣立	三	一〇六	一五	六	複式
釣橋小學	顧巷上	宋慕韓	縣立	二	七〇	一五	七	單級

六二

仙河頭小學	仙河頭	黃雨初	縣立	二	六七	一五	七	單級
西棠甘小學	西棠甘	陳仲清	縣立	二	五〇	一六	八	單級
南廟橋小學	南廟橋	宋子玉	縣立	三	一三一	一六	九	複式
章村小學	章村里	王振聲	縣立	二	五〇	一六	八	單級
蒋念橋小學	蒋念橋	錢可階	縣立	二	五三	一五	七	單級
蘆村小學	蘆村橋	顧軼千	縣立	三	九二	一六	七	複式
施灣小學	莊文龍巷	錢秀昌	縣立	二	五〇	一八	七	單級
浦章橋小學	浦章橋	錢鼎	縣立	二	五三	一五	七	單級
東邵巷小學	東邵巷分學邵家衖	范保儒	縣立	三	一一一	一七	七	複式
金城灣小學	金城灣	糜伯和	縣立	二	七五	一六	七	二教室
裕成學校	張橋頭	奚振孟	私立	二	一〇五	一六	七	初高二級二教室
西圃街小學	西圃街	陸潤生	縣立	四	一一二	一八	六	二教室
棧工小學	陸巷上	高一生	私立	二	一九	一三	六	三班一教室
唐巷小學	新村	唐洪範	私立	一	六四	一六	八	初級五班一教室
尚智	四里三房	徐學隱	私立	一	五四	一五	七	初級五班一教室
陸店橋小學	陸店橋	杭森甲	公立	二	五六	一五	七	初級一教室
志海學校	陳大巷	朱宗聞	私立	五	一八〇	一七	六	初高三級六班三教室
蕙灣里小學	鎮西鄉	錢雋瑩	縣立	二	一三五	一三	七	四級
杜中里小學	梢涇鄉	周啟賢	仝上	二	三五	一三	七	仝上
過巷小學	横涇鄉	陳易新	仝上	三	五三	一五	八	仝上
元塘橋小學	河潭鄉	陸庭範	仝上	二	五七	一四	八	仝上
曹墩小學	曹墩鄉	錢雋珊	仝上	二	三五	一三	七	仝上
米巷小學	周潭橋	金承祖	仝上	二	四三	一四	八	仝上
旺安小學	旺安鄉	華昌時	公立	二	三一	一五	八	仝上

學校名稱	地點	校長姓名	公立或私立	教職員	學生	學生年齡最大	學生年齡最小	校内編制	備考
錫氏小學	鎮東鄉	錫志傑	私立	一	三四	一四	八	仝上	
振湖小學	杜石鄉	張蔭庭	私立	二	六七	一四	八	五級	
鄉民小學	溪西鄉	張廷槐	公立	一	五〇	一六	七	四級	

第九分局

學校名稱	地點	校長姓名	公立或私立	教職員	學生	學生年齡最大	學生年齡最小	校内編制	備考
作新	大張巷	莊蔭梧	張氏私立	四	一四二	一六	七	複式	
競化	榮巷鎮	施嘉績	榮氏私立	六	一八七	一七	六	仝上	
公益初中	榮巷鎮	葉錫爵	榮氏私立	五	一一〇	一九	一三	單式	
公益一校	榮巷鎮	朱光照	榮氏私立	一三	四一〇	一七	六	仝上	
公益三校	大渲口	錢宗濤	榮氏私立	三	六一	一五	六	複式	
文秀	東大池	孫績成	徐氏私立	二	四六	一六	七	單式	
縣立石埠小學	石埠	郁白[illegible]	公立	二	三〇	一五	七	仝上	
私立廿圓培本初級小學校	堯灣	鮑[illegible]柏	私立	二	六七	一七	七	仝上	
公益二校	梅園	顧學濟	同上	二	一五〇	一五	七	單複式	
仙蠡墩小學校	仙蠡墩	鄧逸儕	縣立	四	一二〇	一六	七	複式	
大孫巷小學校	大孫巷	周郁文	同上	二	五四	一六	七	單式	
河埒口小學校	河埒口	徐壽安	仝上	七	一七三	二〇	六	四教室	
丁氏小學校	丁巷	莊蔭梧	私立	五	一三〇	一七	六	三教室	
公益四校	下余巷	沈香亭	仝上	二	五〇	一六	七	複式	

第十分局

學校名稱	地點	校長姓名	公立或私立	教職員	學生	學生年齡最大	學生年齡最小	校内編制	備考
后橋小學校	后橋鎮	凌源祥	公立	三	八二	一五	六	一三複式二四複式	
塘西小學校	塘西村	華學道	仝上	二	三八	一五	五	幼一 二三四單式	

嵩山小學校	嵩山大巷	章一方	仝上	二	三五	一四	七	單級	
讓家橋小學校	讓家橋	馮哲明	仝上	二	三九	一七	六	單級	
小西莊小學校	小西莊	楊鏡清	仝上	二	四五	一五	六	單級	
門樓下小學校	門樓下	趙文玉	仝上	二	三八	一六	六	單級	
盤龍井小學校	盤龍井	孔範和	仝上	二	四三	一五	六	單級	
馮胡巷小學校	馮胡巷	王頑石	仝上	三	八〇	一五	六	一二三複式 一二四複式	
芙岡小學校	四岡莊	胡定一	仝上	二	四三	一六	六	單級	
曹墓塘小學校	曹墓塘	曹竹美	仝上	二	四一	一五	六	單級	
東浜協作小學校	東浜	龔德修	協作	二	五六	一六	六	單級	
熙春小學校	中澤	王韶生	私立	二	四二	一三	六	單級	
集成小學校	南塍	華希文	仝上	二	六〇	一五	六	單級	
夏家橋小學校	夏家橋	夏紹京	協作	二	四三	一七	七	單級	
洋涇橋小學校	南洋涇	汪君石	私立	二	二三	一六	六	單級	

第十一分局

學校名稱	地點	校長姓名	公立或私立	教職員及學生人數 教職員	學生	學生年齡 最大	最小	校內編制	備考
后宅小學	后宅	陳維翰	公立	五	一五九	一八	七	四教室	
大牆門小學	大牆門	吳佩德	仝上	九	二三一	一八	七	六教室	
碩望橋小學	碩望橋	陸宗游	仝上	二	九一	一五	八	二教室	
畢家橋小學	畢家橋	程半禪	仝上	二	七八	一五	七	二教室	
強家橋小學	強家橋	華文奎	仝上	二	八五	一四	六	二教室	
何家里小學	何家里	朱佩賡	仝上	一	五〇	一五	六	一教室	
雙板橋小學	雙板橋	殷維新	仝上	一	五〇	一四	六	仝上	
大方橋小學	大方橋	強可畏	仝上	一	五六	一六	六	仝上	

桐橋小學	桐橋	畢樹森	仝上		一五	一四	六	仝上	
瞻橋小學	瞻橋	王浩元	仝上	一	三三	一四	六	仝上	
金娥小學	金娥	唐子良	仝上	一	五三	一五	六	二教室	
薛典小學	薛典	薛道卓	仝上	三	五〇	一五	六	一教室	
竹橋小學	竹橋	鄒文潮	仝上	一	四六	一五	六	仝上	
觀莊小學	觀莊	周纖文	仝上		三七	一五	七	仝上	
荊村小學	荊村	呂康	仝上	二	六一	一五	七	二教室	
北張小學	北張	陳淮賢	仝上	五	一九一	一七	六	四教室	
高田小學	高田	華叔荃	仝上	一	四六	一五	六	一教室	
西宅小學	西宅	黃文藻	仝上	三	一一五	一七	七	三教室	
西典小學	西典	方志成	仝上	一	四七	一六	七	一教室	
宜橋小學	宜橋	龐逸蘇	仝上		三九	一五	七	仝上	
廟庵小學	廟庵	薛炳生	仝上	一	五〇	一五	七	仝上	
六步橋小學	六步橋	錢恩彥	仝上	一	二七	一四	六	仝上	
倘乂小學	黃家郷	顧瞻岵	私立		五四	一六	七	仝上	

第十二分局

學校名稱	地點	校長姓名	公立或私立	教職員及學生人數 教職員	學生	學生年齡 最大	最小	校內編制	備考
八士橋小學	八士橋	過望先	縣立	九	三四五	一七	六	單式	
長安橋小學	長安橋	宋文光	仝上	五	一五七	一七	五	複式	
唐巷小學	唐巷	繆德風	仝上	二	五〇	一七	五	單級	
南水渠小學	南水渠	顧滌新	仝上	二	四〇	一六	八	單級	
大馬巷小學	大馬巷	黃翼如	仝上	二	五〇	一六	七	單級	
東北塘小學	東北塘	過新	仝上	三	九四	一六	八	複式	
劉潭橋小學	劉潭橋	林治新	仝上	六	二三九	一六	七	單式	

岸底裏小學	岸底裏	楊昌學	仝上	三	一二八	一五	六	複式	
平家渡小學	平家渡	薛耀中	仝上	二	五四	一五	六	單級	
石家浜小學	石家浜	莊仲齡	仝上	二	六二	一五	六	單級	
東房橋小學	東房橋	丁治修	仝上	五	一三九	一六	六	複式	
高樹下小學	高樹下	蔣翼	仝上	三	九四	一七	六	複式	
辛巷小學	辛巷	陳澤東	仝上	三	九五	一六	六	複式	
古莊小學	古莊	胡福祥	仝上	四	一二〇	一七	六	複式	
嚴棣小學	嚴棣	王基浩	仝上	三	八三	一五	七	複式	
朱巷小學	朱巷	王錫榮	仝上	二	五〇	一五	七	單級	
塘頭小學	塘頭	楊渠	仝上	四	一五六	一六	七	複式	
任巷小學	任巷	蘇廣益	仝上	四	五三	一七	七	單級	
菁靜小學	王巷	顧懋新	協作	三	四五	一四	五	單級	
斗北小學	北莊	陸緝西	協作	三	五〇	一七	七	單級	
高長岸小學	高長岸	朱寶昌	協作	一	二八	一七	七	單級	
蓉陽小學	茅梓橋	陳振	私立	三	一零七	一六	六	複式	

第十三分局

學校名稱	地點	校長姓名	公立或私立	教職員及學生人數		學生年齡		校內編制	備考
				教職員	學生	最大	最小		
胡氏公學	堰橋村前	郭誦清	私立	一九	五二〇	二〇	五		
北西漳小學	北西漳	趙齊雲	公立	四	九二				
尤家坦小學	尤家坦	尤冠華	公立	三	九六				
陳家橋小學	陳家橋	顧永琪	公立	四	一七七				
龍塘岸小學	龍塘岸	嚴文渭	公立	二	五七				
瓦屑壩小學	瓦屑壩	嚴志豪	公立	二	四〇				
胡家渡小學	胡家渡	薛介興	公立	三	八〇				

調查統計　六八

官前頭小學	官前頭	陳懿行	公立	三	六六
新塘裏小學	新塘裏	辛頌甘	公立	二	四一
胡巷小學	胡巷	胡永良	公立	二	四二
戴圻小學	戴圻	史鎖華	公立	二	三〇
麻鼓小學	麻鼓	胡中權	公立	三	七六
堰橋小學	堰橋	汪播聲	公立	四	七九
倉橋小學	倉橋	胡斗南	仝上	三	八一
楊巷小學	楊巷	周皓雪	公立	三	八五
北高田小學	許巷	華嵩年	公立	二	四〇
旺莊小學	旺莊	華琴珍	公立	二	三八
寺頭小學	寺頭	尤吉夫	公立	六	一六四
張村小學	張村	朱雨泉	公立	三	八七
長岡協作小學	長岡鄉	高　振	公立	三	六五

第十四分局

學校名稱	地點	校長姓名	公立或私立	教職員及學生人數 教職員	學生	學生年齡 最大	最小	校內編制	備考
張舍小學	張舍鎮	鄒仁金	公立	五	一五〇	一七	七	三教室	匡村初中附小一分校
劉塘小學	劉塘橋	許肖軒	公立	二	五四	一五	六	一教室	
稍塘橋小學	稍塘灣	孫質鑒	私立	三	一〇八	一七	六	二教室	
培本小學	姚灣	鮑雲柏	仝上	一	六五	一六	六	單級	
楊灣小學	楊灣	浦振鴻	公立	二	四〇	一五	六	仝上	
孟灣改良小學	孟灣	陳瑞清	私立	一	一八	一四	七	仝上	
歸山小學	歸山鄉	王仁安	公立	一	三五	一六	七	仝上	
胡埭小學	胡埭鎮	俞月秋	仝上	五	一二〇	一四	七	複級	
龍爪小學	龍爪鄉	丁士鍾	仝上	三	八四	一五	七	仝上	

岸前小學	岸村前	葉宗良	仝上	一	五〇	一四	七	單級	
周管塘小學	岸前村	蔣堯甫	私立	一	三〇	一五	六	仝上	
西溪小學	西溪鄉	張釆石	公立	二	三三	一五	七	仝上	
沙灘小學	沙灘頭	顧再良	仝上	二	四八	一五	七	仝上	
邵巷小學	邵巷	秦志雲	仝上	二	四八	一六	七	仝上	
閶江小學	閶江	錢錫成	仝上	三	八〇	一八	六	複級	
夏瀆小學	夏瀆	楊士奇	仝上	五	一二三	一六	六	三教室	本校在夏瀆一分校在謝堰橋二分校在姚家橋
后莊小學	后藏鄉	吳宗棠	仝上	三	六〇	一五	六	單級	
西廟橋小學	西廟橋	王維能	仝上	三	九〇	一八	六	二教室	一分校在大岸橋二分校在殷家廟
福山小學	福山鄉	呂渭漁	仝上	六	一九〇	一七	六	複級	
張華橋協作小學	張華橋	張國璋	私立	一	四二	一五	七	單級	
盛店小學	盛店橋	周紀昌	公立	二	八〇	一五	六	雙級	一教室在街里
連杆小學	連杆鄉	錢虎	仝上	二	八四	一六	六	雙級	分校在河柳村
陸區橋小學	陸區橋	許秉鈞	仝上	六	一九七	一五	五	三教室	
楊家村小學	楊家村	許樹民	仝上	二	四九	一六	六	單級	
花園小學	牌樓下	許亞明	仝上	二	六八	一六	六	二教室	
寮亭小學	寮亭橋	是尊敷	仝上	二	一九	一五	六	單級	
池基小學	池基村	馬士煜	私立	二	四七	一五	六	單級	
尹城小學	尹城鄉	尹旭昌	公立	二	八七	一六	七	二教室	一教室在西渚
劉莊小學	劉莊	賈耀邦	仝上	二	四七	一五	七	單級	
萬善小學	楊木橋	宋應宏	仝上	一	四五	一六	七	仝上	
新瀆小學	新瀆橋	錢重慶	仝上	一〇	二四八	一六	六	六教室	一園在安陽書院二園在錢莊三園在大路頭
修浦小學	修浦	王維賢	仝上	二	四五	一四	七	單級	
徐城頭小學	徐城頭	錢佩瑛	仝上	二	四〇	一四	六	仝上	
大鴻橋小學	大鴻橋	王家棟	仝上	二	四四	一五	六	仝上	

調查統計

楊墅園小學	楊墅園鎮	錢君石	仝上	三	一三〇	一六	六	二教室
匡村中學	楊墅園匡村	孫克明	私立	一二	一四〇	二〇	一二	三教室
匡村中學附屬小學	楊墅園匡村	孫克明	仝上	一〇	三六〇	一六	六	七教室
高明橋小學	陸巷	周全康	公立	三	一一八	一四	六	單級
周徐巷小學	周徐巷	尤銓	仝上	二	六〇	一五	七	仝上

第十五分局

學校名稱	地點	校長姓名	公立或私立	教職員及學生人數：教職員	教職員及學生人數：學生	學生年齡：最大	學生年齡：最小	校內編制	備考
前洲小學	前洲	劉時棠	公立	八	二四〇・	一五	六	共五教室單式一複式四	
唐氏樹德小學	前洲唐宗祠	陳麗中	私立	六	一五四	一七	六	共四教室	
南雙小學校	南雙廟	王鴻昌	公立	六	一七一	一八	六	仝上	
禮社小學校	禮社	吳冶農	公立	七	二二〇	一七	六	共四教室	
玉祁職中	玉祁	許復	私立	六	四三	一八	一三	單式一級	
玉祁小學校	玉祁	許笑岑	公立	一二	三百餘	一七	六	共六教室	
魏家宕小學	魏家宕	許文蔚	仝上	二	五〇	一五	六	單式一教室	
北七房小學	北七房	薛蘊華	仝上	四	一三〇	一七	六	共三教室	
蠖塘橋小學	蠖塘橋	顧于釗	仝上	二	七〇	一五	七	共一教室	
秦巷小學校	秦巷鎮	李㮾	仝上	四	一二〇	一六	六	共三教室	
楊家圩小學	楊家圩	梁守一	仝上	三	八八	一六	六	共教室二	

第十六分局

學校名稱	地點	校長姓名	公立或私立	教職員及學生人數：教職員	教職員及學生人數：學生	學生年齡：最大	學生年齡：最小	校內編制	備考
席祈小學	席祈鄉	司馬嘉	公立	三	五二	一六	七	單級	
楊亭小學	楊亭鎮	朱珍	仝上	五	一四〇	一八	五	複式	

學校名稱	地點	校長姓名	公立或私立	教職員	學生	最大	最小	校內編制	備考
長大厦小學	長大厦	諸世軒	仝上	四	一一二	一七	六	仝上	
鴨城小學	鴨城鎮	安慕素	仝上	二	四六	一四	七	單級	
談村小學	談村鄉	徐宗藩	仝上	一	二八	一四	七	仝上	
倉下小學	倉下鄉	諸太圻	仝上	二	六〇	一五	七	仝上	
板橋小學	板橋鄉	徐衡初	私立	一	五七	一五	七	仝上	
興塘小學	興塘鎮	范君森	公立	三	一二〇	一五	六	複式	
膠南小學	安鎮	安君時	仝上	七	一三〇	一六	五	仝上	
嚴家橋小學	嚴家橋	胡吾千	仝上	六	二五〇	一六	六	仝上	
喬巷小學	喬巷鄉	馮際文	仝上	二	五三	一五	七	單級	
廊下小學	廊下鎮	顧壽春	仝上	二	六三	一五	七	仝上	
羊尖小學	羊尖	戴伯炎	仝上	五	九六	一六	七	複式	
南橋小學	南橋頭	周潞	私立	一	二〇	一六	七	單級	

直轄第一分駐所

念二年六月調查

學校名稱	地點	校長姓名	公立或私立	教職員及學生人數：教職員	教職員及學生人數：學生	學生年齡：最大	學生年齡：最小	校內編制	備考
啟明中學校	南倉門	廉建中	私立	六	二〇〇	二〇	一二	四教堂	
初級小學校	井亭街	王道南	公立	四	一〇〇	一五	八	二教室	

中醫調查表

第一分局

醫師或醫生姓名	年歲	籍貫	出身	科別	設診年月	曾否登記或領到證書	詳細住址	備考
趙仲平	六四	無錫	汪藝香門人 王星祥門人	內科	光緒二十一年十二月 四十年	無錫國醫公會證書	小婁巷	
陸仲威	六三	無錫	汪藝香門人	內科	光緒二十一年五月 四十年	仝上	稅務前	

調查統計

七一

調查統計

高時良	五九	無錫	丁福保 高濟安 授業	內外科	光緒二十九年七月 三十二年	仝上	駁岸上
鄒克如	三二	無錫	趙仲平門人	內喉科	民國十二年一月 十年	仝上	昇平巷
奚伯初	二八	武進	世醫	幼科	民國十三年五月 八年	仝上	福田巷
張子敏	三六	無錫	世醫	內科	民國七年八月 十四年	仝上	大婁巷
周景祐	三三	仝上	世醫	內科	民國十一年一月 十年	仝上	觀前街
張東明	三三	仝上	溧陽方榮芝門人	喉科	民國十一年二月 十年	仝上	中市橋
汪幼翔	三八	仝上	孫文昭門人	內科	民國三年九月 十八年	仝上	迎迓亭
吳燿明	五三	仝上	胡菽良門人	針科	光緒二十六年十月 三十五年	仝上	東大街
吳亦可	二七	仝上	江陰張友梅門人	內外科	民國十四年十一月 七年	仝上	學前街
莊衍生	三三	仝上	王子柳門人	內科	民國十一年八月 十年	仝上	真應道巷
張嘉賓	五〇	吳縣	世醫	喉科	光緒三十一年八月 三十年	仝上	閶通路
曹仲容	五九	無錫	世醫	幼科	光緒三十一年二月 三十年	仝上	盛巷
程仲甫	四三	仝上	邱士梁門人	針科	民國十一年九月 十年	仝上	東大街
趙柏森	二六	仝上	世醫	內科	民國十六年一月 五年	仝上	小婁巷
嚴仲辰	三八	仝上	世醫	內科	民國六年三月 十五年	無錫國醫公會證書	槐樹巷

七二

王蔭堂	三二	仝上	張再梁門人	針科	民國十三年四月 八年	仝上	觀前街
喬伯平	四一	無錫	張再梁門人	針科	民國七年十月 十四年	仝上	含秀橋
黃鋆聲	二六	仝上	祖傳	喉科	民國十二年九月 十年	仝上	西河里
黃翼臣	二九	仝上	祖傳王子柳門人	內喉科	民國十一年五月 十年	仝上	西河里
秦仲簡	三二	仝上	陳叔寅門人	內科	民國十一年四月 十年	仝上	大成巷
陳允良	四八	仝上	世醫	眼科	民國二年九月 二十年	仝上	成賢橋
王棟任	二八	仝上	世醫	眼科	民國七年八月 十五年	仝上	斜橋下
張文蔚	三〇	仝上	上海中醫學校畢業	內科	民國十八年三月 三年	仝上	置渫浜
華伯英	五八	仝上	世醫	針科	光緒三十一年十月 三十年	仝上	青果巷
華宗海	二八	仝上	世醫	內科	民國十三年五月 八年	仝上	仝上
沈養卿	四九	仝上	世醫	傷科	光緒二十八年九月 三十三年	仝上	仝上
朱昂軒	七二	仝上	儒醫	針科	光緒二十六年八月 卅五年	仝上	沙巷口
蔣士明	五一	仝上	世醫	內科	光緒三十三年十一月 八年	仝上	盛巷口
陳效倫	三五	仝上	惲鐵樵門人	內科	民國十六年一月 五年	仝上	西門內
張樸盦	五二	仝上	惲鐵樵門人	內科	光緒三十一年四月 三十年	仝上	西鼓樓巷

調查統計

高鳳崗	四六	仝上	張貫森門人	內科	光緒三十一年三月 三十年	無錫國醫公會證書	東大街
顧子靜	五四	仝上	儒醫	內科	光緒三十一年一月 三十年	仝上	大婁巷
蔣念椿	五六	仝上	世醫	疔科	光緒三十一年八月 三十年	仝上	鳳光橋
張望雲	二七	仝上	陸仲威門人	內科	民國十五年三月 六年	仝上	沈果巷
袁果成	二八	仝上	黃紹宗門人	針科	民國十六年二月 五年	仝上	老縣前
朱明鑑	三一	仝上	胡晟良門人	針科	民國十三年六月 八年	仝上	迎迓亭
趙玉書	四五	仝上	曹仲容門人	內科	民國十一年九月 十年	仝上	三下塘
王有聲	三八	仝上	歐子倫門人	內科	民國八年九月 十四年	仝上	寺後門
吳基厚	二五	仝上	吳耀明門人	針科	民國十六年三月 五年	仝上	東大街
王冠西	三二	仝上	章治康門人	外科	民國十一年六月 十年	仝上	興隆道巷
侯敬興	四〇	仝上	蘇州艾步蟾門人	內科	民國十一年八月 十年	仝上	四郎君巷
黃重華	四五	仝上	儒醫	內科	民國十一年十月 十年	仝上	小婁巷口
高善道	二五	仝上	世醫	內外科	民國十五年六月 六年	仝上	駁岸上
黃菊生	四一	仝上	徐子芳門人	針科	民國二年五月 廿年	仝上	中市橋上塘
俞耀樑	三六	仝上	李紹良門人	針科	民國十六年七月 五年	仝上	東大街

七四

宓秉圭	四五	仝上	卜雅堂門人	外科	民國十四年九月 七年	仝上	圖書館前
沈亦蘇	四五	無錫	世醫	內科	民國六年八月 十五年	無錫國醫公會證書	大婁巷口
馬際周	四二	仝上	世醫	內科	民國二年九月 廿年	仝上	斜橋下
沈倬雲	五三	仝上	章治康門人	外科	光緒卅六年三月 廿五年	仝上	承賢橋
陳德甫	五七	仝上	世醫	傷科	光緒廿一年十一月 卅年	仝上	觀前街
顧濟昌	四二	仝上	世醫	傷科	民國二年二月 廿年	仝上	光復門
沈文奎	四八	仝上	張雲廷門人	針外科	光緒卅三年十一月 廿八年	仝上	中市橋巷
張聯奎	三六	仝上	世醫	內科	民國九年一月 十三年	仝上	南市橋上塘
徐志仁	四〇	仝上	世醫	痘科	民國二年三月 廿年	仝上	冉經橋
金炳耀	二三	仝上	王蔭堂門人	針科	民國十九年一月 三年	仝上	福田巷
朱玉麟	三一	仝上	過志顯門 陸伯和門人	針科	民國十一年九月 十年	仝上	劉撫院
王近培	二五	仝上	陳叔寅門人	內科	民國十九年一月 三年	仝上	東大街
蘇熀星	二七	仝上	祖傳	針科	民國十三年五月 八年	仝上	熙春街

第二分局

姓名	年歲	籍貫	出身	科別	設、年月	曾否登記或領到証書	詳細住址	備攷
周鏡壽	四一	無錫	祖傳	內科	元年一月	中醫協會證書	交際路七五	

調查統計

調查統計　七六

張伯倩	五一	仝上	祖傳	內科	光緒廿五年一月	國醫學會	倉廟街
蔡中慧	二三	仝上	張亮生門生	內科	十九年一月	醫學會會員	通匯橋
川澳雲	二八	阜寧	祖傳	內科	二十年八月	上海衛生局考驗登記證書	南倉門
季鳴九	二六	無錫	師傳	內外科	十四年六月	國醫公會	東新路
于華堂	四六	山東武城	祖傳	外科	九年五月		仝上
孫相廷	五一	鹽城	祖傳	痘幼科	十四年三月	上海神州醫藥會證書	仝上
陸佩之	三四	仝上	祖傳	痘科	六年十一月		南倉門
方旭良	二八	無錫	祖傳	針科	二十年四月		王道人街
張仲仁	五三	仝上	祖傳	內外科	十六年四月		仝上
唐賓臣	三八	仝上	祖傳	外科	十四年四月	醫學會	外黃泥橋
薛玉霖	三八	常州	師傳	內外科	十八年五月	仝上	前太平巷

第三分局

醫師或醫生姓名	年歲	籍貫	出身	科別	設診年月	曾否登記或領到證書	詳細住址	備攷
承淡安	三五	江灣	家傳	針科	十二年四月	吳縣中醫公會登記	滸頭上	
陸伯和	三八	無錫	徐松泉門人	針科	五年六月	無錫中醫協會登記	薛家弄	
趙再華	四〇	仝上	無錫中醫講習所畢業	內外科	十年一月	無錫中醫學會登記	南門外黃泥降	
周養興	三八	仝上	祖傳	針科	十五年一月	無錫中醫協會登記	仝上	
諸竹生	三二	仝上	祖傳	外科	八年一月	無錫中醫學會登記	仝上	
周太燚	四三	鎮江	周耀庭門人	針科	廿一十二月	未	仝上	
周維卿	四一	無錫	祖傳	外科	十九年八月	未	仝上	
毛筱青	二九	仝上	家傳	內科	十一年五月	無錫國醫公會登記	北長街	
朱溪鴻	一九	常熟	毛筱青門人	內科	廿一年十月	仝上	羊腰灣	
陳志良	三四	無錫	尤俊臣門人	針科	十五年三月	無錫中醫學會登記	金鈎橋	

張維藩	三九	仝上	南通湯懷古門人	內外科	廿一年五月	未	小南門巷
錢子紹	六〇	仝上	曹少琴門人	內科	約三十年	未	仝上
邵步青	六三	仝上	宗子卿門人	內科	約三十餘年	未	夾城裏
過家俊	三〇	仝上	鄭季芳門人	內外科	十六年五月	無錫中醫學會登記	南下塘街
金子道	四〇	仝上	蔡鴻陶師	針科	二年五月	中醫協會登記	清明橋下塘
黃榮昌	四二	仝上	馬同泰門人	針科	元年七月	未	伯瀆橋下
周耀庭	六四	仝上	陸伯泉門人	針科	約四十三年	國醫公會登記	跨塘橋
陸仁權	二三	仝上	中醫講習所畢業	內外科	二十年一月	國醫學會登記	伯瀆巷
陳治良	四〇	仝上	闕子倫門人	內外科	五年五月	中醫協會登記	棉花巷
鄭星伯	七二	仝上	馬修之門人	內外科	五年十月	未	仝上
陸嘉文	三六	仝上	王頌芬門人	內外科	十五年五月	國醫公會登記	仝上
陳伯雲	五四	仝上	祖傳	內外科	二十年二月	未	仝上
包人鏡	二六	江陰	陸仲威門人	內科	二十年四月	國醫公會登記	跨塘橋
馬效良	三二	無錫	胡最良門人	針科	十四年六月	仝上	灣頭上
華心葵	六〇	仝上	鄭星伯門人	內科	元年一月	國醫公會登記	大公橋
章志方	三七	仝上	祖傳	針科	十年五月	仝上	清明橋上塘
周文淦	二三	仝上	章志芳門人	內外科	廿一年二月	未	老窯頭中段
蔣炯明	二七	仝上	吳少廷門人	內科	十八年一月	中醫學會登記	窯上
劉逸平	三六	仝上	家傳	內外科	七年六月	仝上	仝上
殷濟衆	三七	仝上	陳錫周門人	針科	十二年五月	中醫協會登記	仝上
王俊山	三八	常州	祖傳	喉科	三年四月	仝上	仝上
華芍芬	三〇	無錫	蘇福音醫院畢業	眼科	十九年六月	中醫協會登記	伯瀆巷
錢耀芳	三二	仝上	李作良門人	針科	十二年三月	中醫公會登記	花園弄

調査統計

七七

第四分局

醫師或醫生姓名	年歲	籍貫	出身	科別	設診年月	曾否登記或領到證書	詳細住址	備考
許伯安	二八	無錫	業師傳授	中醫內科	民國十七年一月	領有證書	西門外魚行街	
葉錦秀	六〇	仝上	祖傳	中醫內外小兒鍼灸	民國二十年一月	已登記	西門外小木橋	
劉伯運	三六	仝上	業師傳授	中醫內外科	民國廿一年一月	未	龍船浜	
陸丙章	四六	仝上	業師傳授	中醫內科	民國廿一年一月	未	迎龍橋	
洪熙春	三五	仝上	上海中西醫學專門學校畢業	中醫	民國九年		西門橋下	
周小農	五七	仝上	授業後曾任上海警署醫員	中醫內科	清光緒丁酉	未	棉花巷	
過子怡	六一	仝上	祖傳	女科	清光緒廿四年	中醫學會登記	棉花巷	

第五分局

姓名	年歲	籍貫	出身	科別	設診年月	曾否登記或領到證書	詳細住址	備考
龔上英	三七	無錫	祖傳	內科	民國三年五月		江陰巷	
陸懋如	三九	無錫	儒醫	內科	民國三年三月		江陰巷	
鄧友君	三三	無錫	闕子倫	內科	民國八年二月		孫茅柴街	
陸頌協	三六	無錫	黃協臣	外科	民國十九年一月		通滙橋	
許舜遐	五六	無錫	倪心田	內科	光緒三十年二月		通滙橋	
許中和	二九	無錫	汪伯容	內科	民國十二年七月		通滙橋	
丁士鏞	三一	無錫	沈奉紅	內科	民國十二年八月		貝巷上	
宋毓庭	六八	無錫	祖傳	傷科	光緒十三年二月		石灰弄	
張硯芬	五四	無錫	祖傳	內科	光緒三十年四月		北柵口	
黃科良	四六	仝上	仝上	喉科	民國二年二月		仝上	
胡懋林	五三	仝上	仝上	小兒科	光緒三十年一月		後鄘街	

陸景唐	三三	無錫	朱少鴻傳	內科	民國十二年一月	周師街
單鎮安	六二	江陰	祖傳	小兒科	光緒十七年三月	仝上
譚逸仙	二二	東台	倪佩蘭	內科	民國二十一年二月	長成弄
張良歧	三九	金壇	祖傳	內科	民國十五年一月	秦樓弄口
朱紹歧	五三	無錫	仝上	內外科	光緒三十年九月	北柵口
龔士俊	二三	仝上	仝上	內科	民國二十一年十月	江陰巷
謝幹生	六一	仝上	王子柳	內科	光緒十八年三月	灣巷
丁亮祖	四二	仝上	祖傳	外喉科	民國二年六月	長安橋橫街
許錫綸	二七	仝上	朱少鴻	內科	民國十八年八月	仝上
王錫昌	二四	仝上	程仲甫	針科	民國十一年五月	仝上
劉葆良	二二	仝上	陸仲威	內外科	民國二十一年二月	南尖
鄧季芳	五六	仝上	世傳	內外科	光緒三十年一月	仝上
王愼三	五二	仝上	世傳	內科	仝上	布行弄
王肖曾	三二	仝上	世傳	內科	民國七年八月	布行弄
王頌昇	四三	仝上	仝上	內科	民國三年二月	仝上
袁耀青	五九	仝上	仝上	外科	光緒十七年四月	壇頭弄
朱蕙芬	二五	仝上	沈養卿	針科	民國二十年三月	仝上
沈苓溪	六四	仝上	世傳	針科	民國十四年六月	笆斗弄
張貴楚	二八	仝上	單養和	內科小兒科	民國十一年一月	後蔡家弄
張竹明	二六	仝上	潘靜霞	眼科瘰癧科	民國十六年一月	張成弄
歸起翔	五〇	仝上	鄧星伯	內外科	光緒二十九年一月	小三里橋
馮瑞庭	三二	仝上	周蘭亭	針科推拿	民國十二年二月	仝上
顧榮甫	五〇	丹徒		內外科	民國二年二月	黃埠墩

調查統計

陳仲康	五八	無錫	北平警察廳改取中醫	內科	光緒二十六年一月		三里橋	
張吏文	六四	仝上	世傳	內科	光緒二十九年一月		仝上	
張少景	三二	仝上	沈葆三	內外科	民國十二年一月		仝上	
何秀安	三一	仝上	趙仁安	瘋科	民國十六年一月		沿河	
張惕安	二六	仝上	世傳	內外科	仝上		三里橋	
楊雲初	六六	仝上	李桂棠	針科	光緒二十年二月		蕭蔡家弄	
倪梅峯	二八	仝上	張亮生 華伯英	內科	民國十七年一月		煤場弄	
徐子聽	三七	江寧	世傳	內外科	民國十年六月		塘棧弄口	
楊頤康	三二	無錫	唐堯卿	小兒科	民國二十年一月		江陰巷	
過鳳祥	四二	無錫	祖傳	疔科	民國元年二月		江陰巷	
鄒子錦	五九	仝上	仝上	疔科	光緒三十年四月		江尖	
蔣和生	二六	仝上	仝上	疔科	民國十二年一月		江尖	
章守儀	六四	仝上	仝上	小兒科	光緒二十四年三月		北柵口	
朱竹英	三八	仝上	仝上	眼科	民國二十年一月		三里橋	
陳雲山	四五	仝上	華仲英	針科	仝上		笆斗街	
李光華	二三	仝上	龔士英	內科	民國二十一年二月		石灰場	
朱叔成	五二	仝上	世傳	外科	光緒三十年		兩橋下	

第六分局

姓名	年歲	籍貫	出身	科別	設診年月	曾否登記或領到證書	詳細住址	備攷
虞拙庵	三七	無錫		外科	十九年八月	未	周山浜	
李星如	五三	安徽		仝上	二十一年六月	未	通惠路	
歸仲欽	四四	浙江		內科	八年三月	無錫中醫公會	陳白頭巷	
經鶴齡	三七	蘇州		眼科	十二年五月	吳縣中醫公會	仝上	
龔世熊	二六	無錫		仝上	十七年二月	中醫醫習所	周巷上	

許壽山	三八	江陰		內科	四年七月	中醫協會	四支路	

第七分局

姓名	年歲	籍貫	出身	科別	設診年月	曾否登記或領到證書	住址	備考
程憲章	六四	無錫	祖傳	內科	光緒二十八年五月	未	樓底下	
尤任翔	三〇	仝上	周傳	內外科	二十年五月	未	樓底下	
丁一飛	三七	仝上	周傳	內科	五年五月	未	樓底下	
李純伯	三七	仝上	祖傳	內外科	五年四月	未	甘露鎮	
洪佩蓀	三二	仝上	徐傳	內科	十一年五月	未	仝上	
華耀光	三〇	仝上	王傳	內外科	十三年四月	未	仝上	
陳幼安	四八	仝上	朱傳	內科	元年五月	未	仝上	
華嘉樹	三〇	仝上	王傳	內外科	二十一年五月	未	甘露鎮	
柳劍南	三七	仝上	沈傳	內科	四年五月	未	仝上	
蔡亦哉	四七	仝上	祖傳	內科	光緒三十三年四月	未	蔡司塘頭	
何步[illegible]	四二	仝上	鄧傳	內科	元年二月	未	小馬橋	
錢介壽	二八	仝上	陳傳	內外科	十九年一月	未	鴻聲里	
楊仲良	五一	仝上	王傳	喉科	元年三月	未	仝上	
蔡君明	二〇	仝上	祖傳	內科	二十年八月	未	仝上	
朱南尹	三七	仝上	祖傳	內科	元年一月	未	仝上	
尤肅亮	二六	無錫	王傳	內外科	十八年一月	未	茅塘橋	

第八分局

姓名	年歲	籍貫	出身	科別	設診年月	曾否登記或領到證書	住址	備考
邵子良	三八	無錫	華實昇門人	內科	十年一月	未	邵巷上	
戴雄甫	三一	無錫	張蘭生門人	內科	十二年三月	未	周新鎮	
許漢清	三四	無錫	華心葵門人	內外科	十一年三月	未	許巷上	

調查統計

周濟人	二六	無錫	鄧星伯門人	內外科	二十一年六月	未	莾念橋
錢志遠	二四	無錫	華心葵門人	內外科	十八年五月	未	錢巷上
華壽昌	三〇	無錫	世醫	內外科	二十一年六月	未	南橋
蕭建昌	二三	無錫	王子柳門人	內科	二十二年二月	未	南橋
徐肇清	三五	無錫	趙樂萱門人	內科	八年一月	初次登記	寶鄉塘下邊
吳春萱	二七	無錫	汪伯蓉門人 中西醫院服務	內婦幼科	十九年六月	十七年登記國醫學會會員	小潞巷
陳子振	三六	無錫	世醫	內科	十六年一月	未	夏家鎮
陳叔英	六三	無錫	世醫	內科	十六年一月	上海市登記	夏家鎮
華良卿	三二	仝上	世醫	痘科	元年九月	未	橋鎮定鄉
華壽椿	三〇	無錫	中醫講習所畢業	內科	十四年六月	中醫學會登記	橋鎮定鄉
方少純	六一	江陰	柳寶詒門人	內科	光緒十八年四月	未	青祁
虞丹馨	一七	無錫	方少純門人	內科	開始行醫	未	青祁
許伯安	二八	無錫	趙仲平門人	內科	十四年三月	未	青祁
陳鼎昌	三五	無錫	朱少洪門人	內科	十年二月	未	青祁
過滌新	三五	無錫	陳鶴皋門人	外科	十年五月	未	青祁
王達三	二八	仝上	王叔雅門人	內外科	十七年一月	未	華大房莊
王燦然	五五	仝上	王近陽門人	內科	宣統二年一月	未	新安鎮
王俊修	二六	仝上	王叔雅門人	內科	二十一年一月	未	新安鎮
鄒頌銘	四二	仝上	章治康門人	內外科	元年一月	未	新安鎮
惠鳴時	三九	仝上	龔錫春門人	內外科	八年二月	未	新安鎮
周德輿	二三	仝上	王有仁門人	內外科	十六年四月	未	新安鎮
陸齋彥	三四	仝上	儒醫	內外科	十二年八月	未	沈瀆
唐子廉	三八	仝上	儒醫	內科	十二年七月	未	沈瀆

八二

單念祖	二八	仝上	張雲鵬門人	內外科	二十年一月	未	周潭橋
費蘭芝	六六	江北	世醫	外科	二十二年三月	未	廟橋
魏文波	三六	無錫	世醫	內外科	二十二年五月	未	廟橋
邢少卿	五六	仝上	施玉田門人	內科	元年七月	未	延齡鄉
陸廷柏	二一	仝上	王有仁門人	內外科	二十一年六月	未	延齡鄉
杜惠方	三一	仝上	鄧星伯門人	內科	十三年五月	醫業協會登記	落霞橋
黃伯清	三〇	仝上	周仲怡門人	外科	十四年三月	未	梢涇鄉
張雲鵬	五六	仝上	儒醫	外科	光緒三十二年七月	未	前南張
周學文	六八	仝上	儒醫	內科	十一年五月	未	薛車橋
朱叔道	七二	仝上	儒醫	內科	光緒九年二月	未	華大房莊
畢公叢	三九	仝上	曹滄洲門人	內科	六年四月	未	華大房莊
朱福如	二五	仝上	王有仁門人	內外科	十九年八月	未	華大房莊
鄒炳麟	三四	仝上	王叔雅門人	內科	十年二月	未	南方泉
沈健如	三一	仝上	王叔雅門人	內外科	十一年三月	未	方橋
陸伯恢	五八	仝上	世醫	內科	二十一年五月	無錫國醫學會登記	板橋
黃壯英	二四	仝上	王子柳門人	內科	十九年十月	未	葛埭橋
薛濟安	四七	仝上	世醫	外科	十年一月	未	燒香浜
蕭才清	四五	仝上	王叔雅門人	外科	二十二年一月	南京內務部註冊	燒香浜
汪子欣	三一	仝上	王有仁門人	內外科	二十一年四月	未	南方泉
黃紀華	三六	仝上	顧翠卿門人	內科	十五年二月	未	南方泉
朱明初	二四	仝上	世醫	外科	十五年三月	未	南方泉
非冠英	三九	仝上	錢耀文門人	內科	二十年八月	未	南方泉
非景宏	三一	仝上	王懷卿門人	內科	十七年四月	未	南方泉
惠呂端	二二	仝上	王子柳門人	內科	二十年二月	未	南方泉
丁聚呂	三一	仝上	華心澄門人	內科	十八年八月	未	石塘

醫師或醫生姓名	年歲	籍貫	出身	科別	設診年月	曾否登記或領到證書	詳細住址	備考
顧軼凡	三六	無錫	葉筱峯門人	內科	二十一年五月	未	方橋八圖	
蔡型洲	四六	無錫	世醫	喉科	十四年四月	未	燒香浜	

第九分局

醫師或醫生姓名	年歲	籍貫	出身	科別	設診年月	曾否登記或領到證書	詳細住址	備考
周賢瑜	三六	江陰	高小畢業	外內喉科	十七年五月	已	大徐巷	
章立夫	六〇	無錫		內科	民國元年	未	大徐巷	
王鳳岐	四〇	無錫		幼科	十一年	已	榮巷	
包人鏡	三〇	無錫	高小畢業	內外科	十年	已	無錫南門	寓榮巷
朱玉波	三八	無錫	初中畢業	婦科	七年	已	榮巷鎮	
黃紹宗	三七	無錫	高小畢業	針科	八年	已	榮巷鎮	
馮最庭	五八	無錫		針科	光緒三十年	已	榮巷鎮	
張惠臣	二八	無錫	高小畢業	內科	民國十五年	已	榮巷鎮	
郁本初	四二	無錫		內外科	元年	已	榮巷鎮	
鄭惠初	二六	無錫	高小畢業	內科	十八年	已	榮巷	

第十分局

醫師或醫生姓名	年歲	籍貫	出身	科別	設診年月	曾否登記或領到證書	詳細住址	備考
華丙奎	二三	無錫	蘇州黃濟壽門人	內外科	民國二十一年八月	尚未登記	塘西	
華毓麟	二九	仝上	祖傳	小兒科	民國二十一年八月	仝上	門樓下	
呂壽基	二五	仝上	后宅上文英門人	內外科	民國十九年五月	仝上	塘西	
浦少鋆	三二	仝上	西倉陸醉樓門人	內科	民國十二年二月	在吳縣曾登記	后橋鎮	

馮祖瑛	二五	仝上	后宅王文英門人	內外科	民國十九年三月	尚未登記	馮家巷	
王松濤	二三	仝上	無錫陳治良門人	仝上	民國二十一年四月	仝上	后橋鎮	
呂鴻金	二六	仝上	無錫胡廷元門人	仝上	民國二十一年六月	仝上	南四房	

第十一分局

醫師或醫生姓名	年歲	籍貫	出身	科別	設診年月	曾否登記或領到證書	詳細住址	備考
周象賢	三〇	無錫	家傳及鄒子英	中醫內外	十八年四月		后宅本鎮	
鄒耀祖	三〇	仝上	鄒星伯門人	中	十三年三月		后宅西鎮	
張立凡	三〇	仝上		中				
朱祖康	二一	仝上		中外				
錢玉如	二五	仝上	章治康門人	中內外	十九年三月		后宅西街	
周月谷	四八	仝上	周谷春門人	中內	宣統二年九月		后宅北街	
王君培	三九	仝上	席朗秋門人	中內	四年正月		瞻橋	
王冉伯	二六	仝上	王君培授	中內	十六年		瞻橋	

第十二分局

醫師或醫生姓名	年歲	籍貫	出身	科別	設診年月	曾否登記或領到證書	詳細住址	備考
姚俊三	五五	無錫	世醫	內科	清光緒二十九年二年	無	長安橋	
吳蔭生	四〇	仝上	學	針科	十八年七月	無	長安橋	
薛浩生	二四	武進	學	內科	二十年四月	無	長安橋	
呂叶三	三四	無錫	學	內科	十三年二月	有	東北埗	
黃冠華	三〇	仝上		喉科		世傳喉科	西大房鄉	
賈子良	五〇	仝上		仝上		世傳喉科	仝上	

眞邢詠	三〇	仝上	仝上	仝上		世傳	西大房鄉	
黃翼和	二八	仝上		仝上		世傳	仝上	
敖念歧	五七	仝上	中醫	內科	設診約三十年	無	八士橋	
過仲丹	三八	仝上	中醫	仝上	設診約十年	有	八士橋	
嚴、煒侯	三六	仝上	仝上	仝上	民國六年設診	上海衛生局登記醫字第十三號	張涇橋	

第十三分局

醫師或醫生姓名	年歲	籍貫	出身	科別	設診年月	曾否登記或領到證書	詳細住址	備考
胡伯銓	二七	堰橋	世醫	內外科	七年	未登記	堰橋斜橋下	
華燮臣	六一	仝上	儒醫	內科	四十一年	仝上	堰橋河南村	
華國治	三七	堰橋	世醫	內科	九年	仝上	仝上	
程麗生	五五	徽州	儒醫	外科	十九年	仝上	堰橋當街	
薛惠霖	四三	堰橋	紅十字會	內外科	十六年	紅十字會登記	堰橋西街	
錢仲良	三〇	堰橋	中醫協會	內外科	三年	中醫學會登記	堰橋西街	
丁晉卿	二四	堰橋	世醫	內外科	四年	未登記	堰橋汽車站	
王涵清	四八	張村	祖傳	眼科	三十年	未登記	張村南街稍	
唐紹曾	五九	張村	儒醫	內科	三十年	杭州市政府登記	張村下塘	
徐仰歧	四九	張村	教員	針科	一年	未登記	張村下塘	
楊服膺	三二	寺頭	私立上海中醫專門學校	內科	十年	仝上	寺頭北街	
過滌新	三四	寺頭	世醫	內外科	十年	中醫學會登記	寺頭南街	
王應平	七四	無錫	世醫	內科	四十年	未登記	陳家橋高巷	
蔣嘉謨	三九	牌樓鄉	世醫	內外科	二十年	未登記	牌樓鄉尤家街	
范葉蓁	四二	尤家坦	世醫	外科	十年	仝上	尤家坦中市	

張軏凡	二二	泰安鎮	世醫	內科	一年	仝上	泰安鎮東街
莊篤平	三七	泰安鎮	儒醫	內科	十二年	仝上	泰安鎮大樹下

第十四分局

醫師或醫生姓名	年歲	籍貫	出身	科別	設診年月	曾否登記或領到證書	詳細住址	備考
秦柳江	四二	無錫	上海中西醫院實習生	內外科	民國四年	無錫中醫學會證書	張舍鎮	
戴慈惠	三三	無錫	王子柳門人	內科	民國十六年	曾入無錫國醫公會	張舍鎮	
貝禎祥	三五	無錫	劉幼亭門人	內科	民國十年	曾入無錫國醫公會	張舍鎮	
宗洵良	六四	無錫	王聘良門人	內科	光緒二十七年	未	張舍鎮	
邊依中	三〇	無錫	奚詠裳門人	小兒科	民國十七年	未	劉塘橋	
黃文歧	五二	江陰	張叶翰門人	內科	民國二十年二月	未	無錫稍塘橋	
杭志夫	三八	武進	法端生門人	內科	民國十五年八月	曾入無錫中醫公會	無錫胡埭鎮	
倪起生	三六	無錫	陳叶吉門人	外科	民國十年	未	青山鄉丁村	
殷仲山	四五	江陰	繆光裕門人	內外科	民國十七年七月	未	無錫胡埭鎮	
陳伯寬	二九	無錫	奚詠裳門人	幼科	民國十八年五月	未	胡埭鎮	
張慰望	四八	無錫	鄧幹卿門人	內科	民國十一年一月	未	張華橋	
胡梅生	四三	仝上	胡杏春門人	內科	民國三年一月	未	修浦鄉	
張志達	二四	仝上	奚昇初門人	幼科	民國十九年一月	未	修浦鄉	
臧九鼓	二八	仝上	馮育才門人	外科	民國十七年五月	未	陸區橋	
奚震遐	三八	仝上	奚詠裳門人	幼科	民國十九年六月	未	陸區橋	
胡慶生	四六	仝上	諸達書門人	外科	民國元年四月	未	修浦鄉	
鄒可其	三七	宜興	祖傳	幼科	民國廿二年四月	未	修浦鄉	
單耀珍	三四	宜興	祖傳	眼科	民國十五年四月	未	楊墅園	

第十五分局

姓名	年歲	籍貫	出身	科別	設診年月	曾否登記或領到證書	住址	備攷
唐一鳴	二四	無錫	無錫中醫講習所畢業	內科	二十一年五月	未	前洲	
秦宏產	五五	仝上	本鄧氏授業	內科	二年一月	未	秦巷南街	
吳頤遐	三七	仝上	鄧季芳授	內外科	十二年三月	未	秦巷北街	
臧文輝	五四	仝上	世醫	內外科	十二年五月	已登記及領證書	洛社鎮養德堂	
許衛道	三八	仝上	父授上海中醫學會會員	內科	五年八月	已登記及領證書	洛社德裕堂	

第十六分局

醫師或醫生姓名	年歲	籍貫	出身	科別	設診年月	曾否登記或領到證書	詳細住址	備攷
陳明初	二八	無錫	世傳	內外科	十四年二月	上海市衛生局登記	南門棉花巷二十四號	
安蔭甫	七一	仝上	仝上	痧科	光緒三十四年五月	否	無錫安鎮西街	
朱叔英	三〇	仝上	教員	內外科	二十一年七月	否	無錫大墻門	
徐鳳翔	四〇	仝上		內科		否	無錫嚴家橋	
沈濟和	三二	仝上		內科		否	無錫黃家村	
戈逸芳	二八	仝上		內科		否	無錫嚴家橋	
陳子琴	五四	江陰		外科		否	仝上	
龐榮魁	四五	江陰	藥業	外科		否	仝上	
蔡濟康	二一	無錫		內外科		已在上海市衛生局領納照	無錫顧王橋	
范晉書	三五	仝上		內科	九年三月	否	無錫興塘	入無錫國醫學會
朱仲郢	四二	仝上	世傳	內外科	八年四月	否	無錫夾龍橋	
范業榛	四二	仝上	世傳	外科	九年八月	否	無錫興塘	
虞順和	四二	仝上		內外科	二十年五月	否	無錫興塘	
范煥章	三二	仝上		痘科	六年十月	否	無錫興塘	

諸[illegible]溪	六九	仝上		內科	光緒二十年	否	無錫楊亭	
諸蔭良	三四	仝上		內科	十二年	否	無錫楊亭	入無錫醫學會
諸大吉	四三	仝上		外科		否	無錫楊亭	民國初年入無錫中醫學會
諸招千	四五	仝上	世醫	外科		否	無錫楊亭	
周效伯	三四	仝上	世醫	內外科	十二年	否	無錫羊尖	
張宗岳	四〇	仝上	世醫	內外科		否	無錫羊尖	
邵國英	二八	仝上	世醫	外科		否	無錫羊尖	

直轄第一分駐所

醫師或醫生姓名	年歲	籍貫	出身	科別	設診年月	曾否登記或領到證書	詳細住址	備攷
鄭鶴泉	六九	無錫		中醫內外科	清光緒二十五年五月	由衛生局登記領到證書	東門外熙春街六十九號門牌	
華子濤	五七	無錫		中醫針科	清光緒二十九年八月	民國二十年登記未有證書	東門外熙春街九十五號門牌	
汪廷華	四三	江陰		中醫針科	民國十八年三月	尚未登記	東門外熙春街一百零八號門牌	
吳子和	六五	無錫		中醫內科	清光緒十七年六月	由中醫學會登記領到證書	東門外熙春街中街門牌無	
潘景山	四七	無錫		中醫針科	清宣統三年四月	由中醫學會登記領有證書	東門外非亭街隆昌工房八號	
夏松泉	六六	鹽城		中醫內科	清光緒十五年五月	由中醫學會登記未領證書	東門外永盛里工房四十二號	

西醫調查表

廿二年六月調查

醫師或醫生姓名	年歲	籍貫	出身	科別	設診年月	曾否登記或領到証書	詳細住址	備攷
衛哲文	四〇	無錫	南洋醫科大學畢業	內外科	民國十年	已領	百歲坊巷口	
王海濤	四七	仝上	北洋協和醫科大學畢業	仝上	民國三年	仝上	連元街	

調查統計

調查統計　九〇

錢保華	四一	仝	同濟醫科大學畢業	仝上	民國六年	仝上	合秀橋
顧衡如	三八	仝	江蘇醫科大學畢業	仝上	民國十四年	仝上	駁岸上
秦秉衡	三五	仝	同德醫科專校畢業	仝上	民國十二年	仝上	新街巷
金子英	五三	仝	上海丁氏醫院畢業	仝上	民國十四年	已請領尚未發下	公園路
許松泉	四四	上海	上海聖約翰醫科大學畢業	仝上	民國六年	已請領尚未發下	大婁巷中
周復培	四三	無錫	日本愛知醫科畢業葛谷眼科醫院畢業	眼科	民國十四年	已領	中市橋上塘
陸陶菴	三五	仝	江蘇醫科大學畢業	內外科	民國十二年	仝上	公園路
周磐士	四三	仝	北京協和醫學畢業	仝上	民國十四年	未領	神仙橋
許同英	四八	仝	蘇州福音醫院及更生眼科醫院畢業	眼科	民國十一年	仝上	圖書館前
孫祖烈	三六	仝	上海丁氏醫院畢業	內外科	民國十二年	已領	打鐵橋
施亦臨	五五	蘇州	蘇州博習醫院畢業	仝上	民國二十年	仝上	二下塘
竹芝珊	六〇	無錫	無錫監理會維翰醫室畢業	仝上	向在普仁醫院	未領	三下塘
汪璞涵	三二	仝	江蘇公立醫專助產科畢業	仝上	民國十二年	仝上	公園路
孫蟾卿	三六	仝	漢口大同醫學畢業	內外科	民國九年	已領	東河頭巷
顧彝瞻	四八	仝	北京協和醫學畢業	仝上	民國十四年	仝上	希道院巷
周綸	三八	仝	德國柏林醫科大學畢業	仝上	民國八年	仝上	西溪下
周緒	三〇	仝	上海同濟醫學畢業	仝上	民國二十年	仝上	仝上
華景奭	五〇	仝	日本愛知醫科大學畢業	仝上	民國三年	仝上	置煤浜
陸宗祥	三〇	仝	無錫大同醫院畢業	仝上	民國十五年	仝上	崇安寺
許鳳華	三二	仝	上海同濟醫科大學畢業	仝上	民國十六年	仝上	盛巷口
朱道周	四〇	仝	美國骨科醫學畢業	內外科	民國十七年	仝上	小婁巷底
高直蜚	三二	仝	萬春醫院器械療法講習所畢業	仝上	民國十五年	未領	化仁巷

藥劑師

尤濟華	三六	仝	北京醫專畢業	仝上	現在上海		八兒巷
高景長	三六	仝	南洋醫科大學畢業	仝上	民國二十年	已領	駁岸上
張漢名	三六	仝	上海東南醫科大學畢業	仝上	民國廿二年	仝上	大河上
朱蘊山	三四	山東高密	山東濟南齊魯大學畢業	不分科	十六年三月		光復路中兄弟醫院
朱品山	三七	仝上	仝上	仝上	仝上		仝上
莊彭年	三四	上海	北京國立醫科大學畢業	仝上			光復橋堍同仁醫院
曹國楨	三五	無錫	無錫協濟醫院	仝上			仝上
諸超良	三二	仝上	江蘇省立醫學專門學校	仝上			仝上
徐士林	三一	安徽蕪湖	山東濟南齊魯醫校	內外科	十五年三月	醫師公會會員	太平巷
張季勉	四七	無錫	蘇州醫士畢業	仝上	民國五年	醫學會會員	通匯橋
楊子華	四八	仝上	無錫縣立醫學講習所畢業	仝上	二年五月		萬前路
鳳志章	二八	淞江	無錫兄弟醫院	仝上	二十年六月	國醫學會證書	仝上
陳彤輝	三四	河北天津	天津新醫學校畢業	內外科	廿二年四月	天津市政府衞生科登記	通匯橋
曾良臣	三一	安徽	陸軍醫科大學畢業	內外科	廿二年三月	醫學會	後太平巷
王士賢	二八	無錫	上海大中醫學院畢業	注射科	二十年五月	未	第十三區新安鎮
王錫綬	三二	無錫	江蘇公立醫學專門學校畢業	內科	十五年八月	衞生部二五一號證書	第三區南橋王氏坊 西醫並領內政部六九六號開業執照
許文石	四七	蘇州	師傳	眼科	廿一年五月	蘇州醫學會	前太平巷
方少雲	三六	無錫	仁慈醫院	內科	廿一年六月	未	南長街
龔鴻圖	三八	仝上	蘇醫大畢業	內科	三年六月	領得內務部證書	日暉橋

調查統計　九二

譚述謨	三七	山東淮縣	齊魯大學	內外科	民國八年九月	未	周師弄	西醫
趙宏京	二六	無錫		內外科	民國六年一月	未	大河池	西醫
蔣鴻初	二七	仝上	上海孟養醫院	內外科	民國十九年一月	未	大河池	仝上
褚道慈	二九	安徽	上海亞東醫科大學	內外科	廿一年七月	曾領衛生署證書	無錫北柵口	
張雄飛	三一	安徽	南京金陵大學醫科	內外科	二十年一月	未	廣勤路口	
華汝明	四二	無錫	江蘇公立醫學專門學校	內科	十二年九月	醫師證書二〇八三號	小許家橋	曾任山西陸軍騎兵團軍醫官
趙威伯	二一	無錫	無錫療養院	內外科	廿一年八月	未	周新鎮	西醫
楊光華	三六	仝上	江蘇陸軍第四師少校軍醫	內外科	十三年七月	未	仝上	西醫
沈景華	四二	仝上	浙江陸軍軍醫養成所畢業	內外科	二年二月	未	書郁	西醫
過子春	六二	無錫	從醫師教授	內科	設診約卅餘年	無	八士橋	
過學綸	三八	仝上	中西醫院	內外各科	設診約十五年	有	八士橋	
蔣越孫	三〇	仝上	江蘇省立醫科大學	統治各科	民國十八年設診所	衛生部登記證書醫字第四三號	張涇橋	
任揚庭	二四	仝上	常州醫院	西醫	一年	醫師協會證書	陳家橋西街	
曹霖亭	三一	仝上	南洋醫科大學	內外科	民國十七年	未准	楊墅園	
費惠民	二七	武進	上海中醫專門學校畢業	內科	民國十九年七月	上海特別市衛生局登記	楊墅園	
薛逢源	三八	無錫	上海中西醫學畢業	內科	二十年六月	未	無錫礪社	
陳殿宏	三二	仝上	上海蘇春醫院畢業	內外科	十三年五月	未	無錫玉祁	
陳鴻模	二四	仝上	蕩莊診療所畢業無錫勞工醫院實習服務	內外各科	廿二年一月	未登記證書已領	無錫前洲	

唐麟祥	四五	仝上	無錫博濟醫院畢業	內外科	二年三月	未	前洲西塘

無錫縣公安局醫院調查表

廿二年六月調查

院名	地點	性質	院長	醫師人數	看護人數	有無藥劑師及其姓名	分科不分科	職員總數	病床總數	開設年月
無錫聖公會普仁醫院	無錫南門內	私立	李克樂	十人	十六人	曾芝珊 彭瑞濤	內外分科	三十四人	一百張	一九〇八年三月十六日
大同醫院	城中崇安寺	私立	華景頤	二人	二人	姚錫生	不分科	七人	十六張	三年九月
無錫療養院	城中光復門內	私立	王海濤	八人	二人	孫學洲	仝上	二人	十張	十九年七月
陶涵醫院	城中公園前	私立	陸陶庵	二人	二人	無	仝上	二人	十張	十七年二月
一信夫婦醫院	城中寺巷內	私立	韓元晟	二人	二人	尹信民	仝上	四人	八張	二十二年
同仁醫院	光復路	私立	諸超良	四人	六人	自兼	分科	十人	三十張	民國十六年四月七日
兄弟醫院	漢昌路	私立	朱品三	二人	三人	仝上	仝上	五人	二十五張	民國十六年三月十二日
士林醫院	前太平巷	私立	徐士林	一人	無	仝上	仝上	一人	無	民國十五年三月十五日
產婦科醫院	光復路	私立	孫默君	二人	一人	仝上	仝上	三人	四張	民國二十一年一月五日
大公醫院	南門外大公橋	慈善	王世偉	二人	三人	兼	不分科	三人	八張	民國二十年十月
明德醫院	通惠路	私立	徐亞飛	三人	無	無	內外分科	無	無	民國二十一年七月
東方醫院	廣勤路口	私立	張雄飛	三人	一人	何子公	內外分科	六人	七張	民國十八年十月

無錫縣公安局助產士調查表

廿二年六月調查

姓名	姓別	年齡	籍貫	住址	出身	開業年月	已否領到證書及其號數	備考
汪璞涵	女	三三	松江	無錫公園路三十一號	江蘇公立醫大助產科畢業	民國十一年六月	已領第一六五號衛生部證書	
錢學倫	女	三一	無錫	公園路	同德醫學士	民國十五年四月	已領醫字第二〇六七號衛生署証書	

調查統計　　九四

錢保真	女	四〇	無錫	含秀橋二十五號	廣濟醫院	民國七年七月	已領衛生署產字第八五三號證書	
朱文琬	女	二五	無錫	三下塘七十號	上海人和專門產科學校	民國十九年九月	已領衛生署產字第四七六號證書	
胡懿清	女	三四	無錫	八兒巷一號	江蘇公立醫大助產科	民國十七年五月	已領衛生署產字第四六八號證書	
王諸涵英	女	三〇	無錫	連元街十七號王海濤醫室	北平國立產科大學畢業	民國十八年六月	已領內務部醫字第七三四號執照	
孫默君	女	二六	常熟	光復路	上海志華產科學校畢業	民國二十年一月一日	已領衛生部第三三五號證書	
陳慈勤	女	二七	無錫	光復路	上海同德產科學校畢業	民國二十年一月十日	呈請核發中	診所附設兄弟醫院前名曹嘉勤即陳慈勤
馮毓璘	女	二六	湖州	光復路	上海大華產科學校畢業	民國十九年九月一日	前領衛生部證書已遺失今呈請補發尚未領到	
張麗敏	女	二八	吳興	光復路	蘇州志華產科學校	民國二十二年三月		
鄭玉林	女	三四	安徽	後太平巷	聖教會畢業	民國二十二年三月	未領	
汪菁莪	女	二九	吳縣	大公橋	蘇州志華產科學校畢業	民國二十年	已領衛生署三五六號執照	
譚旭	女	二三	吳縣	大公橋	上海中德女醫學校畢業	民國二十年	今正請領尚未發下	
楊范氏	女	五七	無錫	西門外魚行街八號	接生婆訓練班畢業	民國十九年三月	已領第一七號證書	
華梅芬	女	二八	無錫	周師弄	普仁醫院	民國九年一月	未領	

無錫縣公安局西藥房調查表

廿二年六月調查

名稱	經理姓名	職員人數	資本	地點	營業種類	有無藥劑師及其姓名	開設年月
中法大藥房	賀君孺	二人	五百元	崇安寺對門	販賣製成藥	無	民國二年六月
興昌號	麥心泉	五人	三百元	崇安寺內	販賣製成藥	無	前清光緒三十四年六月
一信大藥房	韓元彪	二人	一千元	寺巷內	醫藥原料器具成品及附屬品	無	民國二十二年
中和藥房	單崇禮	五人	五百元	通運路	原料西藥	單實付	民國十年三月
仁濟藥房	楊子華	三人	五百元	萬前路	原料西藥	無	民國十五年五月
濟華藥房	陳俊甫	三人	三百元	通運路	原料西藥	蔣若霖	民國二十二年三月
太和藥房	陸雲祥	十一人	一千二百元	北大街	原料西藥照相材料	無	民國十九年一月
大陸藥房	李世昌	九人	一千五百元	仝上	原料西藥照相材料	無	民國三年三月
五洲藥房	張斗南	九人	九百元	北大街	原料西藥	無	民國十五年一月
中英藥房	金仰之	三人	八百五十元	北大街	原料西藥	無	前清光緒二十八年六月
中西藥房	金仰之	三人	六百八十元	北大街	原料西藥	無	前清光緒二十九年五月

人力車汽車調查表

廿二年六月調查

第一分局

汽車行或人力車行主 車行牌號	姓名	籍貫	汽車人力車輛數 汽車數	人力車數	照號 汽車號數起止	人力車號數起止	照號何處發給 汽車	人力車	每日車捐 汽車	人力車	備攷
義成	徐星喬	通州		四五		五三三至五 四二又一九 六〇至 一九七九又 二一〇三至 二一〇八				按月每輛捐洋一元七角	(此係散號) 五一〇五二五 六一七〇二一 一九八〇 二〇二〇 二一一七 二一一五 一一一二

調查統計

九五

調查統計

長春	徐星喬	通州	二八	五四三至五五三又五五五至五七一
德新	陸德成	鹽城	一四	八七一至八八二
雲程	蔣如文	無錫	三四	二九〇至三二三
德記	王冠清	鹽城	四二	一一一三至一一五四
珊記	金仲珊	無錫	一五	一五九八至一六一二
合盛	陸俊之 洪卿	無錫	三四	一三一一至一三四四
禹記	李承章	鹽城	二四	七四一至七六四
協興	金仲瑚	無錫	四二	一〇六四至一一〇五
震記	陳龍文	鹽城	一六	一三六五至一三八〇
實記	沈仲清	無錫	四八	八〇一至八四八
桂記	袁桂富	鹽城	五	一五五七至一五六一
日生	李德庭	鹽城	一〇	一一五四至一一六三
喬文錦	喬文錦	鹽城	三	一六二二至一六二四
利程	王海帆	無錫	三〇	四〇一至四三〇

九六

一九六〇
一五三五

宣記	王宣桂	鹽城	八	一六三一 一六三三 八〇〇 一五一八 一五一七 一五一一 一五一四 一六三三	按月每輛捐洋一元七角
顯盛	殷顯盛	無錫	一九	一六一四至一六二一 一九二五至一九三五	
郭鳳記	郭二奶奶	阜寧	四	九五八至九六一	
恆記	陳玉恆	鹽城		一二〇四至一二〇九 二二〇一至二二一二	
長春第二分公司	馮錦山	鹽城	二三	五七三至五八六 一五二八 一五三九 五五四 一一〇八 一六四〇 二一五六 一〇七 一六三九 一六四一	
德興	陸德順	鹽城	一三	八七一至八八二 一五三五	
陳記	陳子鮮	鹽城	一二	一五一六 一〇五二 一八七一 一七〇七 一八〇二 四二一七 一五三六 一五五七 四二二〇 一〇五一 四〇八 一七〇六	
張記	張德標	邳縣	四	一四七二至一四七五	
孫學洪	孫學洪	鹽城	四	七三七 七三八 一二一五 一八八九	
調查統計					九七

王鑑記	王永豐	鹽城		二		一二一二 一二一三				
黃萬海	黃萬海	鹽城		二		一一〇一 一一〇五				
元記	袁朱氏	無錫		二		一五九六 一五九七				
祁竹賢	祁竹賢	鹽城		一		一六四五				
潘子榮	潘子榮	仝上		一		二一八三				
王國安	王國安	仝上		一		二一六九				
廣記	蘇廣泰	仝上		二〇		一四四五至一四四九 一四四一 一四四二 一四〇三 一四三一 一四三五 一四三七 一四五四 一四五六 一四五七 一四二〇 一四三九 一四三三 一四三五 一四三六 一四三八				
調查統計									九八	

第二分局

汽車行或人力車行牌照	行主姓名	籍貫	汽車人力車輛數		照號		照號何處發給		每日車捐		備考
			汽車數	人力車數	汽車號數起止	人力車號數起止	汽車	人力車	汽車	人力車	
泰記	何繼昌	無錫		三〇		九六五至九九四止		建設局		一千文	
興記	金三寶	鹽城		一八		一三九至一五六止		仝上		一千文	
華記	華文奎	無錫		二五		四四四至四六八止		仝上		一千文	
俊記	徐德俊	鹽城		六		六三六至六四一止		仝上		一千文	

秦利	郭洪卿	鎮江	三二	一至三二止	仝上	一千文
廣利	王玉麟	無錫	三三	三七至六九止	仝上	一千文
昇泰	夏中和	山東	二〇	三三一至三四一止	仝上	一千文
翔清	談子清	無錫	二〇	二七〇至二九〇止	仝上	一千文
協程	黃世義	仝上	八〇	一二一六至一二九六止	仝上	八百文
吉安	王子祥	湖北	二四	一六七二至一六九六止	仝上	一千文
福利	過三大	無錫	二四	一一九六至二一九〇止	仝上	一千文
厚記	沈德厚	鹽城	一二	一一八六至一三〇七止	仝上	一千文
利泰	姚幹石	無錫	四三	一一五至一五八止	仝上	一千文
順興	蘇國祥	仝上	四一	一七一九至一七五九止	仝上	一千文
羅愛記	羅愛山	興化	五	一五四一至一五四六止	仝上	一千文
慶記	王祖慶	江陰	三九	三六二至四〇四止	仝上	一千文
興利	李菊楨	無錫	二一	四七五至四九五止	仝上	一千文
益新	任叔瀛	仝上	四九	一〇〇一至一〇四九止	仝上	一千文
明記	鄭福明	鹽城	七	一三五九至一三六六止	仝上	一千文

調查統計　九九

一〇〇

沈立記	沈立才	山東		一〇		六五二至六六一止	仝上	一千文
沈記	沈阿任	通州		一六		一七七〇至一七八六止	仝上	一千文
永泰	龔維富	阜寧		三六		二四八至一八五七止	仝上	一千文
雲泰	姚幹石	無錫		四一		一一五至一五五止	仝上	一千文

調查統計

第三分局

汽車行或人力車行牌號	行主姓名	籍貫	汽車人力車輛數 汽車數	汽車人力車輛數 人力車數	照號 汽車號數起止	照號 人力車號數起止	照號何處發給 汽車	照號何處發給 人力車	每日車捐 汽車	每日車捐 人力車	備考
義成	徐星喬	南通		三一		五〇一至五三一		建設局		九百	
捷成	蔡同芳	鹽城		三五		六三一至六三五		仝		九百	
公興	祁約然	鹽城		一〇		八六至八八九四		仝		九百	
大成	王廷襄	無錫		三一				仝		七百五十	照號雜亂無次
永興	王廷襄	無錫		三一		八〇至一一一		仝		七百五十	
寶記	沈幼卿	無錫		三五				仝		八百	照號雜亂無次
燚記	高岩樓	鹽城		一二		九四五至九五六		仝		七百	
錫記	管成福	鹽城		五		二二二至二二六		仝		九百	
飛星	劉文友	鹽城		三		二二七至二二九		仝		九百	

義記	孫樹義	鹽城		一三		二四六至二五八		仝		九百	
鑫記	孫汝鑫	鹽城		七		二〇二至二二七		仝		九百	

第四分局

汽車行或人力車行牌號	行主姓名	籍貫	汽車人方車輛數 汽車數	汽車人方車輛數 人力車數	照號 汽車號數起止	照號 人力車號數起止	照號何處發給 汽車	照號何處發給 人方車	每日車租 汽車	每日車租 人力車	備考
協成人力車行	徐星橋	通州	無	三一		五八七至六一七		建設局		一千文	
飛星代步人力車行	朱淸祥 何金祥	上海 無錫	無	一一〇		一七九九至一八六八 八九九至九二二 九二四至九二七 二〇一三至二〇一九 一九二五至一九二九		建設局		三角七分	
錫昌人力車行	周讚臣	無錫	無	二六		三至四 六至九 一一至一五 一九 一六五三至一六五五 一六九七 一六五九至一六六五 一六六七至一六六九		建設局		三角七分	

調查統計

一〇二

汽車行或人力車行牌號	行主姓名	籍貫	汽車人力車輛數 汽車數	人力車數	照號 汽車號數 起止	人力車號數 起止	照號何處發給 汽車	人力車	每日車租 汽車	人力車	備考
利稑人力車行	王海帆	無錫	無	二三		四〇五至四〇七 四〇九 四一一 四一三 四一六至四一七 四一九 四二二 四二九 四三一 四三六至四三七 四四一 一八〇三 一八七〇 一八七二至一八七三 一八七五至一八七八		建設局		三角七分	

第六分局

汽車行或人力車行牌號	行主姓名	籍貫	汽車人力車輛數 汽車數	人力車數	照號 汽車號數 起止	人力車號數 起止	照號何處發給 汽車	人力車	每日車租 汽車	人力車	備考
山明汽車行	楊珠光	無錫	一		一二四〇		建設廳		三角四分		
開通汽車行	胡文川	仝上	一		一五四四		仝上		仝上		
福記汽車行	王阿福		一		一二三二		仝上		仝上		
飛星汽車行	鄧阿菊		一		一五四四		仝上		仝上		
廣興汽車行	顧毛大		一		一五四七		仝上		仝上		
振興汽車行	嚴志遠		二		一五四六 一二三一		仝上		仝上		
來記、汽上行	薛來根		一		一二一三		仝上		仝上		
華興汽車行	龐桂祖		二		一二四二 一五四三		仝上		仝上		

調查統計

上海汽車行	黃秉忠	一	一二二二	仝上	仝上
榮發汽車行	劉順榮	一	一五四九	仝上	仝上
興昌汽車行	王寶和	二	一二三四 一二一五	仝上	仝上
	龐紹祖	一	一二一四	仝上	仝上
	張金生	一	一二四一	仝上	仝上
	馮九芝	一	一二四二	仝上	仝上
	陳希鴻	一	一二一九	仝上	仝上
上海有利汽車行		二	一二二五 一二二六	仝上	仝上
	張忠明	一	一二一二	仝上	仝上
	曹錫美	一	一二一九	仝上	仝上
	錢梅春	一	一二一六	仝上	仝上
	蔣仲良	一	一一二一	仝上	仝上
	祝原發	一	一二三〇	仝上	仝上
	胡三和	一	一五四八	仝上	仝上
	謝天芬	一	一五四二	仝上	仝上
合豐汽車行		二	一二三五 一二三六	仝上	仝上
	袁世開	一	一五一四	仝上	仝上
	楊瑞春	一	一二二七	仝上	仝上
	胡玉林	一	一二一七	仝上	仝上
	錢仲漁	一	一二一八	仝上	仝上
錫澄長途汽車公司	孫辰初	一四	八〇五一起八〇五五止 八〇六二起八〇七〇止	仝上	營業十分之一作養路捐

調查統計

惠民人力車公司	尤裕祥			一五		七二二起至七三六止	建設局	八百文
興泰人力車公司	姚幹石			三六			仝上	仝上

一〇四

第八分局

車行牌號	姓名	籍貫	汽車人力車輛數：汽車數	汽車人力車輛數：人力車數	照號：汽車號數（起 止）	照號：人力車號數（起 止）	照號何處發給：汽車	照號何處發給：人力車	每日車捐：汽車	每日車捐：人力車	備攷
民豐	何健侯	無錫		二五		二〇六〇至二〇八二止又二〇四五又二〇九四		建設局		三角四分	
庭記	施庭記	通州		二		二〇八五 二〇八六		建設局		三角四分	
張蘭記	張蘭如	無錫		一		二〇三一		建設局		三角四分	
無	劉小汪	江陰		一		二〇九二		建設局		三角四分	
無	孔阿金	江陰		一		二〇八四		建設局		三角四分	
無	沈阿寶	江陰		一		二〇九三		建設局		三角四分	
無	孔祥瑞	江陰		一		二〇九八		建設局		三角四分	
無	張阿其	江陰		一		二〇九七		建設局		三角四分	
無	蔣金生	通州		一		二〇九九		建設局		三角四分	
無	張金如	江陰		一		二〇三九		建設局		三角四分	
無	王阿林	江陰		一		二一三八		建設局		三角四分	
無	邱金寶	江陰		一		二〇九六		建設局		三角四分	
民益	何炳章	無錫		一〇		二〇三〇至二〇三五又二一一五至二一一七止又二一三〇		建設局		三角三分	

次

第九分局

汽車行或人力車行牌號	行主姓名	籍貫	汽車人力車輛數：汽車數	汽車人力車輛數：人力車數	照號：汽車號數起止	照號：人力車號數起止	照號何處發給：汽車	照號何處發給：人力車	每日車捐：汽車	每日車捐：人力車	備考
	榮承餘	無錫	二		一至二號		前由第四區公所現由建設廳		每輛每月十元		自用汽車
利民汽車股份有限公司	蔣仲良	無錫	二		三至四號		同上		每輛每月二六元		公共汽車
代步益記	何鏞春	無錫		五〇		一至五〇		前由第四區公所現由建設廳		每輛每月一元	
順興	蘇國祥	無錫		五〇		六〇至一〇〇				仝上	
源寶記	源寶興	無錫		五〇		一〇一至一五〇				仝上	
利程				五〇		一五一至二〇〇				仝上	

直轄第一分駐所

汽車行或人力車行牌號	行主姓名	籍貫	汽車人力車輛數：汽車數	汽車人力車輛數：人力車數	照號：汽車號數起止	照號：人力車號數起止	照號何處發給：汽車	照號何處發給：人力車	每日車捐：汽車	每日車捐：人力車	備考
廣記人力車行	蘇廣泰	山東		二〇				無錫縣建設局		一千文	一〇五 一四三三 一九五五 一四一九 一四四四 一四三六 一四二〇 一四二九 一四四〇 一四三二 一四三四 一四二四 一四五二

調查統計

調查統計

一〇六

一四一八 一四二七 一四五三 一四四三 七七六 七八七 七七七 七八三 七九〇 七八一 七八九

一四二二 一四五一 一四二一 一四三八 七八二 七七八 七八〇 七八八 七七五 七八四 七七九

華記人力車行	華瀛洲	鹽城	一四		仝上	一千文
長興人力車行	林四觀	無錫	四〇	六八二至七二一	仝上	八百文
成記人力車行	李成本	清江	二	三四七至三四八	仝上	九百文
萬記人力車行	徐學和	鹽城	四	一八〇五 一八〇六 一八〇八 一八〇九	仝上	一千文
李記人力車行	李坤	清江	六	一六二五至一六三〇	仝上	一千文
曹記人力車行	曹得奎	海州	六	一一六四至一一六九	仝上	一千文
泰記人力車行	忠洪泰	無錫	五	九九二 七四九 五九七 九七三 二八九	仝上	一千文
耀記人力車行	張耀三	鹽城	三	一四七七 一四八〇 一四八一	仝上	一千文
鋭新人力車行	方忠	無錫	一〇	一八八〇至一八八九	仝上	一千文
李記人力車行	李勝奎	泗陽	三	一五一九至一五二一	仝上	一千文

公共娛業場所調查表 二十二年六月調查

第一分局

營業牌號	性質	種類	地址門牌	資本總額	經理姓名	職員人數	藝員人數	座位總數	開設年月
無錫大戲院	合資	電影	公園路	二萬五千元	吳觀蠡	三〇		七百座	民國二十年二月十四日
新光大戲院	合資	新劇	公園路二三號	一千五百元	吳省三	七	三〇	五百座	二十一年十月
中南大戲院	股份	電影 平劇	映山河口	三萬五千元	陳榮泉 楊祖鈺	四〇	二〇	九百座	二十年四月
光明大戲院	合資	杭劇	圖書館前	二萬元	代理 高錫奎	八	三〇	五百座	二十一年二月
新萬興茶社	獨資	說書	崇安寺六號	四百元	費雲亭	二	一	一百二十座	十九年二月
勝興閣茶社	獨資	說書	崇安寺三十九號	二百元	陳錦雲	三	一	二百座	二十二年六月
蓬萊書場	合資	說書	觀前街三十八號	二百元	惠耀生	三	一	二百三十座	二十一年八月
雅聚園書社	獨資	說書	觀前街四十四號	三十元	王楊氏	一	一	一百座	二十年五月
長興茶樓	獨資	說淮書	寺巷二十六號	一百元	陳渭川	二	一	三十座	十二年三月
迎興茶樓	獨資	說書	寺巷十八號	五十元	許桂泉	三	一	一百座	四年五月
迎園書場	獨資	說書	青菓巷十二號	二百元	毛子俊	一	一	一百座	十八年十二月
會芳茶居	獨資	說書	盛巷街七十六號	二百元	王戴氏	一	一	一百座	二十年七月
鳳和園茶場	獨資	說書	新縣前十五號	一百元	丁金奎	二	一	一百四十八座	八年二月
控江樓書場	獨資	說書	寅水關橋三六號	五十元	王興	一	二	八十座	十九年三月

第二分局

營業牌號	性質	種類	地址門牌	資本總額	經理姓名	職員人數	藝員人數	座位總數	開設年月
慶陞	獨資	京劇	東新路五號	七百元	吳麗耕	一三	七二	六百人	民國八年十月
中東	合資	歌劇	東新路五二號	八百元	王雲龍	一四	一六	七百人	廿二年五月
振興	合資	江北戲	東新路四五號	一百元	黃右卿	五	一六	二百人	廿一年十二月

長興茶樓	獨資	說書	光復路四四號	三百元	張聽泉	一	一	三十人	廿二年四月
龍苑茶樓	合資	說書	通運路七八號	一百元	魏晉卿	三	二	三十人	廿二年二月
新長樂茶樓	獨資	說書	通運路二八號	六百元	錢桂南	二	一	三十人	十五年八月

第三分局

營業牌號	性質	種類	地址門牌	資本總額	經理姓名	職員人數	藝員人數	座位總數	開設年月
天蟾戲院	公司股份	文明新劇	南門棉花巷	二百元	蔡林生	八	一三	三〇〇	民國廿一年
彤苑	獨開	古詞	南門外灣頭上七一號	三十元	葛阿里			一五	十二年
龍泉茶園	仝	書茶	南門外黃泥埄八一號	五十元	俞泉生			一四	十七年
勝泉茶園	仝	仝	南門外黃泥埄	五十元	吳阿二			一四	十一年
榮福園	仝	仝	南門外伯瀆巷	三十元	馬吳先			一五	廿一年
一新園	仝	仝	南門外南長街	四十元	潘鳳岐			六五	十二年

第四分局

營業牌號	性質	種類	地址門牌	資本總額	經理姓名	職員人數	藝員人數	座位總數	開設年月
慧明戲院	合資	歌劇	新馬路門牌無	三千一百元	陳壽之	一四	二六	四〇〇	廿一年正月
聚福園	合資	說書	西直街四九號	一百五十元	汪進甫	無	一	三〇	廿一年正月
新洪興	獨資	說書	西直街六號	二十元	邵文偉	無	一	二〇	廿一年四月
顧義興	獨資	說書	魚行街四〇號	二十元	顧祥林	無	一	二〇	廿一年十一月

第五分局

營業牌號	性質	種類	地址門牌	資本總額	經理姓名	職員人數	藝員人數	座位總數	開設年月
月河軒	獨資	說書	大河池沿二一號	四十元	陸泉林	一	二	三〇	民國十九年一月
同羽春	仝上	仝上	大河池沿二六號	一百元	張旭祺	二	二	一〇〇	民國十八年二月

營業牌號	性質	種類	地址門牌	資本總額	經理姓名	職員人數	藝員人數	座位總數	開設年月
長興	仝上	仝上	秦棧弄二號	二十元	張少宗		二	三〇	光緒六年八月
昇平樓	仝上	仝上	三里橋一七八號	五十元	顧阿新	二	一	四〇	民國二十年五月
奭苑	仝上	仝上	吳橋四號	五十元	朱金榮	二	一	三〇	仝上
張榮記	仝上	仝上	顧橋一一六號	二十元	什保滋	一	一	三〇	民國十七年三月
榮華樓	仝上	仝上	後竹場巷一號	二十元	陸阿榮	一	一	二〇	民國十年元月
悅心	仝上	仝上	壩頭弄三一號	十五元	陳趙氏	一	二	二〇	民國九年一月
清園	仝上	仝上	壩頭弄三九號	二十元	孫芝培	二	一	二〇	民國二年八月
長春閣	仝上	仝上	滯巷五號	十元	林雲高	一	一	一〇	民國廿二年一月

第六分局

營業牌號	性質	種類	地址門牌	資本總額	經理姓名	職員人數	藝員人數	座位總數	開設年月
和平樓	獨資	說書	廣勤路一三一號	二百五十元	竇阿泉	一	一	四〇	廿一年二月
巴黎大戲院	合股	南方歌劇	廣勤路口	一百二十元	石大民	一四	一四	五〇〇	廿二年四月
第一樓	合股	南方歌劇	通勤路口	八百元	李紹祖	二〇	二二	五〇〇	廿一年五月
雲陽樓	獨資	說書	通惠路	三百元	李榮寶	一	一	五〇	二十年六月
協興茶社	仝上	說書	錫澄路口	七十元	周根泉	一	一	三〇	廿二年六月

第七分局

營業牌號	性質	種類	地址門牌	資本總額	經理姓名	職員人數	藝員人數	座位總數	開設年月
景春樓	獨資	說書	蕩口東橋	六十元	吳季春	無	一	五〇	廿一年八月
新平社	獨資	說書	蕩口南直街	五十元	華煜康	無	一	四〇	廿二年五月
月溪	合資	說書	甘露北市	三十元	鶴琴	二	一	五〇	廿一年正月
暢苑	獨資	說書	鴻聲里	十元	錢錦昌	無	一	五〇	廿二年三月
品仙閣	獨資	說書	鴻聲里	七元	華阿狗	無	一	三〇	廿二年五月

調查統計

第十一分局

營業牌號	性質	種類	地址門牌	資本總額	經理姓名	職員人數	藝員人數	座位總數	開設年月
怡苑	獨資	說書	后宅第五六號	三百元	謝倬卿	一	一	四八	民國廿一年一月

第十三分局

營業牌號	性質	種類	地址門牌	資本總額	經理姓名	職員人數	藝員人數	座位總數	開設年月
民衆茶園	聯合	說書	堰橋東街	二百元	華梅軒	八	一	九六	民國十九年二月
添興茶園	獨資	說書	堰橋西街	八十餘元	范梅安	三	一	六〇	民國十四年一月
楊廳茶園	獨資	說書	寺頭中街	一百元	鄒錦堂	四	一	七〇	道光年間
暢叙茶園	獨資	說書	張村中街	八十元	黃大鑫	三	一	五〇	民國十三年五月
叙園茶社	獨資	說書	長安橋北街	九十元	季永承	四	一	六五	民國十五年八月

直轄第一分駐所

營業牌號	性質	種類	地址門牌	資本總額	經理姓名	職員人數	藝員人數	座位總數	開設年月
日照茶樓	獨資	說書	東門外熙春街	二百餘元	陸金和	三	一	三〇	民國十二年三月
樂園茶社	獨資	說書	東門外熙春街	二百餘元	吳阿大	二	一	三〇	民國二十年八月

無錫縣公安局所屬各分局旅館公寓調查表

廿二年六月調查

局別	地址	門牌號數	旅館名稱	經理人姓名	經理人年齡	經理人籍貫	資本若干	房間若干	鋪位若干	店夥僱數	店夥不僱數	創辦年月	備考
第一分局	公園路	三九	公園飯店	鄒雲峯	五六	無錫	二萬元	四四		二五		民國十一年十二月	
	東大街	四四	萬安棧	陳嘉秋	二六	仝上	一千元	一三	八	一		清光緒廿七年	
第二分局	通運路	一三〇	無錫飯店	孫蓉鎮 張紹淩	五一 四七	安徽合肥 湖州	三萬元	九八	一四〇	三九	六	民國十年十月	
		一一七	新世界	謝士銘	四八	無錫	五萬元	一一六	一四〇	六〇	八	民國十四年五月	

	一二七	梁溪旅館	李秉鈞	五一	無錫	一萬一千元	七七	一二〇	二七	七	民國四年四月
	一一〇	新旅社	鄭鑑如	六三	宜興	八千元	七三	九八	一九	三	民國八年七月
	一〇二	惠中旅館	陳香畊	六〇	紹興	四千元	四四	六四	一五	三	民國二年四月
	九二	上海旅館	陸和福	五〇	無錫	五千元	七二	九七	二四	六	民國十四年七月
	八四	大東旅館	張兆鎮	三九	仝	一萬元	五七	六八	二一	四	民國十五年十月
	三四	啓泰棧	王君惠	四六	江陰	一萬五千元	一〇〇	一四九	四一	六	民國四年三月
	五九	無錫旅館	楊映潭	六七	無錫	五千元	四四	六〇	一八	二	民國五年十一月
	二六	華商旅館	章綬卿	三二	紹興	四千元	二八	四〇	一一	一	民國十四年四月
孟淵街	一	孟淵旅館	程文森	四五	無錫	四千元	三六	三六	七	二	民國三年三月
漢昌路	二七	新蘇臺旅館	陳德昌	五〇	杭州	三千元	四一	四三	八	二	民國十二年一月
	一九	隆昌旅館	朱昌壽	四二	無錫	三千元	四三	五二	九	二	民國十一年五月
	三一	吳東第一旅館	華鶴皋	四七	仝	一萬元	六〇	七〇	二六	四	清光緒卅二年八月
萬前路	四	東湖福記旅社	胡嘉儀 王剛	三七 二九	仝	一萬一千八百元	六〇	九〇	二三	二	民國十一年五月
吉祥橋	四五	新天保棧	殷鴻大	三七	仝	一千五百元	一五	二〇	二	一	民國七年三月
交際路	一四	振興棧	朱永根	四一	仝	二千元	一四	二九	二	一	民國十年三月
喜春街	五三	義和棧	費耀卿	四六	仝	一千五百元	一三	三二	二	二	民國十一年一月
	六〇	鴻安棧	李景山	四六	仝	二千五百元	二〇	三二	二	一	清光緒卅四年二月
	三七	吉陞棧	王基厚	三二	仝	一千元	七	三六	三	一	民國四年二月

調查統計

第四分局	西門外棚下	四八	新新旅社	徐雙喜	三八	仝	二百元	二〇		五		民國二十年一月
第五分局	北塘西街	一	天保棧	邵伯芳	三八	仝	六百元	四二	五〇	四		清光緒卅四年
	壇頭街	一四	惠商棧	毛耆山	四三	仝	一千元	二四	三五	五		民國十二年
		五	鼎陞棧	朱順林	六〇	仝	三百元	八	一〇	三		民國四年
		六	悅來棧	周亦如	四五	仝	一百元	七	一三	二		民國九年
		七	錫中棧	周國良	四〇	仝	二百元	六	九	二		民國四年
		三九	泰安棧	李阿大	三三	仝	二百元	四	一二	二		民國十三年
		四三	泰康棧	顧錫英	六三	仝	三百元	九	一四	二		清宣統元年
	遊街內	二	錫昌棧	吳麗卿	三八	仝	五百元	九	一二	二		民國三年
		四〇	小惠商	楊阿桂	四一	仝	一百元		一〇	一		民國十四年
	外黃泥橋	三八	協順棧	王阿金	六八	仝	一百元	六	一二	一		民國四年
	廣勤路	四三	華盛頓飯店	陳榮泉	四五	仝	一千元	一六	一六	八		民國十八年四月
第六分局	通運路	一五一	鐵路飯店	蔣仲良	四一	仝	四萬零五百元	九三	一三四	五五		民國十六年一月
		四	交通旅館	李菊楨	三八	仝	四千元	三五	四五	一三		民國二十年八月
	通惠路	一〇	中江旅館	汪仲坪	三七	仝	二千五百元	二七	三四	一〇		民國廿一年八月
		二〇	蘇錫旅館	唐還叔	五七	仝	一千五百元	一五	一六	七		民國十七年七月
	通站路		大中華旅社	沈鶴秋	四三	仝	四千元	四〇		一四	二	民國廿二年五月
第七分局	蕩口	二四	第一旅社	孫光治	五〇	仝	五百元	一五	二〇	三		十五年四月
	蕩口	一	南新旅社	曹招泉	五四	仝	五百元	一六	二三	一	二	十六年八月
	廿露		月溪旅社	楊鶴琴	四八	仝	三百元	一二	一五	三		廿一年二月
第九分局	梅園		太湖飯店	賈茂青	六三	仝	三千八百元	二〇	二一	六		十六年一月
第十分局	后宅		怡苑旅社	謝倬卿	四〇	仝	一千元	四	四	無	無	十八年六月

一一二

茶館調查表

廿二年六月調查

第一分局

牌號	店主姓名	籍貫	開設地點	茶檯若干	開設年月	曾否在本局登記領到何號執照	每壺茶價	備攷
雅叙	楊士氏	無錫	觀前街		三十一年	乙種登記許可證		
迎園	毛子俊	仝上	大市橋青菓巷		七十一年	仝上		
鳳和園	丁進寶	仝上	新縣前		二十五年	仝上		
長興樓	陳渭川	鹽城	崇安寺前		十六年	仝上		
聽松園	潘錫福	無錫	崇安寺		十一年	甲種登記許可證		
三萬昌	王六寶	江陰	仝上		二十一年	乙種登記許可證		
聚興園	戴錫麟	無錫	仝上		十七年	丙種登記許可證		
孫記	孫阿大	仝上	寺巷口財神廟		六十一年	仝上		
昇泉	劉耀宗	仝上	崇安寺		二十一年	甲種登記許可證		
新萬興	童雲亭	仝上	仝上		三年	丙種登記許可證		
德記	楊德林	如皋	西横街		二年	仝上		
孫記	孫榮甫	無錫	崇安寺		七十一年	乙種登記許可證		
陸泉	孫梅屏	仝上	新縣前		十六年	丙種登記許可證		
福興樓	沈祖寶	仝上	仝上		二十六年	仝上		
丹鳳	周文賢	仝上	崇安寺		二十一年	乙種登記許可證		
老棚下	朱仲丹	仝	仝上		七十一年	仝上		
井松樓	袁子鴻	仝上	大市橋		十六年	丙種登記許可證		
春記	倪嚴氏	仝上	觀前街		九年	仝上		
會芳居	王戴氏	仝上	盛巷橋		二十一年	仝上		
玉和軒	石玉成	仝上	崇安寺		十一年	乙種登記許可證		

調查統計

品芳	陸金階	鹽城	光復門		六年	丙種登記許可證		
新興樓	陳鴻範	無錫	新縣前		十一年	仝上		
老近興	陸仲雅	仝上	觀前街		四年	仝上		
逢萊	蘇國記	仝上	觀前街		二年	乙種登記許可證		
興泉	劉廣文	仝上	公園路		二十一年	丙種登記許可證		
迎興樓	許桂泉	仝上	寺巷里		二十一年	仝上		

第二分局

牌號	店主姓名	籍貫	開設地點	茶檯若干	開設年月	曾否在本局登記領到何號執照	每壺茶價	備考
通運樓	孫阿二	無錫	通運路	十二	二十一年三月	未曾登記	一百文	
長樂	錢錫坤	仝上	仝上	十二	十四年八月	公安局乙種執照	一百二十文	
青雲閣	王德標	仝上	仝上	二十四	十年十二月	公安局甲種執照	一百四十文	
玉和春	劉雲龍	安徽合肥	漢昌路	二十	三年三月	仝上	仝上	
悅來	雷振鈞	安徽滁州	仝上	七	十九年二月	公安局丙種執照	一百二十文	
東升樓	荀學文	鹽城	東新路	六	八年四月	仝上	一百文	
長興樓	張聘泉	無錫	光復路	十	十八年一月	公安局乙種執照	一百二十文	
明月樓	王少卿	如皋	吉祥橋	十七	二十一年十二月	公安局甲種執照	一百二十文	
龍苑	魏晉卿	無錫	通運路	十五	十八年四月	公安局乙種執照	一百四十文	
椿興	朱錦祥	仝上	光復路	五	二十二年三月	未曾登記	八十文	

第三分局

牌號	店主姓名	籍貫	開設地點	茶檯若干	開設年月	曾否在本局登記領到何號執照	每壺茶價	備考
吳一園	吳小山	無錫	跨塘橋	十二	二十二年二月	未	六十	
陽雲閣	潘阿南	無錫	仝上	七	九年六月	未	七十	

致

春仙樓	姚祖紀	無錫	跨塘橋下塘	十二	二十年九月	未	七十
一新園	潘鳳岐	仝上	跨塘橋	九	五年三月	未	六十
新樂園	吳明山	仝上	南長街	十	二年十月	登記	七十
悅來	尤阿富	鹽城	灣頭上	三	二十一年十二月	未	六十
南林春	王留富	常州	仝右	五	二十一年十月	未	六十
佳福樓	張維藩	無錫	仝右	十	二十二年五月	未	七十
順興園	張榮寶	無錫	仝右	五	二十一年十一月	未	七十
錢萬記	錢古全	如皋	淡度橋	二	十七年十二月	未	六十
聚樂	王蘭芳	無錫	黃坭降	五	十六年三月	登記	六十
勝泉園	吳阿二	無錫	仝右	六	二年三月	登記	七十
龍泉園	俞泉生	無錫	仝右	九	十六年七月	未	六十
元泰	鄒祖炳	無錫	跨塘橋	四	二十二年一月	未	八十
南新樓	陳家林	無錫	南新橋	五	二十一年八月	登記	八十
安樂園	張相生	仝上	黃坭降	十一	七年五月	登記	七十
隆順園	黃榮春	通州	仝右	七	十一年八月	未	六十
迎龍園	徐順寶	無錫	界涇橋	十八	十二年六月	登記	七十
清泉園	韓寶泉	仝上	仝右	四	十八年十二月	登記	七十
德潤樓	丁仕福	仝上	仝右	八	一年十月	登記	七十
長興園	邵榮根	仝上	仝右	五	十五年七月	登記	七十
龍泉園	龔洪氏	仝上	仝右	五	二年三月	未	八十
萬仙樓	邵顧氏	仝上	清明橋	六	二年八月	未	七十
清河樓	馮桂根	仝上	仝右	十二	二三年六月	登記	七十
瀛門園	朱金奎	仝上	伯瀆巷	四	十二年七月	登記	八十
榮福園	馬老榮	仝上	仝右	四	二十一年十二月	未	七十
龍泉園	劉和生	仝上	仝右	五	十一年十二月	未	八十

一五

新新園	周阿盤	無錫	仝右	四	二十一年七月	登記	八十
迎興園	王徐氏	仝上	仝右	三	二十二年四月	未	七十
品茗茶社	李文誠	仝上	清明橋下塘	二	二十一年十二月	未	七十
鴻聚興	鴻桂根	仝上	南下塘	三	十九年三月	未	六十
集賢社	華文泰	仝上	清明橋	二	十二年十一月	登記	六十

第四分局

牌號	店主姓名	籍貫	開設地點	茶檯若干	開設年月	曾否在本局登記領到何號執照	每壺茶價	備考
聚福園	汪進甫	無錫	陳打鼓弄口	十六	民國十七年五月	一	九十文	
陳隆記	陳學文	無錫	西直街	六	民國十六年四月	二	仝上	
宏馥園	卞龍山	合肥	西直街	九	民國十六年三月	三	仝上	
順新園	徐泉根	無錫	西直街	七	民國十九年八月	四	仝上	
玉泉春	陶登科	壽縣	西直街	九	民國十九年七月	五	仝上	
得勝園	劉得勝	淮陰	興隆橋	四	民國十七年四月	六	八十文	
惠泉園	蔣得才	鹽城	興隆橋	二	民國二十一年一月	七	仝上	
根記茶園	陸根記	無錫	興隆橋	三	民國十五年八月	八	仝上	
得仙園	范阿六	無錫	魚行街	六	清光緒二十年	九	九十文	
中華樓	張阿發	無錫	仝上	十二	民國十九年	十	仝上	
得仙樓	胡金生	武進	倉橋下	四	民國二十年六月	十一	仝上	
西新樓	席洪祥	無錫	棚下街	十六	民國十三年九月	十二	仝上	
順風樓	茹順福	無錫	迎龍橋	四	民國三年三月	十三	八十文	
龍盛園	陳德龍	如皋	迎龍橋	五	民國十四年十月	十四	仝上	
聚寶樓	金若愚	無錫	小木橋堍	六	民國二十年八月	十五	九十文	
玉泉園	王志園	無錫	山門口	四	民國二十一年六月	十六	八十文	
金福園	張金福	無錫	山門裏	五	民國二十一年六月	十七	八十文	

牌號	店主姓名	籍貫	開設地點	茶檯若干	開設年月	曾否在本局登記領到何號執照	每壺茶價	備考
亦暢	朱金林	無錫	山門裏	五	民國十八年	十八	八十文	
瀜瀾堂茶社	劉寶珍	仝上	第二泉	九		十九	八十文	
殷聚興	殷阿奎	江陰	龍頭口	七	民國十六年	二十	仝上	
北興樓	李阿泉	江陰	通惠路口	五	民國二十年	二十一	仝上	
得意樓	袁福保	無錫	吳橋下	七	民國七年	二十二	仝上	
徐玉步	徐步玉	無錫	魚行街	五	民國二十一年五月		仝上	

第五分局

牌號	店主姓名	籍貫	開設地點	茶檯若干	開設年月	曾否在本局登記領到何號執照	每壺茶價	備考
長樂樓	趙杜氏	無錫	塘頭弄	二〇	民國七年九月	遺失	一百廿	
拱北樓	周雲亭	仝上	游街	四二	嘉慶十八年一月	一三號	仝上	
春潤樓	林煥文	仝上	三里橋	四二	宣統元年三月		一百	
得仙樓	王芝庭	仝上	北吊橋	一九	民國十九年八月	遺失	九十	
全羽春	張旭麒	仝上	大河池	一一	民國十九年八月	二二號	一百	
鶴陽	陳振卿	仝上	秦梭弄口	二〇	光緒元年二月	三〇號	八十	
萬生	張耀輝	仝上	北塘承裕弄口	二〇	民國十九年三月	無	一百	
一樂天	周錦堂		接官亭	一五	民國七年五月	三四號	九十	
集賢樓	徐長貴	仝上	三里橋	二〇	民國十五年九月	遺失	八十	
和煦台	吳麗耕	仝上	壇頭弄	六	民國十五年元月	一四	一百	
亦興樹	王琛琨	仝上	笆斗街	九	民國四年三月	遺失	九十	
悅心	陳氏	仝上	壇頭街	五	民國八年五月	仝上	八十	
清園	孫芝佩	仝上	仝上	五	光緒三十年二月	一七	八十	
長春	葛柏春	仝上	長安橋	一二	民國九年二月	一八	一百	
榮華	陸阿榮	仝上	通滙橋	六	民國十一年五月	二〇	八十	
月河軒	樂耀葉	仝上	大河池	八	民國二十年十月	二一	一百	

長春閣	林勤軒	仝上	灣巷	三	民國十五年十月	遺失	八十
得川樓	陳賜福	仝上	仝上	八	民國廿二年三月		八十
北星閣	李忠林	崑山	北柵口	八	民國廿二年二月		七十
得月樓	陳賜福	無錫	顧橋	七	民國廿一年八月		八十
榮興園	毛榮初	仝上	北柵口	七	民國十四年五月	二七	七十
長春	錢盤根	仝上	秦棧弄口	七	民國廿一年九月	無	九十
第一樓	朱盤官	仝上	小泗房弄口	九	光緒十年一月	三五	八十
老天保	李泉根	仝上	煤棧弄口	五	民國廿二年四月		一百
容園	姚茂記	仝上	接官亭	一〇	民國二年九月	三六	九十
源泉	王阿二	仝上	黃埠墩	六	同治末年二月	三九	八十
復興	周香春	湖南	吳橋	三	民國十九年八月	四〇	八十
惠商樓	唐阿錫	無錫	惠商橋	八	民國廿一年九月	無	八十
吳苑	朱少泉		吳橋	一〇	民國廿一年十二月		八十
昇平樓	顧阿二		三里橋	九	民國廿一七月		八十

第六分局

牌號	店主姓名	籍貫	開設地點	茶棹若干	開設年月	曾否在本局登記領到何號執照	每壺茶價	備考
和平茶樓	寶憲章	無錫	周山浜	六張	十五年二月	已登	八十	
蓉湖樓	毛蓉初	仝上	仝上	六	十七年三月	已登	八十	
通勤樓	李少祖	泰州	仝上	六	十八年五月	已登	八十	
唐樂天	劉祖培	無錫	仝上	十	十八年七月	已登	八十	
公義	段攸洪	湖北	通惠路	三	十八年三月	已登	八十	
復興園	蕭洪友	鹽城	仝上	二	十六年二月	已登	七十	
惠新園	商懷慶	仝上	仝上	三	十七年八月	已登	七十	
源盛	陶清源	仝上	仝上	三	十七年二月	已登	七十	

惠商	龔阿坤	無錫	仝上	五	念二年二月	已登	七十
惠源	嚴惠生	仝上	仝上	三	十九年五月	已登	七十
隆記	秦協亭	仝上	仝上	五	十八年五月	已登	八十
張陽樓	李煥文	仝上	仝上	八	二十年五月	已登	七十
錫澄樓	章迎春	仝上	仝上	七	十九年十二月	已登	七十
協興	周根泉	仝上	仝上	四	廿一年四月	已登	七十
勝月樓	謝榮麟	仝上	順橋下	四	十年十二月	已登	六十
龍源	江洪斌	鹽城	火車站	六	廿一年十月	已登	一百
民生樓	金阿二	吳縣	火車站	五	廿一年十月	已登	一百四十
新德芳	袁紀官	無錫	工運橋	三	光緒廿八年一月	已登	一二百十
和豐園	任啟常	仝上	仝上	四	廿一年九月	已登	一百二十

第七分局

牌號	店主姓名	籍貫	開設地點	茶檯若干	開設年月	曾否在本局登記領到何號執照	每壹茶價	備考
得意樓	宗阿金	無錫	賣魚橋	一六	民國十七年八月	領到管理執照	八十	
新龍園	朱阿弟	仝上	仝上	一二	廿一年五月	無	八十	
天香閣	朱阿璽	仝上	花園街	一四	九年十一月	領有管理執照	八十	
順風園	華根保	仝上	花園橋	四	元年二月	仝上	六十	
昇平樓	華阿二	仝上	仝上	六	廿一年三月	仝上	六十	
聚豐園	錢阿金	仝上	仝上	七	十五年四月	仝上	六十	
鳳鳴台	華阿大	仝上	仝上	一〇	十六年五月	仝上	六十	
許龍裕	許惠泉	仝上	曹雞橋	七	二十年四月	仝上	六十	
復興	朱阿喜	仝上	仝上	六	廿一年八月	無	六十	
章三和	章錦芝	仝上	楊家弄口	六	十七年七月	無	六十	

調查統計　一二〇

王鼎和	王金元	仝上	仝上	元年二月	一〇	領有管理執照	六十
永安園	須潤芝	仝上	賣魚橋	廿一年十月	四	無	六十
吳苑	朱小弟	仝上	狹街	廿一年三月	八	領有管理執照	六十
暢園	華阿蔡	仝上	楊樹埄	十九年四月	一二	仝上	六十
義園	翁金能	常熟	新家弄	廿二年三月	八	無	六十
吳春樓	吳季春	無錫	東橋	十七年正月	一二	領有管理執照	六十
望湖閣	季和尙	仝上	新橋	廿二年正月	一〇	無	七十
鳳園	周聘才	仝上	南直街	五年八月	一四	領有管理執照	六十
春園	徐范氏	仝上	仝上	五年四月	六	領有管理執照	六十
新平社	華耀庭	仝上	仝上	二十年十二月	四	仝上	六十
同春軒	居鶴亭	仝上	仝上	三年十月	五	仝上	六十
長春園	姚阿長	仝上	仝上	廿二年三月	六	無	六十
老平社	張阿三	仝上	仝上	十年八月	五	領有管理執照	六十
秋韻閣	張定祖	仝上	仝上	元年十一月	八	仝上	六十
一和春	華中甫	仝上	仝上	十年四月	十	仝上	六十
秋月樓	安阿根	仝上	仝上	十二年八月	八	仝上	六十
福園	華乘淸	仝上	許家橋	廿二年一月	四	無	六十
景春園	繆士氏	安徽	甘露鎭	廿一年四月	六	領有管理執照	六十
文賢居	華阿坤	無錫	甘露鎭	廿一年五月	五	領有管理執照	六十
振聚	祝阿弟	仝上	仝上	十九年三月	一三	仝上	六十
永興園	朱祥保	仝上	仝上	二十年十月	一三	仝上	六十
鶴林泉	顧阿芳	仝上	仝上	十五年八月	八	仝上	六十
中心	蔡水根	仝上	仝上	廿一年十二月	八	無	六十
月溪	華小弟	仝上	仝上	二十年六月	六	領有管理執照	六十
中興	朱興保	仝上	仝上	十年五月	一四	仝上	六十

南興樓	陳大榮	仝上	仝上	一二	十七年十二月	仝上	六十
無	吳三男	仝上	仝上	四	元年一月	仝上	六十
得興園	時水根	仝上	仝上	六	二十年一月	仝上	七十
義鳳閣	薛生卿	仝上	仝上	五	十五年十一月	領有管理執照	六十
丹桂軒	林福庭	仝上	仝上	六	十五年八月	仝上	六十
春星樓	黃小弟	仝上	仝上	五	十七年五月	仝上	六十
順興樓	蕭耀庭	湖南	仝上	五	十四年七月	仝上	六十
玉興園	劉李貴	安徽	仝上	七	十五年四月	仝上	六十
南暢園	范水根	無錫	仝上	五	十年四月	仝上	六十
新園	朱吉初	仝上	仝上	七	五年七月	仝上	六十
暢苑	周仁安	仝上	仝上	七	二十年二月	無	六十
鶴苑	楊鶴琴	仝上	仝上	五	十年七月	無	七十
響園	華金根	仝上	仝上	五	元年六月	領有管理執照	六十
北興園	孟振元	仝上	仝上	一二	十八年四月	仝上	六十
一壺春	華坤記	仝上	仝上	七	十六年四月	仝上	六十
一陽樓	吳根保	仝上	仝上	五	三年五月	仝上	六十
同樂	滕根福	仝上	謝埭橋	二	十七年五月	無	五十
鶴雲居	滕鶴雲	仝上	仝上	二	十六年三月	無	五十
無	蔣小弟	仝上	南前鎮	四	二十年一月	領有管理執照	六十
無	華金源	仝上	仝上	四	廿一年二月	無	六十
民泉園	姚順富	仝上	仝上	五	十五年二月	無	六十
無	周銀大	仝上	仝上	四	十三年四月	領有管理執照	六十
無	周阿榮	仝上	薛司娘橋	四	光緒三十年二月	仝上	五十
無	周雲森	仝上	仝上	四	光緒三十年四月	仝上	五十
無	吳阿榮	仝上	仝上	三	廿一年四月	無	五十

一三一

調查統計

牌號	店主姓名	籍貫	開設地點	茶檯若干	開設年月	曾否在本局登記領到何號執照	每壺茶價	備考
無	時阿壽	仝上	大通橋	三	十四年二月	領有營理執照	五十	
無	華阿根	仝上	夏莊橋	三	十一年一月	仝上	仝上	
無	惠根記	仝上	李家里	四	十八年二月	無	仝上	
無	曹錫裘	仝上	荷村頭	三	廿一年五月	領有管理執照	仝上	
無	強祝山	仝上	廟巷	四	二十年十二月	仝上	仝上	
無	王柏松	吳縣	小馬橋	四	十九年一月	仝上	六十	
民衆茶園	凌雲生	仝錫	仝上	六	八年七月	無	仝上	
無	劉阿四	仝上	仝上	六	元年十月	無	仝上	
品仙園	華阿狗	仝上	鴻聲里	五	十八年七月	領有管理執照	仝上	
無	陳德尤	仝上	仝上	三	十七年三月	仝上	仝上	
暢苑	錢錦昌	仝上	仝上	五	十一年五月	無	仝上	
蕭湘處	錢松山	仝上	仝上	五	光緒廿八年二月	領有管理執照	仝上	
仁和仙	華亦保	仝上	仝上	三	十七年三月	仝上	仝上	
民衆茶園	馬紹棠	仝上	仝上	四	十三年二月	仝上	仝上	
叙興園	虞明德	仝上	仝上	三	十九年一月	仝上	仝上	
無	李桂英	仝上	仝上	三	元年一月	仝上	仝上	
德仙園	吳永德	仝上	仝上	三	八年三月	仝上	仝上	
無	楊巧生	仝上	仝上	三	元年一月	仝上	仝上	

第八分局

牌號	店主姓名	籍貫	開設地點	茶檯若干	開設年月	曾否在本局登記領到何號執照	每壺茶價	備考
徐仙樓	徐源生	常州	南橋	三	光緒廿八年	遺失	六十	
無	查金培	無錫	南橋	四	光緒二十年	遺失	仝上	
無	殷阿巧	仝上	南橋	四	光緒廿七年	遺失	仝上	
品芳	鮑郁奎	仝上	南橋	八	民國廿一年六月	遺失	仝上	

無	殷和尚	無錫	南橋	五	三年九月	四三四	六十
鳳來園	孫七斤	仝上	南橋	三	二十二年二月	領有執照號心模糊	六十
錫記	趙阿錫	江陰	南橋	三	二十二年二月	無	六十
無	張湧根	無錫	南橋	二	民國元年二月	四二九	六十
義和	惠榮泉	仝上	南橋	五	元年一月	四二八	六十
聚福	唐叙福	仝上	中橋	五	十八年七月	四七八	六十
聚興園	邵阿根	仝上	盛新橋	六	十七年三月	四四三	五十
無	高順川	仝上	盛新橋	六	十九年二月	四四四	五十
無	陸根泉	仝上	南方泉	五	二十年一月	遺失	六十
聚祿	張富林	仝上	南方泉	五	十七年三月	遺失	六十
無	王華林	仝上	南方泉	六	光緒二十年六月	六七九	六十
無	丁仲清	仝上	仝上	七	光緒十年八月	遺失	六十
仁記	張錫光	仝上	仝上	五	二十年五月	七六	六十
民衆茶社	王仲銀	仝上	仝上	九	十六年三月	遺失	七十
法新園	杜文溶	仝上	仝上	七	九年七月	六五	六十
無	薛董氏	仝上	仝上	五	光緒一年九月	遺失	六十
樂志堂	王根壽	仝上	仝上	六	光緒十一年八月	五一〇	六十
怡清閣	陸順民	仝上	仝上	五	十四年一月	無	六十
福記	楊二官	仝上	仝上	八	光緒二十四年五月	五九	六十
無	劉春紀	仝上	許舍	三	二十一年九月	無	五十
無	秦杏寶	仝上	許舍	二	十八年二月	九四八	五十
聽仙園	殷子良	仝上	周新鎮	八	二十二年一月	四二六	七十
順星園	周阿培	仝上	仝上	五	十一年五月	一七八	六十
南星樓	劉老大	仝上	仝上	六	二十二年一月	四七九	七十
得意樓	朱占良	仝上	仝上	一四	光緒十五年六月	遺失	八十

調查統計

一三四

民衆茶社	鮑根全	仝上	仝上	七	二十年七月	無	七十
無	朱希福	仝上	小河頭	三	十七年四月	六五九	四十
無	許周寶	仝上	油車頭	四	十年三月	六八一	四十
無	劉阿東	仝上	蕭家街	五	二十年四月	無	五十
無	董裕康	仝上	仝上	六	六年八月	無	五十
無	朱榮根	仝上	楊墅園	七	十八年一月	無	四十
無	朱阿末	仝上	新橋	六	六年六月	六五八	四十
無	王富生	仝上	善念橋	二	二十年二月	無	七十
無	吳錫高	仝上	仝上	二	二十一年五月	無	六十
無	許張氏	仝上	東廟橋	五	二年六月	九四三	六十
無	許耀金	仝上	仝上	二	十六年四月	無	六十
無	唐元吉	仝上	鄒家街	六	十七年二月	無	六十
隆昌元	沈管林	仝上	方橋鎮	五	二十二年三月	無	六十
無	陶榮生	仝上	仝上	二	十九年九月	無	六十
無	金阿七	仝上	仝上	四	十五年三月	無	六十
民衆茶社	沈錫堯	仝上	仝上	一一	九年七月	無	六十
清心茶社	浦才春	仝上	石塘	六	十九年三月	遺失	八十
聚興茶社	浦愛生	仝上	仝上	六	十年二月	三四	七十
民衆茶社	浦鴻勳	仝上	仝上	一一	十二年九月	無	七十
新鳳閣	浦琴山	仝上	仝上	六	八年五月	四五五	七十
無	王柏根	仝上	仝上	七	四年八月	四五七	七十
湖濱樓	浦友仁	仝上	仝上	七	十年六月	四五九	七十
無	陳禮松	仝上	漆塘	三	二年五月	遺失	六十
無	王杜氏	宜興	漆塘	二	十四年八月	無	六十文
無	王福培	無錫	楊鐵巷	六	光緒三十年六月	無	仝上

無	楊庭軒	無錫	楊鐵巷	二	十八年四月	執照無	六十文
文蕊樓	朱文貴	無錫	板橋鎮	四	十一年六月	執照四七六	仝上
民衆茶社	陶壽根	無錫	板橋鎮	八	十三年十月	執照無	仝上
明星樓	朱根生	無錫	板橋鎮	三	十五年七月	執照四七九	仝上
中華樓	朱根記	無錫	板橋鎮	七	十九年十月	執照七二	仝上
南陽樓	朱伯泉	仝上	板橋鎮	六	十四年四月	執照四七四	仝上
無	周炳	仝上	許舍	六	二十一年一月	執照無	五十文
無	劉金發	仝上	許舍	六	光緒二十三年六月	執照六六六	六十文
無	杭根生	仝上	吳塘	九	光緒十年九月	執照無	仝上
無	張金奎	仝上	吳塘	五	二十一年二月	執照無	仝上
望湖樓	薛順記	仝上	葛埭橋	九	十八年一月	執照二五	仝上
萬仙樓	浦伯仙	仝上	仝上	六	十九年三月	執照無	仝上
無	黃阿[illegible]	仝上	仝上	八	十八年八月	仝上	七十文
清和樓	顧伯儀	仝上	仝上	六	十九年四月	仝上	七十文
無	顧阿福	仝上	仝上	四	二十二年一月	仝上	七十文
品芳	鮑紫封	仝上	夏家鎮	四	十六年七月	執照一五六	仝上
福園	王森林	仝上	仝上	四	十九年十二月	執照四三七	仝上
敘仙園	沈應生	仝上	仝上	三	十六年三月	執照四三四	仝上
龍泉園	王伯泉	仝上	仝上	三	十年四月	執照四三九	仝上
金記	徐雲龍	仝上	仝上	四	十九年九月	執照一二四	仝上
榮記	盛榮大	仝上	陸店橋	四	二十年二月	執照四四九	仝上
陸錫記	陸錫培	仝上	陸店橋	三	二十二年一月	執照無	仝上
興隆園	朱阿川	仝上	長橋頭	三	九年七月	執照一六九	仝上
無	任阿岳	仝上	小渲	二	二十一年十二月	執照無	仝上
無	張坤記	仝上	張八郤橋	二	二十一年十二月	仝上	仝上

調查統計

一二六

三星園	袁杏生	仝上	西園街	四	元年五月	執照四四五	仝上
吉記	倪阿大	仝上	西顧巷	二	二十年九月	執照四四六	仝上
義記	袁義豐	仝上	巷上	四	二年五月	執照無	仝上
興園	陸趙氏	仝上	陸店橋	二	十八年三月	執照一一八	仝上
德仙樓	邵巧福	仝上	邵巷上	三	二十年十二月	執照無	仝上
大興	范龍根	仝上	中橋	五	十八年八月	執照四五一	仝上
惠興園	惠三大	仝上	中橋	二	二年二月	執照三〇	仝上
溪南	周根榮	仝上	北橋	四	十八年四月	執照四四二	仝上
義和	惠榮根	仝上	水居鄉	四	二十年十二月	執照四九八	五十文
無	張永根	仝上	水居鄉	二	十九年一月	執照四二九	五十文
洪昌	嚴洪昌	仝上	嚴巷上	二	十三年十月	執照一七九	五十文
任恆義	任遠福	仝上	小瀆	二	二十一年十一月	執照無	七十文
無	胡惠記	仝上	高車渡	三	十八年九月	仝上	仝上
楊和泰	楊仁全	仝上	青祁村蠡園	六	十九年一月	仝上	仝上
同源	虞水根	仝上	青祁村	三	十七年四月	仝上	仝上
無	夏錦元	靖江	獨山灣	三	十五年三月	仝上	仝上
無	莫月泉	無錫	蔣梅棚	二	十四年八月	仝上	六十文
無	張萬亭	仝上	張六义橋	二	十八年十一月	仝上	五十文
無	胡桂林	仝上	草居里	二	十年五月	仝上	六十文
無	孟啟泰	仝上	大孟巷	二	二十二年五月	仝上	仝上
無	鄭贊臣	仝上	大孟巷	二	二十二年三月	仝上	仝上
無	胥紀春	仝上	東橋	二	二十二年三月	仝上	仝上
民衆茶社	周云屏	仝上	浜上	二	二十二年一月	仝上	仝上
無	沈如海	仝上	闞甲里	二	十八年三月	仝上	仝上
無	周鴻潞	仝上	闞甲里	二	十五年五月	執照四八	仝上

無	張仁根	仝上	落霞橋	三	十二年一月	執照無	仝上
無	許春泉	仝上	旺安橋	二	二十一年七月	仝上	仝上
無	顧漢根	仝上	廟橋	五	十九年十一月	仝上	仝上
無	周連官	仝上	廟橋	三	二十年一八月	仝上	仝上
無	徐王氏	仝上	南塍鄉	三	十二年一月	仝上	仝上
新樂園	金鳳翔	仝上	華大房莊	六	十九年三月	執照四六二	七十文
無	程子坪	仝上	華大房莊	五	八年八月	執照四六三	七十文
無	倪仲山	仝上	華大房莊	七	二十一十月	執照四六六	七十文
同樂天	程敏達	仝上	華大房莊	三	十六年十二月	執照四六七	仝上
近湖園	袁壬泉	仝上	華大房莊	五	十七年五月	執照四六〇	仝上
無	孟金春	仝上	華大房莊	三	二十年九月	執照四六一	仝上
無	王禎祥	仝上	華大房莊	三	十二年十月	執照四六八	仝上
無	周紀泉	仝上	同善鄉	五	二十一年八月	執照無	仝上
無	俞袁氏	仝上	高墅橋	四	十年七月	執照四一	仝上
無	吳林福	仝上	吳甲里	四	二十二年一月	執照無	五十文
無	吳阿信	仝上	吳甲里	四	二十二年二月	仝上	仝上
無	范阿狗	仝上	大墳頭	六	元年一月	仝上	仝上
無	周阿根	仝上	聖家橋	六	二十二年一月	仝上	仝上
無	陸楊氏	仝上	莊橋	四	二十一年十月	仝上	仝上
無	徐南昌	仝上	莊橋後章	四	二十年六月	仝上	仝上
無	陸紀園	仝上	新安	三	十八年五月	執照四七八	七十文
聚樂園	方桂泉	仝上	新安	五	十六年一月	執照四七一	七十文
無	邵龔氏	仝上	新安	四	十二年六月	執照無	仝上
無	邵安太	仝上	新安	四	三年七月	執照無	仝上
玉和園	鄒根川	仝上	新安	四	十七年一月	執照四六九	仝上

調查統計

無	白小生	仝上	沈瀆	三	二十二年一月	執照無	仝上
無	顧陸氏	仝上	沈瀆	四	十八年四月	執照二〇四	仝上
無	鄒金梓	仝上	杜石裘家橋	四	二十二年一月	執照無	五十文
無	惠唐氏	仝上	朱夢橋	四	十八年二月	執照三八八	六十文
無	朱彥琛	仝上	落霞橋	一	二十二年一月	執照無	仝上
無	陸萬甫	仝上	蠡橋	三	二十年二月	仝上	仝上
無	馮增福	仝上	蠡西橋	二	二十二年四月	仝上	仝上
民衆茶社	唐三觀	仝上	橫涇鄉	三	二十一年七月	仝上	仝上
無	謝東觀	仝上	曹墩鄉	二	十年六月	執照三四	五十
無	湯二官	仝上	薛車橋	二	十六年一月	執照三三	仝上
無	毛根生	仝上	青石橋	三	十二年一月	執照無	仝上
無	許世根	仝上	唐中[illegible]	四	十二年一月	仝上	仝上
無	陳杏根	仝上	河潭鄉	四	十二年三月	仝上	仝上
無	陸阿補	仝上	周潭橋	四	十七年十一月	仝上	仝上
無	朱應元	仝上	南草庵	二	二十二年三月	仝上	仝上
無	宋金壽	仝上	周潭橋	五	十八年八月	執照二三	仝上
無	朱阿和	仝上	周潭橋	六	十七年十一月	執照號數模糊	仝上
無	姚金生	仝上	周潭橋	四	二年一月	仝上	仝上
無	惠老太	仝上	周潭橋	四	二年九月	仝上	仝上
無	陸阿菊	仝上	周潭橋	四	十八年一月	執照無	仝上
無	高紹[illegible]	仝上	周潭橋	四	二十二年四月	仝上	仝上
無	龔獻德	仝上	席家鄉	四	二十二年一月	仝上	仝上
沈源興	沈後賢	仝上	席家鄉	四	光緒二十四年一月	仝上	仝上
無	錢老太	江北	陸房巷	三	十八年一月	仝上	仝上
無	諸春寶	無錫	閘臣橋	二	十八年四月	仝上	仝上

一二八

牌號	店主姓名	籍貫	開設地點	茶檯若干	開設年月	曾否在本局登記領到執照	每壺茶價	備考
錢聚興	錢端翔	仝上	毛文橋	五	十六年二月	執照無	五十文	
無	陸廷龍	仝上	巡塘鎮	四	十九年十月	仝上	仝上	
無	張仁泉	仝上	巡塘鎮	三	十九年十一月	仝上	仝上	
無	倪福寶	仝上	巡塘鎮	三	十九年十月	仝上	仝上	
無	陸浦氏	仝上	巡塘鎮	九	十九年十一月	仝上	六十	
長春園	王金桂	徐州	廟橋	五	十九年三月	仝上	仝上	
無	朱郁氏	無錫	南倉	五	二十一年十月	仝上	仝上	
無	徐貴和	仝上	南倉	五	二十一年十月	仝上	仝上	
無	瀛阿培	仝上	淨慧寺	六	二十二年四月	仝上	仝上	
無	陸三官	仝上	淨慧寺	六	二十一年三月	仝上	七十	
無	曹鼎南	仝上	東灣里	四	十七年四月	執照四八五	六十	
無	張乂俊	仝上	小溪橋	四	八年九月	執照無	六十	

第九分局

牌號	店主姓名	籍貫	開設地點	茶檯若干	開設年月	曾否在本局登記領到執照	每壺茶價	備考
長安居	袁阿榮	無錫	榮巷鎮	九	十五年二月	已	七十	
樂安居	張進生	無錫	仝上	六	十一年一月	已	七十	
新民茶社	李春來	清江	仝上	五	十一年二月	已	仝上	
品泉	朱唐氏	無錫	仝上	四	十年一月	已	仝上	
新記	魯大福	湖北	大渲	三	十七年一月	已	六十	
鳳記	郁鳳泉	無錫	郁巷	四	十九年七月	已	仝上	
南興	李武氏	仝上	徐巷	三	民國元年一月	已	仝上	
民乘	高阿四	仝上	仝上	四	十六年一月	已	仝上	
潤記	徐吳氏	仝上	仝上	三	二十年一月	已	仝上	
徐記	徐小妹	仝上	仝上	二	六年三月	已	仝上	

玖

牌號	店主姓名	籍貫	開設地點	茶檯若干	開設年月	曾否在本局登記領到何號執照	每盞茶價	備
協記	蕭土榮	仝上	仝上	五	十八年三月	已	七十	
鎮興	孫士興	仝上	大陳巷	四	二十年三月	巳	仝上	
民衆	蔣士榮	仝上	河埒口	二	二十一年十一月	未	仝上	

第十分局

牌號	店主姓名	籍貫	開設地點	茶檯若干	開設年月	曾否在本局登記領到何號執照	每盞茶價	備
金記	浦金虎	無錫	厚橋	五	民國九年	曾在本局登記領到乙種	六十文	
龍園	王阿根	仝上	仝上	五	民國十八年	仝上	仝上	
中和	浦月泉	仝上	仝上	五	民國十九年	仝上	仝上	
悅來	呂虎寶	仝上	仝上	五	民國十八年	仝上	仝上	
鳳來	張鳳來	仝上	上	二	前清光緒十四年	仝上	仝上	
西樂園	浦福培	仝上	仝上	二	民國二十年	仝上	仝上	
半壺春	華逸民	仝上	仝上	二	民國十七年	仝上	仝上	
無	呂壽金	仝上	仝上	四	民國二十年	仝上	仝上	
無	呂伯壽	仝上	仝上	五	民國十八年	仝上	仝上	
無	浦桂林	仝上	仝上	七	前清光緒十四年	仝上	仝上	
無	浦福林	仝上	仝上	八	民國元年	仝上	仝上	
無	朱雪棠	仝上	仝上	七	前清光緒五年	仝上	仝上	
長樂	浦長根	仝上	仝上	六	民國廿二年	尚未登記	仝上	
泉記	浦銀泉	仝上	盛家橋	五	民國五年	曾在本局登記領到乙種	仝上	
福記	虞紹基	仝上	仝上	三	民國十八年	仝上	仝上	
壽記	盛三寶	仝上	仝上	二	民國十八年	仝上	仝上	
榮記	浦榮初	仝上	仝上	二	前清光緒五年	仝上	仝上	
一壺春	竇金元	仝上	東橋	七	民國十二年	仝上	仝上	

牌號	店主姓名	籍貫	開設地點	茶檯若干	開設年月	曾否在本局登記領到何處執照	每壺茶價	備考
九如	倪春和	仝上	仝上	六	仝上	仝上	仝上	
聚豐	俞淡發	仝上	仝上	六	民國廿年	尚未登記	仝上	
虎記	華阿虎	仝上	仝上	二	民國十九年	曾在本局登記領到乙種	仝上	
同春	華根寶	仝上	仝上	五	民國十七年	仝上	仝上	
長春	華根大	仝上	仝上	四	民國十五年	仝上	仝上	
無	許伯泉	仝上	嵩山大巷	三	民國二十年	尚未登記	仝上	

第十一分局

牌號	店主姓名	籍貫	開設地點	茶檯若干	開設年月	曾否在本局登記領到何處執照	每壺茶價	備考
順風茶園	何湘寶	洋沙	后宅鎮		一年八月	登記	五十文	
民衆茶社	鄒墉	無錫	仝上		三十年		仝上	
暢園	王金奎	仝上	仝上		三十年		仝上	
雲泉茶園	鄒銀泉	仝上	仝上		二十年		仝上	
日新茶社	鄒嚴氏	仝上	仝上		三十年		仝上	
怡苑茶社	謝倬卿	仝上	仝上		三年		七十文	
根記茶社	周阿福	仝上	仝上		五年		五十文	
三景園	安黃氏	仝上	仝上		五年		仝上	
永樂茶社	嚴沈氏	仝上	仝上		五年		仝上	
賓和茶園	鄒朱氏	仝上	仝上		五十年		仝上	
聚仙園	鄒永生	仝上	東橋		三年		仝上	
叙仙園	鄒二寶	仝上	外浜		三年		仝上	
哈哈社	楊筱舟	仝上	大橋門		六年		仝上	
鴻園	顏家興	仝上	仝上		四年		仝上	
新園	楊茂昌	仝上	仝上		十三年		仝上	

調查統計

羣賢茶社	許道謙	仝上	仝上	五年	仝上
集賢茶社	顧阿根	仝上	仝上	一年半	仝上
新雅茶社	楊朱氏	仝上	仝上	五年	仝上
榮記茶社	楊榮根	仝上	仝上	四年	仝上
楊曙記茶社	楊曙霞	仝上	仝上	四年	仝上
永興茶社	朱阿永	仝上	仝上	廿年	仝上
聚興園	吳阿福	仝上	仝上	廿年	仝上
長樂茶社	鄒老坤	仝上	坊橋	三十年	仝上
品芳茶社	朱錢氏	仝上	仝上	廿年	仝上
閱報社	鄧阿大	仝上	仝上	十四年	仝上
鼎記茶社	錢鼎業	仝上	仝上	五十年	仝上
梅花茶社	陸步瀛	仝上	仝上	廿年	仝上
敘龍園	朱仁泉	仝上	仝上	十六年	仝上
福興園	朱阿榮	仝上	仝上	十年	仝上
泉園	王培南	仝上	仝上	念五年	仝上
東昇園	顧浩明	仝上	仝上	念四年	仝上
福園	王福基	仝上	仝上	四十年	仝上
暢園	鄒和尚	仝上	仝上	十年	仝上
龍園	陶炳生	仝上	仝上	八年	仝上
集雅茶社	黃叙雲	仝上	碩望橋	五年	仝上
民衆茶社	黃松山	仝上	仝上	二年	仝上
聚賢茶社	姜根寶	仝上	仝上	半年	仝上
雲鶴茶社	仇阿弟	仝上	石橋頭	二年	仝上
福記茶社	姚阿福	仝上	鷲墻橋	一年	仝上

一三三

牌號	店主姓名	籍貫	開設地點	茶檯若干	開設年月	曾否在本局登記領到何號執照	每壺茶價	備考
杏園	王杏生	仝上	瞻橋		仝上		仝上	
聚園	王文蘭	仝上	王家橋		仝上		仝上	
民衆茶社	許朱氏	仝上	小許巷		仝上		仝上	

第十二分局

牌號	店主姓名	籍貫	開設地點	茶檯若干	開設年月	曾否在本局登記領到何號執照	每壺茶價	備考
近仙	華庚寅	無錫	張涇橋	六	民國十二年五月	業已登記領到乙種執照	六十文	
華鴻興	華青弟	仝上	仝上	四	民國十七年二月	仝上	仝上	
趙敘興	趙泉寶	仝上	仝上	五	民國十七年一月	仝上	仝上	
華金記	華金根	仝上	仝上	六	民國十二年五月	仝上	仝上	
馬順和	馬常根	仝上	仝上	五	民國二年正月	仝上	仝上	
涇水	楊文仁	鎮江	仝上	六	民國廿一年四月	仝上	仝上	
杜桂記	杜忠桂	無錫	仝上	四	民國十六年	仝上	仝上	
趙永興	趙張卿	仝上	仝上	七	民國十七年三月	仝上	仝上	
近水閣	高升福	仝上	仝上	六	民國十年五月	仝上	仝上	
德興	陳福生	仝上	仝上	四	民國十一年二月	仝上	仝上	
清蓮社	嚴得慶	仝上	仝上	五	民國十二年一月	上仝	仝上	
德億	華尚詩	仝上	仝上	五	民國十二年一月	仝上	仝上	
洪順	孫三胖	仝上	八士橋	六	民國七年五月	仝上	仝上	
敘和	過耆寶	仝上	仝上	四	民國十五年一月	仝上	仝上	
萬興	傅秋寶	仝上	仝上	五	民國二年二月	仝上	仝上	
福興	李仙寶	仝上	仝上	四	民國十二年二月	仝上	仝上	
新昇園	方容	仝上	仝上	五	民國二年一月	仝上	仝上	
敘園	陳樹金	仝上	仝上	三	民國九年四月	仝上	仝上	

調查統計　　一三四

元興	徐大寶	仝上	仝上	四	民國二十年一月	仝上	仝上
萃樂園	龐官生	仝上	仝上	五	民國二十一年	仝上	仝上
余記	殷余記	仝上	張涇橋	四	民國十九年	仝上	仝上
公記	包阿三	仝上	東北塘	五	民國二十年二月	仝上	仝上
春記	王阿祥	仝上	仝上	四	民國十九年五月	仝上	仝上
中興	過吉記	仝上	仝上	三	民國十七年六月	仝上	仝上
朱仁記	朱阿根	仝上	仝上	四	民國十七年	仝上	仝上
春鏡樓	過長根	仝上	仝上	五	民國十七年六月	仝上	仝上
榮記	任阿榮	仝上	仝上	三	民國七年二月	仝上	仝上
和記	王三和	仝上	塘頭	六	民國十年二月	仝上	仝上
和記	沈和保	仝上	仝上	四	民國十二年五月	仝上	仝上
義勝	富阿大	仝上	仝上	五	民國六年四月	仝上	仝上
萬昌	黨昌記	仝上	仝上	三	民國二年一月	仝上	仝上
楊廳	王明德	仝上	八士橋	四	民國二十一年	仝上	仝上
玉滿春	李玉堂	仝上	長安橋	七	民國二十年	仝上	仝上
鴻園	馮阿正	仝上	仝上	五	民國十五年五月	仝上	仝上
元興	季保和	仝上	仝上	四	民國七年二月	仝上	仝上
唐炳記	唐炳泉	仝上	仝上	三	民國二年正月	仝上	仝上
許義和	許大官	仝上	東房橋	四	民國十五年一月	仝上	仝上
德潤堂	顧錫記	仝上	仝上	二	民國十九年	仝上	仝上
保記	許保善	仝上	仝上	五	民國七年五月	仝上	仝上
陸永和	陸紀泉	仝上	仝上	三	民國元年一月	仝上	仝上
復大	杜耀全	仝上	八士橋	四	民國十二年一月	仝上	仝上
永興	過麟卿	仝上	仝上	五	民國十九年五月	仝上	仝上
長樂	許阿保	仝上	張涇橋	三	民國十九年六月	仝上	仝上

張記	張周氏	仝上	仝上	三	民國二十年一月	仝上	仝上
靜安居	潘錫根	仝上	八士橋	四	民國十九年六月	仝上	仝上
朱克記	朱克禮	仝上	西河頭	五	民國十八年二月	仝上	仝上
德興	徐蘭保	仝上	仝上	四	民國十七年一月	仝上	仝上
正記	徐錫元	仝上	仝上	三	民國十七年	上上	仝上
天興	徐介山	仝上	仝上	四	民國二十一年	仝上	仝上
	蔣王氏	仝上	岸底裏	四	民國十一年二月	未	仝上
金記	蔣阿林	仝上	岸底裏	二	民國二十一年四月	業已領到登記乙種執照	仝上
毛桂記	毛桂友	仝上	毛巷街	五	民國十二年二月	仝上	仝上
	蔣阿梅	仝上	仝上	四	民國元年一月	仝上	仝上
	蔣錫康	仝上	仝上	四	民國元年一月	仝上	仝上
民衆茶園	吳阿泉	仝上	仝上	四	民國二十二年二月	未	仝上
尤金記	尤金生	仝上	劉潭橋	五	民國元年一月	業已領登記到乙種執照	仝上
尤天記	尤天祥	仝上	仝上	五	民國八年四月	仝上	仝上
尤金記	尤金保	仝上	仝上	五	民國二年五月	仝上	仝上
林少記	林少卿	仝上	仝上	三	民國元年一月	仝上	仝上
一賢茶社	沈得標	仝上	錫澄公路二號橋	三	民國二十年五月	未	仝上
任榮記	任榮保	仝上	南塘頭丁道橋	二	民國二十一年三月	未	仝上
恆昇	尤恆紀	仝上	浦巷上	四	民國二十一年八月	未	仝上
	浦裕根	仝上	仝上	三	民國十一年七月	業已登記領到乙種執照	仝上
	顧阿大	仝上	嚴埭	二	民國二十一年七月	未	仝上
	楊阿令	仝上	唐祥橋	二	民國十九年二月	業已領到登記乙種執照	仝上

牌號	店主姓名	籍貫	開設地點	茶檯若干	開設年月	曾否至本局登記領到何號執照	每壺茶價	備考
民衆茶園	楊林梅	仝上	仝上	三	民國十九年二月	仝上	仝上	

第十三分局

牌號	店主姓名	籍貫	開設地點	茶檯若干	開設年月	曾否至本局登記領到何號執照	每壺茶價	備考
民衆茶社	華梅軒	堰橋	堰橋東街	十六	四年	在本局登記	六十文	
益記茶社	范正順	仝上	仝上	八	二十二年	仝上	六十文	
聽根茶社	范聽泉	仝上	仝上	四	三年	仝上	六十文	
新樓下茶社	范朱氏	仝上	仝上	四	三十五年	未登記	六十文	
協茂茶社	李二寶	仝上	堰橋斜橋下	六	三十二年	在本局登記	六十文	
添興茶社	范梅安	仝上	堰橋西街	十二	八年	仝上	六十文	
叙興茶社	胡上坤	仝上	仝上	十六	三年	仝上	六十文	
福興茶社	陳品三	仝上	仝上	十	九年	仝上	六十文	
暢叙茶社	范和尙	仝上	仝上	六	六年	仝上	六十文	
菊記茶社	姚菊記	仝上	泰安鎮東街	六	八十年	仝上	六十文	
發記茶社	吳根發	泰安鎮	泰安鎮中街	七	二十年	仝上	六十文	
復興茶社	繆紀寶	長安橋	長安橋西街	六	四年	仝上	六十文	
叙園茶社	季二寶	長安橋	長安橋西街	七	二年	仝上	六十文	
聚星茶社	季嘉壽	仝上	仝上	六	一年	仝上	六十文	
順星茶園	王海全	仝上	仝上	六	二年	仝上	六十文	
四鄉民衆茶園	徐順庭	張村	張村南街	八	三年	仝上	六十文	
徐記茶社	徐阿大	張村	張村南街	五	五年	仝上	五十文	
培茶社	徐子培	仝上	仝上	六	五年	仝上	五十文	

暢叙茶園	黃大盤	張村	張村中街	七	十年	仝上	五十文	
楊麟茶園	鄒培官	寺頭	寺頭中街	六	百餘年	仝上	五十文	
同運茶社	胡杏金	寺頭	寺頭中街	八	四年	仝上	五十文	
利昌茶社	萬利昌	西漳	寺頭中街	七	十年	仝上	五十文	
寶記茶社	富瑟根	寺頭	寺頭中街	六	三十五年	仝上	五十文	
和記茶社	孟寶和	天下市	寺頭南街	四	八年	仝上	五十文	
金記茶社	袁金培	寺頭	寺頭南街	六	十年	仝上	五十文	
福記茶社	高銀福	陳家橋	陳家橋中市	五	五年	仝上	五十文	
民衆茶社	片阿大	尤家坦	尤家坦中市	八	一年	仝上	五十文	
順記茶社	季順壽	陡門橋	陡門橋西街	五	六年	仝上	六十文	

第十四分局

牌號	店主姓名	籍貫	開設地點	茶檯若干	開設年月	曾否在本局登記領到何號	每壺茶價	備考
集賢社	呂煥根	無錫	張舍鎮	六	十九年三月	本局登記	七十文	
朱公興	朱學海	無錫	仝上	六	六年四月	仝上	七十文一百文	
秦義興	秦阿茄	無錫	仝上	三	十五年正月	仝上	七十文	
莊義興	莊金林	無錫	仝上	四	三年三月	仝上	七十文	
同裕昌	秦逸卿	無錫	仝上	四	十九年十月	仝上	七十文	
袁正興	袁兆生	無錫	劉塘橋	二	二十年十月		五十文	
恆隆	陳費氏	無錫	稍塘橋	四	二十年十月		五十文	
集賢社	王正芳	無錫	仝上	六	二十年十二月	總局登記四一六號	五十文	
叙興園	于金氏	無錫	仝上	四	十年十月	本局登記	五十文	

調查統計

永生茶社	韋阿五	無錫	仝上	五	二年三月	總局登記	七十文
	王和尚	無錫	華藏橋	三	十九年三月	本局登記	五十文
品泉社	楊連興	無錫	胡埭鎮	三	十九年正月	本局登記	七十文
楊台興	楊阿仁	無錫	胡埭鎮	三	十一年一月	本局登記	七十文
楊振興	楊阿木	無錫	胡埭鎮	四	十二年二月	本局登記	七十文
東興閣	張振安	無錫	胡埭鎮	二	二十年七月	本局登記	七十文
陳元茂	陳玉林	無錫	胡埭鎮	三	一年正月	本局登記	七十文
	姚阿生	無錫	胡埭鎮	三	十六年五月	本局登記	七十文
復興園	王玉林	無錫	胡埭鎮	四	十二年三月	本局登記	七十文
姚順興	姚泉榮	無錫	胡埭鎮	五	十七年五月	本局登記	七十文
	吳金榮	無錫	閭江鄉	二	十九年十一月	本局登記	五十文
	吳添法	無錫	閭江鄉	三	一年一月		五十文
	蔣梅泉	無錫	閭江鄉	二	二十一年十二月		五十文
	金正發	無錫	盛店鄉	四	十九年十一月	本局登記	五十文
農民茶社	潘阿狗	無錫	善慶鄉	四	二十一年十月		六十文
	張阿福	無錫	張華橋	三	十五年四月	本局登記	五十
民衆茶社	谷寶	通州	盛店橋	四	二十一年正月		五十
	王阿四	江陰	盛店橋	四	二十年三月	本局登記	五十
賈恆順	賈潼章	無錫	陸區橋	七	十八年一月	本局登記	六十
第一樓茶社	吳月初	無錫	陸區橋	四	二十二年一月		六十
	廣三大	無錫	陸區橋	二	二十二年一月		六十
	王燦盛	無錫	陸區橋	三	一年一月		五十
永華茶社	楊憲斌	無錫	陸區橋	二	十九年一月	本局登記	五十
	吳夢周	無錫	陸區橋	三	二十年十二月	總局登記四〇九號	六十
南新樓	沙秉生	無錫	陸區橋	四	十九年二月	總局登記	六十

	張全寶	無錫	尹城	二	十九年二月	本局登記	六十
	周祥寶	無錫	牌樓下	二	二十二年十一月		五十
鳳泉園	馮大	無錫	新濟樓	三	十八年十二月	本局登記	五十
民衆茶園	新濟農致館	無錫	新濟樓	七	十九年九月		四十
聚仙館	張紀大	無錫	新濟樓	六	十八年八月	本局登記	五十
平樂園	卜和尚	武進	修浦	六	二十年十月	總局登記四一四號	四十
	成復生	武進	修浦	三	二十二年三月		四十
同樂社	陶根泉	無錫	伈浦	三	十九年六月	本局登記	四十
	許阿榮	無錫	鴻橋	二	二十二年十一月		六十
	陳友得	無錫	鴻橋	二	二十二年一月		六十
共和園	戈變生	無錫	楊墅園	一〇	十九年一月		六十
	章紫風	無錫	楊墅園	六	十年一月		六十
鴻福園	錢氏	無錫	楊墅園	一〇	元年一月		六十
福興園	匡仁金	無錫	楊墅園	五	十九年八月		六十
戈杏記	戈杏大	無錫	楊墅園	五	十七年一月		六十
	戈紀生	無錫	楊墅園	四	十七年一月		六十
	邵鳳生	無錫	楊墅園	六	十五年五月		六十
日昇樓	章耀林	無錫	楊墅園	三	十五年一月		六十
聚興	李甫興	無錫	洛社	四	二十一年七月		六十
迎春園	任何苟	無錫	洛社	六	十五年八月		六十
	劉阿亭	無錫	高明橋	八	十二年一月		五十
聚茂園	李甫興	無錫	洛社	四	二十一年七月		六十
湧泉園	許小苟	無錫	洛社	三	十四年六月		六十
迎春園	任阿狗	江陰	洛社	五	十三年七月		六十
秦門園	濮福根	無錫	洛社	四	十七年八月		六十

第十五分局

牌號	店主姓名	籍貫	開設地點	茶檯若干	開設年月	曾否在本局登記領到何號執照	每壺茶價	備考
華記	華顧氏	無錫	北七房	二	十年一月	未	五十文	
余記	余錫保	無錫	北七房	三	十九年二月	遺失	仝上	
魏記	魏金根	無錫	北七房	四	十一年八月	遺失	仝上	
水月樓	梁仁榮	無錫	秦巷鎮	四	十五年	遺失	仝上	
張鴻興	張紀林	無錫	仝上	四	十八年	遺失	仝上	
吳記	吳小狗	無錫	仝上	三	二十年	遺失	仝上	
秦萬興	秦金奎	無錫	仝上	三	十五年	遺失	仝上	
秦三記	秦學烈	無錫	仝上	四	十七年	遺失	仝上	
秦秋記	秦秋泉	無錫	仝上	三	十四年	遺失	仝上	
民衆茶社	謝二郎	無錫	仝上	四	二十年二月	遺失	仝上	
長樂	鈕春泉	東台	洛社	六	十四年	未	六十文	
吳記	吳紀林	無錫	洛社	三	二十年	未	五十文	
雅園	李岐山	無錫	洛社	二	十八年	未	五十文	
會商	蘇居發	興化	洛社	四	二十一年	未	六十文	
民衆茶社	顧士明	無錫	洛社	六	二十年五月	未	六十文	
民衆茶社	徐杏根	無錫	南雙廟	四	十九年	已登記	五十文	
楊記	楊阿大	無錫	仝上	三	十五年	執照四十九號	仝上	
炳記	徐炳泰	無錫	仝上	三	十九年	執照二四九號	仝上	
順風園	強菊根	無錫	仝上	三	八年	已登記	仝上	
錫記	強阿錫	無錫	仝上	三	二十年	執照二四八號	仝上	
劉記	劉汝堂	無錫	仝上	二	二十一年	未	仝上	
強記	強根大	無錫	仝上	二	二十年	已登記	仝上	

民衆茶社	薛桂全	無錫	禮社	五	十九年	未	五十文	
史記	史才全	仝上	仝上	四	元年	已登記	仝上	
唐記	唐學南	仝上	仝上	三	二十一年	未	仝上	
薛記	薛五大	仝上	仝上	三	十年	未	仝上	
唐記	唐金德	仝上	仝上	三	十二年	未	仝上	
王記	王阿泉	仝上	仝上	三	十五年	已登記	仝上	
呂記	呂泉根	仝上	仝上	三	五年	仝上	仝上	
王記	王桂林	仝上	仝上	三	十年	仝上	仝上	
吳記	吳子昌	仝上	仝上	三	十五年	仝上	仝上	
沈記	沈阿胖	仝上	玉祁	三	二十一年	仝上	仝上	
沈記	沈端生	仝上	前洲	二	十九年	仝上	仝上	
得意園	朱阿梅	仝上	玉祁	六	十八年	仝上	仝上	
鴻福園	陳鴻泉	仝上	仝上	五	十六年	仝上	仝上	
李記	李寶記	仝上	仝上	二	二十一年三月	未	仝上	
品泉園	張炳榮	仝上	玉祁	三	二十一年一月	未	仝上	
唐記	唐震豐	仝上	前洲	五	十八年二月	已登記	六十文	
福園	徐雅元	仝上	前洲	一三	十九年六月	執照二五四號	仝上	
時春園	朱茂根	仝上	仝上	七	六年	已登記	仝上	
意園	陳巧生	通州	仝上	四	五年	執照二八一號	仝上	
和樂園	唐錫大	無錫	仝上	五	十六年	執照二五五號	仝上	

第十六分局

牌號	店主姓名	籍貫	開設地點	茶檯若干	開設年月	曾否至本局登記領到何號執照	每壺茶價	備考
民衆茶園	陶張氏	無錫	安鎮中市	六	十四年三月	九十八號	六十文	
雅叙茶園	倪鴻生	仝上	仝上	七	十二年五月		六十文	

一四一

調查統計

一四三

調查統計

劉記	劉和尚	仝上	仝上	三	十八年七月		五十文
朱記	朱周氏	無錫	安鎮中市	四	十六年一月	六號	五十文
黃萬興	黃龍元	仝上	仝上	四	二年五月	一百號	六十文
陶然居	郭六寀	仝上	仝上	三	十九年七月		六十文
夏恆興	夏復生	仝上	仝上	五	二十一年三月		五十文
望嵩閣	金炳泉	仝上	仝上	十			六十文
高記	高宗保	仝上	仝上	十	十一年一月	一零一號	仝上
福元	顧錫賓	仝上	仝上	十二	十四年七月		仝上
復陞園	王二保	仝上	仝上	五	二十年十一月	一零八號	仝上
王記	王叙興	仝上	仝上	五	二十一年二月		仝上
呂記	呂榮記	仝上	安鎮西街	三	十二年三月	一零七號	仝上
范記	黃阿桂	仝上	仝上	五	十二年五月	九七號	仝上
德先樓	夏阿大	仝上	仝上	五	二十一年六月		仝上
保興	趙保興	仝上	嚴家橋	六	十九年八月	十七號	仝上
陳記	陳錫堂	仝上	仝上	三	十五年一月		仝上
	陳定標	仝上	仝上	三			仝上
	胡同生	仝上	仝上	五			仝上
	王壽保	仝上	仝上	三			仝上
	李世保	仝上	仝上	四			仝上
	唐昌元	仝上	仝上	三			仝上
	吳濮卿	仝上	仝上	四			仝上
	李四保	仝上	仝上	五			仝上
	曹仁興	仝上	仝上	三			仝上
	朱祖根	仝上	仝上	四			仝上
	王興保	仝上	仝上	四			仝上

	鄧小根	仝上	仝上	三	十八年二月		仝上
	楊小四	仝上	仝上	四	十八年五月		仝上
	胡陰保	仝上	仝上	三	二十年一月		仝上
	任錫其	仝上	仝上	四	二十年一月		仝上
	單大林	仝上	仝上	四	二十年一月		仝上
浦永興	浦心泉	仝上	仝上	四	十八年一月	一四一號	仝上
長興	顧仲青	仝上	仝上	四	二十年二月	一四四號	仝上
張記	張鏡清	仝上	仝上	五	十五年五月	一四四號	仝上
顧永仁	顧根保	仝上	仝上	四	十年五月	一四二號	仝上
惠民	惠小弟	仝上	仝上	四	十五年一月	一四零號	仝上
顧記	顧根福	仝上	仝上	六	二十年三月	一四三號	仝上
徐記	徐三保	仝上	潘墅	五	十八年一月	一五一號	仝上
吳記	吳青生	仝上	仝上	六	十五年一月	五零號	仝上
蔡記	蔡榮根	仝上	仝上	四	二十一年二月	一四八號	仝上
柳記	柳阿[illegible]	仝上	柳家橋	五	二十一年一月	六二號	仝上
管記	管進保	仝上	蠡橋	六	十五年一月		仝上
錢記	錢連福	仝上	仝上	三	二十年一月		仝上
過記	過榮根	仝上	仝上	六	二十年六月		仝上
浦記	浦祖泉	仝上	仝上	六	二十一年一月		仝上
范恆興	范周全	仝上	興塘	三	二十年六月		五十文
虞清記	虞清泉	仝上	仝上	三	二十二年一月		仝上
查文葆	查文記	常熟	楊亭	三	二十二年四月		仝上
王仁記	王仁義	無錫	仝上	二	二十二年四月		仝上
西茶園	諸茂良	仝上	仝上	二	二十二年二月		仝上
倪記	倪高氏	仝上	長大廈	四	十九年八月		七十文

調查統計　一四三

牌號	店主姓名	籍貫	開設地點	茶樓若干	開設年月	曾否在本局登記領到何號執照	每壺茶價	備考
生記	倪阿生	仝上	仝上	四	十九年七月		七十文	
四時春	高炳元	仝上	羊尖	四	二十一年十一月		五十文	
朱阿昌	朱阿昌	仝上	仝上	二	二十二年二月		仝上	
	鄒金記	仝上	仝上	四	二十一年一月		仝上	
	劉坤生	仝上	仝上	四	二十二年二月		仝上	
	沈根林	仝上	仝上	六	二十年二月		仝上	
聚華	馮二官	仝上	仝上	六	二十年十一月		仝上	
聚一	錢保	仝上	仝上	七	二十二年一月		仝上	
培生園	馬培生	仝上	仝上	六	二十二年十一月		仝上	
翠悅	葉翠天	仝上	仝上	五	二十年十月		仝上	
陸洪茂	陸紹裘	仝上	仝上	四	二十年十月		仝上	
聚興樓	陳義濟	仝上	仝上	五	二十一年十一月		仝上	
興太	周杏保	仝上	仝上	六	二十年十一月		仝上	
	周阿四	仝上	南橋頭	五	二十一年一月		六十	
許順興	許林	仝上	仝上	四	二十年十一月		仝上	
許福記	許福保	仝上	仝上	四	二十年十一月		仝上	
	周石溪	仝上	仝上	四	二十二年一月		仝上	

直轄第一分駐所

牌號	店主姓名	籍貫	開設地點	茶樓若干	開設年月	曾否在本局登記領到何號執照	每壺茶價	備考
鶴鳴樓	華耀祖	無錫	亭子橋	五	十年五月	由公安局登記領到一號執照	一百	
東新樓	高阿胖	仝上	仝上	五	十一年九月	由公安局登記領到八號執照	九十	
日照樓	陸金和	仝上	熙春街	四	十三年三月	由公安局登記領到六號執照	九十	

公興樓	葉兆洪	阜寧	井亭街	四	十五年二月	由公安局登記領到四號執照	七枚
樂園	吳阿大	無錫	熙春街	四	二十年十月	無	八枚
聚興園	李德慶	鹽城	東吊橋	三	十八年十一月	由公安局登記領到九號執照	仝上
熙春樓	朱富根	泰興	小菜場	三	二十年八月	由公安局登記領到二號執照	仝上
龍泉園	田忠仁	鹽城	南倉門	三	十九年三月	由公安局登記領到五號執照	仝上

浴室調查表 二十二年六月

第一分局

字號	開設地點	室主姓名	年歲	籍貫	資本若干	座位若干	浴盆數	開設年月	價目最大	價目最小	備考
浴德池	大市橋	經理 周鳳翔	六一	無錫	五千元	一五〇	盆六只另有池	民國十二年三月	一角五分	七十	
昇泉浴室	崇安寺	劉耀忠	五一	仝上	三千元	一四〇	盆九只另有池	民國六年	小洋二角	七十	
開迎[illegible]	迎迓亭	祁錦堂	三四	鹽城	五百元	九六	池	民國十七年	一百八十	七十	
逍遙浴室	沙坟端	華子平	五七	無錫	三百元	四四	池	民國十九年四月	一百二十	五十	
衛生浴室	書院弄	吳金大	四二	丹陽	三百元	七〇	池	民國二十年	二百	七百	

第二分局

字號	開設地點	室主姓名	年歲	籍貫	資本若干	座位若干	浴盆數	開設年月	價目最大	價目最小	備考
清泉協[illegible]	喜春街	張庭初	三三	無錫	二千元	一一二		十九年八月	一百八十	六十	
浴春池	通運路	沈步雲	六二	仝上	八千元	一四〇		十八年三月	二百	七十	
日新池	漢昌路	楊泰興	四一	泰興	二千元	一〇二	六	二十一年四月	三百	二百	

興泉池	有惠里	尤榮根	五四	無錫	二千元	八〇		十七年十月	一百二十	五十	
樂泉	萬前路	趙文伯	四五	仝上	二萬元	一四〇	二	十七年七月	四角	一十 四十	
青蓮池	仝上	季雲卿	六六	上上	二千元	九〇		二十年十二月	二百	六十	

第三分局

牌號	開設地點	室主姓名	年歲	籍貫	資本若干	座位若干	浴盆數	開設年月	價目最大	價目最小	備考
玉泉	金鈎橋	潘鳳岐	五二	無錫	三千元	一等一六 二等五四 三等五〇	池一	廿一年二月	二百	六十	
沂池	小南門	王榮茂	五八	仝上	一千元	一等一八 二等三四	池一	十九年五月	一百	八十	
迎龍泉	清明鎮	徐仁寶	五五	仝上	一千二百元	一等一〇 二等二八	池一	十七年三月	一百二十	一百	
新發泉	清明鎮	徐宏達	三〇	仝上	一千元	一等二〇 二等三八	池一	二十年七月	一百五十	一百 一百十	

第四分局

牌號	開設地點	室主姓名	年歲	籍貫	資本若干	座位若干	浴盆數	開設年月	價目最大	價目最小	備考
範湖樓	魚行街	許少南	五三	無錫	七百元	六〇	無	光緒三十年五月	一百六十	六十	
迎泉池	西直街	張必容	三八	安徽	七百元	五六	無	民國十一年三月	一百七十	七十	
西春池	棚下街	徐振華	三五	揚州	三百元	七〇	無	民國十七年六月	一百七十	五十	

第五分局

牌號	開設地點	室主姓名	年歲	籍貫	資本若干	座位若干	浴盆數	開設年月	價目最大	價目最小	備考
蓮馨浴室	灣巷	徐菊初	四一	無錫	五百	一六〇	盆六 池一	民國二十年	二百	五十	

大觀園	壇頭弄	王榮庭	三八	無錫	三百元	六〇	池一	同治末年	一百四十	三十	
荟湖泉	芋頭沿河	李德軒	七四	仝上	二百元	四八	池一	光緒十四年	一百	五十	
華洋	北柵口	王昌九	三四	丹徒	仝上	三〇	池一	光緒三十年	一百二十	五十	
公興園	煤長街	李梅官	四〇	無錫	三百元	六〇	池一	同治末年	一百十	六十	
源泉	接官亭	胡四寶	六三	上仝	二百元	七〇	汝一	同治二年	一百八十	六十	
沂因	接官亭堍	吳龍元	三四	上仝	仝上	七〇	盆六 池一	仝上	二百	六十	

第六分局

牌號	開設地點	室主姓名	年歲	籍貫	資本若干	座位若干	浴盆數	開設年月	價目 最大	價目 最小	備攷
惠泉浴室	惠農橋	朱昌壽	四三	無錫	二千五百元	九二	浴池	二十年八月	一百八十	六十	
玉清池	周山浜	劉榮根	五〇	上仝	一千三百元	八三	浴池	十三年十一月	仝上	六十	

第七分局

牌號	開設地點	室主姓名	年歲	籍貫	資本若干	座位若干	浴盆數	開設年月	價目 最大	價目 最小	備攷
南新浴室	大四方橋	曹招泉	六〇	無錫	四五〇元	二〇	浴池	十八年五月	一角	五分	
鵝湧泉	甘露鎮	劉安鳳	五二	鎮江	四〇〇元	二一	浴盆	十九年一月	一角	四分	

第八分局

牌號	開設地點	室主姓名	年歲	籍貫	資本若干	座位若干	浴盆數	開設年月	價目 最大	價目 最小	備攷
龍泉池	南橋	徐榮宮	三八	鹽城	一百五十元	二〇	池一	二十年十二月	二百	一百	

第十一分局

牌號	開設地點	室主姓名	年歲	籍貫	資本若干	座位若干	浴盆數	開設年月	價目 最大	價目 最小	備考
怡苑	后宅鎮	謝倬卿	四五	無錫	二百元	一五	一		一角	四分	

第十二分局

牌號	開設地點	室主姓名	年歲	籍貫	資本若干	座位若干	浴盆數	開設年月	價目 最大	價目 最小	備考
龍記	張涇橋	陳阿四	六五	無錫	二百元	二〇	浴池	清光緒三十年	五十	五十	

第十五分局

牌號	開設地點	室主姓名	年歲	籍貫	資本若干	座位若干	浴盆數	開設年月	價目 最大	價目 最小	備考
新夏池	玉祁鎮	周洪桂	三七	無錫	一百元	三〇	無	十八年八月	二百六十	一百七十	
長樂池	洛社鎮	紐春泉	三十	東台	仝上	二〇	無	十九年二月	一百六十	一百	

直轄第一分駐所

牌號	開設地點	室主姓名	年歲	籍貫	資本若干	座位若干	浴盆數	開設年月	價目 最大	價目 最小	備考
龍園	熙春街	夏金通	四一	丹陽	三百元	三八	無	二十年五月	一百五十	七十	

理髮店調查表

二十年六月調查

第一分局

牌號	開設地點	店主姓名	籍貫	資本數	雇用髮匠若干	理髮價目 男	理髮價目 女	理髮價目 兒童	是否加入工會	備考
萬國	山門口	蔣竹卿	揚州	二百元	六	一角六	二角	八分	入工會	
和源	崇安寺	管柄權	仝上	五百元	七	仝上			仝上	
青年會	北水關橋	管金元	仝上	四百五十元	四	仝上			仝上	
美容軒	公園路	陶玉珍	無錫	五百元	八	仝上			仝上	
長春堂	新西門口	高林喜	揚州	三百元	三	仝上			仝上	
雲祥軒	盛巷橋	顧洪大	無錫	三百元	四	仝上			仝上	
白玫瑰	崇安寺菜場	陳景隆	揚州	二百元	三	仝上			仝上	

元記	新縣前	戴元財	仝上	四百元	四	仝	上	仝上
華新	倉橋下塘	高鳳官	仝上	六十元	一	仝	上	仝上
德軒裝記	南市橋二下塘	雷春福	鎮江	一百元	一	仝	上	仝上
容發軒	南市橋上塘	湯尚仁	揚州	五十元	一	仝	上	仝上
雪錫	虹橋	楊仁泉	無錫	二百元	一	仝	上	仝上
光華	青果巷	潘忠義	儀徵	三百元	一	仝	上	仝上
丁記	中市橋	丁竹亭	無錫	五十元		仝	上	仝上
無	中市橋巷口二下塘	王竹章	仝上	一百元	一	仝	上	仝上
美記	大婁巷內	李阿二	仝上	一百元	二	仝	上	仝上
南洋	大市橋	屆錦文	揚州	五十元	三	仝	上	仝上
尤寧記	大河上	尤福寧	無錫	五十元	一	仝	上	仝上
湧記	含秀橋	陳永林	常州	一百元	一	仝	上	仝上
耀記	駁岸上	方二官	無錫	一百元	一	仝	上	仝上
新公興	寺巷口	李老三	揚州	五十元	一	仝	上	仝上
無	沈果巷口	張壽記	無錫	三十元	一	仝	上	仝上
中央	光復門內	濮松林	仝上	二百五十元	三	仝	上	仝上
發記	冉涇橋	徐正發	揚州	五十元	一	仝	上	仝上
正記	青菓巷	徐正記	仝上	五十元	一	仝	上	仝上
中南	鳳光橋	徐發記	仝上	四百五十元	五	仝	上	仝上
新東霞	觀前街	丁雲清	無錫	五十元	一	仝	上	仝上
新中央	寺後門	屆錦文	揚州	五十元	三	仝	上	仝上
美麗軒	寺巷內	王銀標	仝上	二百元	二	仝	上	仝上
陳鴻記	西水關	陳阿四	丹陽	六十元	一	仝	上	仝上
長慶堂	新市橋	張裕隆	揚州	五十元	一	仝	上	仝上
永記	書院街	杜雲卿	無錫	三百元	四	仝	上	仝上

調查統計

調查統計

新麗軒	北盛巷	趙錦珊	揚州	一百元	二	仝		上	仝上	
無	裏黃泥橋	顧錫林	嘉定	三十元	一	仝		上	仝上	
無	熙根街	楊根全	無錫	十元		仝		上	仝上	
袁記	東大街	袁連生	仝上	三十元	一	仝		上	仝上	
無	西大街	袁阿根	仝上	一百元	一	仝		上	仝上	

第二分局

牌號	開設地點	店主姓名	籍貫	資本數	雇用髮匠若干	理髮價目 男	女	兒童	是否加入工會公會	備考
新錦記	黃泥橋	范菊生	鎮江	二百六十元	二	一角六	二角	一角	入工會	
一樂也	通運路	鄭慶錮	揚州	三百元	三	仝	上	仝上	仝上	
美麗	仝上	王開山	儀徵	四百元	三	仝上	二角	一角	仝上	
人華	仝上	江步潤	清江	三千元	六	三角	三角	一角五	仝上	
廣漢軒	仝上	陳耀忠	揚州	五百元	七	一角六	二角	一角	仝上	
大中國	仝上	劉萬洲	仝上	三百元	五	仝上	二角	一角	仝上	
一新	漢昌路	陳濯卿	無錫	一千五百元	四	仝上	二角	一角	仝上	
美華	光復路	劉大松	鎮江	二百元	二	[illegible]	二百八	一百四	仝上	
老美容軒	仝上	沙老二	清江	三百元	二	一角六	二角	一角	仝上	
沙立記	東新路	蔣介和	儀徵	一百三十元	一	仝上	二角	一角	仝上	
新南軒	南倉門	楊德高	鎮江	二百元	一	仝上	二角	一角	仝上	
中南	東新路	張錦秀	揚州	一百十元	一	仝上	二角	一角	仝上	
東華	後中正路	高鏗生	仝上	七十元	一	仝上	二角	一角	仝上	
振記	乾德里	胡振山	仝上	一百五十元	一	仝上	二角	一角	仝上	
雲美軒	太平巷	邱照祥	泰興	七十元	一	仝上	二角	一角	仝上	
新發軒	通匯橋	高金喜	揚州	三百元	四	仝上	二角	一角	仝上	
朋記	萬前路	張榮山	仝上	三十元	一	仝上	二角	一角	仝上	

一五〇

森記	仝上	盛森才	鎮江	二百元	三	仝上	二角	一角	仝上

第三分局

牌號	開設地點	店主姓名	籍貫	資本數	雇用髮匠若干	理髮價目 男	女	兒童	是否加入工會
新長軒	跨塘橋	葛福泉	江陰	五十元	未	四百	四百	二百	入
沈記	仝右	沈庭榮	無錫	八十元	三	五百	五百	二百	入
倚[illegible]軒	仝右	朱巧生	仝上	一百元	二	五百	五百	二百	入
光普記	仝右	[illegible]金根	仝上	一百元	一	四百	四百	二百	未
新容軒	南長街	神錫容	仝上	二百元	二	五百	五百	二百	入
光華軒	黃泥橋	劉榮根	仝上	二百元	二	五百	五百	二百	入
雲軒	灣頭上	薛金根	仝上	一百元	未	四百	四百	百五	未
明容軒	仝右	神承義	鎮江	三百元	一	五百	五百	二百	入
新聞	淡虎橋	蔣阿東	仝上	八十元	未	四百	四百	二百	入
新園	黃泥埭	陸阿菊	仝上	五十元	未	四百	四百	一百	入
周陽記	仝右	周養興	無錫	一百元	未	五百	五百	二百	入
陳記	薛家街	陳阿二	鎮江	八十元	未	四百	四百	二百	入
瑞雲軒	南新路	張阿大	仝上	三百元	四	五百	五百	二百	入
復記	黃泥埭	朱金寶	仝上	一百元	未	四百	四百	二百	入
永華	大公橋	孫岐耀	儀徵	一百二十元	一	四百	四百	二百	入
薛記	南上塘	薛雲卿	仝上	八十元	一	四百	四百	二百	入
陸[illegible]記	南下塘	[illegible]巧根	鎮江	一百三十元	二	五百	五百	二百	入
新新記	界涇橋	徐子良	仝上	二百元	二	五百	五百	二百	入
進記	仝右	王榮昌	仝上	一百元	一	五百	五百	二百	入
鑫發軒	仝右	蔡鑫泉	仝上	二百元	一	五百	五百	二百	入
榮華	南上塘	任錫大	仝上	八十元	未	四百	四百	二百	入

一五二

調查統計

牌號	開設地點	店主姓名	籍貫	資本數	雇用髮匠若干	理髮價目 男	女	兒童	是否加入工會	備考
高德記	南上塘	高德馨	仝上	五十元	一	四百	四百	二百	入	
仝記	仝右	楊邵氏	仝上	二百元	一	五百	五百	仝上	入	
民德堂	清明橋	張阿炳	無錫	百五十元	三	五百	五百	仝上	入	
湧祥軒	伯瀆巷	邱茂蘭	無錫	五十元	末	四百	四百	仝上	入	
陸雲軒	南上塘	陸梅芳	無錫	一百元	三	五百	五百	仝上	入	

第四分局

牌號	開設地點	店主姓名	籍貫	資本數	雇用髮匠若干	理髮價目 男	女	兒童	是否加入工會	備考
大同	迎龍橋	陸阿榮	無錫	一百五十元	三	一角五	二角	七分	入	
高記	迎龍橋	高六生	揚州	三百四十元	三	仝		上	入	
鄧鳳軒	迎龍橋	李小弟	仝上	二百三十元	三	仝		上	入	
億樂也	迎龍橋	謝明榮	鎮江	二百元	三	仝		上	入	
劉松記	棚下	劉大松	鎮江	二百二十元	三	仝		上	入	
新美容	棚下	蔣榮清 唐金法	無錫	二百五十元	四	仝		上	入	
愛容軒	魚行街	陳阿龍	武進	二百五十元	三	仝		上	入	
美麗	魚行街	張阿梅	無錫	二百元	無	仝		上	入	
新蔡麗	西直街	陸寶泉	無錫	三百元	五	一角六分		七分		
愛吾廬	西直街	顧渭卿	無錫	仝上	三	仝		上		
九洲	壩橋	管德海	揚州	二百元	二	仝		上	入	
張錦軒	棉花巷	張錦軒	無錫	一百十元	二	仝		上		
高雲記	興隆橋	高雲焕	仝上	一五百十元	二	仝		上		
振興	龍頭口	蔡根泉	仝上	五十元	一	仝		上		
陳復茂	橫街	陳仁泉	仝上	一百元	一	仝		上		

第五分局

牌號	開設地點	店主姓名	籍貫	資本數	雇用髮匠若干	理髮價目 男	女	兒童	是否加入工會	備考
銘新	江陰巷	張銘之	儀徵	七十元	一	三百八	四百六	一百五十	入	
南美華	泗堡橋	虞少庭	無錫	三十元	二	三百	四百六	一百	仝	
鳳記	通匯橋	吳錫榮	仝上	一百二十元	一	三百八	四百六	一百	仝	
新念記	周師街	金長林	江北	三百元	二	四百	四百	一百	仝	
美容	江陰巷	劉文斌	仝上	四百元	三	三百五	三百五	一百	仝	
新記	灣巷	虞菊初	無錫	二百元	一	仝		上	仝	
義順	布行弄	楊金祥	江都	二百元	二	仝		上	仝	
章洪記	壇頭街	章業山	仝上	五百元	五	仝		上	仝	
美麗	仝上	虞寶之	江都	三百元	六	三百八	三百八	一百	仝	
新容記	笆斗街	陳雲卿	無錫	二百元	一	仝		上	仝	
永記	芋頭沿河	黃榮桂	江都	一百元	二	三百一	三百二	一百	仝	
楊順記	北柵口	楊順全	無錫	二百元	二	三百五	三百五	一百	仝	
華新	仝上	徐立方	江都	二百元	二	仝		上	仝	
無錫	泥堂街口	潘老班	仝上	四百元	四	仝		上	仝	
新福記	北塘街	高玉福	仝上	四百元	五	四百二	四百二	一百二	仝	
秦鴻記	北塘沿河	秦鴻泰	無錫	三百元	四	三百八	三百八	一百二	仝	
新美利	北塘	虞寶之	江都	三百元	三	四百六	四百六	一百二	仝	
永安記	北塘	張國安	仝上	三百元	五	仝		上	仝	
德昌	接官亭	劉金昌	江都	四百元	四	四百六	三百六	一百五	仝	
蓮蓉軒	新三里橋	程進明	仝上	二百元	二	三百八	四十六	一百二	仝	
白蘭花	黃埠墩	沈開雲	仝上	一百元	一	仝		上	仝	
龍鳳	吳橋	沈開祥	仝上	一百元	一	仝		上	仝	
美愛	麗新路	蘇阿春	仝上	一百元	二	仝		上	仝	

調查統計

一五三

調查統計

第六分局

牌號	開設地點	店主姓名	籍貫	資本數	雇用髮匠若干	理髮價目 男	理髮價目 女	理髮價目 兒童	是否加入工會	備考
光湧軒	周山浜	楊錦奎	無錫	一百元	二	二角	二角	一角	入會	
光復軒	仝上	王耀祖	仝上	二百元	一	仝		上	仝	
吳記	仝上	吳阿林	仝上	二百元	二	仝		上	仝	
鳳安軒	仝上	商國俊	揚州	二百元	一	仝		上	仝	
廣記	仝上	張紀勤	仝上	三百元	二	仝		上	仝	
公義	通惠路	段恆洪	湖北	二百元	一	仝		上	仝	
正記	仝上	崔巳旺	揚州	三百元	一	仝		上	仝	
張記	仝上	張正喜	仝上	四百元	四	仝		上	仝	
幸隆軒	仝上	張正太	仝上	二百元	二	仝		上	仝	
華新記	仝上	華寶泉	無錫	三百元	二	仝		上	仝	
振美	仝上	張正洪	揚州	四百元	二	仝		上	仝	
美最時	周山浜	曹雲鵬	江陰	二十元		仝		上	仝	
美華軒	仝上	邵季源	無錫	八十元		仝		上	仝	

第七分局

牌號	開設地點	店主姓名	籍貫	資本數	雇用髮匠若干	理髮價目 男	理髮價目 女	理髮價目 兒童	是否加入工會	備考
炳記	賣魚橋	王炳泉	無錫	五十元	三	一角六	一角六	七分	未	
蔣記	花園街	蔣根金	仝上	二〇〇元	二	一角	一角	五分	未	
無	賣雞橋	惠松慶	湖州	三〇〇元	二	一角	一角	五分	未	
鄒記	南直街	鄒鍵喜	無錫	四〇〇元	三	一角六	一角六	七分	未	
中興	東橋	浦根祥	仝上	三〇〇元	二	仝		上	未	
劉記	廿露鎮	劉阿炳	仝上	三〇〇元	三	仝		上	未	

劉記	仝上	劉阿炳	仝上	二〇元	三	仝		上	未
無	仝上	王金山	仝上	一〇元	二	一角三	一角三	六分	未
無	甘露鎮	胡春保	無錫	一〇元	三	仝		上	未
無	仝上	沈虎官	仝上	五元	一	仝		上	未
李鳳興	仝上	馬錫記	仝上	三〇元	四	一角六	一角六	七分	未
三興	仝上	吳金發	仝上	五〇元	三	仝		上	未
無	仝上	時速記	仝上	五元	二	一角三	一角三	六分	未
無	仝上	許根壽	仝上	四〇元	三	一角六	一角六	七分	未
寶記	南前	華寶林	仝上	一五元	一	一角	一角	五分	未
無	鴻聲里	惠阿根	仝上	八〇元	一	七分	七分	四分	未
無	仝上	周阿水	仝上	二〇元	一	一角	一角	五分	未
張陽	仝上	李文奎	丹陽	二〇元	四	一角	一角	五分	未
無	仝上	孫竺倍	丹陽	一〇元	一	一角	一角	五分	未
無	茅塘橋	王老三	常熟	一〇元	一	七分	七分	四分	未
無	仝上	秦龍泉	江陰	一〇元	一	七分	七分	四分	未

第八分局

牌號	開設地點	店主姓名	籍貫	資本數	雇用髮匠若干	理髮價目 男	女	兒童	是否加入公會	備考
無	方橋	張大年	無錫	五十元	一	三百	三百	二百	已加入	
無	石塘	何金福	無錫	三十元	一	三百	三百	一百	未	
無	石塘	顧斌初	無錫	三十元	一	三百	三百	一百五	無	
無	板橋	李小羊	揚州	二十元	一	仝		上	入	
無	板橋	陳何全	無錫	一百二十元	二	三百	三百	一百五	入	
鴻記	許舍	趙遙生	鎮江	五十元	二	仝		上	無	
明泉軒	葛棣橋	吳錫範	南通	九十元	一	四百八	四百八	二百	入	

調查統計 一五五

調查統計

長春軒	萬棣橋	盛長春	鎮江	二十元	一	仝		上	無
美發軒	南方泉	朱通章	鎮江	八十元	一	二角	二角	二百	入
無	南方泉	王永興	湖北	三十元	一	二角	二角	二百	無
黄仁記	南方泉	黄良和	江陰	五十元	二	仝		上	無
無	仝上	陸伯大	無錫	五十元	二	仝		上	無
新榮軒	仝上	丁璧鶴	無錫	一百五十元	三	仝		上	入
奕容軒	周新鎮	王正定	仝上	六十元	一	仝		上	無
煥容軒	周新鎮	張其林	浙江	四十元	一	仝		上	入
無	周新鎮	汪阿福	無錫	六十元	一	三百	三百	二百	入
無	夏家邊	王東福	仝上	四十元	一	五百	四百	二百	入
無	夏家邊	王官保	仝上	三十元	一	仝		上	入
無	陸店橋	徐春榮	仝上	四十元	無	仝		上	無
無	西園街	任金生	仝上	二十元	無	仝		上	無
新源	巷上	袁永林	仝上	二十元	無	三百	二百	二百五	無
無	邵巷上	王阿生	仝上	二十元	無	仝		上	無
周記	中橋	周炳榮	仝上	二十元	無	五百	四百	三百	入
公興	水居鄉	孫全發	丹陽	二百元	二	五	四百	二百	入
無	南橋	吳阿二	無錫	五十元	無	一角	一角	五分	無
源記	南橋	張盤福	仝上	一百元	二	二角	二角	七分	無
南美軒	南	蔣阿福	仝上	三百元	二	二角	二角	七分	無
無	耕讀橋	張和尚	仝上	十元	無	一角	一角	五分	無
興記	青祁村	虞菊初	仝上	十元	無	二角	一角	二百	無
美華軒	高車渡	楊洪泉	仝上	七元	無	二角	一角	二百	無
無	落霞橋	謝仲良	仝上	十元	一	三百	三百	二百	無
無	薔薇橋	謝市金	仝上	十五元	一	仝		上	無

牌號	開設地點	店主姓名	籍貫	資本數	雇用髮匠若干	理髮價目 男	女	兒童	是否加入工會	備考
無	蠡橋	余桀南	仝上	十元	一	仝上			無	
無	蠡橋	彭根泉	仝上	十元	一	仝上			無	
無	周潭橋	齊貴福	仝上	十元	無	二百	二百	一百	無	
吳生記	巡塘鎮	吳阿大	鎮江	七十元	一	二百五	二百五	一百五	無	
正容	巡塘鎮	顧壬桂	無錫	五十元	一	三百	仝上		無	
慧容軒	廟橋	董子才	興化	五十元	二	三百五	三百	一百	入	
無	華大房莊	李仁生	無錫	五元	一	二百	二百	一百	無	
無	仝上	章金福	溧陽	十元	四	三百	三百	一百五	無	
倪隆記	新安	倪阿隆	無錫	二十元	三	三百	三百	二百	無	
無	仝上	朱長海	仝上	二十元	三	三	三百	二百	無	
無	仝上	費梅生	仝上	二十元	四	三百	三百	二百	無	

第九分局

牌號	開設地點	店主姓名	籍貫	資本數	雇用髮匠若干	理髮價目 男	女	兒童	是否加入工會	備考
美龍軒	榮巷鎮	馮順寶	無錫	三十元	一	三百五		二百五	已	
鳴華	仝上	周明山	仝上	十五元	一				未	
楊眉室	仝上	黃鈺蒂	仝上	二百五十元	一				已	
美華軒	仝上	劉一修	仝上	三十元	一	一角六		四分	未	
無	徐巷鎮	尤根林	仝上	三十元	一	三百五		二百五	未	

第十分局

牌記	開設地點	店主姓名	籍貫	資本數	雇用髮匠若干	理髮價目 男	女	兒童	是否加入工會	備考
湧記	后橋	陳寄福	無錫	六〇元	無	三百	仝上	半價	未	
無	后橋	浦福根	仝上	一〇元	無	仝上			未	
無	后橋	李阿大	仝上	一〇元	無	仝上			未	

調查統計 一五七

調查統計

牌號	開設地點	店主姓名	籍貫	資本數	雇用髮匠若干	理髮價目 男	女	兒童	是否加入工會	備考
無	后橋	吳和尚	仝上	二〇元	無	仝		上	未	
無	后橋	浦阿二	仝上	八元	無	仝		上	未	
無	后橋	王雲泉	川沙	一〇元	無	仝		上	未	

一五八

第十一分局

牌號	開設地點	店主姓名	籍貫	資本數	雇用髮匠若干	理髮價目 男	女	兒童	是否加入工會	備考
	后宅	張阿男	無錫	三十元	一	三百	四百	百文	未	
	后宅	李根虎	仝上	三十元	二	仝上	仝上	仝上	未	
	后宅	沈阿通	仝上	二十元	一	仝上	仝上	仝上	未	
	后宅	金阿大	仝上	二十元	一	仝上	仝上	仝上	未	
愛美麗	后宅	鄒文英	仝上	三百元	三	仝上	仝上	二百	未	
	后宅	馬三寶	仝上	五十元	一	仝上	仝上	百文	未	
	后宅	錢金發	仝上	三十元	一	仝上	仝上	仝上	未	

第十二分局

牌號	開設地點	店主姓名	籍貫	資本數	雇用髮匠若干	理髮價目 男	女	兒童	是否加入工會	備考
根記	東房橋	許小根	無錫	五元		三百		一百	未	
	東房橋	劉阿大	仝上	七元		仝上		仝上	未	
	東房橋	顧掌寶	仝上	十元	一	仝上		仝上	未	
	長安橋	顧小根	仝上	二十元	學徒三	二百		仝上	未	
鑫記	長安橋	陳榮根	仝上	二十元	學徒一 夥二	仝上		仝上	未	
	長安橋	嚴招財	揚州	六元		仝上		仝上	未	
	長安橋	王阿金	仝上	二十元		仝上		仝上	未	
	長安橋	顧阿任	仝上	二十元	學徒二	仝上		仝上	未	
	長安橋	秦有龍	太平洲	十元		仝上		仝上	未	

黃鈺記	東北塘	黃阿伍	無錫	七十元	學徒二	仝上	仝上	入
	東北塘	張云洲	仝上	二十元	學徒二	仝上	仝上	未
	東北塘	張寶賓	仝上	十元	學徒一	仝上	仝上	未
	東北塘	王阿大	仝上	五元		仝上	仝上	未
	東北塘	顧三大	仝上	十五元	學徒一	仝上	仝上	未
潘聚興	八士橋	潘盤泉	仝上	三十元	二	三百	二百	未
北春軒	八士橋	李洪泉	仝上	二十元	三	仝上	一百	未
	八士橋	華榮泉	仝上	五元	一	仝上	仝上	未
新美樂	八士橋	王鳳生	仝上	一百元	三	仝上	仝上	未
美春軒	八士橋	過崇廷	仝上	三十元	二	仝上	仝上	未
麗新	八士橋	過錫根	仝上	五十元	二	仝上	仝上	未
	八士橋	過和官	仝上	一元	一	仝上	仝上	未
永記	八士橋	張餘豐	淸江	五十元	四	仝上	仝上	未
	八士橋	潘子定	淮安	五元	一	仝上	仝上	未
	張涇橋	喬然生	無錫	十五元	一	仝上	仝上	入
東美春	張涇橋	陶根寶	仝上	二十元	二	仝上	仝上	未
章根記	張涇橋	章根記	仝上	二十元	三	仝上	仝上	未
	張涇橋	顧根林	仝上	二十元	二	仝上	仝上	未
	張涇橋	謝長林	仝上	五元	一	仝上	仝上	未
	張涇橋	曹產生	仝上	十元	三	仝上	仝上	未
	張涇橋	唐根祥	仝上	五十元	三	仝上	仝上	入
	張涇橋	徐阿根	江陰	五元	一	仝上	仝上	未
	毛巷街	錢和生	無錫	二十元	二	二百	仝上	未
	劉潭橋	陸盤金	仝上	三十元	二	仝上	仝上	未
	劉潭橋	任阿銀	仝上	十五元	一	仝上	仝上	未

調查總計 一五九

牌號	開設地點	店主姓名	籍貫	資本數	雇用髮匠若干	理髮價目 男	女	兒童	是否加入工會	備考
	塘頭鎮	陸裕根	全上	二十元	二	全上		全上	未	
	塘頭鎮	黨元發	全上	二十元	二	全上		全上	未	

第十三分局

牌號	開設地點	店主姓名	籍貫	資本數	雇用髮匠若干	理髮價目 男	女	兒童	是否加入工會	備考
錫記	堰橋中街	蔣錫坤	無錫	五十元	三	二角	二角	一百五	入	
美華	堰橋東街	蔣龍泉	全上	五十元	二	全上	全上	全上	入	
福記	堰橋東街	孫阿福	全上	五十元	二	全上	全上	全上	未	
曹記	堰橋西街	曹阿五	全上	五十元	二	全上	全上	二百	入	
楊記	堰橋西街	楊阿二	全上	三十元	一	全上	全上	全上	入	
美容軒	堰橋西街	曹阿五	全上	三十元	一	全上	全上	全上	入	
愛記	秦安鎮	徐愛寶	全上	三十元	一	四百	四百	二百	未	
榮記	秦安鎮	錢之榮	全上	三十元	無	全上	全上	全上	未	
劉記	長安橋	劉小流	鎮江	二十元	一	二角	二角	二百	未	
錫記	長安橋	吳阿錫	無錫	三十元	無	全		上	未	
華記	張村南街	華阿二	全上	十五元	無	四百	四百	二百	未	
雲記	張村南街	丁雲林	全上	二十元	無	全		上	未	
祥記	張村中街	錢勝祥	全上	三十元	無	全		上	未	
菊記	寺頭北街	余菊泉	全上	二十元	無	四百	四百	一百五	未	
勝記	寺頭中街	余勝泉	全上	三十元	無	全		上	未	
發記	寺頭中街	朱桂發	全上	三十元	無	全		上	未	
盤容	寺頭南街	張盤根	全上	五十元	一	二角	二角	二百	未	
高記	尤家垻	高阿菊	全上	三十元	無	四百	四百	一百五	未	
麗華	尤家垻	周寅生	全上	二十元	無	全		上	未	
鈺記	尤家垻	蔣菊明	全上	三十元	一	全		上	未	

第十四分局

牌號	開設地點	店主姓名	籍貫	資本數	雇用髮匠若干	理髮價目			是否加入工會	備考
						男	女	兒童		
會益	張舍鎮	李成森	丹徒	八十元	二	三百	二百	一百		
	張舍鎮	趙和尙	無錫	十二元		仝		上		
李竹榮	張舍鎮	李大萬	丹徒	五十元		仝		上		
	稍塘橋	崔林財	揚州	十五元	二	仝		上		
	稍塘橋	楊永福	淮安	四十元	一	仝		上		
于興記	稍塘橋	于老三	丹陽	五十元	二	仝		上		
新美容	胡埭	孫榮龍	丹陽	六十元	三	仝		上		
	胡埭	杭文寶	無錫	六十元	一	仝		上		
	胡埭	蔣阿二	無錫	三十元	一	仝		上		
	盛店橋	張漢清	無錫	十五元		仝		上		
美容軒	陸區橋	方學高	揚州	三十元	一	仝		上		
	陸區橋	薛仁林	常州	五十元		仝		上		
德勝	陸區橋	吳德勝	揚州	四十元	四	仝		上		
	新瀆橋	尹松大	宜興	十五元		仝		上		
	新瀆橋	曹長富	揚州	十五元	一	仝		上		
	新瀆橋	方金海	武進	三十元	二	仝		上		
立記理髮館	楊墅園	徐立沅	揚州	六十元	四	仝		上		
新新美容軒	楊墅園	徐立沅	仝上	二十元	一	仝		上		
倪元山	楊墅園	倪元山	仝上	二十元	三	仝		上		
陳發記	楊墅園	陳恩元	仝上	五十元	二	仝		上		
妙容軒	洛社	夏長海	仝上	五十元	二	仝		上		

第十五分局

調查統計

調查統計

牌號	開設地點	店主姓名	籍貫	資本數	雇用髮匠若干	理髮價目 男	理髮價目 女	理髮價目 兒童	是否加入工會	備考
永記	北七房	殷永忠	揚州	二十元	一	三百五	三百五	減半	入工會	
美華軒	北七房	陳開銀	浙江	五十元	一	三百	三百	一百五	未	
劉福記	秦巷鎮	劉壽生	無錫	十元	二	三百一	三百五	一百五	未	
王記	秦巷鎮	王根和	仝上	十元	二	仝		上	未	
金記	秦巷鎮	朱阿金	仝上	十元	二	仝		上	未	
東樂	洛社	劉萬朝	揚州	一百元	二	三百	三百	一百五	入工會	
趙記	洛社	趙大明	仝上	一百元	二	三百四	三百五	一百	入工會	
裕記	洛社	王玉生	仝上	十五元	一	三百	三百	一百五	入工會	
吳興記	南雙廟	吳興法	無錫	五元	二	二百	二百	一百	未	
高記	南雙廟	高萬照	揚州	五元	二	仝		上	未	
李記	禮社	李寶友	興化	十元	四	三百	四百	二百	未	
宋記	玉祁	宋阿大	無錫	十五元	三	仝		上	未	
陳記	玉祁	陳巧用	仝上	五元	二	仝		上	未	
任記	玉祁	任錫林	仝上	五十元	三	仝		上	未	
薛記	玉祁	薛金茂	仝上	五元	二	仝		上	未	
陳記	玉祁	陳阿胖	仝上	五元	二	仝		上	未	
美順軒	前洲	王玉蓮	揚州	五十元	一	三百	三百	一百五	入工會	
美容軒	前洲	陸阿松	無錫	五十元	一	仝		上	仝上	
光容軒	前洲	唐錫根	仝上	一百元	一	仝		上	仝上	
馮記	前洲	馮勇林	仝上	二十元	無	仝		上	仝上	
李記	前洲	李炳延	常熟	五十元	無	仝		上	未	

第十六分局

牌號	開設地點	店主姓名	籍貫	資本數	雇用髮匠若干	理髮價目 男	理髮價目 女	理髮價目 兒童	是否加入工會	備考

調查統計

牌號	開設地點	店主姓名	籍貫	資本數	雇用髮匠若干	理髮價目 男	理髮價目 女	理髮價目 兒童	是否加入工會	備考
新美軒	井亭街	高吉標	無錫	一百元	二	二角	二角	一角	入	
直轄第一分駐所										
周記	興塘	周敦發	丹徒	十元	一	仝上	上仝	一百	否	
沈記	仝上	沈阿興	仝上	十五元	一	仝		上	否	
韓記	仝上	韓云山	無錫	二十元	一	仝		上	否	
朱記	廊下	朱云山	仝上	二十元	一	仝		上	否	
曹記	涌墅	曹榮良	無錫	十元	一	二百	二百	仝上	否	
張記	仝上	張金林	常熟	二十五元	一	仝		上	否	
孫記	仝上	孫盤觀	常熟	二十五元	二	仝		上	否	
顧記	仝上	顧仁保	常熟	十五元	二	仝		上	否	
趙記	仝上	趙桂章	常熟	二十元	二	仝		上	否	
陸記	嚴家橋	陸和尙	常熟	三十元	三	仝上	仝上	一百五	否	
蔣坤記	羊尖	蔣阿坤	無錫	二百元	三	仝		上	否	
合興公司	羊尖	陳龍保	無錫	二百元	七	仝		上	否	
朱記	羊尖	朱家理	南通	一百元	四	三百	三百	一百	否	
王記	仝上	王錫康	無錫	十元		仝		上	否	
陸記	仝上	陸金根	常熟	二十元		二百	二百	仝上	否	
陳根記	仝上	陳根全	無錫	二十元	二	仝		上	否	
陶然居	仝上	郭云峰	無錫	三十元	一	仝		上	否	
殷記	仝上	殷仁炳	無錫	三十元	一	仝		上	否	
耀記	仝上	耿耀定	泗陽	二十元	一	仝		上	否	
金記	安鎮	章耀金	無錫	四十元	一	仝		上	否	
美華	安鎮	高金保	無錫	五十元	四	三百	三百	一百五	否	

一六三

楊記理髮店	熙春街	楊阿二	無錫	一百五十元	三	仝上	入
許記理髮店	熙春街	許榮桂	無錫	七十元	二	仝上	入

調查統計

一六四

寺廟調查表 二十二年六月調查

第一分局

名稱	所在地點	主持姓名	籍貫	是否僧道	廟產若干	備考
匯龍菴	會龍橋下	瑞慶	無錫	尼		
九華菴	西裏城脚	周福和女	仝上	白修		
上壽禪院	迎元街	何生	仝上	僧		
武聖廟	三皇街	施畢影	仝上	看廟		
北禪寺	北禪寺巷	如松	仝上	僧		
烈帝廟	稅務前	王小奶女	仝上	自修		
清林菴	鹽煤浜	智仁	仝上	尼		
希夷道院	希道院巷	吳鑄坪	仝上	道		
小南海	南門便民橋	國華	仝上	僧		
財神廟	大市橋街	孫阿大	仝上	看廟		
普賢南院	崇安寺	榮定	仝上	僧		
萬松院	仝上	耀珊	仝上	僧		
文昌宮	仝上	洪濟	仝上	僧		
中隱院	寺後門	榮泉	仝上	僧		
三官殿	崇安寺	巧生	仝上	僧		
觀音閣	大婁巷	錫觀	仝上	僧		
普賢北院	公園路	鴻達	仝上	僧		
三皇廟	三皇街	吳根培	仝上	看廟		
老城隍廟	三皇街	吳春甫	仝上	看廟		

靈官廟關帝殿	東大街	楊錢氏女	仝上	看廟		
火神殿	圖書館路	華伯陽	仝上	道		
雷尊殿	圖書館路	華阿炳	仝上	道		
財神廟	小婁巷底	蔣榮亮	仝上	看廟		
藥師庵	進士坊巷	鴻沛	仝上	僧		
南大悲庵	駐總橋	薛靖仙女	仝上	自修		
龍祠庵	便民橋	信初女	仝上	自修		
長生殿	圖書館	闞軒之	仝上	道		
崇安寺大殿	崇安寺	祁鑫	仝上	僧		

第二分局

名稱	所在地點	主持姓名	籍貫	是否僧道	廟產若干	備考
清真寺	清真寺街	馬壽亭	南京	回回	八千元	

第三分局

名稱	所在地點	主持姓名	籍貫	是否僧道	廟產若干	備考
張王廟後房	二六十一圖	周念安	無錫	道士	基地四分二厘屋六間	廟董江煥卿周龍生
張王廟側房	仝上	楊可成	仝上	道士	基地十畝屋三間	仝上
張王廟左房	仝上	朱鳳鳴	仝上	道士	屋四間	仝上
水仙廟	清明鎮	吳阿根	仝上	看廟人	基地五畝屋三十間	廟董周龍生龐壽齊
靜室庵	黃泥鎮	耀卿	仝上	師姑	基地三分屋三間	
三官堂	仝上	西官	仝上	師姑	基地四分屋五間	
龍化庵	仝上	二小奶	仝上	師姑	基地三分屋三間	
正地庵	仝上	燕法	鹽城	僧	基地三分屋五間	
大王廟	仝上	林阿牛	無錫	看廟人	基地五分屋七間	廟董江導山
東平王廟	南門石灰壩	無	無	無	基地二分屋二間	

東平王廟	南門老卜浜	無	無	無	地基五分屋六間	
洞淵宮	長街鎮	無	無	無	屋一間	
迎龍菴	下塘鎮	金祥卿	無錫	師姑	基地五分屋六間	
忠安大王廟	仝上	陸阿二	仝上	看廟人	基地六分二厘屋六間	
保安寺	伯瀆鎮	隸如	廣東	僧	基地十九畝屋三十二間	
新浦廟	大緣鄉	尤長根	無錫	看廟人	基地五畝屋八間	廟董邱志心
菊華菴	仝上	德根	仝上	無	基地三畝屋八間	廟董邱志勳
鎮堂菴	清明鎮	勝壽	仝上	無	基地六分屋四間	

第四分局

名稱	所在地點	主持姓名	籍貫	是否僧道	廟產、若干	備考
水月菴	黃埠墩	徐春浪	南通	僧		
萬壽庵	五里街	孫阿泉	常熟	僧		
張中丞廟	惠山直街	周世金	無錫			
東嶽行宮	惠山直街	周洪培	仝上			
夢神殿	錫山二坡	顧光成	仝上		山田十一畝	
龍光寺	錫山頂	能安	泰興	僧	山田十七畝	
石浪庵	錫山下	如性	無錫	僧		
白衣殿	聽松街	惟宏	仝上	僧	田四十八畝	
媧皇殿	聽松街	孫庚熊	仝上			
不二法門	仝上	悟覺	仝上	僧		
玉皇殿	二泉上	邵誠志	仝上	道		
牧羣庵	春申澗	志海	仝上	僧		
西林庵	迎龍橋	參霞	江寧	僧		
紫竹庵	錫山坡	順祥	無錫	僧		
慶雲寺	錫山南麓	光意	寧波	僧	田六畝	

雙塔寺	錫山南麓	桂泉	無錫	僧	田十畝	
財神堂	財神堂	慧經	仝上	僧		

第五分局

名稱	所在地點	主持姓名	籍貫	是否僧道	廟產若干	備考
青蓮禪院	泗堡橋	佛緣	無錫	僧	九間	
梵音閣	通滙橋	茂安	仝上	僧	四間	
旋璣壇	柵街	馮雙道	仝上	道	六間	
關帝殿	水街口	毛仰山	仝上	道	二間	
關帝殿	江尖上	茂亭	仝上	僧	三間	
關帝殿	小三里橋	阿鑑	仝上	僧	十二間	
社公大王廟	後祁路	無			十五間	
府城皇廟	黃埠墩	無			二十間	現駐水警第六隊
觀音堂	謝巷上	張根培	仝上	尼姑	十間	
周老爺堂	後社橋	馬氏	仝上	佛婆	三間	
白衣庵	後社橋	倪根秀	仝上		樓四間	
元升清院	青石橋	李念萱	仝上	道	二間	
蓬萊閣	荳腐浜	無	仝上	廟祝	四間	
鐵索觀	北柵口	華渭市	仝上	道	六間	

第六分局

名稱	所在地點	主持姓名	籍貫	是否僧道	廟產若干	備考
延聖殿	梨花莊	陳發官	無錫	佛教		
錫福庵	廣勤路	惠士修	仝上	家庵		
迎龍庵	西黃泥頭	張楊氏	仝上	仝上		
福聚庵	東黃泥頭	管文	如皋	仝上	一畝	
聚福禪院	黄巷上	許坤泉	無錫	道教		

調查統計

福林菴	丁村上	王阿二	仝上	家菴	一畝半	
天祿菴	梨花莊	理均	仝上	仝上		
護聖菴	仝上	毛老太	仝上	仝上		

第七分局

名稱	所在地點	主持姓名	籍貫	是否僧道	廟產若干	備考
義盛菴	義盛橋	靜空	無錫	僧		
一乘佛社	桃園里	定證	仝上	尼		
三界菴	新橋	慶祥	仝上	僧		
悟眞道院	甘露鎮	顯秀谷	常熟	道		
東嶽廟	邵江巷	悟明	無錫	僧	民田四畝	
廣濟寺	甘露鎮	根福	常熟	僧	積蓄一百元	
甘露寺	仝上	廟董會會長顧君實	無錫	保管委員	田二十八畝	
鍾家廟	草橋弄	覺森	常熟	僧		
觀音堂	濠橋	德師	泰興	僧		
後塘廟	後塘橋	聖悲	蘇州	僧	田十三畝	
烈帝廟	薛司娘橋	順寶	無錫	僧		
東嶽廟	仝上	祝仙	仝上	僧		
普善菴	夏蓮橋	了善	仝上	尼		
大王廟	廟巷	薛阿四	仝上	道		
太平菴	茅塘橋	清淨	揚州	僧		
關帝廟	老馬橋	沈又卿	無錫	道		
興福院	鴻山	明德	泰縣	僧	田七畝	
集福菴	張塘橋	妙法	湖州	僧	田一畝五分	

第八分局

名稱	所在地點	主持姓名	籍貫	是否僧道	廟產若干	備考
三茅寺	石塘	僧昌岐	寧波	僧	稻田六畝	
善慶寺	漆塘下	王氏	無錫	佛婆		
興隆菴	漆塘下	尼阿鳳	仝上	尼		
石塘寺	石塘	僧介凡	仝上	僧		
福慧菴	前章	朱氏	仝上	佛婆	稻田十畝	
祿旺廟	張巷上	朱阿興	仝上	廟祝	稻田八畝	
橫山寺	橫山橋	僧元鎮	泰興	僧	稻田三畝	
雪浪禪林	雪浪山	僧肅成	如皋	僧	稻田十六畝	
橫山廟	橫山橋	何金桂	無錫	廟祝		
裕寧菴	寧滸港	僧富生	仝上	僧	稻田四畝	
仁滸廟	仁滸橋	尼銀華	仝上	尼		
靜寧寺	蟬嶂山	僧煜	仝上	僧		
成性寺	蟬嶂山	僧正一	仝上	僧		
西山廟	西山頂	王氏	仝上	佛婆	稻田五畝	
上古廟	上古橋	郭阿大	仝上	廟祝	稻田四畝	
裕村菴	上古橋	僧昌正	仝上	僧	稻田七畝	
永豐菴	趙舍	僧果證	仝上	僧	稻田二畝	
徐偃土廟	石塘山	施阿榮	仝上	廟祝	稻田七畝	
靈官殿	蟬嶂山	僧性忠	仝上	僧		
長壽禪院	顧巷	僧鈺生	仝上	僧	稻田四畝	
太平菴	謝家衖	胡老成	仝上	廟祝	稻田三畝	
大仙殿	小園裏	僧泰開	仝上	僧		
崇福菴	北菴頭	陳鳳儀	仝上	廟祝		
東平王廟	北菴頭	朱根發	江陰	廟祝		

調查統計

社公廟	水居鄉	許全根	無錫	廟祝	桑山五分
雷尊殿	小糜灣	袁塵鶴	仝上	道士	
興隆庵	小糜灣	唐朱氏	仝上	佛婆	
華嚴庵	陸店橋	陸阿東	仝上	廟祝	
南紹夜庵	陸店橋	賈堅三	仝上	道士	
新項王廟	塘門鄉	馮阿再	仝上	廟祝	
大悲殿	陸井	僧根賢	仝上	僧	桑田八分
福祿院	溪巷上	吳氏	仝上	佛婆	
蘇平大王廟	西園弄	陳任氏	仝上	佛婆	桑田五分
大聖庵	陸巷上	陳亦山	仝上	廟祝	桑田三分
小天竺	石橋溝	僧圓金	淮城	僧	桑田一畝
迎芳庵	陳大巷	僧樂山	無錫	僧	
忠安廟	三朌里	王阿榮	仝上	廟祝	桑田二畝
忠程庵	邵巷上	蘇錫榮	仝上	廟祝	桑田二畝
葛家觀音庵	葛巷上	龔氏	仝上	佛婆	
關帝殿	中橋	徐根三	仝上	廟祝	
龍潭庵	大潘巷	顧學升	仝上	道士	
慈孝庵	張橋頭	張徐氏	仝上	佛婆	
法雲寺	塘北	僧福官	仝上	僧	桑田二畝五分
慈雲庵	北華巷上	黃三妹	江陰	佛婆	桑田六分
蘇秦庵	庵上	謝邱氏	江陰	佛婆	稻田二畝
善慶庵	善念橋	尼仁祥	無錫	尼	桑田一畝
石人廟	曹王涇	丁阿大	仝上	廟祝	
大王廟	東廟橋	范氏	仝上	佛婆	
關帝殿	雪石橋	許氏	仝上	佛婆	

調查統計

且焉菴	低田下	徐馬氏	仝上	佛婆	
玄通菴	武當巷	殷張氏	仝上	佛婆	
希夷道院	高車渡	吳鶴坪	仝上	道士	
關帝殿	徐[illegible]巷	顧松賢	仝上	道士	
將大王廟	青祁	唐吳氏	仝上	佛婆	
觀音堂	青祁	唐吳氏	仝上	佛婆	
寶花菴	寶界山	尼蓮貞	仝上	尼	稻田二畝五分桑田五分
廣福禪院	黿頭渚	僧培如	揚州	僧	
小南海	黿頭渚	僧浦然	揚州	僧	
娘娘廟	中獨山	僧紅元	東台	僧	
畾墅廟	廟灣里	陳菊廷	無錫	廟祝	
成功菴	塔水橋	尼洪培	仝上	尼	
永慶菴	曹婆橋	張普妙	仝上	佛婆	
廣福菴	張六义橋	僧蔭華	興化	僧	
延齡菴	延齡鄉	僧志源	宜興	僧	稻田十八畝半
後許廟	延齡鄉	謝阿芳	無錫	廟祝	
妙慶寺	旺安	僧果真	通州	僧	稻田六畝
俞村菴	旺安	謝雙福	無錫	廟祝	
永福菴	梢涇鄉	僧空良	仝上	僧	稻田二畝
大悲菴	蠡西鄉	僧呂凡	仝上	僧	稻田六畝
順昌菴	橫涇鄉	尼慈元	仝上	尼	
福[illegible]菴	曹[illegible]鄉	無			稻田三畝
岸頭廟	鎮西鄉	阿紀	仝上	廟祝	稻田二畝
圓通菴	華莊鎮	惠華氏	仝上	佛婆	稻田十畝
普惠菴	新安鎮	鄒因春	仝上	廟祝	稻田五畝

名稱	所在地點	主持姓名	籍貫	是否僧道	廟產若干	備考
資福寺	沈瀆	僧天源	東台	僧	稻田七十畝	
青松菴	沈瀆	僧悟道	東台	僧		
福惠菴	杜石鄉	僧妙惠	蘇州	僧	稻田二十五畝	
徐陶菴	南倉	浦阿金	無錫	廟祝	稻田十畝	
徐陶廟	南倉	倪金清	仝上	廟祝	稻田二畝	
淨慧寺	淨慧鄉	僧定律	泰州	僧	稻田六十畝	
太平菴	小溪鄉	僧圓連	靖江	僧	稻田十八畝	
裕慶菴	南草菴	僧福泉	無錫	僧	稻田五畝	
皋旺廟	南草菴	虎根	蘇州	廟祝		
水平廟	南草菴	朱步金	江北	廟祝		
後陳廟	南塍鄉	僧萬根	常熟	廟祝		
顯慈菴	毛文鄉	徐阿根	無錫	廟祝		
顯慈菴	南塍鄉	僧雪峯	仝上	僧		
社公廟	龔巷鄉	朱瑞泉	蘇州	廟祝		
南草菴	周潭橋	嚴王氏	無錫	佛婆		
張中丞廟	南橋	于陳氏	無錫	佛婆		
觀音堂	大橋街	查阿二	仝上	道士		

第九分局

名稱	所在地點	主持姓名	籍貫	是否僧道	廟產若干	備考
青山寺	青山頂	楊福根	無錫	僧	田九畝	
朱帝殿	陳巷	石阿榮	仝上	僧		
明陽觀	上蔣巷	周法信	仝上	道教	田三畝	
明陽觀後殿	上蔣巷	虞信傳	仝上	道教		
龍翔菴	馮巷	祥元	仝上	佛教	田一畝	
青龍菴	老鴉浜	鳳官	仝上	佛教	田一畝	

名稱	所在地點	主持姓名	籍貫	是否僧道	廟產若干	備考
永龍宮	大孫巷	期官	仝上	佛教	田一畝	
雙塔寺	管巷	道成	仝上	佛教	田四畝	
慶雲寺	仝上	高朗	仝上	佛教		
石林庵	廟巷	張塔小姐	仝上	佛教		
懿草庵	廟巷	演如	仝上	佛教		
石老庵	錫山脚	如心	仝上	佛教		
碧龍庵	劉巷上	月壽小姐	仝上	佛教		
迎溪庵	小張巷	白小姐	仝上	佛教		
福成庵	大千橋	能淨	仝上	佛教		
鎮龍庵	大橋巷	王小姐	仝上	佛教		
關帝殿	石埠	清淨	仝上	佛教		
廣福寺	黿頭渚	量如	江都	佛教		

第十分局

名稱	所在地點	主持姓名	籍貫	是否僧道	廟產若干	備考
嵩山寺	嵩山鄉	妙齋	寶應	僧	房屋七十間山田一百五十畝	
朝陽庵	仝上	慧融	江西	仝	房屋十二間山田三畝三分	
嵩福庵	仝上	慧能	無錫	仝	房屋十九間山田三畝	
鶴林庵	仝上	通慧	武進	仝	房屋十六間山田四畝	
關帝廟	謝埭鄉	夏阿大	無錫	廟祝	房屋十一間基地一畝	
永福庵	后橋鎮	覺耀	安徽	僧	房屋五間	
興福庵	讓家橋	曹郭氏	無錫		房屋十一間田一畝五分	
迎龍庵	后北鄉	浦安達	仝上		房屋十二間田三畝	
圓通庵	北錢鄉	華靜智	仝上		房屋二十五間田二十三畝	
關帝廟	中安鄉	朱小林	通州	廟祝	房屋六間田一畝	
徐堰大王廟	中安鄉	包文龍	無錫	仝上	房屋廿一間田一畝五分	

福孝庵	芙蓉鄉	浦紹五	仝上	廟祝	房屋二十間田六畝	
菩提庵	芙蓉鄉	陳鳳鳴	常熟	仝上	房屋九間田八分	
一葉庵	石室山鄉	蘇高氏	通州		房屋三間田一畝	
廣福庵	塘西鄉	孫林福	仝上	仝上	房屋十間田三畝	
大神廟	盤龍鄉	許永生	無錫	仝上	房屋十一間基地半畝	
竹林庵	安寧鄉	季富順	通州	仝上	房屋十二間田二畝七分半	
清福庵	安樂鄉	蔣阿全	無錫	仝上	房屋七間田一畝七分	
仁壽庵	鞋山鄉	郭小江	仝上	仝上	房屋十五間田四畝	
觀音庵	國安鄉	張得慶	仝上	仝上	房屋十五間基地一畝	
[illegible]福庵	曹蕩鄉	陳阿根	仝上	仝上	房屋九間田一畝半	
增福庵	太平鄉	平阿弟	仝上	仝上	房屋三間	
福神殿	徐沖橋	覺耀	安徽	僧	房屋三間	

第十一分局

名稱	所在地點	主持姓名	籍貫	是否僧道	廟產若干	備考
臘城廟	方橋鎮	黃有根	無錫			
水月庵		金林	江北			
泗洲寺		僧如山	無錫	是		
靜室庵	鄒搭橋	僧巧生	無錫	是		

第十二分局

名稱	所在地點	主持姓名	籍貫	是否僧道	廟產若干	備考
三界庵	曲尺巷		江陰	僧	田八分	
聖堂庵	三房巷	李衛昔	江陰	道	田八分	
潘陽大王廟	東房橋河南	陸小全	仝上			
觀音殿	大房巷	黃小大	仝上			
關帝殿	斗山	顧姓	江陰		田八畝	

調查統計

觀音殿	斗山	陸姓	江陰	道	
關帝殿	西宅	陸正和	無錫		
東平王廟	東房橋	周阿、同	江陰		田一畝
觀音殿	羅巷	羅湧根	無錫	僧	田三畝
觀音殿	里塘灣	朱琪寶	無錫	僧	田三畝
猛將殿	橫河	嚴廷脩	江陰		田三畝
水澂庵	橫山	黃姓	江陰	僧	田一畝
張忠丞廟	上舍	華永千	無錫		田二畝
大王廟	上舍鄉	顧姓	江陰		
觀音堂	上舍鄉	華永千	無錫	僧	田六畝
關莊庵	關莊橋	繆炳南	靖江		田一畝五分
勝堂庵	石新橋	陳云標	陽沙		墓一畝五分
廣福庵	八士橋西街	仁法	無錫	僧	房十餘間
忠佑宮	崑村	甯泉		僧	田一畝房六間
大王廟	崑村	陸根川	無錫		房十間
新大王廟	張涇橋	馬恩和	江北		田二畝房六間
南關帝廟	仝上	金闌	無錫		房三間
東平庵	東莊	張惠鈿	仝上		墓半畝
慶長庵	馬家巷	張鐵梅	仝上		墓一畝半
太平庵	太平橋	梅泉	仝上	僧	墓一畝半
西林庵	河西	福林	北濟	僧	墓二畝
上大王猛將殿	古莊	蔣氏	江北		墓二畝
大王廟	灣斗里	丁氏	仝上		墓一畝
東平王廟	東北塘宮	張氏	無錫		墓三分
興武帝	東北塘宮	陳氏	仝上		墓三分

一七五

隆法庵	西北塘	張阿二	江北		基三分	
延福庵	俞杭橋	孫福元	無錫		二分	
東林禪院	芙蓉山	衛修	通州	僧		
大老爺殿	仝上	衛修	仝上	僧		
三茅殿	仝上	定宣	無錫	僧		
玉皇殿	仝上	定鈺	無錫	僧		
張中丞廟	八士橋東街	陳進官	仝上		廟房二十間	
大王廟	八士橋東街	陳進寶	無錫			
古塔禪	毛巷街	李阿四	南通		桑樹半畝	
紅大王廟	毛巷街	劉阿紀	無錫		田一畝	
大王廟	劉潭橋	馮紅根	仝上		田二畝	
張廷廟	陳巷上	馮春泉	仝上			
大王廟	錫澄公路二橋	李阿全	仝上			
三茅殿	嚴埭	李盤林	仝上			

一七六

第十三分局

名稱	所在地點	主持姓名	籍貫	是否僧道	廟產若干	備考
貞武殿	西膠山	范進培	無錫	道友		
送子殿	仝上	洪貴	常州	僧		
三茅殿	仝上	瑞聲	江陰	仝		
崇福寺	仝上	應芳	仝上	仝		
大王廟	仝上	王富泉	無錫	俗		
福勝庵	戴圻	耀庭	仝上	僧	蘆田二畝	家廟
永興庵	長崗鄉	煜山	仝上	僧	柒百五十元	
天后宮	倉橋鄉前張涇	王阿榮	仝上	俗	一千元	
寶蓮庵	倉橋鄉後張涇	馮奇根	仝上	俗	六百三十元	
寶善庵	倉橋鄉	近山	仝上	僧	八百元	

名稱	所在地點	主持姓名	籍貫	是否僧道	廟產若干	備考
茶庵	運河邊	楊映泉	仝上	俗	二百元	
朝陽庵	倉橋鄉			俗	三百元	
積福庵	高田鄉	巧寶	仝上	俗		
青銷庵	毛巷鄉	增泉	仝上	僧	一千元	
大王廟	仝上	徐士泉	仝上	俗	三百元	

第十四分局

名稱	所在地點	主持姓名	籍貫	是否僧道	廟產若干	備考
猛將廟	張舍	吳義才	淮安	非	十四畝	
本巷廟	仝上	張阿大	常州	非	五畝	
圓通堂	劉塘橋	陸金濤	通州	非	二畝	
竹發廟	運杆	濟阿三	江陰	非	十畝	
延壽庵	劉塘橋	許必達	常州	非		
觀音堂	清山	徐阿順	江北	非	三畝	
安慶廟	仝上	毛阿大	常熟	非	一畝五分	
雷尊殿	后莊	殷桀生	仝上	非	一畝五分	
大悲庵	稍塘橋	僧仁寶	仝上	僧	三畝	
圓通庵	稍塘橋	楊正大	無錫	非	六畝	
福成庵	井亭					
致禪院	清山	僧自法	江陰	僧	十畝	
觀音堂	堯灣	朱長青	泰州	非	三畝	
金牛嶺廟	華藏	金宏開	江陰	非		
東平廟	陽灣	咸老二	常州	非	二畝	
周三廟	梅車口	陳治魁	東台	非	八畝	
蔡村廟	歸山	僧普慶	無錫	僧		
福緣庵	龍爪	曹產根	仝上	非	一畝五分	附設小學

調查統計

一七八

華藏寺	華藏	僧宏開	仝上	僧	十二畝	
福壽菴	岸前	趙大玉	仝上	非	五分	附設小學
藥師菴	西溪	王邦涵	仝上	非	二畝	
靑雲菴	沙灘	楊鳳堯	江陰	非		
觀音堂	仝上	沈如章	興化	非	二畝	
淸鎭觀	西溪橋	許阿興	無錫	非		
東中廟	胡埭	陸松林	常州	非		
觀音堂	仝上	僧慈安	仝上	僧	三畝	
伍相廟	閭江	何紀實	東台	非	五分	
柏玉山	仝上	李寶雲	無錫	非		
觀音堂	增山灣	吳平綠	仝上	非		
普福菴	大花村	諸松菊	江陰	非	二畝	
廣身菴	夏瀆	錢和生	仝上	非	八畝五分	附設小學
殷家菴	盛店	蔡和生	常熟	非	五分	
凌岸廟	張華橋	鄧升全	無錫	非	五畝	
觀音堂	福山	陳阿二	常熟	非	三畝	
關帝廟	盛店	龔鳳琴	無錫	非	五畝	
永寧廟	仝上	張有才	仝上	非		
南寶菴	連杆	金保	仝上	非	五畝	附設小學
觀音堂	大花村	吳平綠	仝上	非		
普濟菴	覺成和尙	覺成和尙	江北	僧	七分	
圓通菴	負來橋	僧洪兆	常州	仝	三畝	
孟村菴	興隆	僧長根	無錫	仝	二畝	
金妃廟	徐舍	郁和芳	江陰	道	三畝	
龍王廟	河柳	周勝隆	無錫	仝	十五畝	

東嶽廟	仝上	周勝隆	仝上	仝	
翠微寺	仝上	僧仁德	仝上	僧	八畝
清水洞	仝上	僧根元	仝上	仝	
森羅殿	陸區橋	僧德全	仝上	仝	四畝
關帝廟	仝上				
丁莊廟	楊家村	錢雲生	常熟	道	
青龍庵	察亭橋	僧蓮生	通州	僧	五畝
洪社庵	池基鄉	孝金	靖江	仝	六畝
永寧庵	尹城				三畝
正覺庵	牌樓下	僧正裕	無錫	僧	二十畝
萬美庵	楊木橋	僧漢平	仝上	仝	三十畝
西廟	崇仁鄉	周阿賓	仝上	道	四十畝
東廟	東西鄉	齊阿雲	仝上	仝	六畝
化成寺	陸區橋	僧通慧	如皋	僧	三畝
觀音堂	興隆橋	江大有	鹽城	道	四畝
神廟	新瀆橋	沈根泉	無錫	仝	五畝
萬壽庵	仝上	僧阿錢	仝上	仝	六畝
文昌閣	仝上	李顧氏	仝上	仝	
橫灣廟	修浦	陳和尚	仝上	仝	五畝
觀音堂	仝上	葛復春	通州	仝	二畝
柏盛廟	鴻橋	朱阿福	江陰	仝	六畝
牛郎廟	楊莊	僧浩惟	無錫	僧	五畝
朝陽洞	鴻橋	僧志恆	通州	仝	十六畝
關帝廟	萬安鄉	蔡玉英	江陰	道	一畝
尚書廟	仝上	僧修三	仝上	僧	一畝

調查統計

一七九

新尙書廟	仝上	僧修三	仝上	仝	五畝	
朱帝廟	仝上	僧德林	仝上	仝	十畝	
觀音堂	人和鄉	李阿林	仝上	道	二畝	

第十五分局

名稱	所在地點	主持姓名	籍貫	是否僧道	廟產若干	備考
湧珠禪院	北七房	王阿根	江陰			
忠安司廟	北七房	顧阿天	無錫			
祠山行宮	黃石街	趙炳生	無錫			
蜈溪菴	黃石街	錢月印	無錫	僧	有田三畝	
土地廟	秦巷鎮	平阿榮	無錫			
湖音菴	溱巷鎮	寶應	無錫	僧		
開利寺	洛社鎮	悟廣	靖江	僧	有田五六畝	
忠安廟	南塍廟	劉阿根	無錫			
神仙廟	禮社	王老太婆	江北			
延壽菴	禮社	法輪	靖江	僧		
關帝廟	禮社	張老二	鹽城			
聖壽菴	禮社	尼姑	鎮江	尼姑		
關帝殿	玉祁大鑿	韋根茂	無錫			
大泉廟	玉祁大鑿	楊愛生	無錫			
玉皇殿	玉祁大鑿	李永壽	無錫	道士		
猛將廟	玉祁西街	許阿東	無錫			
西資菴	玉祁西街	張本度	通州			
猛將廟	前洲	李阿貴	無錫			
元通菴	前洲	劉老媽	無錫			
覺慧菴	前洲	楚老媽	無錫			

廣惠宮	前洲	陳老媽	無錫			

第十六分局

名稱	所在地點	主持姓名	籍貫	是否僧道	廟產若干	備考
仁壽菴	安鎮	石舟師	無錫	僧		
會秀菴	仝上	聽山師	仝上	仝		
三茅殿	仝上	王士芳	仝上	看廟		
賢壽菴	仝上	光通師	仝上	僧	一畝	
武烈廟	仝上	雲明師	仝上	僧		
祇陀寺	長大廈	聽山師	仝上	僧	五畝	
東平廟	仝上	任氏	仝上	看廟		
三茅殿	陳巷鄉	潘耀南	仝上	仝		
忠義菴	羊尖鎮	保興師	常熟	僧		
福緣菴	旺田鄉	普清師	無錫	仝		
茅蕩菴	南橋鄉	長興師	仝上	仝	八畝	
松蔭菴	仝上	精梵師	仝上	仝		
大王廟	興塘	陸氏	仝上	看廟		
周老爺廟	仝上	范春榮	仝上	仝上		

直轄第一分駐所

名稱	所在地點	主持姓名	籍貫	是否僧道	廟產若干	備考
延壽司殿	南倉門	顧桂森	無錫			
萬壽菴	上馬墩	王張氏	仝上			
珠璣菴	周巷上	周和福	仝上			
大王廟	普提浜	范伯溪	仝上			

無錫消防事業概略

無錫消防事業，向係地方人士自行組織；一切消防器具，亦係地方自行募捐購置；所有消防人員，及一切經常費用純係義務性質，不另支薪。一遇火警，傳鑼警報；市區要道即開閉紅綠警燈。各消防人員，立時携帶消防器，奮勇救護，至撲滅而後已。全城消防區域，分爲東南西北中廣勤六區，各分地段駐防。總會設在火車站；現以駐軍借用，遷移城內第一區公所辦公。每年春秋二季，恆舉行演習，成績斐然。距鄉區一切設備，較城區爲遜，蓋經費不逮城區之充裕也。茲將市區各段地址，及會員人數，消防器具等，分別列下。

無錫市區各段消防狀況表

會名	地址	會員人數	消防機龍	洋龍	皮帶	其他器具
東區一段	東門亭子橋	五十	一具	一具	一百丈	橡皮帶一百丈
南區一段	南門清名橋	五十		一具	一百丈	
南區二段	南長街	五十		仝上	仝上	
南區三段	淸名橋下塘	五十		仝上	仝上	
南區四段	黃泥埲	五十		仝上	仝上	
南區五段	老爵頭	五十		仝上	仝上	
西區一段	西吊橋	五十		仝上	仝上	
西區二段	西倉橋	五十		仝上	仝上	
北區一段	北大街	五十	一具	仝上	二百丈	橡皮皮帶十丈
北區二段	壇頭街	五十	一具	仝上	仝上	仝上
北區三段	接官亭	五十	一具	仝上	仝上	仝上
北區四段	三里橋	五十	一具	仝上	仝上	仝上
北區五段	北塘東街	五十		仝上	一百丈	
北區六段	小泗房街	五十	一具	仝上	二百丈	橡皮皮帶十丈
北區七段	泗保橋	五十		仝上	一百丈	
北區八段	江尖上	五十		仝上	仝上	
北區九段	北柵口	五十	一具	仝上	二百丈	橡皮皮帶十丈
北區十段	江陰巷	五十		仝上	一百丈	
北區十一段	吉祥橋	五十	二具	仝上	三百丈	橡皮皮帶十丈

北區十二段	黃泥橋	五十		一具	一百丈	
廣勤區一段	廣勤路	五十		仝上	仝上	
中區一段	書院街	五十	一具	仝上	二百丈	橡皮皮帶十丈
中區二段	裏黃泥橋	五十		仝上	一百丈	
中區三段	寺巷口	五十	一具	仝上	二百丈	橡皮皮帶十丈
中區四段	大寺橋	五十		仝上	一百丈	
中區五段	駁岸上	五十	一具	仝上	二百丈	橡皮皮帶三十丈
中區六段	斜橋下	五十		仝上	五十丈	
中區七段	青果巷	五十		仝上	一百丈	
中區八段	中市橋	五十		仝上	仝上	
中區九段	南市橋	五十		仝上	仝上	
中區十段	老縣前	五十		仝上	仝上	

無錫縣市區馬路調查表

廿二年六月調查

路名	寬度(以公尺為標準)	長度	建築材料	人行道寬度
公園路	十公尺至三十公尺	五百五十公尺	石片	半公尺
光復路	八公尺至十公尺	一百二十五公尺	仝上	一公尺
漢昌路	十一公尺半	九十六公尺	仝上	仝上
開通路	八公尺至十公尺	一百二十五公尺	仝上	一公尺半
工運路	十二公尺至十五公尺	六百九十公尺	仝上	半公尺
圖書館路	六公尺至八公尺	三百二十公尺	仝上	
羊腰灣路	三公尺至六公尺	一千八五十公尺	煤屑	
東新路	七公尺半	一百零五公尺	石片	一公尺
梁溪路	九公尺	二百十公尺		
前太平巷	三公尺至四公尺半	三百八十五公尺	仝上	
後太平巷	三公尺至三公尺半	一百八十五公尺	仝上	

交際路	八公尺半	七十五公尺	仝上
中正路	三公尺至七公尺半	一百零五公尺	仝上
南倉門	五公尺至七公尺半	九百十公尺	仝上
通惠路	十二公尺至十五公尺	三千九半公尺	石片煤屑
麗新路	三公尺至六公尺	三百八十公尺	煤屑
廣勤路	四公尺半至八公尺	一千五百五十公尺	石片
廣勤第一支路	三公尺半至十八公尺半	五百三十公尺	石片 土
廣勤第二支路	三公尺半至六公尺半	五百八十公尺	仝 上
廣勤第三支路	三公尺至六公尺	五千三百十公尺	仝 上
廣勤第四支路	三公尺半至六公尺半	四百八十公尺	煤屑 土
前社橋路	三公尺	九百六十公尺	煤屑
華盛街	四公尺至六公尺	二百四十公尺	煤屑
通濟路	六公尺	一百三十公尺	煤屑
廟港橋路	三公尺至八公尺	一千零八十公尺	石片
西新路	三公尺	一千四百五十公尺	仝上
小三里橋街	三公尺半	三百三十公尺	仝上
北倉門	三公尺至六公尺	三百七十公尺	仝上
西門新馬路	四公尺至六公尺	三百七十公尺	石上
學佛路	六公尺至八公尺	九百五十公尺	仝上
萬全路	六公尺至九公尺	一百五十公尺	仝上
通勤路	六公尺	二百十公尺	仝上
南新路	三公尺半至六公尺	四百八十公尺	仝上
實業橋路	三公尺半	一千零八十六尺	仝上

查鄉區馬路在第三區有揚名路通人力車第四區有開原路並有開原公共汽車自迎龍橋起至小箕山止現正興築錫宜路鋪築路面緊相銜接他則錫澄路自通惠路轉西經青暘直達江陰有錫澄長途汽車公司按照規定時間往來載客至錫虞路在廣勤路起點經羊尖鎮而達常熟刻已通行人力車一俟全路路面完成亦能通行汽車

無錫縣公安局編制薪餉一覽表

局別	職別	員名額	每員名月支額	月支總額	年支總額	備考
縣公安局	記長	一	二〇〇	二〇〇	二四〇〇	
	科長	三	七〇	二一〇	二五二〇	
	督察長	一	七〇	七〇	八四〇	
	一等科員	四	四〇	一六〇	一九二〇	
	二等科員	五	三〇	一五〇	一八〇〇	
	督察員	二	三五	七〇	八四〇	
	雇員	一〇	二〇	二〇〇	二四〇〇	
	偵緝隊長	一	三〇	三〇	三六〇	
	探長	二	一六	三二	三八四	
	探士	一四	一〇	一四〇	一六八〇	
	特務員	一	一六	一六	一九二	
	勤務	一二	一〇	一二〇	一四四〇	
	伙夫	三	八	二四	二八八	
	小計	五九		一四二二	一七〇六四	
分公安局	分局長一等	六	七〇	四二〇	五〇四〇	
	分局長二等	三	五〇	一五〇	一八〇〇	
	分局長三等	七	四〇	二八〇	三三六〇	
	直轄分駐所巡官	一	三五	三五	四二〇	
	一等局員	六	三五	二一〇	二五二〇	
	二等局員	一〇	三〇	三〇〇	三六〇〇	
	巡官	六	三〇	一八〇	二一六〇	
	僱[illegible]	七	一六	一一二	一三四四	
	雇員	一〇	一四	一四〇	一六八〇	
	內勤警長一級	四	一六	六四	七六八	
	內勤警長二級	一	一五	一五	一八〇	
	內勤警長三級	二	一四	二八	三三六	
	內勤警士一級	一七	一二	二〇四	二四四八	
	內勤警士二級	一九	一一	二〇九	二五〇八	
	內勤警士三級	二三	一〇	二三〇	二七六〇	

局					
外勤警長	一級	四	一六	六四	七六八
	二級	一九	一五	二八五	三四二〇
	三級	三一	一四	四三四	五二〇八
外勤警士	一級	四八	一二	五七六	六九一二
	二級	一二七	一一	一三九七	一六七六四
	三級	四五三	一〇	四五三〇	五四三六〇
伙夫		六三	八	五〇四	六〇四八
小計		八六七		一〇三六七	一二四四〇四
合計		九二六		一一七八九	一四一四六八

附記

一、總局公費月定三百元實報實銷年共三千六百元偵緝隊公費十元年共一百二十元留置所月支二十二元年共二百六十四元

二、一等分局六個月各支公費五十元年共六百元

三、二三等分局十個直轄分駐所一個月各支公費二十元年共二百四十元

四、分駐所六處月各支公費十元年各一百二十元

五、派出所十七處月各支公費五元年各六十元

無錫縣公安局民國二十一年度全年經費統計表

月份	經常費	臨時費	合計
一月份	一三一四三、〇〇〇	一七、五〇〇	一三一六〇、五〇〇
二月份	一三一四三、〇〇〇	二二五、九八三	一三三六八、九八三
三月份	一三一四三、〇〇〇	一九〇、五〇〇	一三三三三·五〇〇
四月份	一三一四三、〇〇〇	一五二、五〇〇	一三二九五、五〇〇
五月份	一三一四三、〇〇〇	一五二、五〇〇	一三二九五、五〇〇
六月份	一三一四三、〇〇〇	一五二、五〇〇	一三二九五、五〇〇
七月份	一三一四三、〇〇〇	一二七、五〇〇	一三二七〇、五〇〇
八月份	一三一四三、〇〇〇	一二七、五〇〇	一三二七〇、五〇〇
九月份	一三一四三、〇〇〇	一二七、五〇〇	一三二七〇、五〇〇
十月份	一三一四三、〇〇〇	一二七、五〇〇	一三二七〇、五〇〇
十一月份	一三一四三、〇〇〇	一二七、五〇〇	一三二七〇、五〇〇
十二月份	一三一四三、〇〇〇	一六五、五〇〇	一三三〇八、五〇〇
合計	一五七七一六、〇〇〇	一〇五四、四八三	一五八七七〇、四八三

無錫縣公安局民國二十一年度收發文件統計表

文別		7	8	9	10	11	12	1	2	3	4	5	6	總計
呈文	收	524	563	737	624	644	621	531	637	711	633	614	579	7498
	發	46	53	98	87	71	75	77	71	71	55	88	90	885
公函	收	67	71	67	60	52	56	50	47	56	41	42	50	662
	發	106	137	130	106	115	111	93	96	97	107	143	119	1360
訓令	收	69	60	86	71	80	72	73	72	87	66	62	71	874
	發	81	85	140	143	112	111	94	88	108	84	125	139	1310
密令	收	8	11	19	10	11	12	15	26	26	18	2	9	167
	發	6	10	25	11	14	10	11	22	41	18	無	6	177
指令	收	59	48	89	80	71	77	57	63	75	64	69	96	855
	發	185	270	384	352	380	438	325	337	481	353	410	431	4846
代電	收	8	3	11	8	2	3	3	3	4	無	無	2	47
	發	3	5	11	3	無	1	1	無	無	無	無	1	25
委令	收	無	無	5	4	3	5	無	2	1	2	1	3	26
	發	無	3	8	14	8	4	2	3	5	3	2	3	55
批示	收													
	發	17	22	28	23	21	35	18	16	22	20	21	18	261
通告	發	2	1	1	1	無	2	無	無	無	2	2	3	14
諭	發	6	3	6	2	4	1	2	1	1	1	2	8	37
其他	收													
	發													
合計	收	735	759	1014	860	866	846	729	850	1040	828	790	810	10127
	發	152	559	831	742	725	788	623	631	832	643	823	818	8470
附記														

備考：其他欄內月未經收發處登記者均未列入本表內又委令欄內由本局呈縣廳加委者均列入收文由本局委任者均列入發文合併聲明

收發處編

無錫縣公安局所屬各分局所長警人數年齡籍貫學力服務年數比較表

二十二年五月製

局所別＼項別	人數	年齡 二〇以上	年齡 二五以上	年齡 三〇以上	年齡 三五以上	年齡 四〇以上	年齡 四五以上	籍貫 江蘇	籍貫 浙江	籍貫 山東	籍貫 河南	籍貫 江西	籍貫 安徽	籍貫 湖南	籍貫 廣東
直轄分駐所	二五	一	四	九	五	五	一	一五	一	三	一	一	四		
第一分局	一一九	二七	三〇	二〇	三〇	九	三	六八	四	一四	四	三	一六	三	一
第二分局	六九	六	一八	二八	一三	四		三二	五	七	六	一	一一		
第三分局	五三	九	一五	一四	一三	二		二五	一一	三	二	一	八		
第四分局	六三	一三	二〇	一八	七	四	二	四一	二	三	五		八	一	
第五分局	九三	一三	三二	二五	二〇	二	一	五七	七	二		二	一四	六	
第六分局	六三	一	二一	〇	七	六	一	三二	二	八	二		一二	二	
第七分局	四二	四	一五	一三	一二			三一	八	二			一		
第八分局	四八	一二	一二	一八	八	八	一	三一	六	六	一		二		
第九分局	五七	一一	一一	二〇	一二	三		二五	三	一一	五		六	一	
第十分局	一七	八	三	二	四			一三	二				一		
第十一分局	一七	五	三	三	四	二		九	一	一			五		
第十二分局	二四	四	一二	五	三			一三	一	二		一	七		
第十三分局	一七	一〇	二	一	四			九	二	一	二		三		
第十四分局	一七	四	六	一	六			一〇	二	一	一		二		
第十五分局	一七	五	二	六	二	一	一	一三	一		二				
第十六分局	一七	五	六	二	二	二		九	三	一	二		一		

服務年限	三年以上	一	四九	九	四		一二	九	六	五	五	二	三		二			一
	二年以上	三	一九	八	一〇	二〇	一〇	一六	一一	七	五	六	四	三	二	三	四	三
	一年以上	六	二八	三八	一三	二五	二六	一四	七	三六	一九	二	六	二	一	四	五	七
	未滿一年	五	二三		一六		二六		一一		二五	七	四	一九	一一	一一	八	六
學力	不識文字	三		七	二						三							
	略識文字	一二	七八	三五	二	三六	四八	二五	二〇	三九	三八	一四	一五	一八	八	三	一四	九
	初小畢業				二	一		二〇	一二									四
	高小畢業				二	二	一	二							四	七		
	中學畢業				一				二						一			三
	受軍事訓練者				二一	一	九				五			一		三		
	警察訓練所畢業		一六	一一		一〇	一三				五	一	一	一	二			
	警士補習所畢業	八	一七	一〇	二三	一三	二二	一六	八	九	六	二		四	二	四	三	
	警長補習所畢業	二	八	六									一					一
籍貫	福建		一															
	河北		四	六	三	二	三	四		二	六		一			一	一	一
	廣西					一												
	湖北		一	一			二	一				一						

務年數														
四年以上	四		六	五	七	七	七	三		二				一
五年以上	一		二	一		四	五	四		一				
六年以上	一		四	一	七		三							
七年以上	一		一	一		三	三							
八年以上	一		一	一		一	一							
九年以上	一													
十年以上	一				一		四							
十一年以上				一										
十二年以上					二		二							
十三年以上						一								
十四年以上						二								
十五年以上						一								
十九年以上					一									

無錫縣公安局暨各分局所員警死傷一覽表 二十一年七月起二十二年六月止

局所別	職別	姓名	年歲	籍貫	日期 死	日期 傷	備攷
第七分局	三級警士	浦根生	二五	江蘇無錫	廿一年九月廿三日		各員警薪餉百分之零五賻卹
第三分局	伙夫	黃守三	四三	浙江紹興	廿一年十一月十一日		同上

第八分局	三級警長	嚴志明	三九	同上	廿一年十月二十日	同上
第七分局	二級警士	程麟書	三八	江蘇無錫	同上	同上
第十四分局	三級警士	胡藻文			廿二年二月二十四日	同上
第十二分局	同上	陳　祺	二八	江蘇海州	廿二年三月七日	同上
第一分局	同上	孫五臣	二八	山東濟寧	廿二年三月十一日	同上
第五分局	學習警	楊鏡清	三二	江蘇無錫	廿二年三月十七日	同上
第一分局	三級警士	李維新	三一	江蘇江寧	廿二年四月廿五日	同上
第二分局	同上	劉泰然	二八	江蘇銅山	同上	同上
第六分局	一級警士	沈維新	四〇	安徽宿縣	廿二年五月二十九日	同上
第九分局	三級警士	李文香	三一	同上	廿二年六月三十日	同上

無錫縣公安局所屬長警假革病故比較圖

二十一年七月起二十二年六月止

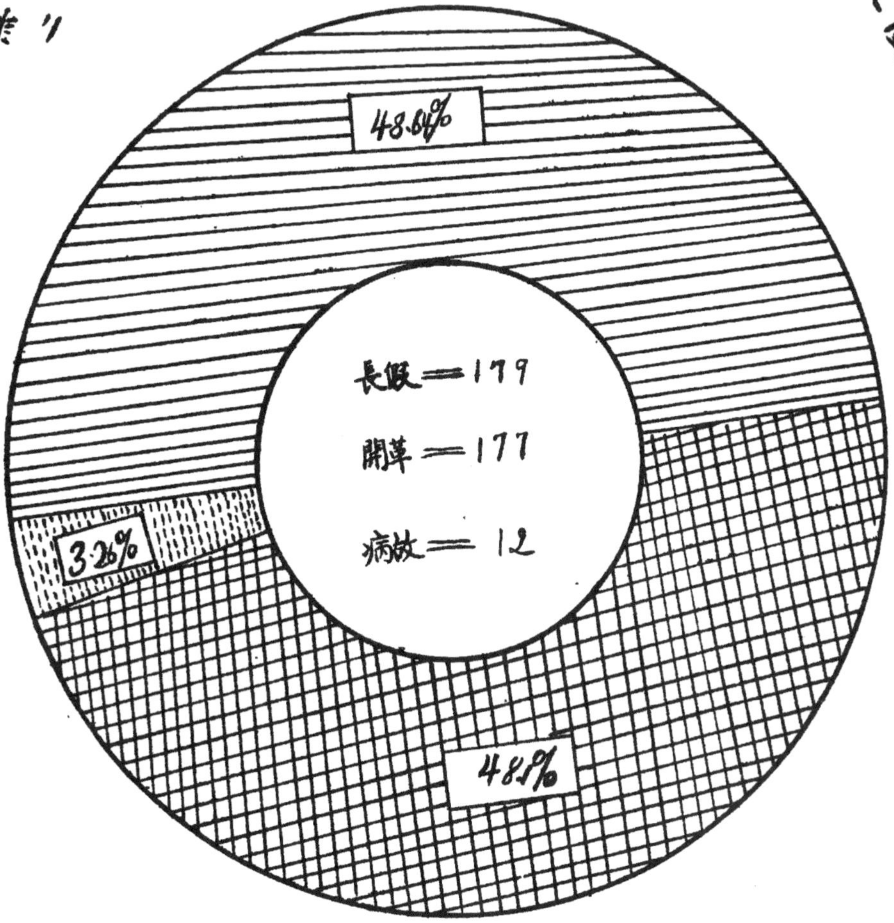

圖　例

圖表二：此處原爲《無錫縣城區公安分局地點圖》，見書後。

圖表三：此處原爲《無錫縣鄉區公安分局地點圖》，見書後。

各分局所地址及崗位地點一覽

區別	地點	備考
直轄第一分駐所	東門外菁地浜	
第一崗	門崗	
第二崗	熙春街西口	
第三崗	亭子橋西境	
第四崗	亭子橋東境	
第五崗	小粉橋北境	
第六崗	通降橋南境	本崗係游動性質
第一分局	崇安寺	
第一派出所	稅務前	
第二派出所	西水關	
靖海門警衛所	東門	
望湖門警衛所	南門	
試泉門警衛所	西門	
控江門警衛所	北門	
光復門警衛所	光復門	
第一崗	本分局門口	寺後門
第二崗	崇安寺菜場	小菜場至公園門口
第三崗	盛巷口	公園路起至玉泉路
第四崗	映山河	映山河起至玉泉路
第五崗	圓通路口	圓通路起至新民橋
第六崗	含秀橋	含秀橋起至盛巷口
第七崗	山門口	寺巷口起至觀前街
第八崗	大市橋東首	新市橋起至鳳光橋
第九崗	大市橋西首	大市橋西首至日暉巷口
第十崗	新市橋	新市橋起至倉橋
第十一崗	倉橋下	倉橋起至書院弄口
第十二崗	書院弄口	書院弄口起至打鐵橋
第十三崗	打鐵橋	打鐵橋起至北城門口
第十四崗	稅務前	第一派出所門崗
第十五崗	虹橋	虹橋起至中市橋
第十六崗	南市橋	南市橋起至陳賢橋
第十七崗	便民橋下	小南海至三下塘
第十八崗	致和橋西首	致和橋起至南市橋上塘
第十九崗	罾煤浜	罾煤起至冉涇橋
第二十崗	斜橋下	斜橋下起至合豸橋
第二十一崗	西水關	第二派出所門崗
第二十二崗	三鳳橋	鳳光橋起至藥王廟 青果巷起至新街巷東口
第二十三崗	觀橋下	薛倉廳起至周巷 七尺場起至上學前
第二十四崗	堰橋	堰橋起至學前
第二十五崗	荷花塘	石灰巷口起至茅棒橋 鑄冶巷起至何花塘
第二十六崗	東門	
第二十七崗	南門	
第二十八崗	西門	

調查統計

調查統計

第二十九崗　西成門
第三十崗　北門
第三十一崗　光復門

第二分局　〃復門外城脚
第一崗　門崗
第二崗　光復橋北首
第三崗　東新路南口
第四崗　東新路西口
第五崗　中正路口
第六崗　北長康里口
第七崗　工運橋下
第八崗　有惠里口
第九崗　報警亭
第十崗　大新館門口
第十一崗　樂泉浴室門口
第十二崗　通匯橋
第十三崗　老戲院
第十四崗　吉祥橋

第三分局　日暉橋
第一派出所　上牌樓
第二派出所　南下塘
第一崗　日暉橋下　分局門崗
第二崗　鎮塘巷
第三崗　界涇橋
第四崗　張家衖口

第五崗　跨塘橋
第六崗　黃泥橋
第七崗　北長街
第八崗　上牌樓　第一派出所門崗
第九崗　南吊橋
第十崗　黃泥垛
第十一崗　振藝廠旁　第二派出所門崗
第十二崗　清明橋下
第十三崗　伯瀆橋下

第四分局　西成門外
第一派出所　惠山鎮
第二派出所　迎龍橋
第一崗　門崗
第二崗　北水關橋
第三崗　西成門口
第四崗　西吊橋西首
第五崗　倉浜　置業取締所請願警衛崗
第六崗　新新旅社前面　六七兩崗於夜間十二時後併爲遊動
第七崗　顯應橋
第八崗　壩橋下
第九崗　保仁典前
第十崗　外吊橋
第十一崗　惠山山門口
第十二崗　惠山龍頭口

第十三崗　迎龍橋　第二派出所門崗
第十四崗　小木橋
第十五崗　勸工場
第五分局　江陰巷
第一派出所　紀將軍廟後面
第一崗　門崗
第二崗　後祁街口　石灰街口起至後祁街
第三崗　北門街中　後祁街口至顧橋南堍
第四崗　後竹場巷　孫茅柴街至通匯橋
第五崗　蔴餅沿河　大橋下起至笆斗弄東口
第六崗　笆斗街中　笆斗街西口起至黃泥橋
第七崗　北城門口
第八崗　壇頭街中　壇頭街口至長安橋東堍
第九崗　長安橋西　南尖至北尖
第十崗　北大街南段　笆斗街口起至小泖街口
第十一崗　北大街北　小泖街口起至大橋頂
第十二崗　江陰巷口　大橋起至財神街口
第十三崗　祇棧街口　財神街口至小泗房街口
第十四崗　北塘沿河　蓮蓉街口至煤場街口
第十五崗　第四棧場　周師街西口至積餘街
第十六崗　周師街口　孫茅柴街及江陰巷南段
第十七崗　秦棧街口　小泗房街口至煤場街口
第十八崗　張成街口　煤場弄口至接官亭弄口
第十九崗　接官亭街口　接官亭街口至三里橋
第二十崗　北塘下段沿河　沿河煤場街口至三里橋
第二十一崗　北泗路口　三里橋堍至通濟橋
第二十二崗　新三里橋　三里橋西堍至紀將軍廟
第二十三崗　吳橋　吳橋起至後祁路口
第六分局　廣勤路
第一派出所　通惠路
第二派出所　梨花莊
第三派出所　費巷上
第一崗　分局門崗
第二崗　石八橋
第三崗　錦豐路口
第四崗　北新橋
第五崗　華盛街口
第六崗　報警亭
第七崗　工運橋
第八崗　惠農橋
第九崗　錫澄路口
第十崗　天祿菴
第十一崗　士橋
第十二崗　費巷上
第十三崗　長源鎮
第七分局　蕩口
第一分駐所　甘露鎮
第二分駐所　鴻聲里
第一派出所　新橋
第八分局　周新鎮

調查統計

第一分駐所	夏家邊	
第二分駐所	青祁	
第三分駐所	華大房莊	
第一派出所	南橋鎮	
第九分局	前橋頭	
第一分駐所	錢橋鎮	
第一派出所	榮巷鎮	
第二派出所	八人渡	
第三派出所	梅園	
第四派出所	吳巷	
第一崗	前橋頭	分局門崗
第二崗	河埒口	
第三崗	榮巷東街	
第四崗	榮巷西街	
第五崗	梅園	
第六崗	八人渡	第二派出所門崗
第七崗	迎龍橋	
第八崗	余巷頭	
第九崗	梅園	第三派出所門崗
第十崗	徐巷鎮	
第十一崗	小箕山	
第十二崗	龍頭渚	撥派二人常川駐守
第十三崗	吳巷	第四派出所門崗
第十四崗	蠡橋	
第十五崗	錢橋鎮	
第十六崗	東橋頭	
第十七崗	錢橋東街	
第十分局	后橋鎮	
第十一分局	后宅鎮	
第十二分局	八士橋	
第一派出所	塘頭鎮	
第十三分局	堰橋	
第十四分局	張舍裏	
第十五分局	玉祁	
第十六分局	[illegible]鎮	

無錫縣公安局市區蓬戶統計表（二十二年五月複查）

局別	別	蓬戶總數：戶數	蓬戶總數：合計	人口總數：人數：男	人口總數：人數：女	人口總數：人數：合計	人口總數：口數：男孩	人口總數：口數：女孩	人口總數：口數：合計	保甲數：保長	保甲數：甲長	保甲數：合計
第一分局	正	628	955	1120	1002	2122	506	456	962	7	49	53
	附	327		399	374	773	116	101	217			
第二分局	正	351	396	474	461	935	284	245	529	5	29	34
	附	45		69	30	99	17	15	32			
第三分局	正	1123	1232	1714	1538	3252	913	1130	2043	16	108	154
	附	109		129	98	227	61	33	94			
第四分局	正	1392	1444	2226	2019	4245	859	761	1620	16	138	154
	附	52		78	63	141	35	18	53			
第五分局	正	507	593	662	511	1173	224	276	500	9	51	60
	附	86		96	74	170	15	26	41			
第六分局	正	1081	1349	2112	1721	3833	273	401	674	9	90	99
	附	268		1230	724	1954	226	110	336			
直轄第一分駐所	正	802	855	1331	1117	2448	402	526	928	12	75	87
	附	53		80	71	151	22	26	48			
統計	正	5884	6824	9639	8369	18008	3461	3795	7256	74	540	614
	附	940		2081	1434	3515	492	329	821			

附記

一、正戶計五八八四戶附戶計九四〇戶合計六八二四戶

二、人口正戶男計九六三九名女計八三六九男孩計三四六一名女孩計三七九五口
附戶男計二〇八一名女計一四三四口男孩計四九二名女孩計三二九口合計二九六〇〇名口

三、保長七四名甲長五四〇名合計六一四名

無錫縣公安局督察處查報城區各分局所崗警獎懲勤惰統計圖

二十一年度

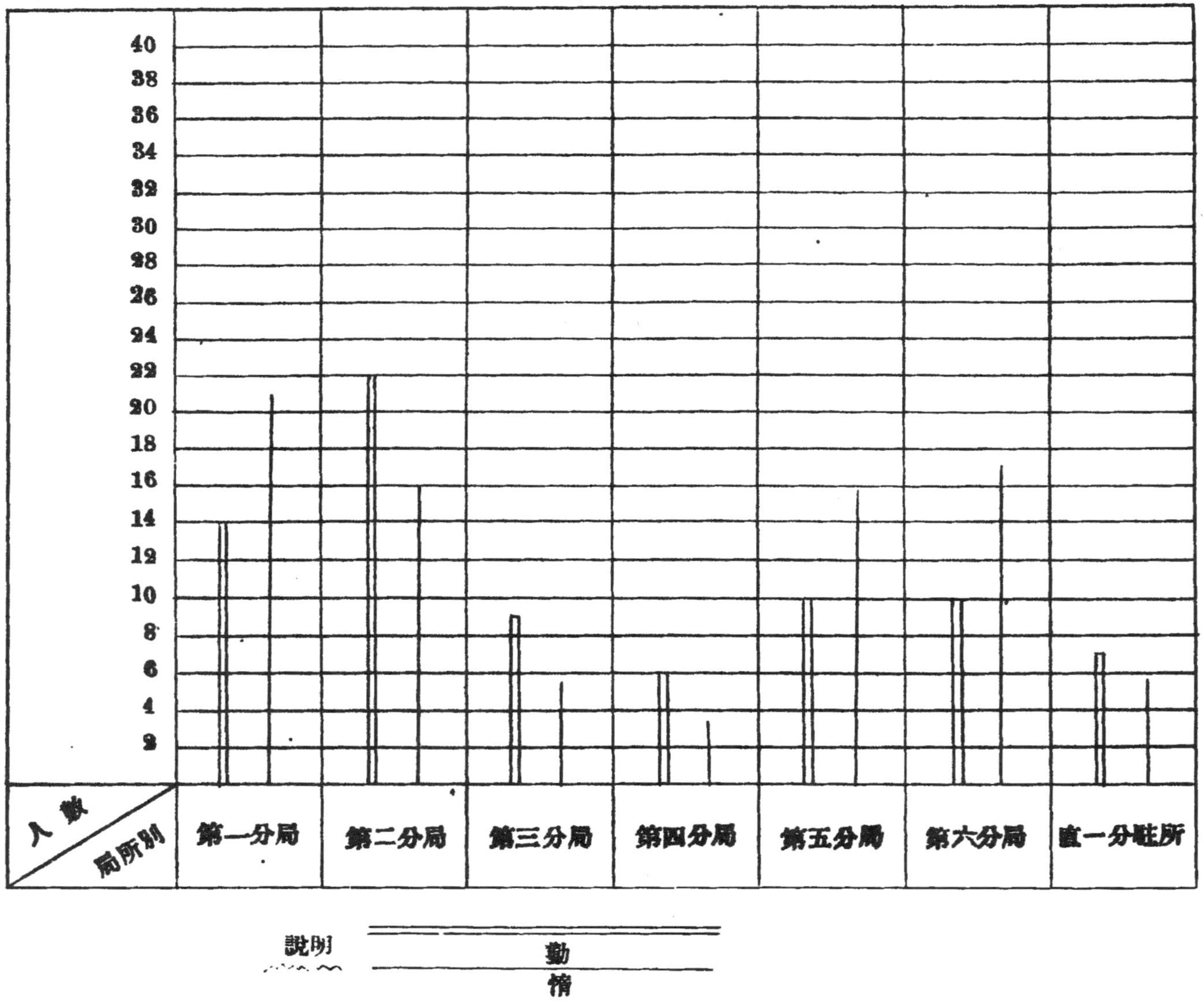

無錫縣公安局民國二十一年度蓬戶異動登記事項統計表

項目	分類	七月	八月	九月	十月	十一月	十二月	一月	二月	三月	四月	五月	六月	統計
出入境	出境	21	7	44	40	26	40	29	34	10	28	24	20	323
	入境	14	20	65	70	76	71	48	54	18	42	20	10	508
遷移	遷入	9	14	28	14	20	8	10	5	11	2	22	16	159
	移出	6	2	10	11	23	8	1	2	10	5	16	15	109
婚嫁	娶妻	4	1	2	1	3	1		1	1	1	4	2	21
	嫁女	1			1		2	1			1	2		8
死亡	男	4		11	3	4	5	5		2		3	3	40
	女	2	2	2	5	1	4		1	1		4	2	24
	男孩	2	3	1		1	1			2		2		12
	女孩	1		4			1		1	1		2		10
出生	男孩	2	1	10	2	1	8	3	3	1	1	4	5	41
	女孩	2	1	3		4	2	1	6	3		8	5	35
親友往來	男	5		8	8	4	5	5	1	3	2	1	4	46
	女	5		1	5	2	5	2	4	3		2	4	33
	男孩	2			1	3	1		1	1		1	2	19
	女孩	1		1	1		1	2		1			1	8
附記	第二項遷移欄遷入與移出有由工房遷入蓬戶或由蓬戶遷入工房故每月出入不能相符													

無錫縣公安局督察處二十一年度糾正城區各分局所長警勤務統計圖

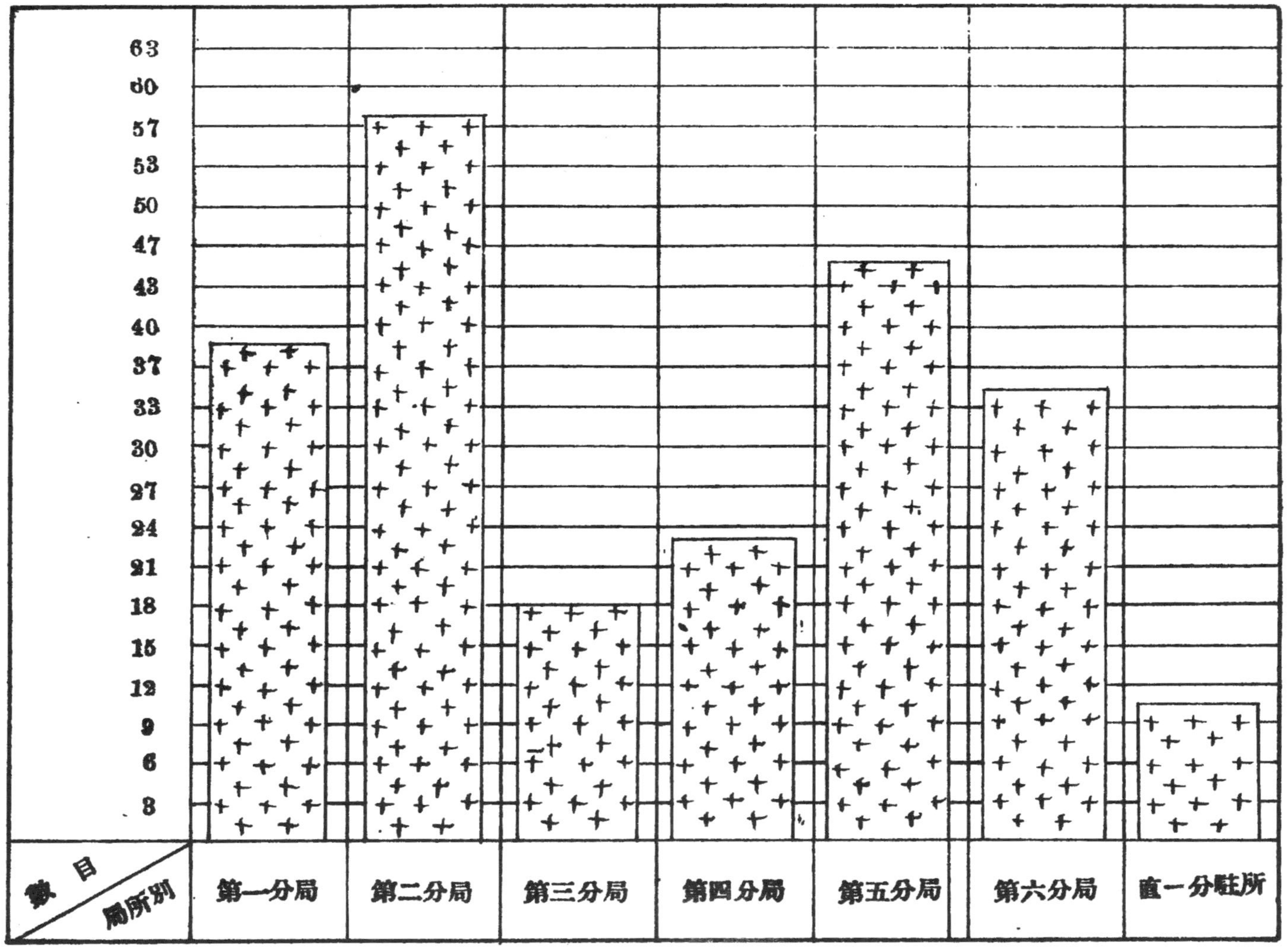

1. 本圖所列糾正各分局所長警勤務次數係本處每日所派督察員稽查員於查勤時所發現之輕微錯誤

2. 查勤時遇有重大錯誤則另載入查勤表內呈報局長核辦

無錫縣公安局民國二十一年度救護事項統計表

事數別	性別	七月	八月	九月	十月	十一月	十二月	一月	二月	三月	四月	五月	六月	統計
鬥毆傷	男	1											1	2
	女					1								1
自殺	男	1							1	1				3
	女	1		1					1					3
中毒	男													
	女													
被強盜	男													
	女													
被竊盜	男													
	女													
被綹竊	男			2										2
	女													
被詐騙	男													
	女													
醉人	男	1	4	1	2	1	1		2	1	2	1	7	23
	女					1								1
老弱廢疾	男				3									3
	女				3									3
迷乘小兒	男	5	5	6	5	6	4	8	6	4	7	4	5	65
	女	6	5	3	2	4	3	4	4	2	3	2	2	40
道路急病	男	1	2		1		1				1	1		7
	女	2	1		1									4
其他危險	男											1		1
	女													
合計	男	9	11	9	11	7	6	8	9	6	10	7	13	106
	女	9	6	4	6	6	3	4	5	2	3	2	2	52

無錫縣公安局霍亂病人統計表

（自二十一年七月四日起至十月二日止共十三週）

週別	本週發現病人數	本週死亡人數	總病人數自發現時起至本週止	各病人吐瀉物有無細菌証明	病人處置辦法	備考
第一週	242	5	430	醫師檢查結果大都有細菌証明	注射食鹽水	病人總數自發現起七月三日止據查各醫院醫師診治之數計188人
第二週	283	7	713	仝上	仝上	自第一週病人發現起至末一日止總數計430人
第三週	282	28	995	仝上	仝上	自第一週病人發現起至末一日止總數計713人
第四週	185	20	1180	仝上	仝上	自第一週病人發現起至末一日止總數計995人
第五週	155	9	1335	仝上	仝上	自第一週病人發現起至末一日止總數計1180人
第六週	427	10	1762	仝上	仝上	自第一週病人發現起至末一日止總數計1335人
第七週	361	4	2123	仝上	仝上	自第一週病人發現起至末一日止總數計1762人
第八週	264	2	2387	仝上	仝上	自第一週病人發現起至末一日止總數計2123人
第九週	182	1	2569	仝上	仝上	自第一週病人發現起至末一日止總數計2387人
第十週	139	2	2708	仝上	仝上	自第一週病人發現起至末一日止總數計2569人
第十一週	56	無	2761	仝上	仝上	自第一週病人發現起至末一日止總數計2708人
第十二週	無	無	無			本週無病人發現臨時時疫醫院以疫勢已退業於本月十八日停診結束
第十三週	2	無	2766	仝上	注射食鹽水	自第一週起病人發現起至末一日止總數計2764人
總計	2578	88	2766	仝上	仝上	自第一週病人發現起至第十三週末一日止總數計2766人

附註

1. 本表於二十一年七月三日奉令轉飭所屬自七月四日起按週填報每週統計代電逕送內政部衛生署備核並呈報縣政府轉呈備核

2. 第一週發現霍亂病人二百四十二人在未辦週報表以前發現霍亂病人一百八十八人故第一週總數合計爲四百三十人第二週即以此總數遞加爲每週總數

無錫縣公安局民國二十一年度被殺害者原因類別統計表

類別	七月男	七月女	八月男	八月女	九月男	九月女	十月男	十月女	十一月男	十一月女	十二月男	十二月女	一月男	一月女	二月男	二月女	三月男	三月女	四月男	四月女	五月男	五月女	六月男	六月女	總計男	總計女	總計合計
盜賊							1																		1		1
怨恨					1																				1		1
報仇																											
口角																											
貧困																											
賭博																											
利慾																											
強姦																											
暴動																											
誤殺																											
瘋癲																								1		1	1
拒捕																											
痴情或嫉妬																											
正當防衛																											
其他																							1		1		1
不詳							2	1					1								1				4	1	5
合計					1		3	1					1								1		1	1	7	2	9

無錫縣公安局督察處日夜查勤統計表 二十一年度

局別／時間／所查崗警數目／月次	第一分局		第二分局		第三分局		第四分局		第五分局		第六分局		直一分駐所		總計	
	日	夜	日	夜	日	夜	日	夜	日	夜	日	夜	日	夜	日	夜
(廿一年)七月	22	19	22	24	22	19	20	18	20	16	20	16	16	18	142	130
八月	20	16	20	22	20	17	21	19	17	18	17	18	20	16	135	126
九月	60	48	56	50	60	51	56	51	56	55	56	54	56	54	400	363
十月	81	72	82	72	80	73	76	78	78	82	78	80	72	70	547	527
十一月	92	86	92	85	90	88	86	81	89	90	89	88	71	68	609	586
十二月	84	92	98	90	86	90	86	89	86	92	86	90	68	72	594	615
(廿二年)一月	86	89	82	86	90	82	84	90	81	86	88	89	73	68	584	590
二月	92	81	92	78	90	86	90	86	78	76	78	86	80	72	600	565
三月	84	83	81	84	81	78	80	78	80	82	81	83	71	70	558	558
四月	15	40	48	40	42	40	38	38	42	38	40	42	40	36	295	274
五月	41	42	43	41	43	41	41	40	41	40	40	41	36	35	285	280
六月	36	40	40	40	37	40	40	39	36	39	39	38	34	36	262	272
合計	743	708	756	712	741	705	718	707	704	714	712	725	637	615	5011	4886
總計	1.451		1.468		1.446		1.425		1.418		1,437		1.252		9897	

1. 本表所列查勤次數係本派員於每日夜分別查報按月總計之數目
2. 表內查勤次數增減不一因冬防期內(十月至三月)添加臨時人員之故

圖表四：此處原爲《無錫縣公安局民國二十一年度火災統計表》，見書後。

圖表五：此處原爲《無錫縣公安局民國二十一年度自殺統計表》，見書後。

圖表六：此處原爲《二十一年度災害及其他事故上死傷人員統計表》，見書後。

二十一年度接生婆接生統計表														
類別	計數 月別	七月	八月	九月	十月	十一月	十二月	一月	二月	三月	四月	五月	六月	總計
性	男	18	17	19	17	21	13	10	13	10	10	8	15	171
	女	15	19	14	13	22	14	6	18	12	11	11	12	167
	孿生 男		2											2
	孿生 女													
別	統計	33	38	33	30	43	27	16	31	22	21	19	27	340
夭	男				1					1		1	3	
亡	女		1					1					2	
備註														

無錫縣公安局二十一年度處理違警案件統計表(一)

類別			妨害安寧	妨害秩序	妨害公務	誣告偽證及湮滅證據	妨害交通	妨害風俗	妨害衛生	妨害他人身體財產	總計	備註
件數			13	470	20	17	80	2320	93	1128	4147	
人數	男		16	757	38	15	102	5974	118	1826	8846	
	女		4	207	6	2	12	1326	15	433	2005	
處分	拘留人數	十日以上		6				240	2		248	
		五日以上	1	21		1		754	8	144	929	
		一日以上	2	130	7	3	29	1261	35	555	2022	
	罰金人數	十元以上	1	15				458	4		478	
		五元以上		122	8	3		1163	14	194	1504	
		一角以上	3	337	22	7	54	2864	58	768	4113	
	訓誡開釋人數		8	211	5	2	12	336	9	298	981	
	具結開釋人數		5	92	2	1	11	135	3	218	467	
	排解人數			30			8	39		82	159	

無錫縣公安局二十一年度處理違警案件統計表（二）

年別	月別	妨害安寧	妨害秩序	妨害公務	誣告偽證湮沒證據	妨害交通	妨害風俗	妨害衛生	妨害他人身體財產	合計
二十一年	七月		四一	二	三	六	一四九	一三	一二二	三三六
	八月	一	四七	二	一	九	一九三	一三	一〇四	三七〇
	九月	一	五一	一	二	五	一五七	七	九三	三一七
	十月	二	五三	二		二	二一二	九	五〇	三三〇
	十一月	一	三〇	二	一	七	二一三	五	八三	三四二
	十二月	一	四〇	二	三	五	一七七	九	八三	三二〇
二十二年	一月	一	三二	四		四	一七四	九	八一	三〇五
	二月	一	二五		一	三	一九一	五	六六	二九二
	三月		三〇		三	四	二一五	六	七二	三三〇
	四月	三	三一	二		五	二二一	三	一〇三	三六八
	五月		二八		二	一五	二二四	三	一二四	三九六
	六月	二	六八	三	一	一五	一九四	一一	一四七	四四一

無錫縣公安局二十一年度各分局違警罰金數目比較表

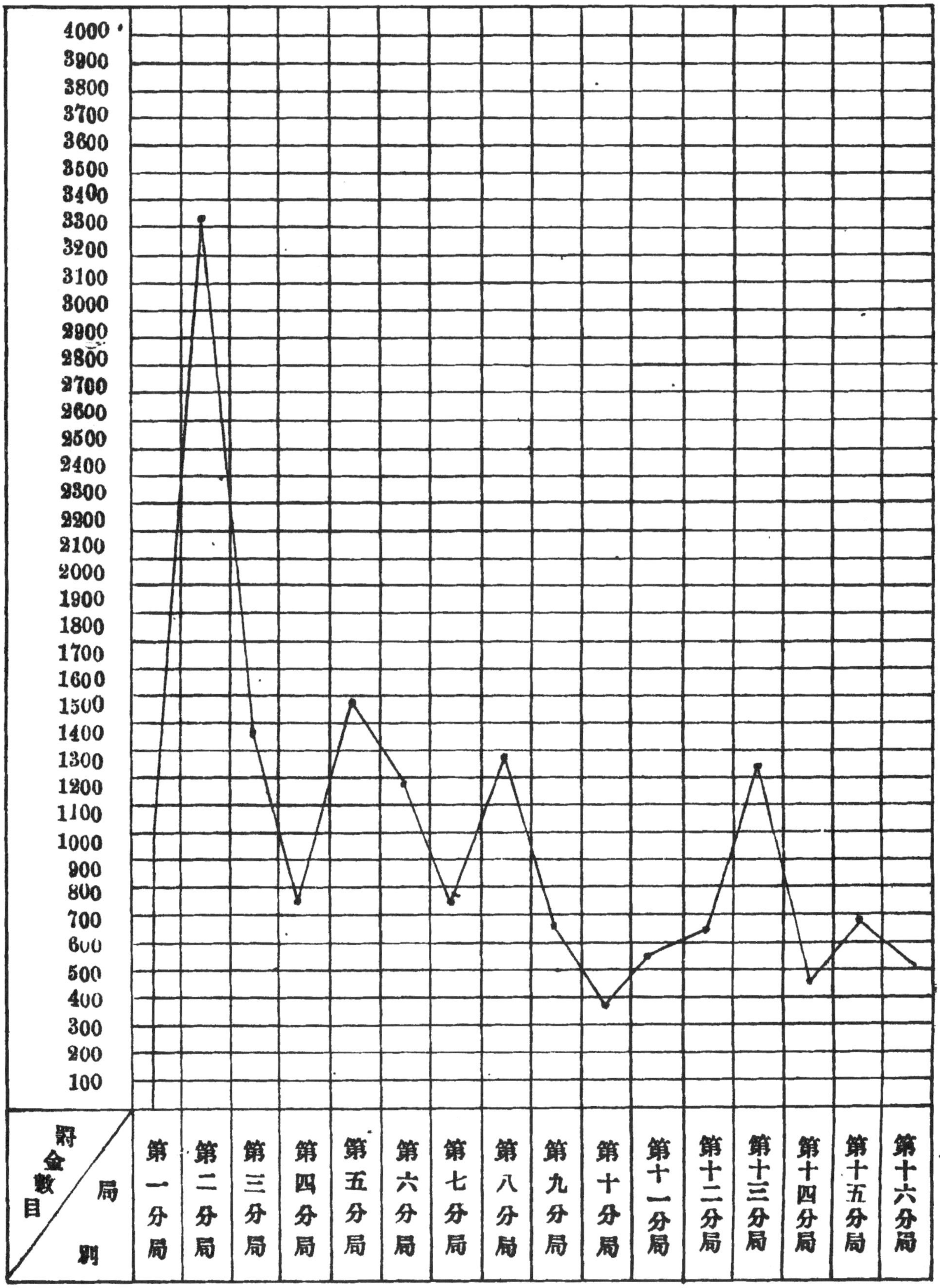

無錫縣公安局違警人犯年齡統計表（二十一年度）

年別 月別 性別 年齡別		二十一年						二十二年						備考
		七月	八月	九月	十月	十一月	十二月	一月	二月	三月	四月	五月	六月	
13——20	男	19	52	12	64	61	58	61	76	67	66	72	48	
	女	27	43	34	31	42	33	19	19	31	41	30	35	
21——30	男	183	217	203	221	215	209	266	296	251	281	252	236	
	女	52	65	16	62	52	53	50	50	53	62	68	56	
31——40	男	154	187	160	228	205	201	196	306	213	223	242	208	
	女	38	29	30	42	52	46	36	34	38	37	51	49	
41——50	男	62	75	112	138	111	111	88	91	141	111	125	103	
	女	21	28	16	15	20	14	18	20	21	25	27	24	
51——60	男	30	34	34	66	38	46	42	38	21	35	55	55	
	女	12	17	7	8	11	7	8	4	8	12	11	17	
61以上	男	12	12	7	18	12	12	10	23	21	22	16	24	
	女	4	5	6	2	3	3		1	2	6	1	5	
未詳	男	16	5	4	14	15	11	24	22	21	32	15	16	
	女	4		2		2	5	2	2		8	1	1	
共計	男	503	582	562	749	657	645	637	852	743	773	777	710	
	女	158	187	111	160	183	161	133	130	153	193	[illegible]	[illegible]	
	合計	661	769	703	909	[illegible]	809	820	932	901	[illegible]	966	897	

無錫縣公安局遣擊人犯職業統計表

職業別	性別	二十一年 七月	八月	九月	十月	十一月	十二月	二十二年 一月	二月	三月	四月	五月	六月
農業	男	一七三	一九八	一九四	二六〇	二三七	二三六	一七三	二五三	二一五	二二六	二〇七	一八〇
	女	一六	三一	二四	二二	三二	二七	二四	一七	一九	二五	三四	四四
工業	男	一二九	一七四	一四七	一八九	一三〇	二一二	一五九	二三四	一九六	二一一	二一	一二四
	女	三〇	四六	二七	三八	五八	五〇	四三	二四	三九	四一	四一	二三
商業	男	七四	一一七	一〇五	一二四	一二四	九七	一四二	一九二	一三七	一七三	一八三	一六九
	女	八	一〇	七	八	七	八	一〇	九	八	九	一〇	一一
礦業	男												
	女												
交通業	男	六	一二	二九	一八	一五	一	二〇	二一	二八	三八	三七	二七
	女												
公務員	男	二	二				四	一	二	一	五	六	三
	女												
自由業	男	一五	八	五	四五	八	二	四	一四	七		一七	二三
	女	一		五	一				三				
家庭服務	男	九	九	六	八	五	二	一	一六	一二	一三	一二	七
	女	三九	一七	三五	四八	二五	四四	二一	二八	二四	二六	三八	二一
無業	男	六三	四八	三〇	五八	七一	四八	一〇一	六二	七九	七九	七六	六七
	女	三二	四八	三五	三三	四九	二五	一九	四三	五六	六六	四三	七八
未詳	男	二五	一四	五〇	四七	六三	二六	八六	五九	五七	二八	二一	一〇
	女	三二	三五	八	一〇	一一	七	一一	六	一七	二六	二三	一〇
共計	男	五〇六	五八二	五六二	七四九	六五七	六四八	六八七	八五二	七四八	七七三	七七七	七一〇
	女	一五八	一八七	一四一	一六〇	一八二	一六一	一三三	一三〇	一五三	一九三	一八九	一八七
	合計	六六四	七六九	七〇三	九〇九	八三九	八〇九	八二〇	九八二	九〇一	九六六	九六六	八九七
備考													

無錫縣公安局二十一年度違警罰金數目統計表

年別	月別	總局	第一分局	第二分局	第三分局	第四分局	第五分局	第六分局	第七分局	第八分局	第九分局	第十分局	第十一分局	第十二分局	第十三分局	第十四分局	第十五分局	第十六分局	合計	備考
二十一年	七月	345.0元	61.0	107.5	60.0	55.0	67.0	46.0	17.0	59.0	50.0	23.0	59.0	58.5	28.5	23.0	31.0	21.0	1111.5	
	八月	672.0元	60.0	67.0	85.0	51.0	81.0	70.0	49.0	90.0	48.0	28.0	43.0	34.0	10.0	19.0	50.4	22.0	1479.4	
	九月	595.0元	61.0	157.5	101.5	63.0	101.0	100.0	10.0	76.0	60.0	39.0	42.0	46.0	98.0	25.0	45.0	57.0	1707.0	
	十月	1019.6元	83.0	349.5	106.5	71.0	142.0	94.0	51.0	103.[illegible]	62.0	35.0	52.0	53.0	100.7	12.0	56.0	45.5	2465.8	
	十一月	628.0元	85.0	256.5	102.0	65.0	127.0	91.0	66.0	129.5	68.0	27.0	40.0	52.5	166.0	3[illegible].0	82.0	48.0	2[illegible]67.5	
	十二月	927.0元	83.0	329.0	101.5	77.0	135.0	89.0	51.0	104.0	58.5	22.0	51.0	44.0	93.0	37.5	68.0	48.0	2319.1	
二十二年	一月	501.0元	83.0	306.	123.0	69.0	134.0	108.5	1.0	118.0	52.[illegible]	43.0	54.0	48.5	97.[illegible]	37.0	38.0	45.8	[illegible]898.8	
	二月	1692.0元	82.0	313.0	192.0	74.0	113.0	82.0	61.0	112.	61.0	35.3	53.0	94.0	55.0	63.0	78.0	56.[illegible]	3279.3	
	三月	1136.5元	78.0	309.0	183.0	63.0	172.0	159.0	65.0	81.0	57.0	45.5	43.0	54.0	52.0	32.0	63.0	52.0	2645.0	
	四月	766.5元	71.0	315.0	83.0	61.[illegible]	144.0	121.0	48.0	135.[illegible]	52.0	21.5	36.	52.5	61.0	33.[illegible]	58.0	57.0	2146.0	
	五月	686.0元	79.5	295.5	113.0	51.0	195.[illegible]	92.0	155.0	129.	55.	27.0	41.0	39.0	103.0	46.0	64.0	11.0	2182.7	
	六月	792.0元	107.5	342.0	128.0	62.0	88.0	92.0	101.0	118.5	61.5	24.0	54.5	43.0	83.0	31.5	59.0	53.5	2241.0	
總計		9760.6元	934.0	3207.5	1378.5	762.5	1499.[illegible]	1144.5	748.0	1[illegible]85.5	68[illegible].2	370.3	568.5	619.[illegible]	947.2	4[illegible]8.0	692.4	517.4	25543.1	

無錫縣公安局預審刑事案件統計表(二十一年度)

件數 月份 罪別	二十一年 七月	二十一年 八月	二十一年 九月	二十一年 十月	二十一年 十一月	二十一年 十二月	二十二年 一月	二十二年 二月	二十二年 三月	二十二年 四月	二十二年 五月	二十二年 六月	總計
內亂罪													
外患罪													
妨害國交罪													
瀆職罪											1		1
妨害公務罪				1	2	[illegible]		1			1		7
妨害選舉罪													
妨害秩序罪			1	1	1			1					4
脫逃罪					1								1
藏匿犯人及湮滅證據罪					1	1					1		3
偽證及誣告罪									1				1
公共危險罪		1		1				1	1				4
偽造貨幣罪			1				1				2		[illegible]
偽造度量衡罪													
偽造文書印文罪						1		1		1	1	1	5
妨害風化罪	3	3	2	4	2	1		1	3				19
妨害婚姻及家庭罪	13	14	14	16	12	6	7	6	18	14	25	8	153
褻瀆祀典及侵害墳墓屍體罪						1		1					2
妨害農工商罪	2	2	3	1	1	2		2			1		11
鴉片罪	24	37	42	40	56	35	10	25	26	30	[illegible]	[illegible]	[illegible]
賭博罪		1	4	1				1	1				8
殺人罪	1	2	2	2	2		1				1	1	12
傷害罪	22	19	15	10	8	4	6	6	3	9	14	16	132
墮胎罪									2				2
遺棄罪		1		1									2
妨害名譽及信用罪													
妨害秘密罪													
竊盜罪	8	11	8	9	13	4	6	5	9	10	19	9	114
妨害自由罪	2	7	2	1	2		2	1	4	1	16	2	40
搶奪強盜及海盜罪	7	2	8	3	4	5	3	1	2	2	7	6	50
侵佔罪			1	1	2				1	1	1		7
詐欺及背信罪	1	4	3	4	5	4	3	6			2	3	35
恐嚇罪				1	1						1		3
贓物罪	1	1	2				1		1		1		7
毀棄損壞罪	2		2						1	1	1		7
總計	86	108	110	97	113	66	40	59	73	69	116	79	1016

無錫縣公安局預審刑事犯年齡統計表 二十一年度

年別	月份	十三歲至二十歲 男	十三歲至二十歲 女	二十一歲至三十歲 男	二十一歲至三十歲 女	三十一歲至四十歲 男	三十一歲至四十歲 女	四十三歲至五十歲 男	四十三歲至五十歲 女	五十一歲至六十歲 男	五十一歲至六十歲 女	六十一歲以上 男	六十一歲以上 女	共計 男	共計 女	備考
二十一年	七月	二	三	二九	八	三七	九	二七	七	二八	五	五	七	一二八	三九	
	八月	二	五	四六	四	四九	一九	三七	九	一七	四	八	三	一五九	四四	
	九月	一一	三	四四	一三	四五	九	四五	一八	二二	二	一六	一〇	一八三	五四	
	十月	三	[illegible]	三四	六	四五	一〇	三四	一五	二五	一二	一四	六	一五五	五四	
	十一月	五	九	二五	九	四四	七	三七	一三	一五	五	六	五	一三二	四八	
	十二月	四	二	二六	五	二七	六	一八	三	一二	四	八	三	九五	二三	
二十二年	一月		一	二三	六	一八	四	一八	三	七	二	二		六七	一六	
	二月	一	三	一九	四	二三	四	二七	四	一五	三	三	二	八八	二〇	
	三月	二	六	二四	九	三四	一六	二四	五	一四	一	三	一	一〇一	三八	
	四月		二	一〇	四	二六	五	三一	七	一一	五	七	三	八五	二六	
	五月	一三	九	四一	四	六二	八	四七	一〇	一二	四	七	二	一八二	三七	
	六月	五	七	三二	六	四六	三	二八	五	八	二	四	三	一二三	二六	

無錫縣公安局緝獲烟案及麻醉毒品案件統計表（二十一年度）

項別	件數 案別	二十一年 七月	八月	九月	十月	十一月	十二月	二十二年 一月	二月	三月	四月	五月	六月	總計
鴉片案	栽種													
	販運	3	4	3	1	2	2		1			1		17
	售賣	3	2	5	5	8	2	1	2	5	6	3	9	51
	吸食	7	7	11	9	13	16	5	9	7	11	4	29	127
	其他	4		1	4	3	1			2	1	1		17
	合計	17	13	20	19	25	21	6	12	14	18	9	38	212
麻醉毒品案	製造						1							1
	販運		3	3	1				1			5	1	14
	售賣	3	6	12	8	9	4	1	2	2	1	4	4	56
	服用	4	15	6	6	22	7	3	10	9	2	3	40	129
	其他			1	8		2			1	9	1		17
	合計	7	24	22	21	31	14	4	13	12	12	12	45	217
總計		24	37	42	40	56	35	10	25	26	30	21	83	429
備註														

無錫縣公安局處理違警案件比較圖（二十一年度）

罪別	妨害安寧	妨害秩序	妨害公務	湮沒証據誣告偽証	妨害交通	妨害風俗	妨害衛生	妨害他人身体及財產
件數	13	476	20	17	80	2320	93	1128
百分比	0.3%	11.5%	0.5%	0.4%	1.9%	56.0%	2.2%	27.2%
圖例								

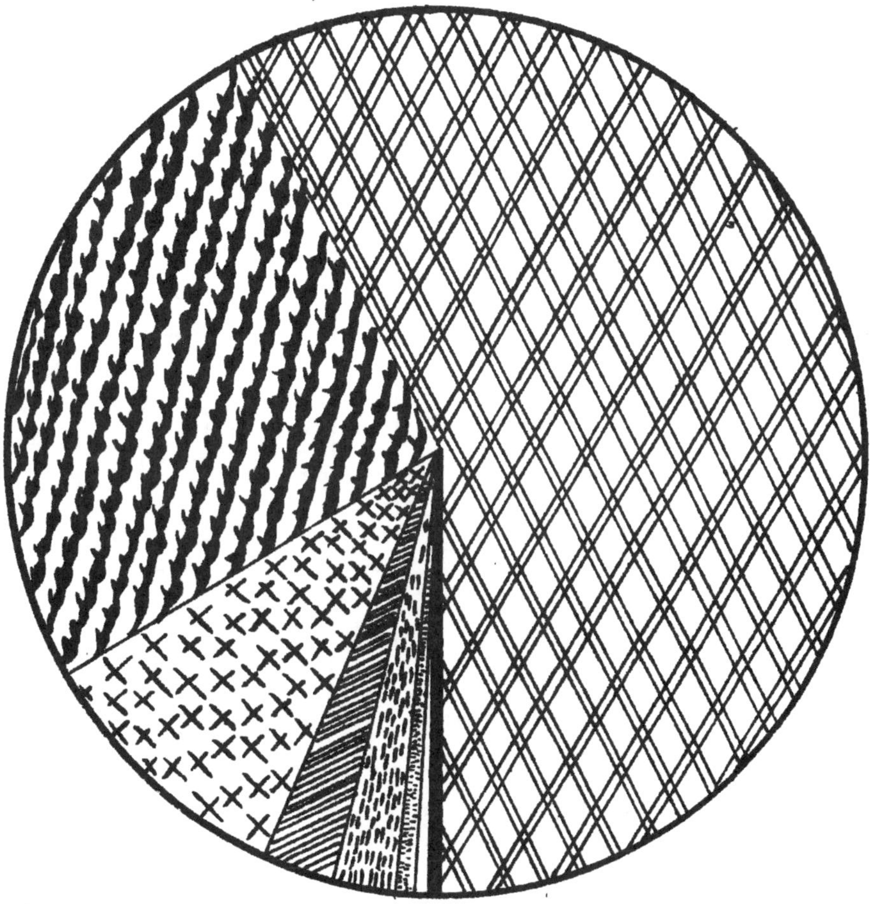

無錫縣公安局預審刑事案件比較表（二十一年度）

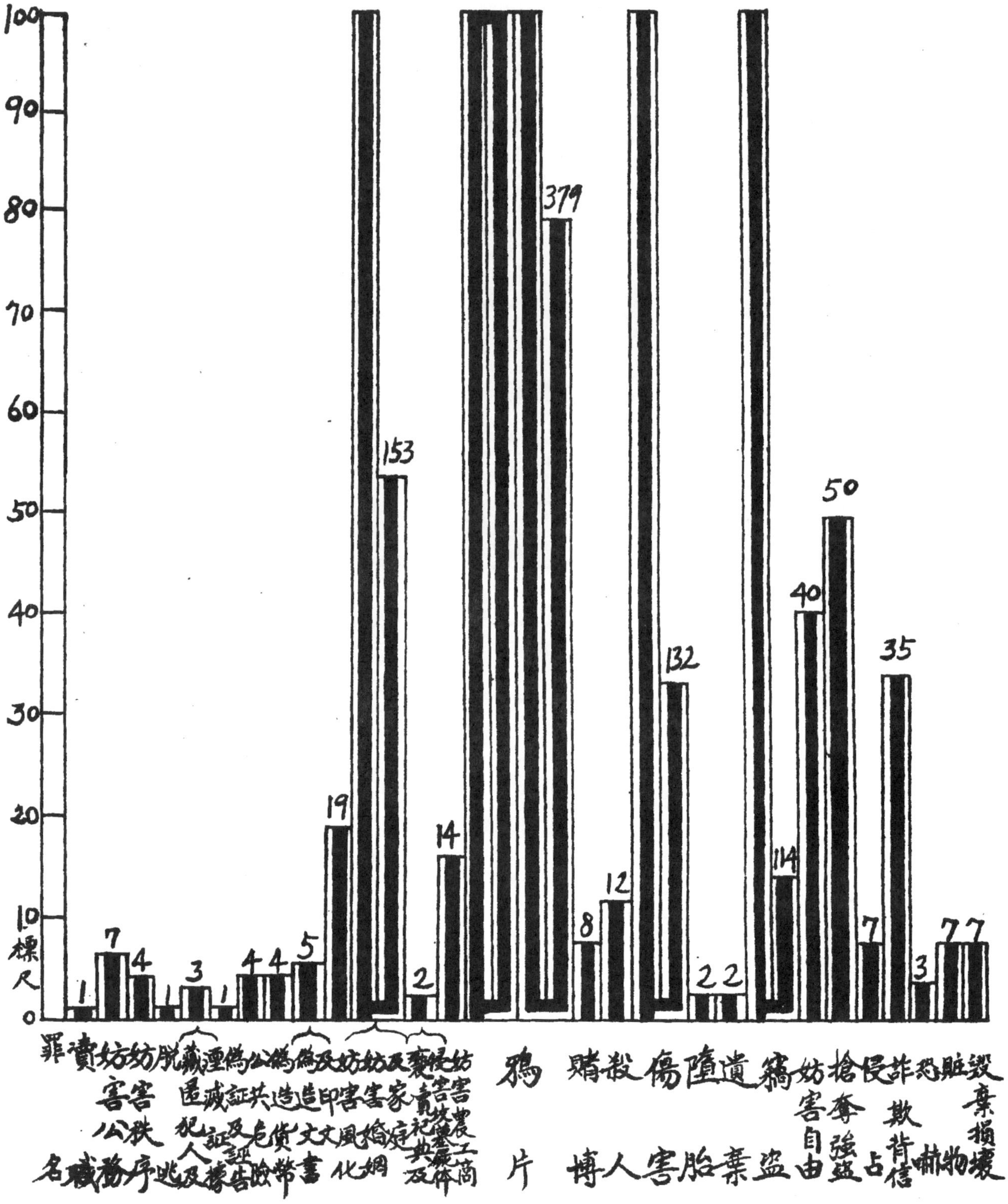

張仁山啟事

鄙人經理上海寶隆 皇家 中和 太陽 等各大水火保險公司歷有年所素著信用對於賠款迅速手續敏捷價目克己早經有口皆碑近因挽回國人利權起見今特受任華商金融界組織之 四明 保險公司 設立經理處於中新第三紡織公司

倘蒙各寶廠棧行號賜顧無不格外歡迎

通訊處 中新第三廠電話六三六號
大中華旅社電話一三四號

無錫老北門外北大街

大吉春參藥號

本號自清季同治壬戌年創設至今已歷七十餘載專辦吉林人參臺人參鬚國產別直眞西洋參官燕銀耳毛角鹿茸杜煎諸品仙膠拆兑各種香料細藥精潔飲片虔製丸散膏丹不惜工本務求道地貨眞價實早已遐邇馳名口碑載道倘蒙各界賜顧無不竭誠歡迎

電話 店第一一六七號
機第三二〇號

撰著

撰著

無錫警政之沿革

秦鈞

無錫警察、創於遜清光緒三十一年。先由北里紳商，籌集經費，就北區地段內，着手試辦。繼之者爲西區南區，均以原有團防局改編。迨至宣統元年，始正式成立巡警局於城中八兒巷。其時組織尚屬簡單，由地方公正士紳任警董外，內設巡官一員，文案會計庶務各一人，全縣警額共計一百數十名。經費統由地方自行籌措，以舖捐爲大宗。宣統二年，遷局址於眞應道巷舊高橋司署，光復後仍在原址辦公，稱無錫市巡警總局。局設總巡官一員，南區西區北區均分設巡官。民國元年冬，以光復門外商市漸盛　增設東區巡官，同時鄉區南延市，將原有民團改編警察，請派巡官，餘如泰伯市青城市二處，亦相繼開辦，餉銀歸各市鄉應領之附加稅項下撥用；不敷之數，則以房捐補充，均由當地市公所經手支配，不歸總局給領。民國二年，改稱總局爲無錫警察事務所，總巡官改稱爲警務長，下設警務員二人。並於城中增設無錫市巡警第一區。同時改稱南區爲第二區，西區爲第三區，北區爲第四區，東區爲第五區，每區設區長一人，區員一人，巡記一人。鄉區則不設區長，各設區員一人，巡記一人，統屬於警務長指揮之下。是年遷警察事務所于縣公署，而第一區附焉。民國三年，泰伯青城二警區以經費支絀，同時裁撤。是年十月，改組爲無錫縣警察所。所長由縣知事兼任，下設一二三等警佐各一人，城鄉各警區，亦改稱爲分所。民國六年四月，又將各分所改組，以無錫市第四第五兩分所合併爲無錫縣警察第一分所，遷居於光復門城脚下建造之新屋內。北區則設立第一分所第一分駐所。原有中區第一分所，改稱爲縣警察分駐所。南區第二分所，西區第三分所，則仍沿舊稱。惟以前冠無錫市警察者，均一律改稱縣矣。南延市第一分所亦改稱爲無錫縣警察第四分所。民國十年，東門外亭子橋暨廣勤區均設立分駐所，歸第一分所管轄。是年十一月，揚名鄉成立警察第五分所於周新鎮。民國十三年，無錫商埠警察署成立，以原有第一分所第三分駐所劃入商埠區內，並添設一分所而隸屬焉。民國十四年，城區各分所，又改爲東西南北中光復區六分駐所。民國十六年三月，國民革命軍底定無錫，將警察所改組爲無錫縣公安局，城區各分駐所暨鄉區各分所均改稱分局，是時商埠警察署已取銷，亦改爲分局。同時無錫市政局創設無錫市公安局於舊縣署內，互爭警權，糾紛釁生。旋經無錫第十四軍召集地方各團體民衆等，開會議決縣市合併改爲無錫公安局，即以舊縣署爲局址。組織編制，規模擴大，內

撰著

二

部分設總務警務司法衛生四科，秘書督察收發三處，警察隊水巡隊偵緝隊三隊。各分局均改爲警察署。同年八月，奉令依省頒江蘇省各縣公安局組織條例，縮小範圍，改組爲無錫縣公安局，設總務行政二課，原有祕書處事宜併歸總務課，偵緝衛生等事，則併入行政課，二處三隊則仍舊制。各警察署仍一律改稱爲分局。十七年四月，奉令增設司法課，與總務行政並立爲三課。十八年五月奉令改編公安隊爲警察大隊，並於是年帶徵畝捐，確定公安經費，增設各鄉區分局。同年六月，警察大隊改歸縣政府直轄。並奉令於行政課添設衛生股，設課員助理各一員，專管衛生事宜，各分局則另設衛生警，執行衛生事務。同年七月，實行新編制，改課爲科，仍設三科、一督察處，一偵緝隊。十九年五月，因縣法院亟須在無錫縣舊署籌備成立，遷公安局於三皇街錫邑廟內。溯自民國十六年起，警察所改爲公安局後，屢經興革，並擴充警額，增加員警，薪餉規模，粗稱完備。鄉區逐漸推廣，現已增設至十六分局，一直轄分駐所。全縣警額，除警察大隊外，共計八百十一名，經費均屬確定，事權亦歸統一，較諸民國十六年以前，殊不可同日而語矣。茲就各分局所警衛狀況，分述於下。

第一分局警衛概況

第一分局轄境，在縣城內四週，城牆爲界。面積十方里強，商舖居戶，共計七千餘戶，人口四萬二千左右。凡縣政府，法院，黨部，公安局，教育局，暨各種團體機關，均駐在焉。因此對於警衛極爲重要。分局設於崇安寺，爲本城中心點，指揮尚屬便利。下設派出所二處，第一派出所，在稅務前烈帝廟，第二派出所，在西水關，均裝有電話。各城門均設警衛所，派警守望。全城崗位，共計三十一處。惟地面遼闊，尚覺不敷分配，異日經費充裕，當再徐圖擴充。此外武裝團體，有水上公安隊第二區區部，設於駐驄橋。縣保衛委員會附設縣政府。警察第三中隊分駐於縣政府及縣法院。商團第三支隊部，設於南陽里。均有相當實力，遇有匪警發生，均互相策應。此第一分局轄境警衛狀況之大概情形也。

第二分局警衛概況

光復門外於民國元年時，境內河流紛歧，坟墓遍野，地瘠荒蕪，居民稀少。迨夫京滬路橫貫東西，工運橋應運而築，新馬路相繼興工，始漸生朝氣。當此時也，本邑警察第五區，始成立於今之中正路口。民國七年，新馬路築成，民房建造益多，市政局始擇地於光復門外城脚，建造新屋，爲警察所所址。十年落成，遷入新居，同時改稱警察第二分所。民國十六年，國民革命軍底定江南，奉命改稱無錫縣公安局第二分局，迄今已有六年矣。

本局轄境，東隣直轄第一分駐所，以延壽司殿爲界。南瀕城牆，與第一分局爲隣。西達通滙橋老北門，與第五分局爲界。北沿工運河，與第六分局爲界。面積縱橫一里許，人口一萬四千餘。四方輻輳、交通利便、商賈繁盛，工廠林立，實居全邑衝要之區。職是之故，社會狀況既錯綜複雜，良莠之不齊，宵小之混跡，勢所難免，而警衛自屬重要矣。

本局現有警長四名，警士四十三名，設置守望所十一處。每一守望所於每六小時後，由警士二名，依次担任，周而復始，以保治安，而維秩序，并抽休息之長警，任巡邏職務，以補守望之不及。因轄境狹小，巡察較易周到，故尚稱安靖焉。

第三分局警衛概況

本分局地居南門，兼轄第二區景雲市。北自望湖門起，與第一分局相接。南至水仙廟，與第八分局轄境毗連。西至西新橋迎龍橋。與第四分局接壤。東北至興龍橋，與直轄第一分駐所相連。東至江溪橋。太湖港蕩在其南，京滬鐵道蜿蜒過其東，運河直貫於其中。河港紛歧、舟車如雲。居戶櫛比，工廠林立，人口近八萬。年來江北客民日漸繁殖，亦大堪注意事也。轄境既如是遼闊，居民又如是複雜，則防務重要可想而知矣。

境內武裝機關，除本分局外，尚有警察隊，係去冬因防務嚴重，呈請縣府撥派警士一班駐紮於水仙廟者。又商團第五支隊，均係店員組織而成，平時並不出防，須至冬防期內始行出巡。本分局長警僅五十四名，設有第一第二兩派出所。第一派出所駐北長街上牌樓，該所計有警長一，警士十二。第二派出所在大公橋之西南橋堍，置有警長一，警士九。境內共計守望所十三處，槍械頗足。惟因警額少而轄區大，故平時警察力量，祇能及於南里一帶，而猶感不敷配置之苦，實有增添警士之必要也。

長警勤務，因地近鄉區，守望巡邏並重，且常派便衣警士四出偵查，以輔守巡警士之不足。工房舡舡船等，則不時派警檢查。蓬戶則設有蓬戶警，專司管理，平時抽查亦嚴，故雖為宵小出沒之區，而宵小尚不易匿跡也。

本分局關於防務上，與各武裝機關及鄰近各分局所素極聯絡，有事均能守望相助，故地方尚稱安謐，若能增加警額，充實設備，而於江溪橋方面設一分駐所或派出所，則警衛益臻妥善矣。

第四分局警衛概況

本分局，自民國元年成立，初稱無錫西區警察分所。迨民國十六年，革命軍奠定江南，改警察機關名稱，為公安機關，於是我無錫西區警察分所，亦改為無錫縣公安局第四分局矣。今就第四分局警衛狀況中，關於重要者，約略言之。查第四分局管轄區域，南北相距約七里許，東西相距約五里許。運河橫貫，為運輸要道。西南濱臨太湖，港汊紛歧。西北羣山嵯峨，屏障環列。此地理之形勢也。至於人口調查，有正附戶約四千四百餘戶，人口約二萬二千七百餘口。至商市狀況，有麵粉絲紗各工廠，及糧食堆棧等大商業。綜上觀之，本分局警衛之設施，自宜就其地理形勢，人口配置，以分佈警衛之力量。本分局，於西城沿河，設立局址，為辦公處所。除不分晝夜。按時分派長警，輪流到崗值勤，以維治安外，並將落差長警、另組巡邏隊，於境內四處梭巡，藉防宵小濶跡。復於惠山鎮，設立第一派出所，一切警衛事宜，悉依本分局指揮調度而施行之。於迎龍橋，設立第二派出所，其警衛動作，亦然。境內尚有無錫商團第六支隊，槍械完備，如遇必要時期，可協助出防。而縣公安局巡邏隊等，亦不時流動梭巡。惟西區地處險要，所有警力與槍枝，均感不敷分配，欲謀先事預防，自須充裕實力，此則我辦理公安人員之責任耳。

第五分局警衛概況

本分局之設置，始於遜清光緒三十一年秋，由已故邑人蔡文杰，仿照蘇省警廳組織法規，籌設北區巡警局於北塘晏公堂內。是時即由北塘汎葉春榮兼斯局管帶之職。管帶以下，設書記一員，巡長二人，巡警三十六名，管理一三圖一四圖一五圖一六圖一七圖等區城內之事務。至其警餉公費，端賴北塘一帶商號之捐助。斯時警衛實力，全仗前膛槍十餘支，維持商場秩序。迨至光緒三十四年，經巡警部奏准劃一官制，管帶名義取銷，局址遷至壇頭街。巡長以上，每區改設巡官巡弁巡記各一員。所有案件，悉爲右堂兼辦。及光復後，改爲第四區巡警局，將原有前膛槍支，由無錫軍政府收去。換發俄式鎗十五支，增加長警一排。劃一三圖，歸第五區巡警局管轄。同時將各區巡官，改爲區長，月薪二十元。巡弁改爲區員，月薪十四元。巡記名目仍舊，月薪十元。巡長七元，巡士五元。每月薪餉公費，須由市區房捐項下開支。至民國二年，改稱無錫市警察第四區。四年又改爲無錫縣警察無錫市第四分所。六年將四五兩區合併，改爲第一分所第一分駐所，所址遷至江陰巷，長警兩排，設巡官一員，巡記一員，組織仍舊。是時劃分轄境，東至通匯橋，南至大橋，北至梨花莊，西至梟橋。十一年，商埠成立，將顯橋以北，紀將軍廟以西，劃歸商埠警察署管轄。十五年，經無錫市議會議決，改爲無錫縣警察北區分駐所，長警十七名，俄式槍十支。梟橋派出所即於是年六月成立。十六年三月，革命軍奠定江南後，始則改稱無錫公安局第五警察署，繼又改爲無錫縣公安局第五分局。巡官改稱爲分局長，巡記改稱爲雇員，月薪照舊，增加巡官一員，月新二十元，長警每人加餉二元。至十七年十一月，由無錫市行政局決議，添設巡長二名，巡士十八名，添置勃郎林手槍四支。十八年七月，實行新預算，分局長加爲七十元，局員三十五元，雇員十六元，一級警長十六元，二級十五元，三級十四元，一級巡士十二元，二級十一元，三級十元，伙夫八元。是年，由縣收去俄式鎗十一支，尚有十四支應用，隨後發給木殼槍六支，手槍十六支，連原有四支，共計二十支。同時重規定管轄境界，東至露華弄黃泥橋通匯橋三處與二分局交界。南至江尖及運河兩處，與第四分局交界。北至泗堡橋廟橋惠工橋社橋港四處，與第六分局交界。西至巡橋鄉，與十二分局交界。統計面積十二方里，戶數六千六百十二戶，男一萬二千四百三十二人，女一萬二千八百三十六口。按諸管轄境內，以北塘北大街一帶爲無錫全縣商業薈萃之區，如銀行錢莊綢布米行米廠醬坊堆棧大都雲集於斯。次則洋貨南貨山貨油行絲行煤鐵蠟燭等業，以及其他店舖，約五六百家之多，可稱爲商業精華之地。今就本分局現狀而言，設有官佐三員，長警八十四名，計設崗二十三處，（連派出所在內）又每日增設巡邏二次。自衛團體，有商團第一第二第九第十等四支隊，每隊依照排爲編制，槍枝完備。此外尚有水上公安第六隊一部份駐於紀將軍廟內。遇有匪警發生，互相策應。但區域重要，面積遼闊，以致崗位不敷支配，警衛力量單薄，日後必須增加經費，添購槍枝，籌設分駐所一所，增添警士分守與巡邏服務，庶幾可收散在與集合兩制，相輔而行之效也

第六分局警衛概況

本分局成立於民八，由縣警察所設爲第二派出所，隸屬於第一分所，設一級警士一名，代巡長職務，警士三名。民九改爲第三分駐所，仍隸縣警察所，設巡官一員，巡長一名，警士六名。嗣後市面繁興，商埠開辦，即於十三年七月，劃歸商埠警察署管轄，改爲第二分駐所。另設第一分駐所於署內，以資分理商埠範圍警務事宜。各置巡官一員，巡長二名，警士二十

撰　著

四名。十六年四月，國軍底定江南，商埠警察署取消，曾一度以第一二兩分駐所，編入縣公安局，改為七八兩分局，各設分局長一員。是年七月，將七八兩分局，併為第六分局。因地方遼闊，添設派出所三處於通惠路梨花莊殼巷上，現有警長七名，警士五十名，車巡隊六名，合計六十三名。所轄區域，南自剛港橋沿運河至亮壩橋為界，與第二分局毗連。北以興塘河楊木橋為界，與第十二分局相接。東至黃草渡桑園墩為界，與直轄第一分駐所相連。西至通惠路惠工橋為界，與第五分局接壤，周圍面積十五方里強，人口有二萬二千一百二十八口，工人客民，占居多數。至於警衛方面，除崗警日夜守望，車巡隊每晚六時至翌晨六時，分班巡邏四周外，並聯絡商團第八支會游巡隊梭巡，以固防務，此第六分局警衛之概況也。

第七分局警衛概況

本分局所轄地，為第十一區南延市。分局設立於蕩口鎮，民初由民團改編者也。後因所轄地域，東臨吳縣，南至十一分局，西至十分局，北連常熟境界，面積二百方里，分局警力，遂有鞭長莫及之概。故於甘露鎮分設一分駐所，鴻聲里分設二分駐所。本鎮自鼎革以來，商業日盛。距鎮里許之新橋地方，係一水路交通之要道，建設街衢，取名新興街，並設有十一區公所。本鎮資本家集資在該地創辦工廠商店，因此商業頗盛。前以分局警力薄弱，為維持治安起見，曾於民國十九年間，呈請當局增設有第一派出所，以固防務。區內並駐有商團第十一支隊，遊巡隊水上公安隊第二區第六隊第二分隊，以及稅警隊等武裝機關。槍械齊全，實力雄厚，是以防務鞏固，治安萬全。四萬居民，亦相安樂業也。

第八分局警衛概況

本分局位居縣南，管轄第二，第十三，第十四，三自治區域，即原揚名新安開化三鄉。東瀕運河，西濱梁溪河，北界城區，南臨太湖，面積遼闊，東西橫闊二十餘華里，南北縱長三十餘華里。人口稠密，共二萬七千三百零九戶，十二萬六千五百三十口。所有警衛，原起於民國八年夏間，青祁士紳王禹卿廣循箕等，興築馬路，設路工局於青祁，呈准無錫縣警察所，令行西門第三分所，設駐在所於路工局，維持交通秩序。復因四名警力單薄，九年冬，路工局董士，呈准擴充警衛，將駐在所，改為第五分所第一分駐所，管轄揚西八圖區域。民十年秋，為轄境遼闊，警衛繁劇，在夏家邊呈准增第五分所第二分駐所，與第一分駐所劃分界限，各負專責。自是揚西警衛，日增鞏固。嗣後廣紳循箕，呈准江蘇省警務處，令行無錫縣警察所，將第二分駐所改成第六分所，原第一分駐所，改歸第六分所第一分駐所，組織稍較適當。未幾，全縣改組，將六分所改為三分所，原六一分駐所，改為三一分駐所。不期政令又頒，將三分所改為第九分所，三一分駐所改為九一分駐所。至十六年春，革命軍至，將縣警察所改為縣公安局。於是九分所亦隨即改為公安局第九分局，原名九一分駐所，亦即改為九分局第一分駐所。彼時廣紳以槍械雖已補充，經費勢有難繼，爰復呈准將九分局一分駐所，縮小為九分局第一派出所，以節經費。先是民十年九月，揚東以地位衝要，周紳舜卿等，呈准成立第五分所於周新鎮。復在南橋成立第五分所第一派出所，以衛地方，統轄揚東各圖，兼管新安開化三鄉。至十四年奉令改為第二分所。十六年四月，改為公安第十分局。十六年八月改為第八

五

分局，即今之分局也。南橋第一派出所，亦隨之改變名稱，直至十七年春，江蘇民廳通令改鄉編區，每區祇設一公安分局。八九兩分局同在第三區，實有改組必要，乃將原名第九分局，改編爲第八分局第一分駐所，仍設夏家邊。原名青祁派出所，改屬爲第八分局第一分駐所第一派出所。南橋派出所，仍直屬八分局。至是第三區警衛，始告統一，以收臂指之效，而符政令，並仍兼管第十三十四兩區域。槍械經費，除當地補助一部分外，餘由縣局統支統給，組織始臻完善，警衛亦趨進步。迨二十年秋劉士德長分局，以本分局轄有名勝古跡，面積遼闊，警衛單薄，商同虞紳循箕，暨十三區朱區長，先後於二十年十二月二十一年六月，呈准擴大青祁派出所，爲第二分駐所，添設十三區華大房莊第三分駐所，以策治安。一應開辦費，均由虞朱二君籌撥，復籌補常年經費一部。可知地方急需警衛，俱有同心。復查十四區南方泉及方橋兩處，勢有成立分局分駐所之必要，惟限於經費，屢議未成，留待將來耳。第八分局完全鄉村警察，應採巡邏制遊動崗制，間或與保衛團暨商團約期會哨，以防盜竊。逢戶船舶，另設專警司察。除訓練長警，推進政治，辦理違警，協助自治，建設新社會外，多數精神，皆用在防緝盜竊之中。自匪首杭祖培格斃後，二年以來，較安謐多矣。

第九分局警衛概況

本分局位於第四區開原鄉，地處湖濱，轄境遼闊，且爲無錫風景區域。警衛之設施，於民國十六年成立第一支局，附於西門第四分局。當因經費關係，因陋就簡，故除支局外，僅設派出所兩處，警力單薄，槍械不全。惟面積極大，自東至仙蠡支路口，南至五里湖，西至藕蕩橋，北至雙河，人口繁多，於十八年乃擴充爲第九分局，翌年三月，設立雙橋分駐所。二十年續添派出所二處，以資警衛。無如地近太湖，湖匪出沒，在在堪虞，警衛方面，非厚加警力，備置槍械，不足應付裕如，現雖有各種步槍手槍等三十餘枝，然實力上尚欠充實，對於防務上，殊感困難。日下長警勤務支配，日則守望，夜則抽調巡邏。遇事則與鄰區分局及自衛團體，互相策應，此本分局警衛之概況也。

第十分局警衛概況

第九區素稱逋逃藪，刦掠焚燒，揑名恐嚇，過去現在，常有聞見。本分局坐鎮斯地，負地方治安重責，其實力宜如何充足，設備應如何周密，方可使烽火不驚，民衆安堵。惟當創辦伊始，限於經濟，設備簡單，警額缺少，洵非所宜。惟一年來，夙夜祇懼，謹慎防閑，幸得萑苻鮮見，閭閻不驚，茲謹將警衛狀況，分陳於下。

(一)崗位暨巡邏地點之指定。

本分局限於警額，祇設二崗，局署前爲第一崗，后橋鎮中心市爲第二崗。取站三息六制，倘遇非常事故，則撤外崗加入隊伍，以充實力。

巡邏重要地點，計分爲六。(一)東向至東橋東浜，(二)西向至嵩山鞋山，(三)南向至小橋頭，(四)北向至九里橋，(五)東北向至謝埭橋，(六)西南向至讓橋鎮，輪流更換。冬則日夜出巡二次，春夏秋或日或夜出巡一次。惟轄境遼闊，警額缺少，不免顧此失彼。然槍彈充足，警體強壯，尚足以壯聲勢。

（二）外勤之分配

外勤分配之方法，分集合散在二種。於市鎮繁盛之處，則用散在制。村莊山林之處，則用集合制。夏秋多用散在制，冬春多用集合制。此多臨時酌變，本無一定。至於值班差使，輪流更替。

（三）武裝機關之連絡

本分局轄境內。西有警察大隊駐防，南有保衛團之設立。警察隊有警士二十餘名，槍二十餘枝，每季會操一次，會哨三次。守望相助，急難相扶，保護地方，深得臂助。至保衛團。團因限於經濟，雖有設立之名，尚未見一槍一卒，將來正式成立，實行訓練。力量充足，亦治安前途之好希望也。

十一分局警衛概況

本分局設后宅鎮。后宅位於邑之東北隅，距城四十八華里。分局轄境爲泰伯市，即自治區十二區。東南與吳縣相界。西爲三區之新安鄉，北爲南延市，京滬路在其西南隅。縱二十里，橫二十六里，面積三百零九方里強，戶籍一萬一千七百五十五，戶口五萬三千九百零一，有三鎮三十六鄉，三鎮曰后宅，曰大墻門，曰坊橋。其他鄉鎮，若雙板橋，若薛典，若瞻橋，舖戶寥寥，皆小市集耳。大墻門鎮與后宅鎮。商店住戶加墿，約四百家。而坊橋地鄰吳縣，僻在邊隅，營業不振，故市面較衰。民初元間，后宅設警察分所，當時就地徵費，組織未健全，設施亦不完備。後因民警齟齬，不一年而停辦。民十八春，經費確定，警政統一，分局復成立，設分局長局員雇員各一，長警十七，械彈有公家發給者，有地方借用者，此十一分局管轄區域及沿革之情形也。后宅街道平坦，東西不及一里，民風純樸，上午七時許，鄉民上街貿易，熙來攘往，人影幢幢。十時後即作鳥獸散，流連於茶寮酒肆者極鮮，大有日中爲市之古風。大墻門坊橋亦類是。分局設崗位三，自晨六時起至下午六時，採用守望制，維持市廛秩序。迨日入以後，舖戶收市，路無行人，無所用其守望。而鄉區遼闊，難保無外來宵小，竊發其間，故日人以後，即改爲巡邏。巡邏區東至坊橋，西至薛典雙板橋大墻門，循環往復，務使宵小潛形，閭閻安堵，此警衛之大概情形也。綜觀地方遼闊，警力殊感單薄。所幸深居腹地，河道紆廻，宵小不易深入。方今民衆武力，積極發展，本區計劃組織保衛團七甲，現已成立者，爲大墻門，爲坊橋，爲薛典，雖限於經費，然已粗具雛形。而團員保衛地方，尚稱努力。將來次第成立，警團合作，治安前途，益較鞏固矣。

第十二分局警衛概況

城北約里許，曰天下市，毘連懷上市，接壤江陰，其間延袤數十里，山邱起伏，河港紛歧，素爲盜匪出沒之所。當軸者爲地方謀幸福，成立公安十二分局於八士橋，距城二十里，轄境爲自治六區及七區區域之半。遵照法令編制，分局長以下設局員雇員各一，警長二，警士二十有二。復於迤西十五里之塘頭鎮，成立第一派出所，支配長警分駐，首尾相應，同力合作，日則扼要守望，夜則分段巡邏。更有轄境各鎮之駐防警察隊，及保衛團，不時互相會哨，協助防務。是以幅圓雖廣，尚足以弭匪患於無形也。倘能經費充裕，多購槍械，酌設派出所於重要鄉鎮，則防衛實力，尤爲充足，不禁拭目俟之。

第十三分局警衛概況

本分局成立于民國十八年十一月一日，局址設堰橋鎮，轄第五區全境。而積縱一四，七里，橫一三，五里，共計約有一九八方里強。居民有一一五一〇戶，五五三二一口。局內有官佐三員，長警伕役十八名。有村田式步槍十二枝，毛瑟槍二枝，俄造步槍一枝，勃郎林手槍二枝，大多係向地方借用。境內有白蕩圩，常爲盜匪出沒之所，凡境內發生盜刼案，莫不與白蕩圩有關。因該處向無水上公安隊駐紮，故本分局已呈請縣局，准撥經費，雇船按月前往巡弋數次，以戢盜風，而保錫澄水道之安全，至民衆自衛團體，僅第五區保衛團，於尤家坦寺頭有團員數十人，槍十餘枝，因組織尙未健全，故力量不能充實。而堰橋保衛團第一甲，因經費無着，尙未組織成立也。

第十四分局警衛概况

本分局成立於民國十九年四月，局址設張舍鎮。內部組織，計分局長局員雇員各一，警士十六名，伙伕一名，槍械子彈，均尙完備。轄境有十七區全區、及十六區之一部，（約五分之一）東接開原鄉，西連武進縣，南濱太湖，北毗萬安市。面積約三百六十方里，人口約七萬一千九百餘人。地方武裝團體有商團支隊，足以協助維持地方治安，此第十四分局警衛之概的也。

第十五分局警衛概況

本分局管轄青城（十五區）全市，及萬安市（十六區）之運河以北半市，西鄰武進，北界江陰，東南與邑內之天上萬安南市相接壤，交通便利，治安綦重。境內警衛狀況足述者，不外本分局及警察隊水警商團保衛團等數種，茲分述如下。

一本分局　本分局內設長警十七名，原有步鎗林明敦九枝，子彈二六五粒。嗣經縣局增發俄造步槍一枝，子彈八十粒，迭經消耗，現存六七粒，林明敦子彈尙存二二四粒，左輪手槍子彈三二粒。勤務方面，本鎮設崗位二處，採站三息六制，每日派警輪值以維持市鎮秩序。對其他各鄉鎮，則採巡邏制，日夜派警巡邏一次。冬防期間，並與鄰縣江陰公安第二分局，武進公安第十分局第一分駐所，及公安第六分局，橫山橋商團等處，會哨于境內。更勤加巡邏，以防宵小溷混，而杜危害。

二警察隊　境內之駐有警察隊者，僅南雙廟一處。其駐在人數，雖祗一班，對于駐在地之防務，尙屬適合。

三水警　本分局所有轄境，均爲水警第二區第六隊第一分隊之承汛區域，平時雖無固定船隻駐泊定所，但于緊要時期，來境巡邏，于防務上不無協助之處。

四商團　境內商團組織，有洛社鎮商團，係組在下塘一帶，不屬本分局轄境範圍，無容序述。其組商團者，有1.禮社鎮爲無錫商團第二十五支隊，共有團員二十一名，槍枝十七枝，子彈五百四十粒。2.蔣莊鎮，商團團員十六名，槍械二十一枝，子彈約一千五百粒。3.前洲鎮，爲無錫商團第十五支隊，共有團員四十四名，槍械四十四枝，子彈約二千二百粒。4.石塘灣，爲無錫商團第三十四支隊，團員二十四名，槍械二十四枝，子彈約一千二百粒。上開各商團，所有槍械，均堪應用。惟于訓練上缺乏統一，且欠活動，致鼠竊狗偷，尙難絕跡，然防務上之補助，則甚覺重要。

五保衛團　本分局轄境內之組有保衛團者，前僅蓮蓉鎮一處，僅有團丁四名，槍十一枝，子彈五百粒。現縣保衛委員會成立，境內各處之籌設保衛團者，已不一而足，將來能遂一設備完善，本分局之警衛，將益見鞏固矣。

綜上以觀，本分局之警衛狀況，不能謂爲薄弱，然猶不能使盜竊案件絕跡者，其原因雖非一端，而地方警衛，僅重于形式之防範，而忽于精神之預防，想亦爲重大原因之一，吾人其注意及之。

十六分局警衛概況

本分局位於邑之東北鄉，局址設安鎮，原以第八區爲警區。十九年十月，附近第七區無分局之設立，遂將該區黃土塘東湖塘東八士橋等地，及其以東之各鄉鎮，劃歸管轄。以故警區遼闊，達一自治區又半。縱約三十里，橫約四十里，人口八萬餘，而局內僅有官警二十員名，以之警衛全區，實爲勢所不能。所幸地方尚有自衛團體等之設立，並有縣警察隊之扼要駐防，平時劃地自守，遇冬防吃緊之際，則定期會哨，地方治安，得以維持。是以匪警鮮聞，即或偶有發生，然亦十九必能破獲。惟念一年春，因年歲荒歉，搶米案件，時有發生，然過此以後，則未有所聞也。

直轄第一分駐所警衛概況

本所位居邑城東郊，民元時，荒塚纍纍，居戶寥寥，除亭子橋直街以外，全爲荊榛之區。惟以境內運河貫流，水運便利，實業家相繼勘建廠址，如絲紗麵粉鐵工廠等，一若雨後春筍，蓬勃興發。於是四方勞工，羣趨仰生，荒坵年復墾拓，人口逐漸移殖，乃蔚成爲今日之工人區域。至警衛之設，肇始於民國元年，僅有派出所一處，隸屬於光復區警察第一分所，長警十一名，槍枝僅及其半，蓋以經費竭蹶，略具雛形耳。民五六年間，工廠漸增，應環境之需要，改編爲分駐所，加充警額，較前倍之。惟槍彈一仍其舊，但足維持境內秩序。至盜竊案，尚屬罕見。迨十六年春，警察所改爲公安局，本所亦擴充組織，改爲公安局第二分署。繼又改爲公安局第二分局第一支局。旋復改爲直轄第一支局，由總局直隸。十八年七月，復改爲直轄第一分駐所，長警槍枝逐漸遞增。同時以公安經費確定，員警薪餉，較前提高，內部組織，亦依照規定編制。計設巡官雇員各一，一二級警長各一，一二三級警士共卄三，伙夫二。各廠請願警察，則另列預算編制，實領經費每月爲三百七十一元，並撥給駁殼槍手槍等，以增實力。至境內以工廠林立，已成爲錫邑工人區域之一部，故客籍遂戶綢繆船工房等，仰事於勞工生產者，比比皆是。於治安責任，較爲重大。更自十九年秋奉令將第十區東亭一帶，劃歸本所兼轄，面積益形遼闊。以自治區計算，有第一第二第十三區之一部，東西相距，足二十里，偶遇警報，實有鞭長莫及之慮。須添設派出所，及增加槍械，方得從容應付。所幸警察大隊部，及水巡中隊部，駐防附近，臨事均得相互聲援。惟商團第十支隊，停辦未復。冬防時期，似少策助耳。

訓政時期警察怎樣努力職責

唐石禹

我們覺得在一個繁榮都市裏面，來執行警察任務，不僅是全憑空談學理所能蕆事，最切要的基本訓練，必須明白整個社會的環境，腳踏實地，本着個人的學識和經驗，邁往直前的去犧牲奮鬥！

原來警察的職責，是屬於多方面的：預防危害，則近於軍政；執行警律，則近於司法；一案之發生，必賴以縝密地偵察

撰著

：新政之頒佈，必賴以儘量地推行。故警察的內涵，實爲內務行政一部份的重要理事機關。其意義，其職責，與尋常行政官吏，迥乎不同。

建國大綱載「全縣警衛辦理妥善」爲施行地方自治的亟務。中央所定七項下層工作，地方自治，爲一切建設的肇端。我們要剷除四境的盜匪，一方面要灌輸人民自治常識，必先努力於調查戶籍，然後輔助保甲，清鄉及識字運動等等，地方自治慢慢的自然可完成了。

警察的使命，既如是重大，我們要儘量地行使這種分內的職權，那麼，第一要明白警察的範圍，是僅屬於內務行政中一部；其目的，不外增進人民福利，防禦公衆危害。本此去施行權力，他的對象，亦僅在維持公共的秩序。凡是社會發生不安現象，不論其爲天然力，人爲力，要皆屬於警察範圍內的一種變動狀態。這種狀態，能夠事前消弭更好，否則亦須事後去設法排除。其次，警察既以保護社會公共利益爲目的，對於私人方面，其行爲不直接影響於社會的障害，警察絕對不能加以干涉。須知警察權在防止社會的障害，執行此種權力之實施，在在要權衡輕重，適可均一爲原則。凡此，皆須明白社會環境一般的狀況，而非呼唔一室，膠柱鼓瑟，所可以盡善盡美的。

無錫的繁富，甲於全省，爲東南著名的實業區域。地當衝要，港汊紛歧；京滬幹道橫貫其中；西北瀕臨運河；西南依棨太湖；東指蘇滬；南望吳興；輪軌輻輳，交通便利。絲紗粉廠，無慮百計，雖然近年受外貨的擠軋，農村經濟衰落，工商業一天蕭條一天，然直接間接賴以生活的人口，何止數十萬。客民雜民，良莠不齊，社會的組織，當然很復雜。我們在這樣環境中去執行警察職務，那麼只有本着個人的學識和經驗，小心翼翼，循規蹈矩，來努力完成訓政時期的重要工作，纔不負公安人員的使命。

職員録

本局職員錄

無錫縣公安局暨所屬各分局所職員姓名錄 二十一年度

職別	姓名	別號	年歲	籍貫	出身	永久通訊處
局長	吳德馨	歸三	三七	浙江東陽	保定軍校畢業	浙江東陽縣西街紅椿樓
第一科科長	季念如	文楧	四六	浙江義烏	前北京籌邊高等學校畢業	浙江義烏縣西街季萬新號轉
第一科科員	孫元愷	虞士	五三	安徽歙縣	前清貢生	南京大石壩街白塔巷一號
仝上	張濟倫		三九	江蘇無錫	江蘇第一師範學校肄業江蘇警官學校畢業	無錫錢橋北鎮潘巷
仝上	唐石禹	芍友	三〇	江蘇太倉	蘇州東吳大學肄業	太倉璜涇鎮
仝上	王開森	松如	二九	浙江東陽	浙江第七中學校畢業	浙江東陽王坎頭
第一科雇員	王仁浩	亢石	三三	江蘇崑山	上海萃文公學中學部畢業	崑山東塘十一號
仝上	陳宗壽		三一	江蘇無錫	上海商務書館國文函授畢業	無錫城中大婁巷廿八號
仝上	施承平		二四	江蘇江寧	首都市政府簿記學校畢業	南京中華門外南山門三號
仝上	周濟溥	作豐	二六	浙江縉雲	浙江省立第十一中學畢業	浙江縉雲臚腔
第二科科長	胡彬	振千	三七	江蘇無錫	國軍第一師教導隊畢業州東吳大學肄業	無錫堰橋鎮

本局職員錄

第二科科員	顧頌勛		二九	江蘇無錫	江蘇警官學校畢業	無錫東河頭巷底
仝上	唐鈞衡	松濤	四一	江蘇吳縣	江蘇兩級師範學校畢業	蘇州盤門新橋巷十二號
第二科雇員	秦彥文		三〇	江蘇宜興	宜興和橋彭城中學畢業	宜興周鐵橋
仝上	華嘯琴		二三	江蘇無錫	上海清心中學校畢業	無錫北七房
第三科科長	吳兆莘		三〇	浙江杭縣	浙江法政專門學校畢業	
第三科科員	張平	叔平	三七	江蘇武進	無錫縣立工業學校畢業	武進北門外殷家橋渡船口吳宅轉
仝上	陳浩	浩然	四四	南京	安徽巡警學堂畢業 江南法政學堂畢業	南京
仝上	徐增	典生	四八	江蘇嘉定	上海龍門師範學校畢業	嘉定錢門塘
第三科雇員	孫鍾灝	壽南	二一	江蘇無錫	錫縣立初中畢業	無錫南門南市橋二塘一百十六號
仝上	浦季鴻	一鳴	二五	仝上	無錫工商中學校肄業	無錫張涇橋轉交前山浦家
長警補習所教務主任	張逸	逸農	三四	浙江東陽	內務部警官高等學校正科畢業	
督察長	金式鄃	玉似	三二	浙江東陽	黃浦陸軍軍官學校第三期畢業	東陽吶千鎮
督察員	盧成功	少堂	三五	安徽廬江	湖北警察教練所畢業	廬江大西門外
督察員	孫灝	寅塵	三二	浙江紹興	浙江第五中學校畢業 福建省立警察學校畢業	紹興陶堰市
雇員	馬德山	子麟	四三	河北天津	江蘇警察教練所畢業	天津北門大街
雇員	龐嵩生	崧森	三五	江蘇崇明	崇明中學畢業	崇明橋鎮界溝沿
實習員	湯名川		二七	江蘇如皋	內政部警官高等學校第十一期畢業	如皋城內迎春橋西尾巡北一號門牌
偵緝隊隊長	薛福瑞		四一	江蘇無錫	高小畢業	沙文共五十二號
探長	戴壽荃	靜山	四九	江蘇常熟	常熟警察教練所畢業	無錫後太平巷六號

探長	沈民華	德華	四一	浙江慈谿	高小畢業	無錫棋杆下六十六號
雇員	韓馥芝	頌清	四九	江蘇高郵	高小畢業	無錫新縣前十四號
拘留所所長	季永祥	瑞雲	二四	江蘇溧水	縣立中學畢業	程集大森木廠
特務員	羅植	鳳翔	四三	河北行唐	軍界	寶山縣羅店鎮保衛團
直轄第一分駐所巡官	虞樹銘	念慈	四九	江蘇無錫	前清兩江陸軍警察學校畢業	無錫城中槐樹巷七號門牌
雇員	楊保安	錦堂	五十	安徽懷寧	前清安徽武備學堂安徽陸軍講武堂畢業	無錫東門外熙春街八十九號門牌
第一分局長	高濂	崇山	五十	江蘇無錫	無錫縣巡警講習所優等畢業	無錫城內牛司衖
局員	秦鈞	鏡清	四十	江蘇無錫	前清兩江師範學堂肄業	無錫北門外長安橋十九號
雇員	孟超	燮臣	四四	江蘇江甯	江蘇警官學校畢業	無錫西門外棉花巷四十六號
第二分局長	王協中		二四	江蘇豐縣	仝上	豐縣南街保合堂
局員	孫鍾傑	天任	二四	江蘇嘉定	江蘇輔仁中學肄業	南翔鎮南翔公學轉
雇員	許毓基		二四	江蘇無錫	浙江公立法政專門學校畢業	無錫城內中市橋
第三分局長	沈濟舟	春帆	三二	浙江縉雲	湖南華治法政專門學校畢業	浙江縉雲縣靖岳轉臚膛鎮
局員	楊亞屏	重藩	三九	無錫	現在上海法學院四年級肄業	南盛巷二號
雇員	謝宗安	志石	二四	浙江紹興	南洋法官養成學院畢業	蘇州廟堂巷七十二號
第四分局長	范穰	薪之	三七	無錫	江蘇陸軍補助教育團畢業	無錫大婁巷十七號
局員	謝幹臣	良才	四十	銅山	粵屬師範學堂肄業	蘇州閶門外朱家莊許巷十七號
雇員	陳建平	笙廷	四二	無錫	滇粵桂軍官補習所暨湖北高等巡警學堂畢業	無錫八兒巷十一號
第五分局長	彭希文	仲武	四〇	湖北鄂城		上海西門路潤安里二十二號

本局職員錄

四

局員	強楚材	實珩	二八	江蘇無錫	江蘇省警官學校畢業	無錫洛社鎮
雇員	錢蘇英	素行	四六	江蘇江陰	前清宣統三年江陰巡警教練所畢業民國九年江蘇警察傳習所修業	江陰馬嘶鄉
第六分局長	段起山	松亭	四四	江蘇鎮江	隨營學堂畢業	無錫廣勤路廣安里二號
局員	張濂	仲安	四一	江蘇武進	杭州赤城公學師範科肄業	武進北門外殷家橋
雇員	顧定夏	定華	四〇	江蘇無錫	震旦學院預科畢業	無錫城中東河頭巷三十三號
第七分局長	惠志勳	浩乾	四七	江蘇無錫	南洋講武堂畢業	無錫安鎮
局員	陳勉	謨軒	二九	浙江瑞安	黃埔軍校砲科畢業浙江省警官學校畢業	溫州瑞安南門外李太興轉
雇員	華明	公亮	二五	江蘇無錫	蘇州中學畢業	無錫蕩口
第一分駐所巡官	韋琢珊	卓漢	三六	浙江東陽	軍官訓練班畢業	浙江東陽樟村
第二分駐所巡官	孫鶴堂	政卿	三四	江蘇銅山	江蘇省警官學校畢業	無錫南橋鎮于協昌檜坊轉
第八分局長	劉士德	輔民	三五	江西萍鄉	江省警官學校畢業	江西萍鄉小橋市
局員	周用蘊		二九	浙江	浙江私立法政專門學校畢業	浙江東陽玉山斐湖
雇員	陳貫之	適安	五四	無錫	附生	無錫第三區周新鎮
第一分駐所巡官	胡柏亭		三四	浙江東陽	浙江陸軍軍官團畢業	浙江東陽玉山嶺口
第二分駐所巡官	曹俠	聲賢	二八	江蘇無錫	江蘇省警官學校畢業	江蘇無錫南門外伯瀆港新碼頭徐巷
第三分駐所巡官	王學漢	倬章	三七	無錫	蕪湖商埠警察廳警察教練所畢業	無錫北門後祁街王宅
第九分局長	劉春蘭	香亭	三九	山東陽穀	膠澳警官傳習所畢業	山東陽穀縣張秋鎮北門外劉家樓
局員	嚴森	鶴儒	三一	江蘇吳縣	立達中學畢業	蘇州南濠街八十一號門牌

雇員	朱克昌	索然	四八	安徽休寧	安徽巡警學堂畢業	安徽休寧縣十字街四十一號門牌
第一分駐所巡官	朱文英	以字行	三八	江蘇溧水	陸軍第九鎮輜重隨營畢業	溧水縣郵政局
第十分局長	黃仁	靜候	二三	江蘇崇明	江蘇省立警官學校速成科畢業	崇明下三星鎮
局員	馬澤民	燿東	二八	江蘇鹽城	江蘇省警官學校本科第二期畢業	鹽城江門鎮
雇員	汪銘	公衡	三七	江蘇吳縣	江蘇省立第二中學校畢業	蘇州養育巷
第十一分局長	郁葆瑩	玉如	五三	浙江嘉興	前清文生陸軍隨營學堂	嘉興北門外
局員	潘晨鐘	曉白	三四	江蘇鹽城	江蘇省警官學校畢業	鹽城湖垛西溝溝
雇員	袁夢齡		二三	湖南湘潭	湘潭中學畢業	湖南湘潭
第十二分局長	黃昌森	石岩	四五	江都	江蘇巡警學堂畢業	揚州舊府西街
局員	劉清泰	晏波	二五	銅山	江蘇省警官學校畢業	徐州舊鎮署後十七號暨山左寧陽永春堂藥店轉
雇員	顧寶樾	蔭梧	三九	無錫	無錫警務講習所畢業	無錫張涇橋鎮
第十三分局長	李君堅	行果	二四	無錫	江蘇省警官學校本科第一期畢業	四郎君巷第十五號
局員	陸一山	徑三	二五	泗陽	江蘇省警官學校訓練班畢業	泗陽縣洋河鎮王成柏絲線店轉
雇員	尤鴻志	竟成	二六	無錫	江蘇省警士教練所畢業	南門外第二區張塘橋隆壽堂藥號轉
第十四分局長	童中嶽	毓靈	三三	浙江寧海	浙江省警官學校正科第一期畢業	寧海省下
局員	馬良勳	冠軍	二六	江蘇蕭縣	江蘇省警官學校本科第二期畢業	蕭縣鴻濟堂轉白土鎮
雇員	田文潮	游雲	二二	浙江縉雲	浙江省立第十一中學畢業	縉雲臘院
第十五分局長	陳司宇	楫符	二八	江蘇泗陽	江蘇全省警察教練所第一期畢業 南京成美中學畢業 江蘇省警官學校本科第二期畢業	清江浦南新集新元號

本局職員錄　　五

本局職員錄

局員	張顯元	燮卿	二五	江蘇宿遷	宿遷縣立中學畢業	宿遷洋河集北漲圩
雇員	許爾康		二八	江蘇無錫	江蘇省警官學校畢業 江蘇省水陸公安隊教導團畢業 無錫胡氏私立初級中學畢業	無錫嚴橋
第十六分局長	談蔚南		三三	江蘇泗陽	江蘇省警官學校畢業	泗陽城內三台閣東
局員	黃德賢	希甫	二九	仝上	仝上	泗陽來興鎮北門內熊家斗行
雇員	曹斌		三〇	江蘇沛縣	江蘇省立第七師範學校畢業	沛縣城西門外孟橋

編校餘言

無錫確佔着中國一個極重要的工業區域，在產業興盛時期，各廠男女工人計在十萬以上；在目前不景氣的經濟狀況之下，男女工人，尚有六七萬人，而許多勞働預備軍——失業者尚不計算在內。此外如車夫、小販，小工……等也不下一萬人。此十餘萬工人中，除去本地居民外，約十分之六屬諸客籍；依附而來之婦孺，數亦稱是。故居民叢落雜處，有背景之惡勢力，得乘間抵隙，掀波作浪；而工房，篷戶、絹綢船、旅舍……等，不啻一切作奸犯科之大本營。曠夫怨女，觸目皆是，姦拐案件，一幕幕的表演着。查本局一年來處理妨害風俗違警案件，計二千三百二十件（內有類似賭博案件，佔着一大部分）；預審妨害風化罪移送法院辦理者，計十九起；預審妨害婚姻及家庭罪移送法院者，計一百五十三起。其他由法院直接受理者，及事件發生而未曾對簿公庭者，更不止此數。如有正確的統計與調查，當有一個驚人的數目。一年來由本局預審移解詐欺案件，雖僅三十五起，但在惡勢力羽翼下之詐欺事件，層出不窮，不過未爲我們所發現而已。又由本局移送竊盜案件計一百十四起，搶奪及強盜罪計五十起；其中有不少係爲了幾件破爛衣服，二隻小鷄，即由竊盜罪而變爲強盜罪。這當中就透露了一個經濟的消息，就是農村經濟瀕於破產，於是實逼處此挺而走險。同時在這農村經濟破產的時期，有一個驚異的矛盾的事實，就是墮落的黑籍人數之增加，而由本局一年中移送鴉片罪計有三百七十九起之多。我們把這中消息，作一過細的分析，無疑地可以參透無錫社會是怎樣的成分。更由歸納的可以斷定犯罪案件之所以如此之多，固各有其特殊原因；而社會制度之不良，社會組織之不健全，及經濟現象之發生病態，均爲其主要之總因；更以居民龐雜，交通發達，爲其相輔而成之一種條件。所以無錫是一特別適宜於犯罪的區域，尤其道地適宜於犯「姦淫」「誘拐」「詐欺」「竊盜」……的一個淵藪。一年來辦案的經過，眞能使我深切地體驗到，而鐫着一個極深刻的印象。爲正本清源計，固當力求社會經濟之穩定與繁榮，同時須辦調查戶口，尤其應舉行調查工房，篷戶 絹綢船等，確爲一件不容或緩的事業。這是辦理公安人員所親切感受到，同時亦應爲一般錫地居民所應有的認識。本想作一篇較長的文字，但終日勞形案牘，無暇及此，這個只可算作一個楔子。

本年鑑原定材料尚多，但因才力與財力的關係，未能盡如所期。更有因須保守祕密者，也多不付刊；如關於奉密令辦理之事件，及關於本局之警衛實力等等。

法規欄內若干法規章程，雖尚屬草案，但爲量增損，其間較費長時間的考慮：現在已陸續呈請核准施行。本年鑑對於此項工作，確佔去一大部分。

調查欄約佔本年鑑篇幅二分之一，但內容尚未甚充實，不過確爲辦理警察事業所亟須明瞭的一種重要材料。欲得其詳盡，尚有待於來茲。又其間先後次序，爲印刷者所誤排，無法更改，不無遺憾。

無錫警政之沿革一文，爲秦鈞所撰，接着各分局所的警衛概況，則是由各分局長及巡官所撰。

本年鑑自發起至編竣，爲時甚暫，倉卒成書，掛漏舛誤，在所不免。又因印刷關係，致延遲出版，希讀者諒之。

吳兆華於辦公廳

上海商業儲蓄銀行

無錫分行

地址・北塘街，公園路

宗旨
服務社會　扶助工商實業
業務
存欵　放欵　匯兌　押匯
儲蓄　兼辦旅行業務
存欵種類
活期存欵　定期存欵　往來
存欵　通知存欵
放欵種類
信用放欵　抵押放欵　貼現
放款
儲蓄種類
活期儲蓄　定期儲蓄　禮券
儲金　嬰孩儲蓄
另備詳章函索即寄

無錫最完備最宏偉
綢緞服飾花邊商店

地址北大街

日新綢莊

電話六一號

出租新式男女結婚禮服
裁製摩登化西裝及旗袍

懋綸綢莊新裝

有專家打樣　有美術家設計

裁製婦女旗袍大衣

出租結婚禮服

出租一切結婚用品

圖表一

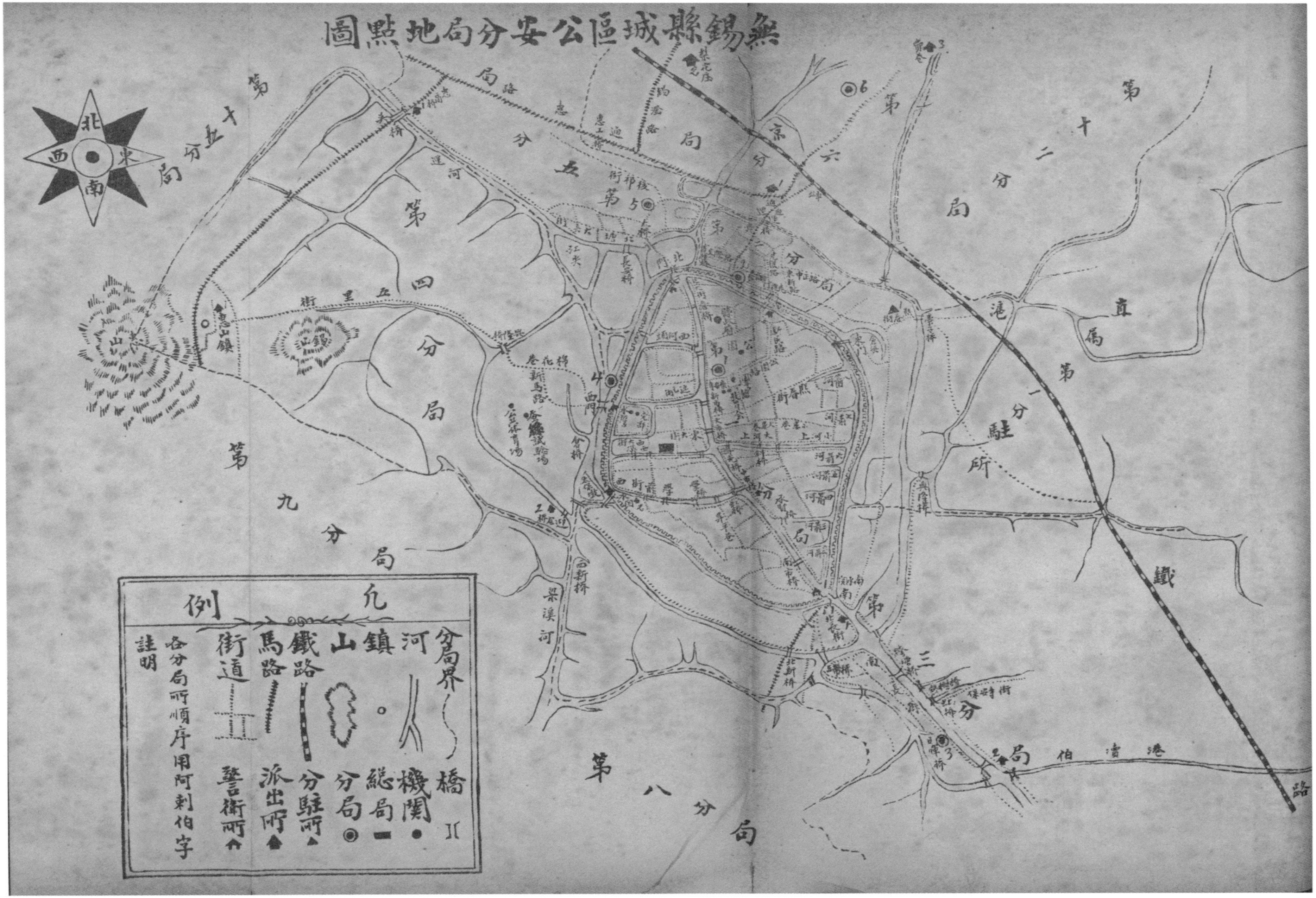
無錫縣城區公安分局分地點圖
凡例
分局界
河
鎮
山
鐵路
馬路
街道
橋
機關
總局
分局
分駐所
派出所
警衛所
註明 各分局所順序用阿剌伯字

圖表二

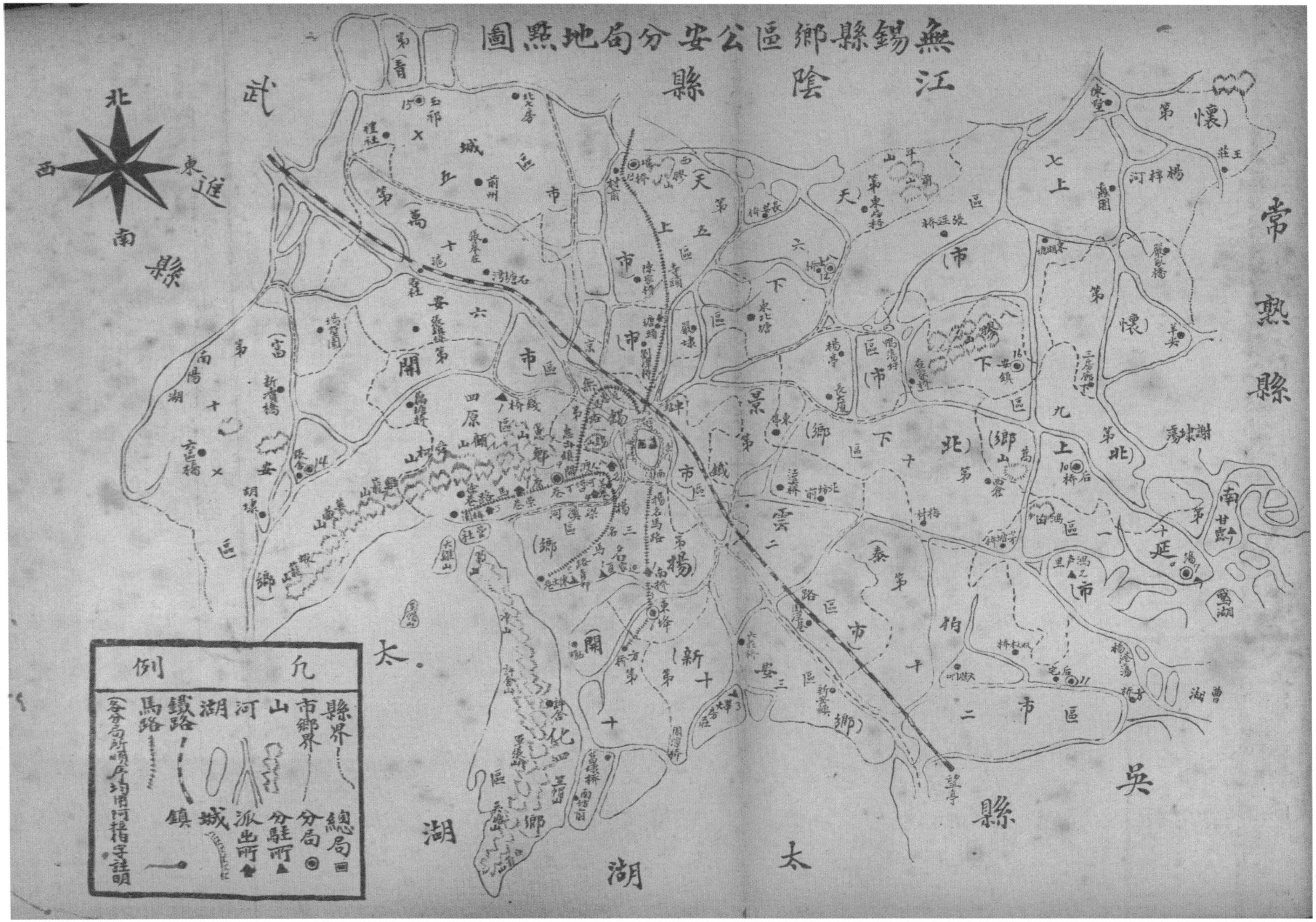
無錫縣鄉區公安分局地點圖
江陰縣
常熟縣
吳縣
武進縣
太湖
北
南
東
西
凡例
縣界
市鄉界
山
河
湖
鐵路
馬路
總局
分局
分駐所
派出所
城
鎮
(各分局所明所均用阿拉伯字註明)

圖表三

圖表四

無錫縣公安局民國二十一年度火災統計表

	月份	七月	八月	九月	十月	十一月	十二月	一月	二月	三月	四月	五月	六月	統計
起火原因	烹調飲食			2	1	3	6	2	1	2	2	1	4	24
	傾覆燈油				2	1	2		2	2		1		10
	走電					1								1
	敬神						1	1						2
	吸煙		1		1		1						1	4
	烤火							2	1	1				4
	機器損毀						15							15
	其他		1		2	3		3	3	3	1	2		18
起火房屋	住宅		1	2	6	5	20	7	7	6	3	4	4	65
	商店					2	5			2			1	10
	公共處所													
	其他		1			1		1						3
	合計		2	2	6	8	25	8	7	8	3	4	5	78

起火時間 鐘點	七月上午	七月下午	八月上午	八月下午	九月上午	九月下午	十月上午	十月下午	十一月上午	十一月下午	十二月上午	十二月下午	一月上午	一月下午	二月上午	二月下午	三月上午	三月下午	四月上午	四月下午	五月上午	五月下午	六月上午	六月下午	統計上午	統計下午
一點								1		1		1		1	2		1		1				1		5	4
二點								1				1		1						1						4
三點						1				1	1	3	1		1			2			1				7	7
四點												2	1												1	2
五點						1		1	1		1	1			1									1	3	4
六點										1	1	1										1	1		2	3
七點									2		1	1									1				4	1
八點							1				2	3				1									3	4
九點				1						1	1	1					1					1			2	4
十點											1	2				1			1						2	3
十一點			1				2			1				1		1		1					1	1	4	5
十二點												1						3								4

			月份	七月	八月	九月	十月	十一月	十二月	一月	二月	三月	四月	五月	六月	統計
被災戶數			起火戶	0	2	2	6	8	25	8	7	8	3	4	5	78
			延燒戶	0		8	2	49	125	10	66	15	1	9	28	313
			保險戶	0											1	1
			保險金額	0											$6,0000	$6,0000
火災損失	房屋間數	被燒	起火戶	0	16	2	6	10	7	8	15	15	6	11	17	113
			延燒戶	0		8	2	119	3	10	182	16	2	44	45	431
		被拆	起火戶	0			1					1			0	2
			延燒戶	0					6	6	5	2	2	2	2	25
			合計	0	16	10	9	129	16	24	202	34	10	57	64	571
	房屋價值	房屋	起火戶	0	$ 1600	$ 220	$ 2945	$ 4450	$2·1860	$ 7940	$ 2480	$ 2625	$ 670	$ 1840	$ 9900	$5.6530
			延燒戶	0		$ 340	$ 800	$ 1300	$1·2730	$ 2900	$1,2730	$ 2760	$ 800	$ 9500	$ 5000	$4·8560
		物品	起火戶	0	$ 250	$ 90	$ 2114	$ 3630	$1·3595	$1,1405	$ 2013	$ 3690	$ 365	$ 1235	$5,2600	$9,0987
			延燒戶	0		$ 75	$ 300	$ 5370	$1·7295	$ 5710	$1,2850	$- 5000	$ 450	$1,3900	$ 2200	$6.3150
			合計	0	$ 1850	$ 725	$ 6159	$1,4750	$6·5480	$2·7955	$ 30073	$1·4075	$ 2285	$2,6475	$5,9700	$25,9527
	所死人數		男	0					1	4		1				6
			女	0				1		10		2			1	14
			合計	0				1	1	14		3			1	20
	所傷人數		男	0	1			1	2					1		5
			女	0	1									1		2
			合計	0	2			1	2					2		7

圖表五

無錫縣公安局民國二十一年度自殺統計表

項別	細目	七月 男	七月 女	八月 男	八月 女	九月 男	九月 女	十月 男	十月 女	十一月 男	十一月 女	十二月 男	十二月 女	一月 男	一月 女	二月 男	二月 女	三月 男	三月 女	四月 男	四月 女	五月 男	五月 女	六月 男	六月 女	統計 男	統計 女	合計
自殺原因	家庭糾紛		1		1	1	1										1	1	1		1			1		3	6	9
	生計困難													1		1		1						3		6		6
	婚姻不自由									1																1		1
	失戀																								1		1	1
	營業失敗																											
	失業																											
	疾病	1		1																				1	1	5	1	1
	畏罪																							1		1		1
	被虐待																											
	其他		1				1		1														1				4	1
	不明	1			1			1																		2	1	3
	合計	2	2	1	2	1	2	1	1	1				1		1	1	2	1		1		1	6	2	16	13	29
自殺方法	服毒	1	1		1	1	1	1		1				1			1				1			1		6	5	11
	自縊				1		1		1									1					1	3		1	4	8
	投水			1												1			1					1	2	3	3	6
	用服		1															1						1		2	1	3
	其他	1																								1		1
	合計	2	2	1	2	1	2	1	1	1				1		1	1	2	1		1		1	6	2	16	13	29
自殺結果	死亡	2	1	1	2	1	1	1	1	1				1				1	1		1		1	6	2	14	10	24
	被救		1				1									1	1	1								2	3	5
	合計	2	2	1	2	1	2	1	1	1				1		1	1	2	1		1		1	6	2	16	13	29
自殺者年齡別	19歲以下																1				1						2	2
	20—29	1	2		1		1	1								1		2	1					1	1	6	6	12
	30—39	1				1	1		1	1				1									1	2	1	6	4	10
	40—49			1																				1		2		3
	50—59				1																			2		2	1	[illegible]
	60以上																											
	未詳																											
	合計	2	2	1	2	1	2	1	1	1				1		1	1	2	1		1		1	6	2	16	13	29
自殺者職業別	農業	1			1													1	1		1		1	2		4	4	8
	礦業																											
	工業			1		1																		1	1	3	1	4
	商業	1					1							1			1									2	2	4
	交通業																							1		1		1
	公務員															1		1								2		2
	自由業																											
	家庭服務																											
	無業		2		1		1																	2	1	2	5	7
	未詳							1	1	1																2	1	3
	合計	2	2	1	2	1	2	1	1	1				1		1	1	2	1		1		1	6	2	16	13	29
自殺者教育程度	高等																	1								1		1
	中等													1		1										2		2
	小學					1																		2		3		3
	不識字	1	2	1	2		2												1		1		1	4		6	9	15
	未詳	1						1	1	1							1	1							2	4	4	8
	合計	2	2	1	2	1	2	1	1	1				1		1	1	2	1		1		1	6	2	16	13	29

圖表六

二十一年度災害及其他事故上死傷人員統計表

月別	性別	洪水 傷	洪水 死	海嘯 傷	海嘯 死	火災 傷	火災 死	船隻沉沒 傷	船隻沉沒 死	火藥類爆發 傷	火藥類爆發 死	雪崩 傷	雪崩 死	寒凍 傷	寒凍 死	土石崩壞 傷	土石崩壞 死	樹木或建築物倒壞 傷	樹木或建築物倒壞 死	獸害 傷	獸害 死	蟲毒 傷	蟲毒 死
七月	男																						
	女																						
八月	男																						
	女																						
九月	男																						
	女																						
十月	男																						
	女																						
十一月	男																						
	女						1																
十二月	男					1	1																
	女																						
一月	男						3																
	女					1	11																
二月	男																						
	女																						
三月	男						1																
	女						2																
四月	男																						
	女																						
五月	男																						
	女																						
六月	男																						
	女																						
合計	男					1	5																
	女					1	14																

月別	性別	礦業上 坑內 瓦斯爆發 傷	死	坑內 火藥類爆發 傷	死	坑內 洪水爆發 傷	死	坑內 土石崩壞 傷	死	坑內 其他 傷	死	坑外 火藥類爆發 傷	死	坑外 土石崩壞 傷	死	坑外 機器上 傷	死	坑外 其他 傷	死
七月	男																		
	女										1								
八月	男																		
	女																		
九月	男																		
	女																		
十月	男																		
	女																		
十一月	男																		
	女																		
十二月	男																		
	女																		
一月	男																		
	女																		
二月	男																		
	女																		
三月	男																		
	女																		
四月	男																		
	女																		
五月	男																		
	女																		
六月	男																		
	女																		
合計	男																		
	女										1								

月別	性別	因過失所起 機器 傷	死	火車 傷	死	汽車 傷	死	馬車 傷	死	小車 傷	死	黃包車 傷	死	其他 傷	死	途中急病 傷	死	其他 傷	死	不詳 傷	死	統計 傷	統計 死	合計
七月	男														1	1	1				1	1	3	4
	女															1	1					1	2	3
八月	男																		1				1	1
	女											1										1		1
九月	男						1																1	1
	女																		1				1	1
十月	男	1															1					1	1	2
	女															1						1		1
十一月	男																1						1	1
	女																						1	1
十二月	男																		1			1	2	3
	女																							
一月	男																						3	3
	女																					1	11	12
二月	男																		1				1	1
	女																							
三月	男																						1	1
	女																						2	2
四月	男																							
	女																							
五月	男				1	13	1								1		1					13	4	17
	女																							
六月	男					1						1							1	1		3	1	4
	女																		1				1	1
合計	男	1			1	14	2					1			2	1	4		4	1	1	19	19	38
	女											1				2	1		2			4	18	22

後記

無錫是中國吴文化的發祥地。七千多年悠久歷史與文明，造就了『梁溪明秀之區，衣冠禮樂甲於江左』的城市人文傳統和深厚的歷史文化底蘊。數千年來，文脉綿延，永世流芳。邵寶在《錫山遺響》序中曾經這樣描述：『錫之爲邑，在三吴間。山水清麗豐曠，生其地者，多沉雅秀整，以文名家，代不乏人。』文化已經成爲這座城市最本色的氣質。爲傳承吴地文明，建設文化名城，進一步彰顯無錫城市内在精神特質，經過幾年的精心策劃，旨在全面整理地方文化典籍的《無錫文庫》編纂出版工作於二〇一〇年全面啓動，二〇一一年起陸續與讀者見面了。

無錫的城市文化曾經爲中華文化寶庫作出過巨大貢獻。顧愷之、倪瓚、王紱、鄒一桂、賀天健、徐悲鴻、錢松嵒、吴冠中，如松秀群嶺，在中國繪畫史上擁有很高的地位；華秋蘋、楊蔭瀏、劉天華、華彦鈞（阿炳），乃韵動天籟，對中國音樂發展發揮了重要作用；李紳、蔣防、尤袤、蔣捷、陳維崧、顧貞觀、嚴繩孫、周濟、劉半農，皆胸懷錦綉，在中國文學史上可謂各領風騷；計六奇、顧祖禹、顧棟高、秦蕙田、嵇璜、錢基博、錢穆、錢鍾書、錢海岳，可稱堂奥廣庭，學造淵源，在中國學術史上卓然大家；顧憲成、高攀龍之東林，唐文治之『國專』，徐霞客之游記，徐壽、華蘅芳之『格致之學』，陳翰笙、錢俊瑞、孫治方、薛暮橋之經濟學，都堪稱中華文化史上的一座座高峰，至今閃耀着炫目的光芒。

深厚的歷史文化底蘊激發了無錫城市的文化自覺。市委、市政府滿懷對鄉土誠摯之情、對文化敬畏之感，以義不容辭的責任擔當，致力於文化强市建設，以科學的理念和方式對歷史文化遺産作全方位的觀照、深層次的發掘、系統性的保護，匯四海之智，舉全市之力，共襄文化建設盛舉。二〇〇六年十二月，無錫市成功申報國家歷史文化名城，標志着新一輪文化意識的覺醒，并迅速轉化爲文化自覺的實踐。近年來，我市全面啓動惠山、清名橋、小婁巷、榮巷、蕩口等五個歷史文化街區和十個古村落保護修復工程，『護其貌，顯其顔，鑄其魂，揚其韵』；鴻山遺址成功保護的經驗被國家文物局譽爲大遺址保護『無錫模式』，并被授予首批國家考古大遺址公園，闔閭城遺址考古發現則確立了歷史上無錫曾作爲吴王闔閭都城的地位；建成開放六十餘座博物館、名人故居和紀念館；對無錫的非物質文化遺産予以重點保護；每年春天舉辦的中國（無錫）吴文化節、中國文化遺産保護論壇成爲文化亮點，享譽海内外。這些舉措遵循規律，探索文化建設體制和機制的創新，形成了寶貴的『無錫經驗』，得到海内外學者、專家的一致肯定。

在注重保護歷史文化遺存的過程中，發掘、整理無錫歷史文獻著作，展示和弘揚無錫城市的思想精神世界，自然而然成爲大家關注的重點。二〇〇六年，市委宣傳部組織無錫文史專家、學者編撰的十七册三百萬字的《無錫文化叢書》正式出版，引起强烈反響，出版後供不應求，在二〇〇八年再版加印。《無錫文化叢書》集中反映了無錫城市文化精華，展示了無錫城市文化特質，彰顯了無錫歷史文化的厚重，同時也告訴人們，文化精神的傳遞是文化繁榮發展的重要内涵，一旦擦去歲月蒙塵，優秀的歷史文化就會轉化成爲取之不盡的精神財富。

爲了進一步彰顯城市歷史文化底蘊，二〇〇七年，市委、市政府將全面系統整理無錫文化典籍擺上工作議事日程，明確提出編纂《無錫文庫》。由于無錫歷史文化底蘊深厚，卷帙浩繁，内容豐富，編纂工作千頭萬緒，要想整理出一部簡明扼要而又内容翔實、主旨鮮明而又文質彬彬的文獻集成，難度遠大於預想。爲此，我們先後成立了《無錫文庫》工作委員會和編輯委員會，加强對編纂出版工作的組織領導與統籌協調，在尊重歷史、尊重規律、尊重科學、尊重專家的基礎上，積極推進文庫編纂工作。編輯委員會經過反復論證，明確原則，綱舉目張，有條不紊地開展工作。充分憑借地方文史專家的優勢，充分發揮高校人文學院、研究機構的作用，充分依靠出版機構的專業經驗，并邀請國内外著名文史專家指導、把關，形成了文庫編纂的工作合力。

在編輯過程中，我們力求使《無錫文庫》成爲經得起歷史考驗的鄉邦文獻集成。

全面規劃又保持開放結構。面對豐富的歷史文化積澱，没有規劃就不可能形成清晰的編纂思路。在前期編纂工作中，編輯委員會經過二十餘次的論證會和專題研討會，形成并確定了《無錫文庫》總書目，明確了收録範圍和内容主體，立足無錫市區，兼顧江陰、宜興，主要體現無錫本土内容，突出人文科學，適當兼顧其他門類。據此，《無錫文庫》收録圖書五百五十餘種，分爲五輯：第一輯『官修舊志』，收編無錫地方志（含江陰、宜興）；第二輯『地方史料專著』，收編反映無錫地方史料的專著與筆記；第三輯『年譜家乘』，收編無錫（含江陰、宜興）地方名人年譜和望族的家譜；第四輯『無錫文存』，收編歷史上無錫作家詩文和專著的精華；第五輯『近現代名家名著存目』，編撰無錫近現代名家名著的書目提要。爲使文庫具有更大的開放度和包容量，《無錫文庫》注重整體設計，在框架分類上既注意整合，又突出重點，考慮到文庫的涵蓋面和系統性；在書目選擇上既注重經典性，又强調代表性，兼顧到圖書本身質量和作者特點；在出版方式上既總體規劃、循序推進，又采取較爲靈活的方式，成熟一批出版一批，不編序號，爲今後增補書目預留空間。

尊重歷史又反映時代特色。《無錫文庫》注重歷史性與時代性相結合，以嶄新的學術角度和現代學科理念對城市歷史文化進行整理和弘揚。編纂工作充分體現對歷史傳統的尊重，儘可能減少評述性成分，杜絶截割、改篡、增删圖書内容，對節選本衹采取作者的自選本。與此同時，以現代學術視野來看待傳統史料，增加收録有價值的歷史資料和文獻，如對民國時期的一些稿本、期刊、會刊、紀念册也予以應有的關注，收入了部分重要的民間史料。

保持原貌又便于讀者查閲。《無錫文庫》除第五輯外，全部采用原版影印方式，力争選擇最優版本作底本，保持文獻著作的歷史面目。爲了便於閲讀、查證、使用、研究，每一輯均撰寫編輯説明，每種書撰寫提要，并編撰《文庫》書目索引。通過這樣的方式，使《無錫文庫》兼具工具書檢索的作用，增强文化典籍整理的實用功能。

如期完成又精益求精。《無錫文庫》作爲一項重大文化工程，編纂工作面廣量大，必須集中力量，一鼓作氣。我們明確，從編纂工作全面啓動開始，花三年時間完成《無錫文庫》出版工作。《無錫文庫》總書目形成後，五輯的書目編纂工作同時開展、整體推進。我們要求，《無錫文庫》編纂出版工作要强化精品意識，力求思想精深、内容精彩、選編精當、學風精良、裝幀精美。文庫編纂出版的每個環節都反復論證推敲，確保經得起歷史檢驗。

《無錫文庫》的編纂出版工作，得到了鳳凰出版傳媒集團的大力支持，鳳凰出版社在版本選擇、編輯出版方面做了細緻的工作；由於《無錫文庫》收録的資料有三分之二散落在全國各圖書館中，中國國家圖書館、上海圖書館、南京圖書館等一批國内知名圖書館爲此提供了積極的幫助；應邀擔任《無錫文庫》學術顧問的專家，都是無錫籍的文化名人和國内一流的古籍研究專家，他們有的不顧年事已高，有的不顧自身工作繁忙，爲《無錫文庫》的編纂工作付出辛勤勞動；《無錫文庫》工作委員會和編輯委員會成員以及編務人員在文庫編纂出版過程中做了大量的工作。在此，謹向他們表示崇高的敬意和由衷的謝忱！

由於《無錫文庫》收録内容涉及範圍廣、時間跨度長，部分書目已經散佚，可利用資料受到限制，加之編輯委員會水平有限，《無錫文庫》的編纂工作難免會有一些疏漏和錯誤，不當之處敬請讀者指正。

王立人

二〇一一年一月